中華老學

第七辑

上德若谷

泰禹慈善基金全程资助文化项目

主编　詹石窗　宋崇道　谢清果

九州出版社 JIUZHOUPRESS｜全国百佳图书出版单位

图书在版编目（CIP）数据

中华老学. 第七辑 / 詹石窗，宋崇道，谢清果主编
. -- 北京：九州出版社，2022.10
ISBN 978-7-5225-1299-0

Ⅰ．①中… Ⅱ．①詹… ②宋… ③谢… Ⅲ．①道家②
《道德经》－研究 Ⅳ．①B223.15

中国版本图书馆CIP数据核字(2022)第200839号

中华老学·第七辑

作　　者	詹石窗　宋崇道　谢清果　主编
责任编辑	郝军启
出版发行	九州出版社
地　　址	北京市西城区阜外大街甲 35 号（100037）
发行电话	(010)68992190/3/5/6
网　　址	www.jiuzhoupress.com
印　　刷	北京九州迅驰传媒文化有限公司
开　　本	720 毫米 ×1020 毫米　16 开
印　　张	21.5
字　　数	460 千字
版　　次	2022 年 10 月第 1 版
印　　次	2022 年 10 月第 1 次印刷
书　　号	ISBN 978-7-5225-1299-0
定　　价	76.00 元

上德若谷

本辑主题词："上德若谷"——《道德经》

中华老学编委会

上德若谷

　　《道德经》^①有言:"天地所以长且久者,以其不自生,故能长生","非以其无私邪,故能成其私"。《中华老学》作为全公益性专业老学(《道德经》文化及应用)研究和传播的学术论坛,从名不见经传到被诸多著名或权威学术文献平台看中,都是在编辑部老师们仅凭对中华优秀传统文化的炙热情怀和对老子思想及文化弘扬的执着之心下,彼此相扶,不计报酬,互相激励。当遇鲜花或掌声,大家也会笑靥如花互道恭喜之后继续默默努力,踏实前行,毕竟"为道日损,为学日益";而当遇讥讽或困难,总会互相鼓励,不忘初心,因为只有"不失其所者"才会久长,当然,《中华老学》走到今天这样花团锦簇,呈现各家争鸣之势,离不开泰禹慈善基金会及诸学术大家与学者们的一路帮衬、相扶。

　　成事往往都会遇见挫折。在论文结集发表过程中,起初难免有嘲笑、讥讽或是轻视,但《中华老学》始终不忘全公益性、纯学术性、思想独特性的态度,以"建德若偷,质真若渝"的心态,专事一门,也相信一定能办成"大方无隅,大器晚成"之学术集刊。

一、善事涵容,发出老学研究的学术声音

　　其实,有时我们要学会多听取社会各界尤其是学界前辈师长们的意见和建议,只有以涵容之心,知止知无为,我们才会走得更健康、更稳当,才会面对大家的鞭策正视自己的弱点和缺点去取长补短。但是,每一个专业论坛又都应该有自己的特色,自己的态度,自己的思想,否则人云亦云,丧失客观性、主见性,过于在乎别人的评价或喜好不一定是好事,因为那样不能代表一种专业领域的学术态度和一种专业领域的学术声音。这估计也是学者们不愿意看到的,不需要马上亮堂起来,光而不耀即可,"明道若昧,进道若退",也不需要立刻飞车抵达目标,在道上跟着心,相信一定能见春暖花开。

---

　　① 本文所引《道德经》版本均出自(魏)王弼《老子〈道德经〉注》。

二、善优内容，洞见属于自身的学术智慧

论文质量，虽说是一个永无止境追求的目标，但《中华老学》历来坚持以学术更优的作风，尽可能从学者来稿中精选出符合学术规范、贴近时代特色的优秀老学内容采编成册，抛砖引玉，让各界更多的学者通过所集成的老学研究成果，洞见其自身的学术智慧，激发更大的学术潜力，积极投身到老学（《道德经》）文化及思想的研究中去。第七辑内容颇为丰富，选题针对性强，尤其对江西老学研究——《道德经明意》研究及海外老学研究动态等做了突出的学术成果汇集，相信大家完全可以在老学学术上各取所需，从中获益。

三、善德从容，坚持老学弘扬的学术自信

老子对待"谷"是情有独钟的。在《道德经》中就有十二处谈"谷"，纵其所传达的"谷德"，对老学学术弘扬的确非常有意义，我们也希望《中华老学》未来也依旧善取谷德，从容走在弘扬老学（《道德经》）文化自信的大道上，遵道而行，宽大包容，深邃善下，饱满恒定，归朴旷达，成为众多老学（《道德经》）文化研究学者喜欢的学术论坛。正所谓"谷神不死，是谓玄牝"，态度决定高度，"譬道之在天下，犹川谷之于江海也"！

宋崇道 博士
2022 年于囍佲楼凤枞台

（作者系《中华老学》主编、华夏老学研究会常务副会长、江西省道教协会副秘书长、江西师范大学客座教授、宜春学院兼职研究员、袁州区道教协会会长、宜春市崇道宫住持）

目　录

特稿

宋元时期江西老学研究与文化传承

陈雅岚[*]

内容提要：宋元时期是道教发展的转折期，老学的研究由此也发生了变化。陈景元、张嗣成、王安石、吴澄等四位江西籍道士和士大夫从不同角度对老子《道德经》进行了注疏，其中包涵"治身治国""性命并举""养生先养气""身国同构""儒道同归""儒道会通"的新思想、新观点，也有"以玄解老""以理解老""以经解经"的新方法、新路径；既反映了宋元时期儒道两家对《道德经》这部经典的重视，又反映了地方文化对道士、士大夫的思想影响；既揭示了老学发展与文化传承的关系，又表现了《道德经》的文化魅力和学术价值。以上四位江西籍人士的老学成果对当代《道德经》的研究给予了启发和思考。通过梳理他们对老子《道德经》的注疏，笔者发现道士和士大夫对《道德经》的理解和应用的角度有所不同。

关键词：宋元 江西 老子 儒道会通 文化传承

宋元时期是老学研究和发展的一个高峰，不但解老著作众多，而且学术观点各异。从王安石将老子的自然之道与儒家的经世之学结合起来到杜道坚把老学解释为一套"皇道帝德"之术，可以得出一条较鲜明的思想线索，即老学不断与儒学和现实政治靠拢、合流，从而反映了宋元时期孔老同归、儒道交融这种思想发展的历史总趋势。[①]两宋是江西经济文化大发展的兴盛时期，江西一批进士，一批宰相，一批学者，一批高道在政治、经济、文化等领域有卓越的贡献，因为他们出众的才华，除了出仕为政、以德为道的出色表现外，还对《道德经》这部经典进行了深入的研究，创造了《道德经》研究的辉煌，陈景元、王安石、王雱等形成了一批老学研究成果。这种经典研究，既密切了道教与儒家的关系，又提升了《道德经》的学术价

---

　　* 陈雅岚，博士，江西省道教协会秘书长，江西师范大学宗教研究所研究员，主要研究方向：道教文献、道教历史。
　　① 刘固盛：《宋元老学中的儒道合流》，《华中师范大学报》（人文社会科学版），2000年第39卷第1期。

值和文化影响力。元代文化相对于两宋时期的辉煌有所不及，但也不乏接续的精彩和超越前代的精妙之处，如程朱理学、陆氏心学在元代的延续，元曲杂剧的异彩纷呈，史学方面的鸿篇巨制等，第一部《龙虎山志》就在元代形成，这些丰富多彩的文化成就既是元代文化的特色，又反映了以江西庐陵文化、临川文化为特色的地方文化有许多可圈可点之处，以张嗣成、刘辰翁、吴澄为代表的《道德经》研究为中华文化传承发挥了积极作用。

一、道士的老学研究成果

1. 陈景元《道德真经藏室纂微篇》的特色及其思想价值

陈景元是北宋著名的江西籍道士，是陈抟学派的重要人物。陈景元构建的道教学术理论体系，对北宋道教以及当时儒学的发展具有深远的影响，由此也体现了陈景元在道教史上的重要地位。道教在北宋开始明显转型，外丹术衰落，内丹道兴盛，道教由繁复走向简约。陈景元参与了此一时期道教的转型，实现了"道家之学，翕然一变"。一方面，陈景元扭转了唐玄宗以来道教老学"义理"过度"政治化"的方向，促进了道教回归修道之本来主旨。另一方面，陈景元对修养方法的系统总结，促进了唐代重玄学向宋代成熟的内丹学转型，并奠定了内丹学的理论基础。

陈景元，字太初，号碧虚子，建昌南城（今抚州南城）人。陈景元父亲陈正擢进士第，寓居高邮。陈景元从小慕道，师事高邮天庆观道士韩知止，通过试经，度为道士。后游历名山名观，在天台山阅《三洞经》，并遇高士张无梦，得《老子》《庄子》之旨。之后赴京在宫观开讲《道德经》《南华经》。熙宁五年（1072），陈景元进将其《道德真经藏室纂微篇》进献给宋神宗，宋神宗赞赏有加，命陈景元主中太乙宫，兼副道录一职，负责道教管理。陈景元后乞归隐于庐山，王安石与其作别，王安石问其乞归之意，陈景元曰："本野人，而今为官身有吏责，触事遇嫌猜，不若归庐山为佳耳。"王安石韵其语，赠诗曰："官身有吏责，触事有嫌猜。野性难堪此，庐山归去来。"复书其诗后云："真靖自言如此。"[1]

道士陈景元深厚的学养，不仅获得了统治者的赞赏，也得到了儒者士大夫的尊敬。叶梦得《避暑录话》曰："元丰间道士陈景元博识多闻，藏书数万卷，士大夫乐从之游，身短小而伛。"[2]除王安石外，王珪、王琪、司马光、蔡卞、杨杰、苏轼、释法秀等北宋名流皆与陈景元有交往，而且儒释道齐全，不仅探讨老学，也有诗情，如王珪有诗《题道录陈景元中太乙宫种玉轩》，诗曰：

---

[1] 赵道一：《历世真仙体道通鉴》，《道藏》第 5 册，北京：文物出版社，上海：上海书店，天津：天津古籍出版社，1988 年，第 381—382。

[2] 叶梦得：《避暑录话》，《丛书集成初编》，北京：商务印书馆，1935 年，第 49 页。

一住仙祠绝世尘，庭前种玉巳嶙峋。

朝昏龙虎常听法，左右琼瑶自逼人。

翠凤有时翻瑞形，银蟾通夕堕清津。

黄金络马何年醉，得去同游几洞春。①

陈景元在中太乙宫持戒修行于诗中得到体现，作者希望赴道观游历并与陈景元探讨老子之学问的想法也有表现。陈景元还与当时有名的史学家、政治家司马光交往也不浅，两人同饮同欢的场景，如司马光的《赠道士陈景元酒》：

蒿根委余菊，阶角年残叶。清言久不悭，何以慰疲苶。

朋樽涵太和，高兴雅所惬。谁云居室远，风味自可接。②

司马光的思想颇为独特，他只对《易经》《道德经》有深厚的兴趣，著有《温公易说》《道德真经论》，但是对孟、庄却颇有怀疑和批评，著有《疑孟》《斥庄》，可见他与陈景元的交往出于对老子《道德经》的兴趣，以诗阐老。此外，陈景元深谙书法，尤其是小楷。据考察，陈景元曾经与蔡卞论古今书法，至欧阳询则曰："世皆知其体方而莫知其笔圆。"③在京期间，陈景元还受驸马都尉王诜的邀请参加著名的"西园雅集"，这次集会与魏晋时期的兰亭集会齐名，当时赴约的还有苏轼、苏辙、黄庭坚、秦观、李公麟、米芾、蔡肇、李之仪、郑靖老、张耒、王钦臣、刘径、晁补之、释法秀等。

下面以陈景元的《道德真经藏室纂微篇》为例，分析其研究成果及其对道教影响和文化传承的贡献。

第一，善于吸取前人研究成果，重视道教"师承法脉"的传统。

陈景元在《道德真经藏室纂微篇》开题中表明了其理论渊源，"辄依师授之旨，略纂昔贤之微"④。陈景元继承了老庄学、黄老学、魏晋玄学为主要脉络的道家哲学，吸收了重玄学、陈抟和张无梦的道教理论，并有意识地减少使用佛教的概念和内容，构建了有机联系的道教理论体系，包括道论、性命论、治国论三大内容。

"重玄"是东晋南北朝隋唐时期兴起的一股试图超越魏晋玄学"无""有"之争

① 王珪：《华阳集》卷3，清乾隆武英殿本。
② 司马光：《温国文正公文集》卷4，（1919年）上海商务印书馆四部丛刊景宋绍熙刻本。
③ 苏霖：《书法钩玄》卷4，明刻本。
④ 蒙文通：《道书辑校十种》，《蒙文通文集》（第六卷），成都：巴蜀书社，2001年，第716页。

的新理论。所谓"重玄"来源于《老子》中"玄之又玄"，在《老子》中是指"道"幽深莫测的性质。在南北朝隋唐时期一些学者认为魏晋玄学关于"无""有"的争论是一种局囿和偏滞，不达圆化之道。为了能够在更高的层面超越"有""无"的争论，学者借用佛教"般若学"的中观方法将"玄之又玄"重新解释，认为"有欲之人，唯滞于有，无欲之士，又滞于无，故说一玄，以遣双执，又恐学者滞于此玄，今说又玄，更祛后病，既而非但不滞，亦乃不滞于不滞，此则遣之又遣，故曰玄之又玄"①。因此，所谓"重玄"意指不断地排遣思维的偏执，不仅遣"无""有"之双执，而且连"遣"本身也要破除，达到圆融自在、无偏有执的精神上的自由和超然的境界。由于"重玄学"的产生和发展是在许多道教学者的阐述与论辩中不断推进的，因此，"重玄学"既是道教的重要理论，又可以与佛教相媲美的"义理"。重玄学兴盛于隋唐，在宋代仍有学者的接续，陈景元是其中的代表。关于陈景元继承"重玄学"的记载："至陈抟有弟子张无梦，号鸿蒙子，次有陈景元，作《道德经藏室纂微》，以著其师说，……此皆唐代道家余绪而显于宋者。"②"唐代道家，颇重成（玄英）、李（荣）；而宋代则重陈景元，于微引者多，可以概见。"③由此可见，陈景元既接续了唐代重玄学的学术思想，又成为宋代重玄学的重要传承人。

第二，建构了完整而系统的道教思想体系④。

陈景元的道教思想主要体现在《道德真经藏室纂微篇》中，并形成了完整的体系：一是"道论"。"道"是道教核心的概念，关于"道"的学说无疑是道教学者所阐述的重点内容。无论是黄老之"道"、老庄之"道"，还是玄学之"道"、道教之"道"，"道"的概念在不同的历史时期和思想派别中具有不同的含义和特点。陈景元在继承前贤"道"的思想基础上，建构了完整的"道"论体系。陈景元总结了北宋之前的道家、道教"道"论的主要特点，认为"道"分为不可言说的"常道"与可言说的"可道"。关于"常道者，自然而然，应感无穷"的特征，陈景元从"体用""虚实""寂感""有无"四个范畴阐明"道"的这一性质，认为"道"是"体用相须""虚实相通""寂感一体""至无妙有"的超越存在。由"道"而衍生的"生化论""道物论"，陈景元指出"道以生化为先，阴阳为原"。他认为万物的生化是无时的，只要条件和时机成熟，生化时时刻刻都会发生。万物的生化也是无界的，有情可以化为无情，无情亦能感为有情。陈景元"生化论"的旨趣是为了解决生死问

---

① 成玄英：《道德经义疏》，蒙文通辑校本，《蒙文通文集》（第六卷），成都：巴蜀书社2001年，第377页。

② 蒙文通：《道书辑校十种》，《蒙文通文集》（第六卷），第369页。

③ 蒙文通：《道书辑校十种》，《蒙文通文集》（第六卷），第710页。

④ 参见尹志华：《北宋〈老子注〉研究》，成都：巴蜀书社，2004年，第36页、101页。

题，让人观感天地之生化而体悟内丹学，复归"道"的本源。他还认为"物"是有边际的，"道"是无边际的，"道"与"物"相互区别。但是，"道"必须凭借"器"才能有所着落，"器"亦必须依赖"道"才能彰显其功用，"道"与"物"相互融摄。二是"性命论"。"性命论"是指道教的修炼理论。陈景元提出"先天性命，禀气有不同"的性命论。道教对于形体之"命"是积极性的，他们相信通过改变形体可以掌握"命"，所谓"我命在我不在天"。即使经过南北朝隋唐重玄学的发展，形体之"命"从简单的肉体飞升开始转变为虚无真身，但仍然是道教的核心价值观。陈景元作为道教徒，对于形体之"命"亦积极将其纳入炼养的对象，实现对有限形体的超越，以达到生命的最佳状态，他说：

> 夫有上德者，性受自然之至妙，命得元气之精微，神贯天地，明并日月，无思无虑，心自无为，忘功忘名，迹无以为用，谓无用己为而自得也。
>
> 下德，降于上德者也。性受自然之平淡，命得元气之纯和，神配阴阳，明效日月，民皆仰戴，咸共乐推，故曰有以为。[1]

陈景元所述"性""命"并举，指出了"性""命"是构成人的生命的两大要素，性命一体，才成就了人的完整的生命形态。儒家和佛教都只重视"心性"修养的工夫，对人的"身体"缺乏关注，更没有对"身心"关系做深入的探索。在儒释道三教的修炼体系中，只有道教内丹和佛教密宗对人体的身体气脉有一套系统的理论与实践工夫。也就是说，道教之所以能够凸显自己的优势在于，道教不仅有"性"的精神方面的工夫，也有"命"的身体方面的工夫。现实的贫穷、贵贱、伦常等一切关系构成了人无所逃避的"境遇之命"，但是由精气构成的形体之"命"是人能够积极掌控的，"我命在我不在天"。由此，陈景元认为必须"先遣除物累、外化而内不化""以心修性，以心修命"，保持心灵的安宁和自身的存在，为修炼"命"的身体做好前提准备，然后通过"心"的虚无、清静的工夫改变"性"和"命"的局限性，回归生命的本源，达到长生不死的境界。三是"治国论"。中国传统文化的一大特点在于，就是有着强烈的现实或政治指向。陈景元在《道德真经藏室纂微篇》中明确指出，《道德经》"其要在乎治身治国"，道教的学者相信有一种人可以将"治身治国"这两者圆融的结合，即君主或圣人。陈景元认为"圣人"是统摄天人、神人、至人之上的人格形象，在圣人的形象上，治身与治国可以获得统一，统一的基础即"身国同构"，他说：

---

① 蒙文通：《道书辑校十种》，《蒙文通文集》（第六卷），第 798 页。

夫圣贤之为治，必先身心以度之，自近及远也，不下庙堂而知四海之外者，因物以识物，因人以知人，当食而思天下之饥，当衣而思天下之寒，爱其亲知天下之有老者，怜其子知天下之有稚幼也。夫如是，又何出户而知天下哉？夫人七尺之躯，四肢九窍，五脏六腑，赅而存焉，是以身之元气与天道相通也。①

陈景元认为圣贤治理国家，当先从近的"治身"开始，然后向远扩及四海，通过自身的感受而推及"天下人"的现状，这是因为，人的身体与天道、国家是相通的，那么天道自然正常运转、国家自然安宁。他又说："夫圣人不行天下，而察知人情者，以身观身，以内知外，所谓独悟也。不见天象，而能名命天道者，原小以知大，明近以谕远，所谓冥览也。"②圣人通过"以身观身、以内知外"的方式，从而实现不出户而知天下、治天下的目的。

第三，开辟了注解《道德经》的新路径。

一是以"玄学"注解《道德经》。关于陈景元以玄学对《道德经》注解的方式和路径，蒙文通在《校理老子成玄英疏叙录》有阐述，他指出："其若学本于唐而训释《老子》者，若刘海蟾一系，次张伯端，次石泰，次薛道光，次陈楠，次白玉蟾，作《道德宝章》，授彭耜，作《道德经集注》，此亦渊源甚久、师承有自者也。至陈抟有弟子张无梦，号鸿濛子，次有陈景元，号碧虚子，作《道德经藏室纂微》，以著其师说。次有薛致玄作《藏室纂微开题科文疏》五卷，及《手钞》二卷，祖述陈氏，此皆唐代道家余绪而显于宋者。"③二是以"心性学"注解《道德经》。唐代重玄学已经探讨"心性"问题，宋代开始，"心性"之说成为儒、道、释共同关心的时代课题。如《老子》四十一章，说："上士闻道勤而行之，中士闻道若存若亡，下士闻道大笑之。"陈景元注解："夫上士者，受性清静，恬淡寂漠，虚无无为，纯粹而不杂，静一而不变，闻乎道也，人观其迹，真以为勤行而实无勤行也。斯所谓天然县解矣。中士者，受性中庸，世所不用也，则就薮泽，处闲旷，吐故纳新，熊经凤鶱，养形保神而已，及乎为世用也，则语大功，立大名，礼君臣，正上下，为治而已，此之谓若存若亡也。下士者，受性浊辱，目欲视色，耳欲听声，口欲察味，志气欲盈，闻其恬憺无为，则大笑而非之，若不为下士所非笑，则不足以为上道也。"④三是"以经注经"解释《道德经》。陈景元对道家清静无为宗旨的阐发援引了儒家经典，如：《老

① 蒙文通：《道书辑校十种》，《蒙文通文集》（第六卷）。
② 蒙文通：《道书辑校十种》，《蒙文通文集》（第六卷）。
③ 蒙文通：《古学甄微》，《蒙文通文集》（第一卷），成都：巴蜀书社，1987年，第356页。
④ 《道德真经藏室纂微篇》卷3，《道藏》，第13册，第693页。

子》第四十七章说:"不出户,以知天下;不窥于牖,以知天道。其出弥远者,其知弥鲜。是以圣人不行而知,不见而明,弗为而成。"陈景元引《礼记》中的学说:"不视不听,求之于己,天人之际,大道毕矣。《记》曰:欲治天下先治其国,欲治其国先治其家,欲治其家先治其身,欲治其身先治其心,欲治其心先诚其意。故君子不减无物,皆反推于身心之谓也。"①

第四,《道德真经藏室纂微篇》的影响力。

一是带动《道德经》的深度研究,尤其是道教学者的参与。《道德经》在北宋的影响以及陈景元通过对《道德经》研究与北宋儒者建立了密切关系,正如叶梦得言:"自熙宁以来,学者争言老庄"。《道德真经藏室纂微篇》是陈景元著述中影响最大的一本经注,南宋彭耜《道德真经集注》、董思靖《道德真经集解》、元薛致玄《道德真经藏室纂微手抄》、刘惟永《道德真经集义》皆有所称引,可见其学术成就以及文化传播的贡献。二是扭转了道教义理教理的方向,回归《道德经》本来宗旨。陈景元认为《道德经》内容既包含以圣人侯王为中心的治国之道,又包含引导世人"复其常道而入于妙门者矣"。陈景元老学思想研究的创新实际上是纠正被唐玄宗所扭转的老学方向,促使北宋之道教回归其教化作用。由于这一方向的扭转,从一个侧面促进了北宋之后道教内丹学说和修炼实践的兴盛。陈景元在《道德真经藏室纂微篇》中总结说:"右老氏经二篇,统论空洞虚无、自然道德、神明太和、天地阴阳、圣人侯王、士庶动植之类,所谓广大而无蕴,细微而无不袭也。约而言之,上之首章明可道、常道为教之宗,叙体而合乎妙,上之末章以无为而无不为为陈教之旨,叙用而适乎道。故体用兼忘、始末相贯也。下之首章明有德无德为教之应,因时之浇淳而次乎妙也,下之末章以信言不信为教之用,任物之华实而施乎道也。是以因时任物而不逆不争,是有其元德而大顺于造化,复其常道而入于妙门者矣,②陈景元认为《道德经》的思想内容广大细微、无所不包,但根本的是道教之教化,教化之本为常道、可道。三是整理了道教重要经典。陈景元除了整理老子《道德经》、庄子《南华真经》以外,还对《上清大洞真经》《度人经》《冲虚真经》《西升经》等道教主要经典进行收集、校勘、整理。比如,《上清大洞真经》是道教颇为重要的经典,但是在陈景元时期,山于"今也真风湮散,伪隐山栖,道范不间,师资礼废,教法衰弊,莫甚于斯",故陈景元以道教事业发展为己任,"广求古本,先自考详,沉嘿披寻,反复研构,一句一字",将"前辈修习之本及茅山藏本,比对隐书,辄撰音义。"③陈景元对经典的整理,既大大方便了道教经典的诵读,又将经典的传承发挥了重要作用。

---

① 《道德真经藏室纂微篇》卷3,《道藏》,第13册,第699页。
① 《道德真经藏室纂微篇》卷1,《道藏》,第13册,第726—727页。
③ 陈县云:《上清大洞有经玉决音义叙》,《道藏》,第2册,第706页。

2. 张嗣成的《道德真经章句训颂》及其特点

张嗣成，天师道第 39 代天师。元延祐三年（1316）奉元仁宗诏入京，次年被授太玄辅化体仁应道大真人，嗣天师之位，"袭领江南道教，主领三山符箓如故"。先后知集贤院道教事、知集贤院。《道德真经章句训颂》分三个部分，即《道德真经章句训颂序》《道真经章句训颂卷上》和《德真经章句训颂卷下》。老子的《道德经》是天师道的创教经典，历代天师都非常重视，大部分都是开坛说法时向信徒传授，或者抄写，注释本除《老子想尔注》外，历代天师注《道德经》者不多见，张嗣成是其中之一，他在《道德真经章句训颂·序》中说："为老君弟子而不知老君之道，犹终日饱食而不识五谷，终夜秉烛而不识火也。"①，所以他对《老子》十分重视，期待以老子之学，引导信众，因此，于至治二年（1322）注解《道德经》，形成了《道德真经章句训颂》，目的是弘扬道教教义，教化弟子，正如其曰："非敢自谓得老君之旨，然使吾门弟子与夫尊德乐道之士得而玩之，倘有悟入，则金丹不在他求，而至道吾所固有，功成行满，法身不坏。"②。上述中可知张嗣成注解《道德经》的目的，通读其注释有以下特点：③

（1）用理学阐释"道"与"德"。这是张嗣成注解《老子》的一个显著特点，"以理解道"。理学经南宋末儒学大家朱熹的发扬光大，进入元代其影响进一步渗透，尤其是延祐元年（1314）恢复科举，以程朱理学作为考试的主要内容，这既使得程朱理学的官方地位得以最终确立，又极大地推进了理学在社会上的影响力。张嗣成作为一代天师，又知集贤院事，受理学的影响不可回避，因此，他在诠释《老子》时将"理气""性命"结合起来阐述，比如，在《道可道章第一》中，原文"道可道，非常道。名可名，非常名。无，名天地之始；有，名万物之母。故常无欲，以观其妙；常有欲，以观其徼。此两者，同出而异名，同谓之玄。玄之又玄，众妙之门"，其解释云："道何形象强名之，说得分明说又非。无有有无相造化，只于理气究真机。……道者何？理与气耳。因于无者理，著于有者气，有此理，道所以名；有此气，道所以形。理常于无而神，故自然而性；气常于有而空，故自然而命。天地万物无能违者。譬诸路焉，造于此必由于此，故有理必有气，有气必有形，形则为天地万物，所谓可道之道，可名之名也。理之所以为理，气之所以为气，又可得而道，可得而名哉。是则非无非有，有不可得而易，所谓常道常名者也。天地之始以理言，万物之母以气言。常无欲则寂然不动，所以观未发之理，常有欲则感而遂通，所以观方发之气。同出、异名、又玄、众妙皆理气二者相为，无有有无耳。曰妙、曰徼、曰门，又所以示学

---

① 《道藏》，第 12 册，第 626 页。

② 《道藏》，第 12 册，第 626 页。

③ 参见刘固盛《论张嗣成的〈老子〉训释》，《周口师范学报》2009 年第 6 期。

者进修之地。于是究之，则万有芸芸，亦孰离理气性命也。"① 张嗣成在注释中以"理气"释道，将理气与道的关系讲得很明白。理是天地万物之本体，气是构成万物的元素，它们互不可分。由于老子之"道"玄妙莫测，包含无穷，难以把握和理解，要用语言解释清楚，更是十分困难的事情，因为"道可道，非常道"。而把"理气"概念引进来加以比附后，老子之道也似乎变得清晰和明白。在老子思想体系中，有两个很重要的范畴，即"无"与"有"，"道"是"无"和"有"的两面，而"理气"可以与"无""有"对应，"无"指"理"，"有"为"气"。由此，天地之始便是指"理"，万物之母则指"气"；常无欲，寂然不动，为未发之理；常有欲感而遂通，乃方发之气；"同出""异名""又玄""众妙"都是理气二者在相互发生关系。张嗣成借助"理气"之说作为注解《道德经》的钥匙，把《道德经》的开篇梳理得条理清晰。

（2）把"诵经"作为学习《道德经》的重要方法。在第一代天师张道陵的《老子想尔注》后，张嗣成继承了天师道以《道德经》作为范本的说教传统，所以张嗣成说："吾祖正一真君，两承神驭，下降西蜀，亲授至道，发五千文言外之旨，无余蕴矣。家世守之，盖千数百载，嗣成藐焉传嗣，累奉德音，以遵行太上老君经教，为祝厘第一义。是以每于三元开坛传箓告祝之余，必即此经敷畅之，使在坛弟子及慕道而来者如鱼饮水，各满其量。"② 老子《道德经》是天师道的创教经典，每每开坛说法，都要阐发老子《道德经》义旨，使信徒深受教导、深受启发。因此，张嗣成特别强调道教徒诵经的重要性："诵是经者，倘有得于无为之绪，则可以修身，可以齐家，可以安民，可以措天下于太平。虽然，此特其粗耳。《南华经》云：其尘垢秕糠，犹将陶铸尧舜者。非耶？若夫性根命蒂，交摄互融，妙有真空，微言显说。险语稜层，则孤峰绝岸；至味澹泊，则元酒大羹；其澄涵，则镜里之花；其窈沉，则水中之月。可以默契而不可以言悟，可以神遇而不可以迹求。"③ 学习老子《道德经》，需要从中悟出修身齐家治国平天下的道理。

（3）提倡从《道德经》中吸取养生的智慧。张嗣成指出，如果把理气之说与修道联系起来，那么，理就是性，气即为命，理气不可分离，性命必须双修。如《孔德之容章第二十一》之训颂，他说："惟无有空，惟空有神，惟神有炁，惟炁有精。空炁相入，实有不物，静以揽之，妙变汩汩。咦，上药三品精炁神，从无而有自然成。世间万物皆如此，不信神仙浪得名。"④ 这里说明，精炁神的生成变化遵循从无到有的自然顺序。从无到有，亦即从理到气，这是一个自然的过程。体现在修炼次序上，就

---

① 《道藏》，第 12 册，第 626 页。
② 《道藏》，第 12 册，第 626 页。
③ 《道藏》，第 12 册，第 630 页。
④ 《道藏》，第 12 册，第 626 页。

是先"性"后"命"。因此，张嗣成撰写《道德真经章句训颂》的目的，"非敢自谓得老君之旨，然使吾门弟子与夫尊德乐道之士得而玩之，倘有悟入，则金丹不在他求，而至道吾所固有，功成行满，法身不坏，亦券内事耳。所谓千载而下知其解者，犹旦暮遇之也"①，张嗣成强调，至道为每个人本来具有，那么金丹的修炼也无须向外，而要靠自证自悟。从张嗣成对《老子》的诠释中可看出，尽管他坚持先"性"后"命"的修炼次第，但并不反对修命，他说："天地人物，内外皆不离乎气。气聚则成形，气顺斯能生，所谓养生，亦顺其气而已。养生之道，以其厚自奉养，乃有以伤其气而致死矣。吉凶晦吝生乎动，动之效四吉仅一焉，故知道者慎乎动，明乎静。静则定，定则久，久则复，复则知，所谓一而为不死不生之徒矣。是盖神气空无之妙，生死两忘，出入无间，外物于我奚有加焉。明乎静，知其所以静而静之也，非若数息呆坐，顽然以为空者。使其顽然以空，则又安能外气以观天地哉。然阳气虚，阴气塞，阴常盛，阳常抑，事之成常难，事之败常易，晴明之日常少，冥晦之日常多，于三生六死概可见矣。是非其本，然皆人事有以致之。天地万物之气，于吾身未始一息不相通，养生者可不慎动。"②注文的主旨是通过气以论命，论生死。天地万物的形成都不离气，人的生命同样如此，所以养生之道的关键在于"养气"。养气的要点在于静而非动，由静入定，不仅修命，而且修性。张嗣成强调，只修性不修命是行不通的，因为只注意修性就是堕入了"顽空"，离开了气的支持，不会有理想的效果。而气贯通天人，在人身上生生不息，理应为养生者重视。

二、士大夫老学研究与文化传承

宋代是中国历史上继春秋战国之后又一个思想创造的高峰时期，陈寅恪、王国维、邓广铭等学者对此都有论述，与此相关的是众多学者和思想家都注解老子的《道德经》，由此出现了老学研究的繁荣景象，如前述陈抟学派的老学研究上承唐代重玄余绪，下启北宋学术新风，并使宋代道教思想学术焕发出新的活力；王安石学派、司马光学派、苏氏学派都有《老子注》传世，他们用儒家学说诠释老子《道德经》，儒道融通；朱熹、林希逸等著名理学家的以"理"解释老子《道德经》，开辟了老子研究的新思路。邵若愚运用佛教"中观之道"解《老》，他认为要理解"无欲"的真正含义，不能执于"有"，也不能执于"无"，还不能执于"亦有亦无"，此即老子之玄，乃与佛教之"中道"相通③。

① 《道藏》，第12册，第626页。
② 《道藏》，第12册，第635页。
③ 参见刘固盛：《论王安石学派的老学思想》，《海南师范学院学报》（人文社会科学版），2002年第1期。

1. 王安石的《老子注》及其影响

王安石（1021—1086），字介甫，晚号半山，北宋抚州临川（现为江西抚州东乡区上池里洋村）人，元丰二年被封荆国公，世人又称王荆公、临川先生。北宋杰出的政治家、思想家、文学家、改革家，被列宁誉为"中国十一世纪改革家"。变法期间，王安石两度拜相，修撰《三经新义》；变法失败后，闲居在家撰写《老子注》两卷，后世将王安石及其派别的学术思想称为"荆公新学"。

王安石学说之所以能够推陈出新，而且成为一个学术派别，在历史上产生如此重大影响，与他从老子《道德经》中吸取思想养分是分不开的。事实上，重视老学研究，吸收老子学说中的有益思想来充实儒学，并为其变法运动提供理论依据，是王安石及其学派的共同特点。据《宋史·王安石传》，王安石于熙宁二年（1069）二月拜参知政事后，神宗曾问他："人皆不能知卿，以为卿但知经术，不晓世务。"王安石回答说："经术正所以经世务，但后世所谓儒者，大抵皆庸人，故世俗皆以为经术不可施于世务尔。"[1] 从君臣这段对话中可以看出，当时人们眼中的儒学，就是经术，即汉唐以来的笺注之学，那实际上是一种脱离社会实际的空谈，这样的经术已经不能适应时代发展的新要求了。因此，王安石要进行政治改革，首先必须找到新的理论武器，这就是把"经术"与"世务"结合起来，提倡经世致用之学。在对儒学进行改造的过程中，他从老子的《道德经》中找到了指导思想。于是，他便把《老子》思想吸收到他的新学体系中，并用注释的方式阐明了"儒道同归"的思想。据史载："介甫平生最喜《老子》，故解释最所致意。"[2] 他的政治改革对手司马光在《与王介甫书》中也说："光昔从介甫游，介甫与诸书无不观而特好《孟子》与《老子》之言。"[3] 关于王安石的老子思想集中体现在他的《老子注》当中。

第一，继承了老子"崇尚自然之道"的思想。

与早年王安石力劝神宗效法尧舜并驳斥"老庄"抵毁儒家"仁义礼乐"的态度截然相反，他晚年很重视老子思想的探究。这种态度的转变原因是老庄思想崇尚，追求与世无争和精神自由的生活状态，这成为文人政客们失意时最好的心灵家园。熙宁变法失败之后，王安石寄情于老子思想，一方面他积极吸收《老子》学说中的有益思想来充实儒学，并为其变法运动继续辩护，提供新的理论依据；另一方面由于政治上失意，老子思想契合了他晚年的精神追求。他说：

---

① 戎默：《王安全集》，上海：复旦大学出版社，2016年，第40页。
② 晁公武：《郡斋读书志》卷3上，《王介甫老子注二卷》，文渊阁《四库全书》，第674册，第219页。
③ 司马光：《司马公文集》卷6，《全宋文》，成都：巴蜀书社，1992年，第28册，第373页。

夫道者，自本自根，无所因而自然也。①

道无体也，无方也，以冲和之气鼓动于天地之间，而生养万物。②

王安石认为"道"是产生天地万物的世界本原，它没有形体，也没有固定处所，自本自根，是超越天地万物的客观存在，是自然而然的存在。

第二，继承老子的"有无并重"思想。

关于老子的"有无"思想，王安石注解："世之学者，常以无为精，以有为粗，不知二者皆出于道。"③即他主张有无并重，"有无"同出于道，他说："道，一也，而为说有二。所谓二者何也，有、无是也。无则道之本，所谓妙者也。有则道之末，所谓徼者也。故道本处于冲虚杳渺之际，而其末也散于形名度数之间。是二者其为一也。……夫无者名天地之始，而有者名万物之母，此为名则异，而未尝不相为用也。"④对于"本"与"末"、"妙"与"徼"，王安石并无重此轻彼之意。道包含有无二者，有不是道，无也不是道，不能贵无而贱有，而要二者并重。"有"与"无"就像东、西两个方位那样并存，而不是相互否定；其次，他还指出"有"中可以见"无"，"无"中可以见"有"，"有无"相互依存。而"有"与"无"的变化体现于任何事物在变化过程中。王安石特别强调"有无之变，更出迭入，而未离乎道"。

第三，继承了老子"不尚贤"的思想。

王安石《老子注》中"不尚贤"章云："论所谓不尚贤者，圣人之心未尝欲以贤服天下，而所以天下服者，未尝不以贤也。群天下之民，役天下之物，而贤之不尚，则何恃而治哉？夫民于襁褓之中而有善之性，不得贤而与之教，则不足以明天下之善。"⑤老子之"不尚贤"与儒家的"举贤才"是相互对立的，但王安石不这么认为。首先，他说明了儒家"尚贤"的重要性，治理天下是不可能离开"尚贤"的。然后，他认为老子之"不尚贤"，并不意味着他要否定贤能，老子的本意是希望社会恢复到太古之治，人人皆善，人人皆贤，也就无贤可尚了。因此，老子之"不尚贤"实际上是"尚贤"，这点与儒家的主张是一致的。因此，王安石不仅认为"儒道"可以统一，而且认为儒学的发展离不开老子之道。

王安石作为荆公学派的学术领头独行于世六十年，带动了王雱、吕惠卿等一批学者以接续"孔孟之道"为己任，以"内圣外王"为基本框架，在恪守儒家本位的

---

① 容肇祖：《王安石老子注辑本》，北京：中华书局，1979年，第29页。
② 蒙文通：《王介甫〈老子注〉佚文》，《道书辑校十种》，成都：巴蜀书社，2001年，第681页。
③ 蒙文通：《王介甫〈老子注〉佚文》，《道书辑校十种》，第677页。
④ 蒙文通：《王介甫〈老子注〉佚文》，《道书辑校十种》，第676页。
⑤ 蒙文通：《王介甫〈老子注〉佚文》，《道书辑校十种》，第690页。

基础上，融通佛老，兼采诸子，其规模阔大宏伟。然而其学术特征概括起来主要包括两个方面，即阐发性命道德之理和政治变法主张，正如梁启超在《王安石传》中指出："荆公之学术'内之在知命厉节，外之在经世致用'，凡其所以立身行己与大施于有政者，皆其学也。"① 由此可知，王安石将老子的"自然之道"与儒家的"经世之学"结合，使老学不断与儒学和现实政治靠拢、合流，从而反映了宋元时期"孔老同归""儒道交融"思想发展趋势，在社会上产生了广泛而深远的影响。一是对宋学的影响。汉儒治经，偏重章句训诂、考据注疏；唐儒注经，墨守汉学，不思变化，这种僵化的学术风气，严重地窒息了学术界，同时也阻碍了经学自身的发展。宋初，范仲淹、欧阳修等都主张以义理解经。王安石继承他们"义理"解经的优良传统，撰著三经新义，并认为，"章句之文胜质，传注之博溺心"②。在王安石看来，汉唐诸儒重视章句传注之学，致使经典中的"妙道至言"的思想不能被发掘出来，而治经的目的应该是挖掘经典中的"微言大义"，应以发明"义理"为主，以通经致用为旨，从而给宋前章句训诂之学给以反驳，启开"义理之学"之先河，以至于"自王氏学兴，士大夫非道德性命不谈"。二是带动老学研究。从老学发展的历史看，两宋时期是一个高峰："上自帝王卿相，下至僧人道士，研习《老子》蔚然成风，可谓盛矣。"③该时期不但老学著作众多，而且其研究思路和方法也呈现出多样化的倾向，成为与占据统治地位的儒家思想相伴随的一股巨大的学术潜流，并具有自己鲜明的学术特色。其中，王安石学派注解《老子》更具特色，由于其特殊的政治地位和学术思想的广泛影响，对晚学后进有很大的号召力，对宋代老学的繁盛有着不可磨灭的贡献。其基本精神，如重视"自然"、对"有无"关系、"不尚贤"的辩证理解等等，都为后世老学所继承和发扬。由此可见，王安石的《老子注》，一方面是对老子思想及其价值的重新认识和肯定，一方面又为解决现实问题提供了参考。三是寻找变法的指导思想。北宋熙宁时代是历史上著名的变法革新时代，同时也是老子思想被复活、大流行发展的时期。学术思想领出现"学者争言老庄"的新局面，其中王安石起了重大作用。同时，这一学风对于推进变法的实施，同样也发挥了重要作用。宋元之际著名的道教学者杜道坚在《玄经原旨发挥》中说："道与世降，时有不同，注者多随时代所尚，各自其成心而师之。故汉人注者为'汉老子'，晋人注者为'晋老子'，唐人、宋人注者为'唐老子''宋老子'。"④ 这是老学发展的一个重要特点，也是《道

---

② 梁启超：《王安石传》，海口：海南出版社，1993年，第204页。

① 梁启超：《王安石传》，海口：海南出版社，1993年，第204页。
② 王安石：《临川文集》卷五十七，文渊阁《四库全书》，上海：上海古籍出版社，2002年，第1105册，第468页。
③ 熊铁基：《中国老学史》，福州：福建人民出版社，1995年，第329页。
④ 《道藏》，第12册，第773页。

德经》蕴含的无穷能量，也就是说《道德经》在不同的历史时期，人们可以根据政治、社会、思想领域的时代需要，不断地对《道德经》做出新的解释。就王安石来说，他借老子表达的主要思想就是变法，他视《道德经》为救世之书，关注天下兴亡，关注中华文明复兴和文化传承。

2. 吴澄的《老子注》及其学术贡献

吴澄，字幼清，号草庐，为江西抚州崇仁人，生于南宋末年，出生于书香世家，其祖父吴择精通诗词歌赋，于天文历法颇有研究；其父吴枢精通医术，乐善好施。二十七岁时，南宋灭亡进入元朝，大半生在元朝度过的。元祯元年（1295）吴澄到龙兴（今南昌），通过元明善的考核，吴澄向元明善行弟子礼。元大德五年（1301），程钜夫与数名官员一同举荐吴澄担任国史院编修。其历国子监、翰林学士、儒学副提举。其门生众多，有何中、虞集等。吴澄是元代著名的理学家、思想家、教育家。其学问广博，著作等身，经学主要以《五经纂言》为代表，其学术不仅在于经学、理学、心学等领域，他还广泛涉猎于医学、史学、文学、诗文、天文、地理、术数等领域，是一代大家，与许衡同为元代名儒，有"南吴北许"之称。年八十五卒。著有《吴文正集》一百卷。前面描述元代江西道教时，有许多反映地方道教的信息都出自吴澄的碑刻文献，可见其对学术和道教的贡献。

《老子注》（或称《老子真经注》《道德真经注》）是吴澄辞官返乡途中留居江西富州清都观时所作。富州（今江西丰城市），隶属龙兴路（今南昌市），其为上州，元祯元年（1295）规定，江南10万户以上者为上州。富州与其家乡崇仁县为邻县，两地道教文化丰富。其对《老子》的研究，无论文献版本的考校，还是思想层面的阐释都具有新意，不仅为我们全面认识吴澄的学术思想提供了重要的参考，在中国老学史上也具有重要的地位。

第一，搜集、整理《老子》世传注本，为《道德经》这部经典的传承发挥了积极作用。至大元年（1308）正月，吴澄以疾辞官，此时五十九岁。辞官之后到富州就医，其间寓居清都观，与门人就《老子》《庄子》《太玄章句》等书进行讨论，发现世传本有不少讹误，遂决定对其进行校理，他说："公以老庄二子世之异书，读者不人人知其本旨，注释者又多荒唐自狂，公为之参考。订定将使智之过高者不至陷溺于其中，凡下者不至妄加拟度于高虚云耳。"[1]吴澄自幼便对圣贤之学有兴趣，在隐居布水谷期间就对《孝经》《诗经》《易》《礼记》等经典进行了校理，同时还写下了《皇极经世续书》。《老子》虽没被列为经学，但在吴澄来说《老子》所蕴含的思想是

---

[1] 危素：《吴文正公年谱》，《四库全书》（影印本），台北：台湾商务印书馆，1986年，第1197册，第931页。

一笔宝贵的精神财富，而世人对《老子》思想存在极大的误解，注释者皆为狂妄之徒，他们的注释不得要领，与真正的《老子》思想有出入。为正本清源，使《老子》思想能恢复本义是吴澄校理《老子》的真正动机。吴澄对流传在社会上的十多家《老子》世传注本进行搜集、整理、校勘，吴澄认为《老子》原本的分章是建立在"文义"（"文本单位"）的基础上，而不是建立在外加的阴阳五行原理上，于是，其以"文义"为划分依据以恢复《老子》"本义"为初衷，重新对《老子》分章，吴澄在《老子真经注》将《老子》别为六十八章，上篇三十二章，下篇三十六章"[①]。在注本结尾吴澄题有"按语"："老氏书字多误，合数十家校其同异，考证如右。庄君平所传章七十二，诸家所传章八十一，然有不当分而分者，定为六十八章，云上篇三十二章，二千三百六十六字，下篇三十六章，二千九百二十六字，总之五千二百九十二字云。"[②]吴澄认为传世文本《老子》历时久远，在传承当中产生较多讹误，各家分章秉持的标准不一，无论八十一章，还是七十二章在吴澄看来都有不当之处。这些问题促使吴澄重新对世传本《老子》进行分析考证，并对《老子》文本进行了重新分章，其六十八章分法在历史上产生了深远的影响，著名学者陈鼓应教授对吴氏注本评价道："注解精确明晰，为研究老学的人所必读的一本好书。"[③]

第二，《老子注》"质量极高、影响深远"，为进一步阐发老子思想有贡献。吴澄的《老子注》一书学术界评价很高："由于其对老子注释多有新义，故其在元明时期产生较大的影响。"[④]后世认为此注本的重要特征是"以理解老"，因此，从哲学层面看该注本达到了新的高度；从社会使命看，体现了其"为天地立心，为生民立命"社会关怀。吴澄的《老子注》儒道会通、以理解老的特质贯穿始终。如"昔得之以一"章曰："吾之所谓'道德仁义礼智'，以其天地人物之所共由者曰'道'，以其人物之所得于天地者曰'德'。德其统名，分言则四。得天地生物之元以为德，而温然慈爱者曰'仁'，得天地收物之利以为德，而截然裁制者曰'义'，得天地长物之亨以为德，而架然文明者曰'礼'，得天地藏物之贞以为德，而浑然周知者为'智'。"[⑤]吴澄在注释道家"道"与"德"与儒家"仁义礼智"的关系时，既注重道德又重视仁义礼智，对儒道两家进行了巧妙的调和与平衡，他为儒家的"道"与《老子》的"道"在本质上都是相同的，而且都指的是宇宙万物的本源，仁义礼智是"德"在万事万物身上的体现，虽然差异性很大，但"德"为其统名。

① 吴澄：《老子真经注》，《道藏》，第 12 册，第 780 页。
② 吴澄：《老子真经注》，《道藏》，第 12 册，第 820 页。
③ 陈鼓应：《老子今注今译》，北京：商务印书馆，2015 年，第 387 页。
④ 熊铁基、马良怀、刘韶军：《中国老学史》，福州：福建人民出版社，2005 年版，第 395 页。
⑤ 吴澄：《老子注》，《老子集成》第五卷，北京：宗教文化出版社，2011 年，第 627 页。

第三，阐发老学思想立意高，体现人文关怀思想。老学思想主要表现在"道论"和"政治关怀"等方面。一是"道论"，包括"道理论""道德论""道气论""道物论""道心论"。吴澄以"理"与《老子》之"道"相汇通，借鉴了"理一分殊"等思想命题来阐发"道"与"理""德"以及"气"还有"天地万物"的关系。吴澄的"道论"吸收了大量理学并从音韵学的视角去考证、阐述，如："天下有道"章中王弼本、河上公注本都写作："天下有道，却走马以粪"，吴澄以为当是"走马以粪车"。吴澄云："退，却也。走马，善走之马。粪车，载粪之车。古者每甸六十四井，皆出戎马充赋，有道之世各守分地，不相侵战，故民间善马不以服戎车，而退却贱用之以服粪车而粪田也。戎马，齐其力以备战者。郊者，二国相交之境。无道之世寇敌日侵，郊外数战，戎马不得归育于马厩，而生育于郊外也。粪下诸家并无车子，惟《朱子语类》所说有之，而人莫知其所本。今按：张衡《东京赋》云：却走马以粪车。是用老子全句，则后汉之末车字未网，魏王弼注去衡未远而已网矣。盖其初偶脱一字，后人承并遂不知补车。郊，叶韵，阙'车'字则无韵。"[1]从音韵学的角度来看"郊"为叶韵，如果有"车"字，才构成叶韵，否则无韵。这样看来吴澄的考证具有极强的说服力。二是体现了"人文关怀"的思想。吴澄的《道德真经注》体现了其对现实政治的态度，他在多次谈到"治国理政""富国强兵"等现实问题。吴澄辞官之后以自己独特的方式参与地方政治事务，据史料记载："正月如龙兴，时，经理田粮，限期严迫，使者立法苛刻务重增民赋，以觊爵赏。郡县奉行尤虐，民不堪命。群情汹汹。邑父老知公与部使杜显祖在朝廷有交承之谊请往陈其害，公既行一日，使者已趋袁瑞不及入城而还。"[2]皇庆二年，吴澄辞官返乡到达今天的江西南昌，看到朝廷使者复法苛刻，曾重赋，导致民情汹汹。当时的吴澄早已是名满天下，父老知道吴澄与部使同在朝廷为官，便恳请吴澄前往陈其害，吴澄听后毅然决然地前往，还没来得及入城使者望风而逃。由此反映了他关注现实问题，重视民生。针对现实中的"善恶""战争"，吴澄曰："慈者，生之道，仁之德，为三宝之首，此下专言慈之一宝，而二宝在其中矣。慈者，人人亲之如父母，岂有子而敌其父母，攻其父母者哉？故以慈而战守，而人不忍敌攻，是能胜能固也。纵有来敌来攻之寇，人助其父母者多，亦必能盛能固，或人力不逮，天亦将救助之，不令其败且溃。天所以救助之者，以其能慈而卫护之也。以慈来立国，则人不能攻之而则天亦助之。"[3]从注释中反映了吴澄强对现实关怀态度，在他看来，儒家的圣君贤王虽为得道之人，

①　吴澄：《老子注》，《老子集成》第五卷，第632页。
②　危素：《吴文正公年谱》，《四库全书》（影印本），台北：台湾商务印书馆，1986年，第1197册，第933页。
③　吴澄：《老子注》，《老子集成》第五卷，第632页。

但只是指"内圣"领域，其终极目标还是着眼于外在的事务，面对现实政治中的俗务自然是不可避免的事情，建议圣君践行《老子》的三宝，"以慈立国"。

三、结论

综上所述，四位江西籍道士和士大夫从不同角度对老子《道德经》进行了注疏，既反映了"治身治国""性命并举""养生先养气""身国同构""儒道同归""儒道会通"的新思想、新观点，又体现"以玄解老""以理解老""以经解经"的新方法、新路径；既反映了宋元时期儒道两家对《道德经》这部经典的重视，又反映地方文化对道士、士大夫的思想影响；既揭示了老学发展与文化传承的关系，又表现了《道德经》的文化魅力和学术价值。以上四位江西籍道士和士大夫的老学成果对当代《道德经》的研究给予启发和思考。通过梳理他们对老子《道德经》的注疏，笔者发现道士和士大夫对《道德经》的理解和应用的角度有所不同：

1. 道士侧重"治身观"，他们认为"性"和"命"是构成人的生命的两大要素，"性命一体"才成就了人的完整的生命形态，同时也进一步阐述了"治身"与"治国"的逻辑关系，即治身先于治国，治国归于治身，以期达到个体"长生久视"和国家"长治久安"的双赢效果。

2. 士大夫侧重"治国观"，他们一方面从老子《道德经》中吸取思想养分，借助老子学说中的有益思想来充实儒学，另一方面，为其治国理政寻找理论依据，如王安石就是借助《道德经》来为变法运动提供理论依据，并形成其学术研究的新学派。

3. 回归《道德经》的教化作用，扭转了道教义理教理的方向，《道德经》内容既包含以圣人侯王为中心的治国之道，又包含引导世人"复其常道而入于妙门者矣"。宋元时期江西籍老学研究的创新实际上是纠正被唐玄宗所扭转的老学过度政治化的方向，促使宋元之道教回归其教化作用。由于这一方向的扭转，从一个侧面促进了宋元时期的道教内丹学说和修炼实践的兴盛。

4. 无论是道士还是士大夫都重视道教经典的整理，陈景元、吴澄都非常重视《道德经》各种版本的搜集、整理，尤其是陈景元除了整理老子《道德经》、庄子《南华真经》以外，还对《上清大洞真经》《度人经》《冲虚真经》《西升经》等道教主要经典进行收集、校勘、整理，形成了老学研究成果的创造性转换和创新性发展，不仅为我们全面认识《老子》的学术思想提供了重要的参考，而且在中国老学史上拥有重要地位。

5. 反映了江西人"家国天下"的胸怀，《道德经》"其要在乎治身治国"，四位江西籍道士和士大夫对《道德经》从深层次反映道教文化关注天下和苍生的情怀，也正是道教为中华文化注入的优良品格。

儒、道两家一同注解一部道教经典——《道德经》，这是中国经典史上以及中国思想史上十分独特的现象。从宋元时期江西老学研究成果来看，它一方面反映了儒、道的思想互相包容与深度融合，另一方面，反映了中华优秀传统文化的魅力，在新时代值得大力传承和弘扬。

老学史研究

老子姓名考

宇文博　陈飞雪　罗伟欢 *

内容提要：我们所熟知的《道德经》一书，又名《老子》，相传为老子所著。但是，老子在历史上讳莫如深，连孔子都说："吾今见老子，其犹龙邪！"可见老子给我们留下的谜太多了，包括老子的姓名都有待于考证，在《史记》中留下了四个人的名字：老聃、李耳、老莱子、太史儋，那么谁是真正的老子呢？老子姓老还是姓李，名为聃还是耳，老莱子、太史儋与老子又是什么关系，这些谜团，本文将重点考察以上内容。

关键词：老子 老聃 李耳 老莱子 太史儋

基金项目：本文是浙江省省社科规划 2021 年度"高校思想政治工作"专项课题——"21GXSZ072YBM 中国传统核心价值观融入新时代高校思政课的创新研究"的中期成果。

关于《老子》一书的真正作者是何人，学术界仍然莫衷一是。司马迁的《史记·老子韩非列传》是目前我们研究老子最原始的材料，所有研究老子的学者都参照了《史记》，但是，所有的疑问也都来自《史记》。《老子韩非列传》一共 450 多个字，却引起了后来诸多争论。因为里面竟然提出了四个与老子有关的人物，即老聃、李耳、老莱子和太史儋。这四个人里面到底谁是真正的老子？谁才是《老子》这本书的真正作者？他们四个人拥有怎样复杂的关系呢？让我们从老子的姓名入手研究这些问题。

一、姓老还是姓李

关于老子姓氏的问题，众说纷纭，至今没有定论。那么老子到底是姓老还是姓李呢？基本有两种观点：

---

* 宇文博，台州学院副教授，中央党校博士。陈飞雪、罗伟欢，台州学院人文学院学生。

一是姓李。《史记·老子韩非列传》说："老子者，楚苦县厉乡曲仁里人也，姓李氏，名耳，字聃，周守藏室之史也。"下文又说："李耳无为自化，清静自正。"这句话也出自《太史公自序》，同样的话重说了一遍。可见，司马迁是确定老子姓李的。

那么，李姓是怎么来的呢？清代的姚鼐在《老子章义序》中说："老子其沛人子姓，子之转为李，犹姒字转为弋欤！"① 姚鼐认为李姓由子姓转来，但是事实如此吗？

《新唐书·宗室世系表》记载：李氏出自嬴姓。帝颛顼高阳氏生大业，大业生女华，女华生皋陶，字庭坚，为尧大理。生益（即伯益），益生恩成，历虞、夏、商，世为大理，以官命族为理氏。至纣之时，理徵字德灵，为翼隶中吴伯，以直道不容于纣，得罪而死。其妻陈国契和氏与子利贞逃难于伊侯之墟，食木子得全，遂改理为李氏。利贞亦娶契和氏女，生昌祖，为陈大夫，家于苦县。生彤德，彤德曾孙硕宗，周康王赐采邑于苦县。五世孙乾，字元果，在西周任上御史大夫，娶益寿氏女婴敷。李乾和婴敷就是老子李耳的父亲和母亲。所以，《新唐书》认为李姓是由理姓转来，而不是由子姓转来。

既然姓李，为什么还叫"老子"呢？张君相曰："老子者，是号非名。老，考也。子，孳也。考教众理，达成圣孳，乃孳生万物，善化济物无遗也。"② 这种说法显然过于勉强，无法解决姓李却叫老子的矛盾。那么，老子是否姓老呢？

二是姓老。西北师范大学伏俊琏和王晓鹏二人认为："春秋时代没有'李'姓的记载，只有战国时代才有李姓的记载。"③ 高亨先生也认为"李姓之起甚晚，老子之世未闻有之"，"考周秦旧籍，皆称老聃或老子无作李者"④。老子不姓李，那应该姓什么呢？

伏俊琏和王晓鹏二人认为："老子本姓'老'，如孔子、孟子、墨子、管子、荀子、韩非子等；或直接称名，称老子或作'老子'，或作'老聃'，没有把'老子'叫'李子'或'李耳'的。以此例之，老子也应当是姓'老'无疑。"⑤ 如果老子姓老的话，怎么又变成姓李了。伏俊琏和王晓鹏二人认为："老通李，聃通耳，才有李耳一说。"高亨先生也认为："老变为李，殆始于汉。"⑥

以上几位学者显然是将姓与氏混为一谈了，今天的中国人，姓氏合一，所以，对于姓和氏之间的关系，有些含糊。但对于周朝人，说一个人名字的时候，就应该

---

① 魏源：《老子本义》，上海：上海书店，1986年，第5页。
② 司马迁：《史记》，北京：中华书局，1999年，第1701页。
③ 伏俊琏、王晓鹏：《〈老子〉的作者及其成书时代》，《求是学刊》2008年3月第35卷第2期。
④ 高亨：《老子正诂·史记老子传笺证（重订本）》，北京：古籍出版社，1956年，第159页。
⑤ 伏俊琏、王晓鹏：《〈老子〉的作者及其成书时代》，《求是学刊》2008年3月第35卷第2期。
⑥ 高亨：《老子正诂·史记老子传笺证（重订本）》，第159页。

深究他的姓是什么？氏是什么？名是什么？字是什么？如此，才能把他的姓名弄清楚。姓氏制度应当最早出现在原始社会。姓的起源要早于氏，应该是在母系氏族社会的时候产生的，因为中国最古老的那批姓，有一半都是"女"字旁的。一个因血缘关系而组成的氏族部落共有一个姓，但后来由于人口的繁衍，原来的部落又分出若干新的部落，这些新部落与原部落仍然具有血缘关系，所以，姓不能改。但是，怎样相互区别呢？于是，这些部落一般会用地名，给自己的部落起一个新的代号，以便与母部落相互区别，这便是"氏"。当然，这些小部落随着不断发展，又会分化出更多的小部落，这样，"氏"也就越来越多，甚至超过了"姓"的规模。

从时间上来讲，这已经到了父系氏族社会时期了，氏带上了这个时代的烙印。所以"氏"可以说是姓的分支。《资治通鉴·外纪》说"姓者统其祖考之所自出，氏者别其子孙之所自分"①，就很能说明二者的关系。氏在阶级社会除了区别支脉，还有了新的作用，"贵者有氏，贱者有名无氏"②"姓所以别婚姻，氏所以别贵贱"③，一方面，氏可以区别贵贱，只有贵族才有氏；另一方面，男子平时不称姓，只称氏，"姓"是女性平时使用的，顾炎武在其所著的《日知录》一书中说："考之于《传》，二百五十五年之间，有男子而称姓者乎？无有也。"④姓只有在结婚时才使用，因为"同姓不婚"。

另外，还有一个规定。"姓"是不变的，"氏"是可变的，所以，顾炎武说"氏一传而可变，姓千万年而不变"⑤。氏不但可变，而且必须变，周礼规定"五世亲尽，别为公族"⑥，一个氏沿用了五代，就不能再用了，必须换氏。

以孔子的姓氏为例。孔子的六世祖叫作孔父嘉，他是宋闵公的第五世孙，姓子，名单字"嘉"，字是"孔父"，官为大司马，他的氏可能是"宋"。但是，他已经是宋闵公的第五世孙了，那么，他的后代就必须改"氏"了。此时宋国的太宰名字叫作华督，觊觎孔父嘉妻子的美貌，设计杀害了孔父嘉，霸占了他的妻子。孔父嘉生木金父，木金父生祁父，祁父生防叔，防叔生伯夏，伯夏生叔梁纥，而叔梁纥就是孔子的父亲，从木金父到叔梁纥，这些名字基本都是字和名组合在一起的称呼，没有氏。为什么都不称氏呢？一方面孔父嘉的氏已传五代，其后代不能再称宋氏；另一方面华督杀死了孔父嘉，很可能也就剥夺了他们家的爵位，成为平民，"贵者有氏，

---

① 周谷城：《中国政治史》，北京：中华书局，1946年，第2页。
② 郑樵：《通志二十略》，王树民点校，北京：中华书局，1995年，第1—2页。
③ 郑樵：《通志二十略》，第1—2页。
④ 顾炎武著，黄汝成编：《日知录集释》，郑州：中州古籍出版社，1990年，第528页。
⑤ 顾炎武：《顾亭林诗文集·亭林文集》卷一《原姓》，北京：中华书局，1959年，第11页。
⑥ 司马迁：《史记》，第1537页。

贱者有名无氏"①，而且他们又从宋国逃到了鲁国，更是一无爵位、二无官职、三无封地，不可能有氏。

但是，叔梁纥因为战功卓著，而被封为鄹邑大夫，爵位可能是从大夫，这就可以有氏了。所以，孔子出生后，叔梁纥就以孔父嘉的"孔"，作为孔子的氏，叔梁纥可能觉得既然爵位是从孔父嘉那丢的，那么现在就从孔父嘉那里接上吧！孔子是商朝王室的后代，与他们同一个姓，也就是说姓"子"。但是男性平时不称"姓"，因此孔子在公众场合并不称自己为"子丘"，而称"孔丘"。

由于战国到汉初战乱频仍，贫富起伏变化巨大，旧贵族衰落，新贵族崛起，"氏"不再能分尊卑。到了汉代，姓氏合二为一，只选其一作为"姓"，"姓"和"氏"二字的含义也没有任何区别了。由于孔子名闻天下，他的后代就干脆姓孔了，以彰显与孔子的血缘关系。但是，后人不知区别，"孔"才被认为是孔子的姓。

老子的姓氏也是如此，正如清朝的学人姚鼐在其所著的《老子章义序》中说："孔子举所严事之贤士大夫，皆称氏字，晏平仲、蘧伯玉、老聃、子产是也。匹夫无谥，聃又非谥法，其妄无疑。庄子称老子居沛，夫沛者宋地，而宋国有老氏。"② 所以，姚鼐认为"老"是氏。

甲骨文		金文		篆文	隶书	楷书
前7·35·2	前2·2·6	牵弔匜	旻季良父壶	说文解字	校官碑	刁遵墓志

"老"字字体演变

那么，"老"这个"氏"是怎么来的呢？春秋时期，周王朝和各个诸侯国都有卿这一职务，是最高级的官员，并细分为上、中、下三个等级（即：上卿、中卿、下卿）。《礼记·曲礼下》云："国君不名卿老、世妇，大夫不名世臣、侄娣，士不名家相、长妾。"③ 郑玄注："国君不名卿老者，人君虽有国家之贵，犹宜有所敬，不得呼其名者也。卿老谓上卿，上卿贵，故曰卿老。"④

老，甲骨文 （像上卿、大夫戴的冠冕）+ （人）+ （手拄棍杖），表示头

---

① 郑樵：《通志二十略》，第1—2页。

② 魏源：《老子本义》，第5页。

③ 郑玄注，孔颖达疏：《礼记正义》，转引自阮元校刻：《十三经注疏》，北京：中华书局，2009年，第2720页。

④ 郑玄注，孔颖达疏：《礼记正义》，第2720页。

戴冠冕、手拄棍杖的年长上卿或大夫。有的甲骨文 🦐 加 "毛" 🌿，表示上卿、大夫因年长而发长。中国古人认为 "身体发肤，受之父母，不敢毁伤"，故而不敢随意剪掉头发，导致年龄越大，头发就越长，头发长也就成了年老的象征了。所以这个字的造字本义：古代对年长大臣的尊称。

所以，老子的祖上有可能出过卿老，那么他的后代就可能以 "老" 为氏，因为 "卿" 也是一个氏名，这是以爵位或官职取 "氏" 的做法，正如太史氏和史氏，都取自太史这一官职。当然，"老" 氏也可能出自地名，如果出生地或者封地里面有 "老" 这个字，也可以作为自己的氏。所以，老聃、老佐、老莱子、老阳子，这些名字里的 "老" 无疑都是氏，而不是姓。

二、名 "聃" 还是名 "耳"

古人有名有字。古代婴儿出生三个月时由父母命名，供长辈呼唤。但是，男子在成人举行加冠礼时就要取字，女子一般是在 15 岁许嫁举行笄礼时取字。古代人民在取字的方法上是多种多样的，但是名和字一般都有某种联系，要么是能够相互解释的，要么是含义相反的，要么是在经典中同一处出现的。例如屈原，其名平，因《尔雅·释地》记载 "广平曰原"，所以取字为 "原"。再如：诸葛亮，名为 "亮"，因 "明" 可以解释 "亮"，再美化一下，便取字为 "孔明"。而 "聃" 的意思是耳朵长而大，古人认为这是长寿的象征，所以，"聃" 和 "耳" 这两个字就存在着某种联系，能够相互解释，显然，二者一个是名，一个是字。再一个我们考察一下起名字的方法，《左传·桓公六年》记载：

> 九月丁卯，子同生。以大子生之礼举之：接以大（太）牢，卜士负之，士妻食之，公与文姜、宗妇命（名）之。公问名于申繻（xū）。对曰："名有五，有信，有义，有象，有假，有类。以名生为信，以德命为义，以类命为象，取于物为假，取于父为类。"[1]

所以，申繻所论述的起名字的方法中的一个即是 "以类命为象"。孔子因为出生时头部像个山丘，故而名为 "丘"，就是以 "类命为象"，字便为仲尼，用尼来解释丘。而老子出生时，耳朵较大，耳垂较长，类似于刘备的双耳垂肩，如果以 "类命为象"，应当取名为 "聃"。

"聃" 和 "耳" 的关系，传统认为 "耳" 是名，"聃" 是字，此种说法还应该存

---

[1] 杜预注，孔颖达等正义：《春秋左传正义》，上海：上海古籍出版社，1997 年，第 1751 页。

疑。"耳"能解释"聃"，但是，"聃"不能解释"耳"，因为"耳"习以为常，谁都知道是什么，但是"聃"就很生僻了，知道的人寥寥无几。所以，很可能"聃"是名，"耳"是字，用字来解释名。"聃"的意思是耳朵长而大，字就应该叫作"重耳"，而且春秋战国时代有多人取字为"重耳"。但司马迁考证其字为"耳"，又考证其姓李，故有"李耳"一说，可以说并不是很准确。

所以，与孔子氏孔、名丘、姓子、字仲尼一样，老子氏老、名聃、姓李、字（重）耳。因周朝男子不称呼姓，故而叫老聃，西汉姓氏合一之后，才有李（重）耳一说。

三、老莱子是老子吗?

老莱子生于约公元前 599 年（楚康王时期），卒于约公元前 479 年（楚惠王时期），活了 120 岁，十分长寿，他是春秋晚期的思想家，早期道家的代表人物之一，和老子、孔子生活在同一个时期。老莱子是湖北荆门人，也就是楚国人，他大力宣扬道家的思想，因此著书立说，广收门徒，他也是二十四孝中"戏彩娱亲"的主人公。

老莱子不愿"受人官禄、为人所制"[1]，隐居山林。楚惠王五十年（公元前 479 年）发生"白公胜之乱"，继而陈国南侵，为避乱世，他携妻子逃至纪南城北百余里的蒙山之阳，"葭墙蓬室，木床蓍席，衣蕴食菽，垦山播护"[2]。楚惠王曾亲自驾车前往，迎接老莱子到郢都出任官职，辅助国政。他谢绝说："仆野山之人，不足守政。"[3] 为谢绝楚王入朝的邀请，他向更偏远的南方迁徙。后世之人多不知其隐居何处，葬于何方。

后来，唐高祖、唐太宗和明太祖等均昭示寻找老莱子故居及墓庐。一直到清康熙年间，长沙府在今天的株洲良都塅发现了一块石碑。经过认识篆书的学者辨认，这正是老莱子的墓碑，才证明老莱子在这里仙逝。待到乾隆四十六年，湘潭县知县白睸赎回了老莱子的墓园，重建了老莱子的坟墓，并竖立了"古孝子老莱子墓"的墓碑。在距离老莱子墓一公里的地方，建有老莱子祠，上面书写着"灵钟楚国，业继蒙山"的对联，祠堂左侧是清朝同治十三年修建的"莱子捐碑"，记载了历代人民对墓葬修建的贡献。

有一种观点认为老莱子就是老子。《史记·老子韩非列传》载："或曰：老莱子亦

---

① 刘向：《列女传》卷二《贤明传·楚老莱妻》，《四库全书》，上海：上海古籍出版社（文渊阁影印本），2009 年，第 448 册，第 26 页。
② 刘向：《列女传》，第 26 页。
③ 刘向：《列女传》，第 26 页。

楚人也，著书十五篇，言道家之用，与孔子同时云。"①张守节《正义》说："太史公疑老子或是老莱子，故书之。"②但实际并非如此，老子绝不可能是老莱子。《史记·仲尼弟子列传》载："孔子之所严事：于周则老子；于卫，蘧伯玉；于齐，晏平仲；于楚，老莱子；于郑，子产；于鲁，孟公绰。"③司马迁明确说老莱子另有其人，是楚人，并指出其与孔子"同时"。

《庄子·外物》里面记录了老莱子训斥、教导孔子的事情，《战国策》这本书也记录了老莱子教导孔子的语言，不过《孔丛子·抗志》却认为老莱子教导的是子思，但《说苑·敬慎》记载也是老莱子教导孔子。但是，无论怎么说，从孔子对老莱子的态度上看，孔子是十分尊敬老莱子的，老莱子应该比孔子年长一些，可能与老子的年龄相仿。总之，老莱子不可能是老子，但是，由于老莱子与老聃的思想、年寿相似，又都是古之隐君子，故被后人混淆起来，误以为是一个人。

老莱子在道家形成的过程中发挥过重要作用。因为他生活的年代与老聃同时，影响远大，堪称一代杰出的思想家。"老莱子所著'十五篇'应是对初稿《老子》的阐释、整理和补充。即老莱子是《老子》流传成书过程中一个较早的、比较重要的阐释者，他对《老子》的阐释可能像韩非《解老》《喻老》一样，主要以解释发挥为主。《汉书·艺文志》诸子类道家记载有'《老莱子》十六篇'，《隋书·经籍志》和《旧唐书·经籍志》却无记载，说明此书早佚。"④

四、太史儋是老子吗？

太史儋是战国初期人，也是道家学派一个重要的代表人物。他曾出任周朝太史（史官），故称"太史儋"或"周太史儋"。《史记·周本纪》记载："烈王二年，周太史儋见秦献公曰：'始周与秦国合而别，别五百载复合，合十七岁而霸王者出焉。'"⑤司马迁在其所著的《史记》中就曾怀疑太史儋就是老子，他说："或曰儋即老子，或曰非也，世莫知其然否。"⑥因此历史上有不少学者都认为《老子》的作者是太史儋。

但是，《老子》的作者不可能是太史儋。根据《史记》的记载，太史儋曾经到西方的秦国，会见了秦献公，但是关于太史儋会见秦献公的时间，却有两个版本。《老子韩非列传》记载："自孔子死后百二十九年，而史记周太史儋见秦献公曰：'始秦与

① 司马迁：《史记》，第1703页。
② 司马迁：《史记》，第1703页。
③ 司马迁：《史记》，第1703页。
④ 伏俊琏、王晓鹏：《〈老子〉的作者及其成书时代》，2008年3月第35卷第2期。
⑤ 司马迁：《史记》，第114页。
⑥ 司马迁：《史记》，第1703页。

周合，合五百岁而离，离七十岁而霸王者出焉。'"①孔子去世后129年，也即公元前350年。但是，《周本纪》里的记载却不同，是在周烈王二年，也就是在公元前374年，有24年的偏差。郭店楚简版《老子》的年份也被确定为在公元前350年到公元前300年这个时间段，根据郭店楚简《老子》的出土，说明那时《老子》一书已比较流行，如果《老子》为周太史儋所著，不可能一成书就流传到楚国去。而且，太史儋西入秦的时间是在孔子死后一百多年后，这就与《礼记》等古代经典所记载的"孔子入周问礼于老子"不相符合了，并且，老聃离周大约在公元前516年，与太史儋西入秦的时间相差一百四十年左右。所以，司马迁也不确定太史儋是老子，在《老子韩非列传》中用"或曰儋即老子，或曰非也，世莫知其然否"②这样的话来表示，太史儋为老子只是人们的猜测而已。故太史儋与老聃应该是两个人。

太史儋与老聃虽然是两个人，但是，却经常被混为一谈。《老子韩非列传》载："至关，关令尹喜曰：'子将隐矣，强为我著书。'于是老子乃著书上下篇，言道德之意五千余言而去，莫知其所终。"③

据高亨考证，关令尹喜就是关尹。"关尹"大概以官职为名，是道家学派的另一个较重要人物。《吕氏春秋·不二》云："老聃贵柔，孔子贵仁，墨翟贵廉，关尹贵清，列子贵虚。"④这是按照时代顺序排列诸子，关尹位列于墨翟之后，列子之前。《庄子·达生篇》《吕氏春秋·审己篇》都记载列子曾向关尹子请教，说明了关尹子和列子是一个时代的人。列子的事迹我们知道的很少，但关尹略早于庄子，大概是没有问题的。既然关尹子生活的年代在墨子的后面，在庄子的前面，那么，我们大致就可以确定关尹子生活的年代了。他在公元前374年与太史儋见面，在时间上是合适的。所以，公元前374年，在函谷关与关尹相见的只能是周太史儋了，不可能是生活在一百多年以前的老聃。

那么，老聃和太史儋是什么关系呢？司马迁曰："盖老子百有六十余岁，或言二百余岁，以其修道而养寿也。"⑤实际上，司马迁说老子活了200岁就能给我们一定的启发。众所周知，正常人是不能活到200岁的，近世的最长寿者能够达到120岁，有记载的最长寿的能达到140岁，再长寿的就都是一些传说了，无证据证明是真实存在的。所以，司马迁说老子活了200岁，这里面是有问题的。

孔子生于公元前551年。公元前518年，时年33岁的孔子到周朝首都雒邑会见

---

① 司马迁：《史记》，第1703页。
② 司马迁：《史记》，第1703页。
③ 司马迁：《史记》，第1702页。
④ 高诱注：《吕氏春秋（诸子集成第六册）》，上海：上海书店，1996年，第213页。
⑤ 司马迁：《史记》，第1703页。

了 50 多岁的老子。孔子卒于公元前 479 年，也就是说孔子在会见老子之后又活了 39 年。孔子死后 129 年或 105 年，《史记》记载周太史儋会见了秦献公，50 +39 +105（129）=194（218），也就是说从老子出生到太史儋会见秦献公恰巧 200 年左右。通过这个计算，我们就会大致明白，司马迁说老子活了 160 或 200 岁，这里面是有故事的。

老子归隐之后，后代也都跟着隐居，都不出名，世人不知，江湖中只留下老子的传说，而未见到老子的身影。但是，当太史儋出现后，后世的学者大惊，这不就是老子吗？为什么他们会这么认为呢？因为太史儋和老聃之间存在着太多的共同点：一是聃和儋音同意近，都指耳朵大；二是都为隐君子；三是都曾西游，太史儋曾经到秦国会见了秦献公，而老子虽然很可能先到了楚国，但最后的归宿也是秦国，因为《庄子》记载老子最后死在了秦国；四是官职也相近，太史儋的官职是太史，而老子最有可能的官职是御史①，太史和御史都是"五史"之列，也很接近。老子与太史儋有这么多相近的地方，故而被混为一谈，以为是一个人，把老子到太史儋之间所有的时间都算作了老子的寿数，故有 200 岁一说。

综上所述，老子就是老聃。老聃，氏老、名聃、姓李、字（重）耳，故而司马迁又称其为李耳。老莱子是老子的后学，是老子学说的重要继承人和阐释者；太史儋是另一个继承人和阐释者，太史儋可能就是老聃的后人，《史记》中所记载的老子的谱系很可能就是太史儋的谱系。

---

① 司马迁记载老子是守藏室之史，但是，根据《周礼》记载，周朝并没有守藏室之史或者守藏史这样的官职，那么，老子的官职是什么呢？《新唐书》介绍老子的父亲李乾的原文为"西周任上御史大夫"，首先加"上"字意在说明是以前的御史大夫，不是当朝的，就像现在说某个已经退休的官员一样，称其为"原×××"或"前×××"，以区分于正在当政的"×××"；其次，"御史大夫"秦代始置，西汉沿置。而在周朝相似的职务名称叫作御史。所以，李乾的官职有可能是御史。而周朝的官职往往是世袭的，故而，老子的官职也可能就是御史。另外，很多古籍记载老子的官职是柱下史，而"柱下史"就是御史，御史因常侍立殿柱之下接收四方文书，故被称"柱下史"，御史还负责保管档案和典籍，这跟古籍记载老子负责保管图书的职责也相符，只不过不是守藏室之史而已。

宋濂老学思想研究

内容提要： 宋濂认为《老子》为诸子之长，深谙于礼，而其《萝山杂言》堪称明代心学解老的先驱。身处元末明初的宋濂因深厚广博的思想，与特殊的社会影响地位，对明代老学思想产生了较为深远的影响。

关键词： 宋濂　老学　《诸子辩》《玄润斋记》《萝山杂言》

基金项目： 国家社会科学基金重大项目"中国诸子学通史"（19ZDA244）

宋濂（1310—1381），字景濂，号潜溪，亦号无相居士，金华浦江人，号为明代"开国文臣之首"，卒谥文宪，明初著名政治家、文学家、史学家、思想家。宋濂在元末隐居不仕，颇通道家经典，王祎曾评价："于天下之书无不读，而析理精微，百氏之说，悉得其指要。至于佛、老氏之学，尤所研究。"[①]他还获得了宗教人士如释来复等的认可："至于释老之书，无不研味而探赜焉。"[②]他同时与郑源、傅若霖、邓仲修、黄中理、宋宗真等道教中人有较多交往，并有仙华生、仙华道士、元贞子、龙门子、南山樵者、玄真遁叟等道家韵味浓厚的字号。宋濂一生著述甚多，大部分被合刻为《宋学士全集》共七十五卷，现在流行的版本主要有罗月霞《宋濂全集（全四册）》（浙江古籍出版社，1999年）、黄灵庚《宋濂全集（全五册）》（人民文学出版社，2014年）。宋濂老学思想主要散见于各类创作中，其中尤以《老子辩》（《诸子辩》中的一篇）、《玄润斋记》、《萝山杂言》等为代表。

---

* 杨秀礼（1977—），男，江西玉山人，上海大学文学院副教授，研究方向为道家道教典籍与文学。徐庆玲（1996—），女，安徽安庆人，上海大学文学院研究生，研究方向为先秦两汉文学与文献。

① 王祎：《宋太史传》，罗月霞主编：《宋濂全集·潜溪录》，杭州：浙江古籍出版社，1999年，第2327页。

② 释来复：《像赞·释来复前题》，《宋濂全集·潜溪录》，第2301页。

一、《老子辩》：老子为诸子之长

任何人物与思想都是在特定时空条件下产生并发展的，不能脱离"语境"来理解相关人物及其思想，对老子其人其书的理解也是如此。同时，老子杂糅着哲学家与宗教家双重身份，汉代后的宗教神化使得老子生平传说愈发离奇，相关考辨工作由此应运而生。兴盛于宋代的辨伪疑经之风，对老子其人其书考辨的发展更是起到了推波助澜的作用，宋濂《诸子辩》在体裁行文也多借鉴了高似孙《子略》、黄震《黄氏日抄》等宋人的著述。

> 《老子》二卷，《道经》《德经》各一，凡八十一章，五千七百四十八言。周柱下史李耳撰。耳字伯阳，一字聃。聃，耳漫无轮也。或称周平王四十二年，以其书授关尹喜。今按平王四十九年入春秋，实鲁隐公之元年。孔子则生于襄公二十二年，自入春秋下距孔子之生，已一百七十二年。老聃，孔子所尝问礼者，何其寿欤？岂《史记》所言"老子百有六十余岁"，及"或言二百余岁"者，果可信欤？[1]

作为《老子辩》的开篇，宋濂所列考据材料似颇为常见，然《诸子辩》写作于元顺宗至正十八年（1358），其时朱元璋遣将攻打建德，宋濂迁妻子避难于诸暨而自己则独居浦江，于战乱中历经大概 3 个月完成，当中因频繁搬家，其身边仍可借鉴征引的典籍所存当不多。上引文段其中"周平王四十二年，以其书授关尹喜"的"或称"所指当为宋人晁公武，其《郡斋读书志》卷十一"《老子道德经》二卷"条言"以周平王四十二年授关尹喜，凡五千七百四十有八言，八十一章，言道德之旨"[2]。故宋濂关于《老子》"五千七百四十八言"的字数统计概也出于晁氏。

关于老子生平事迹，系统可信的最早文献记载当为司马迁《史记》。"周平王四十二年，以其书授关尹喜"的说法，与《史记·老庄申韩列传》的记载有出入。"（老子）居周久之，见周之衰，乃遂去。至关"而为尹喜所阻，终"以其书授关尹喜"在《史记》的文本位置在"孔子问礼于老子"之后，故老子出关时间按《史记》的理解，当在孔子成年或之后，晁氏之说有误。宋濂对于晁氏的说法也有所考辨，他主要从老子出关（周平王四十二年，前729），与孔子问礼（襄公二十二年，前551）两者所隔时长为"已一百七十二年"（实为一百七十八年），时长已超越一般人生命时限而产生怀疑。故尽管宋濂有较为深厚浓烈的道家道教思想，但对神化老子这一

---

① 宋濂：《诸子辩》，《宋濂全集·潜溪后集》，第 130 页。
② 晁公武：《昭德先生郡斋读书志》，上海：上海书店，1985 年版《四部丛刊三编》本，第 29 册，第 9 页。

做法还是很有保留的，甚至对《史记》老子年岁的记载宋濂也持质疑的态度，惜未能进行更深的考论。

老子其人其书的考辨，其最终需落实于对《老子》思想的研究。宋濂受限于创述时的各种条件，对老子生平事迹考辨的成就相对有限。但对《老子》其书的思想价值与地位，宋濂则有宏阔的视野，认为："老氏之道，清净而无为，隐约以无名，不以清为清，不以名为名，是则无所不名。可以治国，可以观兵，可以修身，可以延龄。其小靡不该，其大无不并。"① 道家尤其是《老子》哲学作为中国哲学的基本源头之一，不仅体现在时间上最早提出并阐述了系统的哲学性思想学说，在理论内容方面同时也做出了许多基础性的独特贡献，在很大程度上奠定了中国传统哲学的基本理论框架。对《老子》思想的这一历史地位功能，宋濂有较为深刻的认识，他指出：

聃书所言，大抵敛守退藏，不为物先，而壹返于自然。由其所该者甚广，故后世多尊之行之。"视之不见名曰夷，听之不闻名曰希，搏之不得名曰微"，道家祖之。"谷神不死，是谓玄牝。玄牝之门，是谓天地根"，神仙家祖之。"吾不敢为主而为客，不敢进寸而退尺。是谓行无行，攘无臂，扔无敌，执无兵。祸莫大于轻敌，轻敌几丧吾宝。故抗兵相加，哀者胜矣"，兵家祖之。"道冲而用之或不盈，渊兮似万物之宗。挫其锐，解其纷，和其光，同其尘。湛兮似若存。吾不知谁之子，象帝之先"，庄、列祖之。"将欲翕之，必固张之；将欲弱之，必固强之；将欲废之，必固兴之；将欲夺之，必固与之"，申、韩祖之。"以正治国，以奇用兵，以无事取天下"，张良祖之。"我无为而民自化，我好静而民自正，我无事而民自富，我无欲而民自朴"，曹参祖之。聃亦豪杰士哉！伤其本之未正，而末流之弊至贻士君子有"虚玄长而晋室乱"之言。虽聃立言之时，亦不自知其祸若斯之惨也。②

宋濂认为《老子》其书具有"所该者甚广"即包容广博的特点，如老子所倡言之道，"充以夷。显可用世微守雌。厥文五千意易知。今之宗者皆其支"③，因为老子之道具有统摄宇宙自然和社会人生最高本体的特性，为后世相关逻辑性的展开，提供了原发性思维起点。故《老子》不仅是道家之祖，也是神仙家、兵家、法家等各家的立论依据之一。在政治哲学上也发挥了巨大的作用，张良、曹参等黄老之术的

---

① 宋濂：《卢龙清隐记》，《宋濂全集·銮坡后集》，第729页。
② 宋濂：《诸子辩》，《宋濂全集·潜溪后集》，第130页。
③ 宋濂：《邓炼师神谷碑》，《宋濂全集·芝园续集》，第1520页。

祖法造就了文景治世，这一思想宋濂在《诸子辩》多有提及。

> 然是书非计然之所著也。予尝考其言，壹祖老聃，大概《道德经》之义疏尔。所谓"体道者，不怒不喜。其坐无虑，寝而不梦，见物而名，事至而应"，即"载营魄抱一""专气致柔""涤除玄览"也。所谓"上士先避患而后就利，先远辱而后求名。故圣人常从事于无形之外，而不留心于已成之内。是以祸患无由至，非誉不能尘垢"，即知白守黑、知雄守雌、知荣守辱之义也。所谓"静则同，虚则通，至德无为，万物皆容"，即"道常无为而无不为，侯王若能守，万物将自化"也。所谓"道可以弱，可以强，可以柔，可以刚，可以阴，可以阳，可以幽，可以明，可以苞裹天地，可以应待无方"，即"道冲而用之或不盈，渊乎似万物之宗"也。其他可以类推。盖老子之言弘而博，故是书杂以黄、老、名、法、儒、墨之言以明之，毋怪其驳且杂也。（《文子辩》）①
>
> 其书本《老子》，其学无所不窥。其文辞汪洋凌厉，若乘日月，骑风云，下上星辰，而莫测其所之，诚有未易及者。（《庄子辩》）②

《老子》作为中国哲学的基本源头，后世的运用发展具有多向性。这种多向性在宋濂看来，使得《老子》之学具有了主次本末之分，如果颠倒本末关系，《老子》之学会造成惨烈的社会后果。比如屡为后世指责的"虚玄长而晋室乱"，即以《周易》《老子》《庄子》为核心建构的玄学，在魏晋时期的流行所造成社会动荡等，故而用老、学老不可不慎。道教对《老子》的运用及其发展方式，宋濂也多有批评：

> 呜呼！此姑置之。道家宗黄、老，黄帝书已不传，而老聃亦仅有此五千言，为其徒者，乃弃而不习，反依仿释氏经教以成书。开元所列《三洞琼纲》固多亡缺，而祥符《宝文统传》所记，若《大洞真》，若《灵宝洞玄》，若《太上洞神》，若《太真》，若《太平》，若《太清》，若《正一》诸部，总四千三百五十九卷，又多杂以符咒、法箓、丹药、方技之属，皆老氏所不道。米巫祭酒之流，犹自号诸人曰"吾盖道家！吾盖道家！"云。③

从上述文字看，宋濂是反对将《老子》"依仿释氏经教以成书"，即做如佛教般宗教化解读的。宋濂对佛教的态度从相关资料看并不反感，甚至还有所贡献，其《文

---

① 宋濂：《诸子辩》，《宋濂全集·潜溪后集》，第 131 页。
② 宋濂：《诸子辩》，《宋濂全集·潜溪后集》，第 137 页。
③ 宋濂：《诸子辩》，《宋濂全集·潜溪后集》，第 130—131 页。

集》现存文章篇目与佛教直接相关者多达百余篇，其佛教论述及相关经序甚至被袾宏辑为《护法录》。宋濂之所以反对将《老子》"依仿释氏经教以成书"，在宋濂看来，"聊书所言，大抵敛守退藏，不为物先，而壹返于自然"是哲理性书籍。主要是在道教化的《老子》解读，多"杂以符咒、法箓、丹药、方技之属"，而此类解读"皆老氏所不道"。但宋濂并未否认《老子》之旨可以治国，可以修身，可以炼真"①。

> 存炼解化之术，略不一言之，岂宝秘阴阳之机而不露耶？抑亦得其人而后度耶？虽然，老、庄、文、列四家之书，亦往往及之矣，要不出"致虚极、守静笃"二句之外。盖虚则洞然涵乎太一，静则凝然萃乎太和。虚非极，无以收纯玄之效；静非笃，无以臻纯默之功。驯而致之，与道盖不远矣。②

在宋濂看来，所谓"存炼解化之术"，是本根于《老子》的，其关键不出"致虚极、守静笃"（通行本《老子》第十六章）之语。但这又与在他人面前自诩为"吾盖道家！吾盖道家"的米巫祭酒之流等符箓方技为特色的法术无关，宋濂坚持了《老子》其人其书为哲学性元典的基本立场，这一立场在其创述中多有提及。

> 道家者流，秉要执本，清虚以自守，卑弱以自持，实有合于《书》之"克让"，《易》之"谦谦"，可以修己，可以治人，是故老子、伊尹、太公、辛甲、鬻子、管子、蜎子，与夫兵谋之书，咸属焉。自其学一变而神仙方技之说兴，欲保性命之真，而游求于外，荡意平心，同死生之域，而无怵惕于胸中，则其玄指复大异于前矣。所以刘歆之著《七略》，既书道家入于九流，而复别出方技，其意岂无见哉？呜呼！其传袭盖亦久矣。③

即《老子》等道家类学说，其"秉要执本"是"可以修己，可以治人"即在修身治国。在其学说一变而为"神仙方技之说"后，其"玄指复大异于前矣"，即解说《老子》的主旨已脱离了其修己治人的原本功用。最后宋濂指出，早在刘歆创作《七略》已将道家与方技之说进行了区隔，可见这一话题受关注之久，也可看出方技化解读《老子》传袭时间久远，至迟在汉代即有一定规模。

---

① 宋濂：《太上清正一万寿宫住持提点张公碑铭》，《宋濂全集·銮坡后集》，第 656 页。
② 宋濂：《送许从善学道还闽南序》，《宋濂全集·翰苑别集》，第 1110 页。
③ 宋濂：《混成道院记》，《宋濂全集·翰苑别集》，第 1100 页。

二、《玄润斋记》:《老子》深于礼

礼治是中国传统政治文化的主体构成部分,在传统社会治理中,礼治发挥着基础性作用,它既为统治者提供合理性、正统性证明,也提供具体的治国方略。明初统治者鉴于元明之际"华风沦没、彝道倾颓"的社会现实,另谋擘划一代礼制,将礼制推到"国之纪纲"的政治高度,完成了对元代礼失百年的一种反正。宋濂号为"开国文臣之首",作为明初著名政治家、思想家,"一代礼乐制作,濂所裁定者居多"①,宋濂相关活动也影响到其本人对《老子》礼学观念的基本态度。

> 道家祖老子,老子之学,赅博闳阔,而尤深于礼,当世大儒咸北面师之。夫其学之博,必非守一术以违世;其习礼之本,必不弃人伦以忘亲。后世或失之,去老子之道远矣。②

上述文字为宋濂围绕"玄润斋"李弘范及朱、史二师所做兴学亲孝感人事迹所发的感叹。盖因故事主要发生于"信之龙虎山,为汉天师裔孙传道之所",宋濂将"弘范既述二师之事,又图其亲与师之祀,不亦达礼之本矣乎"这一兴学亲孝故事的根源,追溯到道教祖典《老子》。关于《老子》"尤深于礼",是有违于世俗看法的。从文本而言,《老子》可以说是古代反对礼治的代表,比如:

> 上德不德,是以有德;下德不失德,是以无德。上德无为而无以为,下德为之而有以为。上仁为之而无以为,上义为之而有以为,上礼为之而莫之应,则攘臂而扔之。故失道而后德,失德而后仁,失仁而后义,失义而后礼。夫礼者,忠信之薄而乱之首。前识者,道之华而愚之始。是以大丈夫处其厚,不居其薄;处其实,不居其华。故去彼取此。(《老子》第三十八章)

社会治理思想按照效果递减,《老子》认为分别为道(上德)、德(下德)、仁、义、礼共为五级序列。其中"礼"与"无为而无以为"的"道(上德)"成为对立面,是社会治理"忠信之薄而乱之首"即国家发生祸乱的罪魁祸首,是万恶之源,可见《老子》对礼治基本的反感态度。既然"礼"与《老子》最为推崇的道治——无为而治成为对立面,这表明"礼"又是有为而治的代表。从广义而言,"义"和"仁"属于"礼"内在的精神实质和情感基础,即为"礼"的内在固有组成部分。《老子》所

---

① 张廷玉等撰:《明史》卷128,北京:中华书局,1974年,第3788页。
② 宋濂:《玄润斋记》,《宋濂全集·朝京稿》,第1683页。

批判是指失去情感基础和精神实质，而只剩僵硬的规范作为外壳形式之"礼"，这种礼既背离自然，又与人心疏离。

> 礼之由生，非天作而地设，制之者人也。太古无事之时，固未有所谓礼。礼之立，起于人情之变，人情之变，如洪水之溃。制礼者，犹禹治水然，左瀹而右疏，排险而导下，惟适水之性，使各顺其道而已，不可以一法拘也。水势有古今之殊，苟执禹之遗法，而治千载以下之水，则不合者多矣，奚可乎哉？《传》曰，"三王不同礼"，言礼因时而变也。古者墓无祠，庶人惟祭其祢，礼也。至汉，尝祠墓矣，祭尝及高祖矣，不可谓之非礼也。①

在宋濂看来，太古无事即无为而治，在这一时期为大道当行，"礼"尚没有产生的土壤。私有制产生之后，人心社情产生了变化，"嗜欲之性，人孰能免哉？能以礼义制之，则不入于邪僻矣"②。这与《老子》以为大道被废弃，不为统治者认可推行，仁义礼等才被用作治世之法，在认识上有相近之处，只是宋濂将仁义礼为治道看作了历史发展特定阶段的必然。故礼制的发展与运用，宋濂认为应该如"惟适水之性使各顺其道而已，不可以一法拘也"，即坚持不能机械刻板地认识推行礼法，所谓"《传》曰'三王不同礼'，言礼因时而变也"，应该因时因地制宜推衍。宋濂对《老子》道（上德）、德（下德）、仁、义、礼五级序列的社会治理思想体系，及其产生与发展跳出了《老子》的历史倒退观。

同时还需注意宋濂提及的"当世大儒咸北面师之"，代表即孔子师事老子而问礼。关于此事的真实性有一定的争论，但《礼记·曾子问》《孔子家语·曲礼子夏问第四十》等宋濂所熟识的儒家经典已有记载，故《老子》"尤深于礼"的看法是成立的。《老子》"尤深于礼"与其作者为"周柱下史李耳"，即道家出于王官之史官紧密相关。"大史：掌建邦之六典，……与群执事读礼书而协事。祭之日，执书以次位常，……大会同朝觐，以书协礼事。……凡射事，饰中，舍算，执其礼事。……小史：掌邦国之志，……大祭祀，读礼法，……大丧、大宾客、大会同、大军旅，佐大史。凡国事之用礼法者，掌其小事。"③后世之所以流行《老子》反对礼制的原因，是"后世或失之，去老子之道远矣"，即后世学老、用老有失于老学本道所致。

至于宋濂所言"其习礼之本，必不弃人伦以忘亲"，大概为"礼"内在的精神实质和情感基础，即礼之本质是建立在人与人普遍伦理情感之上的。宋濂认为《老子》

---

① 宋濂：《平阳林氏祠学记》，《宋濂全集·朝京稿》，第 1690—1691 页。
② 宋濂：《谢节妇传》，《宋濂全集·朝京稿》，第 1670 页。
③ 杨天宇撰：《周礼译注》，上海：上海古籍出版社，2004 年，第 374—378 页。

所反对的自然是礼的形式，而不是礼的内容，因为"礼"虽是由"大道"逐级递减衰退而来，但同时本质也是对"大道"依次的增饰发展，如此在道（上德）、德（下德）、仁、义、礼彼此间存在着"不可缺失的因依相生关系"①，即"礼"在内容或本质上，也可以反映道（上德）、德（下德）、仁、义。

　　夫佳兵者，不祥之器。物或恶之，故有道者不处。君子居则贵左，用兵则贵右。兵者，不祥之器，非君子之器。不得已而用之，恬淡为上，胜而不美。而美之者，是乐杀人。夫乐杀人者，则不可以得志于天下矣。吉事尚左，凶事尚右。偏将军居左，上将军居右，言以丧礼处之。杀人之众，以哀悲泣之。战胜，以丧礼处之。（《老子》第三十一章）

上述文字涉及军礼与丧礼，可以发现"战胜以丧礼处之"，促使"礼"发而成文的那种深挚情感，成为"不弃人伦以忘亲"的一种宽泛表达。礼是自然法则在人类社会中的体现，即人性人情，故"缘情制礼"是为防止人情泛滥。对主张用兵、战胜之礼采用丧礼的一些仪节，《老子》对此种制度性安排明显表现出嘉许的态度，从中可以将君子临战时"不得已"而用兵、"不乐杀人"的悲哀与慈悲用意形象化地表达出来，并以此感化众人。可见"礼"有深刻真挚的情感为基础。

三、《萝山杂言》：明代心学解老的先驱

《萝山杂言》一卷，录宋濂杂论 20 则。据宋濂自序："濂自居青萝山，山深无来者，辄日玩天人之理。久之，似觉粗有所得，作《萝山杂言》。"②萝山即青萝山的省称，在今浙江省浦江县城北。元末，宋濂由金华迁居于此，并曾著《萝山迁居志》以记叙其事。作年或在 1350 年③，"当至正中，尝以翰林国史院编修官征之，固辞不起，后竟寄迹《老子》法中，入仙华山为道士"④时期，与宋濂入仙华山为道士同时，《萝山杂言》具有较为丰富的老学思想。

特定的思想表达需要诉求于得体的形式，从而使前者得到更为充分的宣扬，而这种形式上的追求与作者的审美观念紧密相关，《萝山杂言》就其表达的形式而言与《老子》非常接近，仅择二则如下：

① 陈鼓应：《先秦道家之礼观》，《中国文化研究》，2000 年第 2 期。
② 宋濂：《萝山杂言》，《宋濂全集·潜溪前集》，第 50 页。
③ 罗海燕：《金华文派研究》，上海：东方出版中心，2015 年，第 297 页。
④ 戴良：《送宋景濂入仙华山为道士序》，《宋濂全集·潜溪录》，第 2568—2569 页。

　　　　阴阳相摩，昼夜相环，善恶相形，枭凤相峙，粱藜相茂，势也，亦理也。
君子欲尽绝小人，得乎哉？①

　　　　鸟之羽者两其足，兽之角者去其齿。天地生物，尚有不能，而况众人乎？
故曰："功有所不全，力有所不任，才有所不足。"②

　　上引材料在意象选择与经营上，甚至是主题都与《老子》有相近之处。而其中
句子结构整齐严密，音节协调匀称，与散句配合使用，将诗歌的韵律和散文的错落
完美结合，整齐之中不失灵活，连贯之中少许停顿，传达出一种自然的气势尤其值
得关注。这种美学追求是宋濂文学观念的自然流露。"人生霄壤间，坎止流行，曷
尝有一定哉？譬之西风木叶，飘陨于川之中，其回旋转移，有直达长江者，有泊
于石矶而栖于浮查者，有弗离其故处者，一委之自然而已，何所容其心哉？"③ "自
然"一词首见于《老子》，道家哲学的最高范畴是"道"，而"道法自然"，是本然之
意，即保持本来的样子。精短简练是宋濂《萝山杂言》的另一特色，这源于短句的
大量、精准选用。宋濂为文也尊崇简古，"文不贵乎能言，而贵于不能不言"④认为写
文章要用最简约的文字表达最丰富的思想。"辞不必费也。辞之费，其经之离乎。汉
儒训诂经文，使人缘经以释义，必优柔而自得之，其有见乎尔也。近世则不然，传
文或累言数百，学者复求传中之传，离经远矣。"⑤在《老子》的语言观中，提倡"言
有宗""知者不言，言者不知"，言论需讲求自然，讲求宗旨，反对过多的人为修饰，
短句纯粹简洁的特点完全符合这样的表达需要。短句因语言的简省，免去长句烦冗
拖沓的弊病，但也会出现支离破碎、语意跳跃等现象。可见《萝山杂言》与《老子》
的语录体形式具有高度的相似性，主要来自宋濂文学审美观念与《老子》的高度
接近。
　　正如上文所言，得体的形式主要是服务于特定思想的表达，《萝山杂言》与《老
子》语录体形式的高度相似性，主要源于二者思想内容的相近性。

　　　　君子之道，与天地并运，与日月并明，与四时并行。冲然若虚，渊然若潜，
浑然若无隅，凝然若弗移，充然若不可以形拘。测之而弗知，用之而弗穷。唯
其弗知，是以极微，唯其弗穷，是以有终。⑥

---

① 宋濂：《萝山杂言》，《宋濂全集·潜溪前集》，第 51 页。
② 宋濂：《萝山杂言》，《宋濂全集·潜溪前集》，第 51 页。
③ 宋濂：《赠孔君序》，《宋濂全集·黄溥刻辑补》，第 1978 页。
④ 宋濂：《〈朱葵山文集〉序》，《宋濂全集·朝京稿》，第 1674 页。
⑤ 宋濂：《阴阳枢第三》，《宋濂全集·龙门子凝道记》，第 1772 页。
⑥ 宋濂：《萝山杂言》，《宋濂全集·潜溪前集》，第 50 页。

宋濂所谓的"君子之道"，具有"冲然若虚，渊然若潜"的特点，一个"冲"字，描摹出道是在冥想中可能捕捉的、空虚却又流动不息的造化景象。她"浑然若无隅，凝然若弗移，充然若不可以形拘"，宋濂的这一灵感可能直接来自《老子》对道的描述："道冲而用之或不盈，渊兮似万物之宗……湛兮似或存。"（《老子》第四章）而"测之而弗知，用之而弗穷"则与"大成若缺，其用不弊。大盈若冲，其用不穷"（《老子》第四十五章）妙合。整体而言，宋濂《萝山杂言》的首则与《老子》非常接近。

> 视之不见名曰夷，听之不闻名曰希，抟之不得名曰微。此三者不可致诘，故混而为一。其上不皦，其下不昧。绳绳不可名，复归于无物，是谓无状之状，无物之象，是谓惚恍。迎之不见其首，随之不见其后。执古之道，以御今之有。能知古始，是谓道纪。（《老子》第十四章）

与宋濂一样，《老子》此章将形而上的"道"本体拉回到形而下的感性世界进行猜想，从感性认知入手。不同的是，宋濂是先述谜底"道"，后述谜面；而《老子》则是先述谜面，后述谜底。宋濂还有一则"杂言"，与《老子》此章也有相似之处。

> 至虚至灵者心，视之无形，听之无声，探之不见其所庐。一或触焉，缤缤乎萃也，炎炎乎蒸也，莽莽乎驰弗息也。苟不以畏为君，而欲辔之勒之，检之柙之，苞之涵之，是犹教猿学礼也，不亦左乎？[①]

"视之无形，听之无声，探之不见其所庐"，可以说就是"视之不见名曰夷，听之不闻名曰希，抟之不得名曰微"的一种延展，《老子》所言之"是谓道纪"，而宋濂则将之比拟成"至虚至灵者心"的存在状态。为避免"是犹猿学礼也，不亦左乎"的状态，宋濂进一步描绘了一种理想即"婴儿"状态。

> 子不见婴儿乎，目不留采色，故明全；耳不留音声，故聪全；舌不留苦甘，故味全。君子则之，养其聪，晦其明，忘其味，是之谓通原。通原则几乎圣人，不用则已，用则为天下独。[②]

---

① 宋濂：《萝山杂言》，《宋濂全集·潜溪前集》，第50页。
② 宋濂：《萝山杂言》，《宋濂全集·潜溪前集》，第50页。

宋濂将"婴儿"作为得道者"圣人"形象的一种描绘，在《老子》也多有体现，如"专气致柔，能如婴儿乎"（第十章）、"沌沌兮，如婴儿之未孩"（第二十章）、"为天下溪，常德不离，复归于婴儿"（第二十八章）等。而婴儿之所以能成为得道者"圣人"形象的一种描绘，主要在婴儿拥有各种发展前景，但个性意志、主体特征却很微弱，即能"目不留采色，故明全；耳不留音声，故聪全；舌不留甘苦，故味全"。君子追寻模拟婴儿状态，以回复到"通原"的状态，主要是"养其聪，晦其明，忘其味"。

> 五色令人目盲，五音令人耳聋，五味令人口爽。驰骋畋猎令人心发狂；难得之货令人行妨。是以圣人为腹不为目，故去彼取此。（《老子》第十二章）

亦即宋濂所言：

> 以文徼名，名必騫；以货徇身，身必亡。騫故无成，亡因有争。唯君子知名不可徼，身不可徇，是谓守素。守素则治，治乃昭，昭乃纯，纯乃诚。内修不暇，奚事外欲？①

此处宋濂所言之"守素"，即"此三者以为文不足，故令有所属：见素抱朴，少私寡欲，绝学无忧"（《老子》第十九章），素本义为没有染色的生丝，朴本义为没有加工的原木，两者取义相近。而"内修不暇，奚事外欲"即"少私寡欲，绝学无忧"的另一种表述。

宋濂所言之道、圣人发展与延伸的方向为"心"，与《老子》所言之本体之道，有很多区别，宋濂尽管承认心为至虚至灵之物，却又主张持心、摄心，上引"至虚至灵者心"一则所讲即是持心的工夫，即"以畏为君"，决不可放肆。又如《萝山杂言》尚言"天下之事，或小或大，或简或烦，或亏或赢，或同或异，难一矣。君子以方寸心摄之，了然不见其有余"②，这是讲摄心。这一层持心、摄心的工夫足证宋濂心学基本还是沿袭宋元以来调和朱、陆的学术轨迹，将天地与我心、物与我合于一体的思想。宋濂部分继承了陆九渊糟粕六经之说，他在《萝山杂言》提出了"六经皆故迹"的说法："六经皆故迹，新入之机不同，其机确确，其履濯濯；其机采采，其履昧昧。甚哉！其机也。人以文视经，斯缪已。善察机者，其以质视经乎。"③正是

---

① 宋濂：《萝山杂言》，《宋濂全集·潜溪前集》，第 51 页。
② 宋濂：《萝山杂言》，《宋濂全集·潜溪前集》，第 52 页。
③ 宋濂：《萝山杂言》，《宋濂全集·潜溪前集》，第 51 页。

在此基础上，宋濂进而倡言"六经皆心学"之说，即"六经皆心学也，心中之理无不具，故六经之言无不该"①，将六经视为"故迹"，倡导六经为"心学"，以自己之心理解六经，进而将心与经合一，这必然会使宋濂的理学思想更为远离朱熹之说，过分提高"我"之地位。故而唐宇元《宋濂的理学思想》②认为宋濂的"元气说"和"天地之心"以及"存心"工夫，是陆象山到王阳明之间的重要过渡，是为的论。

宋濂论《老》，慎之又慎，一方面以魏晋为戒，将《老》学从汉代、元末明初礼制、社会等角度进行考察，借此认识《老子》在政治上所起作用；另一方面又能跳出诸如老子和道教思维方式的局限，发现以礼治道的趋势。最后，还能将一系列问题发展延伸到个体，讲究个体的虚怀、正心。故宋濂不仅当称"开国文臣之首"，亦是明中期王学兴起的前见。

---

① 宋濂：《六经论》，《宋濂全集·潜溪前集》，第 72 页。
② 唐宇元：《宋濂的理学思想》，《孔子研究》1987 年第 3 期。

再论《老子》与史官文化

闫 伟[*]

内容提要：关于《老子》与史官文化的关系，近现代学者普遍认为史官文化是《老子》思想的重要理论渊源。春秋时期，"巫史合一"的现象被打破，"由巫而史"的过程中史官的理性精神逐渐形成。据先秦、两汉的史料文献考辨，《老子》一书的著者当是春秋末期的史官老聃。从春秋史官文化的意蕴与《老子》著者的史官身份两方面分析，《老子》思想具有浓厚的史官文化特质。具体而言，《老子》思想的史官文化因子主要体现为巫文化传统与史官理性精神。

关键词：《老子》 史官文化 老聃 巫文化 史官理性

自《汉书·艺文志》言"道家者流，盖出于史官"以来，道家源于史官的说法几成定论。先秦时期，道家之学滥觞于《老子》一书，故《老子》与春秋史官文化的关系理应受到学者们的普遍关注。清代学者章学诚、龚自珍，近代张尔田、章太炎、江瑔、刘师培等人虽均持"道家出于史官"论，然大多是以周代"学在官府""官师合一"的教育现象为据，并未明晰道家文化之源《老子》与史官文化两者之间的思想关联。对此，现代学者就《老子》与史官文化的继承关系进行了一定程度上的研究，譬如孙以楷《老子与春秋史官的哲学思想》、金德建《老聃学说出于史官考》、王博《老子思想的史官特色》、高木智见《〈老子〉思想的历史研究》、王萍《老子与中国早期史官》等论著就是此类研究的重要成果。有鉴于此，在前辈学者理论研究的基础之上，本文尝试从春秋史官文化的意蕴与《老子》著者的史官身份两个角度出发，探析《老子》思想中的史官文化因子，以期对这一问题（《老子》与史官文化之关系）展开进一步的讨论。

---

* 闫伟，男，山东新泰人，同济大学哲学系博士生，研究方向：中国哲学与宗教学、宗教民俗学。

一、春秋史官文化的意蕴

史官文化，就字面意义而言，是由史官创造的历史文化。不过，学界对"史官文化"的定义并非仅限于此。范文澜《中国通史简编》首现"史官文化"一词，义指北方炎黄文化，用以区别由巫官文化所构成的南方苗黎文化。"史官文化"的概念提出后，受到学者的广泛认同，但对其义涵的理解却存在一定的差异。有的学者依旧沿用范氏规定之义，如王博说："学界中所说的'史官文化'，一般来说，乃是在于'巫官文化'对立的意义上使用的。从年代上来看，史官文化由巫官文化发展而来，它与历史上巫官的史官文化是同步的；而从地域上言之，北方的史官文化较发达，而南方的巫官文化则占优势。"[1] 与此不同，多数学者是从"历史"的层面界定"史官文化"，认为"所谓'史官文化'，是指先秦时期以史官为代表的早期知识人士所创造出来的那种文化形态，它是从比较文化史的角度而概括出来的一种文化现象"[2]。应当说，将"史官文化"视为一种"先秦"或"周代"史官阶层的文化是相对合理的，虽然中国历史上的"史官"从未断绝，但只有在"天子失政，王官失守"之前的"王官之学"才可算是真正意义上的"史官文化"。也就是说，"史官文化"实质上是"王官文化"的一种，基本上属于周代"王官之学"的范畴。因此，现代学术意义上的"史官文化"主要是指周代的史官文化。关于"周代史官文化"，许兆昌认为：

> 周室东迁后，在王朝官僚体制逐步瓦解、王官之学趋于衰落的同时，诸侯国以及后来的卿大夫的史官体制却随着其政治力量的崛起而有了不同程度的发展与加强。因此春秋时期，史官的职守之学随着列国政治的发展在不同的地区仍在相对平稳地持续。另一方面，作为一种历史文化形态，史官文化不是随着西周王朝政治体制的建立而一朝诞生的。早在西周王朝建立以前，史官文化就已经走过了一个漫长的历史过程。其在周代的巨大发展是在继承夏商以及其他远古文化因素的基础上取得的。这些文化因素以及作为独特文化形态的史官文化，其本身的发展自有其相对独立性，不会完全成为周王朝政治发展的附属品。因此，从整体上看，周代史官文化并没有随着周王室政治的瓦解也迅速消亡，而是在进入东周以后仍继续有所发展，这在春秋时期的周、晋、秦、楚、鲁、卫等国所涌现的杰出史官人物身上就有着集中的体现。但是，春秋晚期，尤其是战国以后，随着上古文明体制的彻底瓦解和中世新型文明体制的全面建立，周代史官职守之学遂至彻底崩溃，从而从根本上动摇乃至取消了整个周代史官

---

[1] 王博：《老子思想的史官特色》，台北：文津出版社，1993年，第7页。
[2] 王东：《史官文化的演进》，《历史研究》1993年第4期。

文化赖以生存和发展的核心与基础。到这个时候，周代史官文化作为一种历史文化形态才真正走向全面的衰落和瓦解，最终完成其承载上古中国文化发展的使命，逐步让位于新兴的诸子百家文化，中国文化的发展从此又迎来一个全新的历史阶段。[1]

周代史官文化的延续是在诸子百家兴起之前，故至迟春秋晚期即老子、孔子生活的年代传统的史官文化依旧存在。由于史官文化的创造主体是史官阶层，所以对"史官"这一群体的起源、分类、职守以及理性精神等情况的简要介绍对阐明《老子》思想的史官文化因子是必要的。另外，关于先秦早期史官的记载大多集中在成书于东周时期的《国语》《左传》《周礼》等书中，这些史书是否真实反映了西周时期的文化现状，至今存有争议。不过，诚如陈来所说的那样，"春秋文化在很大程度上可以看作西周文化的同质的延伸和渐进的展开"[2]，而且《老子》成书也是在春秋末期，故从史学史的立场看，史官文化记载基本可以反映出西周春秋史官的文化意蕴，而这也符合考察《老子》思想与史官文化关系的需要。

史官的源头是上古巫覡，这是先秦文献明文记载的。《国语·楚语》有云："夫人作享，家为巫史，无有要质。"《周语下》亦言："吾非瞽史，焉知天道？""巫"与"瞽"在先秦时期俱是沟通天人、通晓天道、预测吉凶的人物，《国语》将他们与史官并称，说明两者具有相通之处。随着东周人神观念的转向，巫覡的影响力下降，"前巫而后史"（《礼记·礼运》）的时代到来了。当然，"由巫而史"的过程可能相当漫长，但这却是史官思维理性化的表现。"史出于巫"的史实也可从《史记·太史公自序》中看出，司马迁追溯家世上至"绝地天通"的重、黎，足证"史亦巫也"。关于周代史官的分类与职守，《周礼·春官·宗伯》列有五类史官并详述其职。柳诒徵《国史要义》概述"五史"（太史、小史、内史、外史、御史）之职说："总五史之职，详析其性质，盖有八类。执礼，一也。掌法，二也。授时，三也。典藏，四也。策命，五也。正名，六也。书事，七也。考察，八也。"[3]史官的职守中，"策命"是指预卜吉凶，这是先秦史官最为重要的执事，也是史官继承巫觋之职的见证，亦是扬雄所谓"史以天占人"也。至于史官文化中的理性精神，乃是史官独立于巫觋的过程中逐渐形成的群体特质。李泽厚曾说："中国思想历史的进程'由巫而史'，日益走

---

① 许兆昌：《周代史官文化：前轴心期核心文化形态研究》，长春：吉林大学出版社，2001 年，第6 页。

② 陈来：《古代思想文化的世界：春秋时代的宗教、伦理与社会思想》，北京：生活·读书·新知三联书店，2009 年，第 77 页。

③ 柳诒徵：《国史正义》，南昌：江西教育出版社，2018 年，第 5 页。

向理性化，而终于达到不必卜筮而能言吉凶，有如荀子所讲'善为易者不占'的阶段。"① 具体而言，史官理性的表现主要体现在春秋史官拥有基于历史经验的"冷静旁观"式的思想习惯与不屈服权力、忠实记录事实的史官直笔。

总之，春秋史官文化的形成与中国早期的巫文化有关，史官理性是这一时期史官文化的一大特征，而这两者恰恰正是本文探讨《老子》思想与史官文化联系的关键之处。

二、《老子》著者的史官身份

春秋史官文化是《老子》思想的理论渊源之一，这是被绝大多数学者所认同的观点。此种观点的流行并非仅是因为班固在《汉书·艺文志》中的表述，而是与《老子》思想中的史官文化特色有着莫大的关系，《老子》一书之所以具有史官文化因子，除时代背景因素外，《老子》著者的史官身份亦是一个重要缘由。

"道家出于史官"一说在学术界几成定论②，而在学界争议较大的则是《老子》一书的著者问题，譬如《老子》一书是集著还是出自一人之手？《老子》著者是谁及其成书于何时？关于后一问题，近代学者的讨论主要集中于由顾颉刚主编的《古史辨》第四册与第六册之中，有三十多篇论文，总字数达五十多万。当然，现代学者亦有关于此问题的考辨，足以证明对于这一问题，学界至今无有明确定论。

首先，关于《老子》一书是多人集著还是一人专著的问题。对这一问题的讨论者不多，大概学界约定俗成地认为先秦子书俱为一派思想之集合，冠以一人之名。然而，《老子》一书较为特殊，共五千余言，成于一人之手也极有可能。冯友兰曾说："《老子》这部书，虽然很短，统共不过五千来字，但也和大部分的先秦著作一样，是一部总集，而不是某一个人于某一个确定时期的个人专著。所以其中有许多前后不一致，甚至有相互矛盾的地方。"③ 冯氏还以此为由认为司马迁《老子韩非列传》中的三人（老聃、老莱子、太史儋）可能都有功于《老子》一书。冯氏此说貌似圆融有理，但却存在勉强调和的嫌疑，因为仅凭《老子》中的些许思想矛盾（个人理解下的）判定其为集著是不严谨的。持有《老子》著者为一人的有徐复观、陈鼓应，两人的观点相似，皆以《老子》全书思想一致、文体一律、主语相同作为论据。例如陈鼓应认为：

---

① 李泽厚：《说巫史传统》，上海：上海译文出版社，2012年，第26页。
② "道家出于史官"论为绝大多数学者认同，虽然有些学者如胡适、谢选骏等持有不同观点，但其说论证不足，影响甚微，限于本文主旨所限，概不赘述。
③ 冯友兰：《中国哲学史新编》（上卷），北京：人民出版社，2007年，第223页。

　　先秦各书固多为一个学派之作，但《老子》这本书主要是成于一人之手。其中有些语句，或不免有后学增补之处，但它基本上是出于一人的手笔。这不仅由本书理论前后一贯可证，文体的一律尤为明证（如"夫唯"……"是以"……等独特的语句结构，履见于二章、八章、十五章、七十一章及七十二章）。此外书中著者以"吾""我"自称（见二十、七十等章），亦可为旁证。①

　　从现存的几个《老子》传本，如王弼通行本、汉代河上公本、严遵本以及新近出土的简、帛本看，《老子》一书确实具有陈氏所言的几个文本特征，故《老子》非由编纂而成，系于一人专著的可能性较大。

　　其次，关于《老子》著者是谁以及成书年代的问题。如前文所述，这一问题至今未有定论，然日本学者高木智见将学者们的主要观点归纳为以下四种：

　　第一个观点是，《老子》是记述《史记·老子列传》中春秋末期人物老聃思想的书籍；第二个观点是，把老子同《老子》区分开，认为《老子》虽然是以春秋时代实存的老子思想为基础的，但是其成书却是在战国时代；第三个观点是，老子是战国时代的人物，其著作《老子》是批判和发展了孔子与墨子思想的产物；第四个观点是，《老子》是秦汉以后才成书的。近年来从公元前 300 年前后的楚墓中出土了《老子》竹简，所以第四个观点基本上可以不予考虑了。但是其他三个观点照样存在。②

　　判定《老子》著者及其成书年代是一个复杂的事情，需要考虑多方面的因素，但是以先秦、两汉的文献记载作为考证论据则是相当有说服力的，因为这一时期的文献历史最为久远，最为接近《老子》著者的生活年代。在先秦遗著中，没有关于《老子》著者的说明，但通过《庄子》《韩非子》《荀子》《吕氏春秋》《战国策》等书的记载看，"现行《老子》一书，与老子其人不可分，并且由各资料引用老子的情形以推论《老子》一书成立的年代，必在《庄子》之前，且在《庄子》前已开始流传。而在战国中期之后，其影响已及于各家，对其人、其书，得到了共同的承认"③。也许正因如此，司马迁《史记》与班固《汉书·艺文志》明确认定《老子》的作者是春秋末期的老聃。太史公虽然在《老子韩非列传》中记述了老莱子与周太史儋，但言及

　　① 陈鼓应：《老子注译及评介》（增订重排本序），北京：中华书局，1984 年，第 13 页。
　　② 高木智见：《先秦社会与思想：试论中国文化的核心》，何晓毅译，上海：上海古籍出版社，2011 年，第 145 页。
　　③ 徐复观：《中国思想史论集续编》，北京：九州出版社，2013 年，第 264 页。

《老子》一书的著者时则只提到了老聃，并未将《老子》与老莱子、太史儋挂上钩。此外，近现代学者怀疑《史记》中的"老子"并非春秋末期的老聃，而是周太史儋的说法也是不能成立的。一方面，司马迁说："或曰儋即老子，或曰非也，世莫知其然否"，显然他只是记载当时世人的传说而已，表明其执笔的严谨，与"老子者……名耳，字聃"的肯定语气完全不同。另一方面，据《庄子》《吕氏春秋》等先秦文献的记载，"老聃"与"老子"在一篇中有互称的现象，则老子即老聃无疑。

由以上分析可知，《老子》一书应是一人独著，固然可能有后人之言窜入，或因汉初统合各个不同版本而造成的内容重复或错简。另外，据现存史料考证，《老子》的著者当是春秋晚期的老聃，也就是传统意义上的"老子"。在明确《老子》著者的历史定位后，《老子》著者的史官身份也就呼之欲出了。司马迁谓老子为"周守藏室之史"（《老子韩非列传》），《庄子·天道》篇有"由闻周之征藏史有老聃者"的说法，《礼记》则云："老聃，周之太史"（《曾子问》之《正义》引《论语》郑注），"故老聃为周柱下史"（《曾子问》孔疏，见《史记·张苍传》之《索引》）。近人马叙伦《老子校诂·考老》又称老子为"小史"，高亨认为"周之柱下史即秦之御史"。故老子到底是何种史官，文献记载名称不一，但不管是守藏史、征藏史、柱下史，还是太史、小史、御史，《老子》著者老聃曾任史官则是肯定的。

三、《老子》思想的史官文化因子

实际上，论证《老子》著者的史官身份除用先秦、两汉文献记载作为论据外，以《老子》与春秋史官文化的思想理论相通进行判定也是一个重要方法。反过来说，假定《老子》的著者是春秋末期的周之史官老聃，那么《老子》一书必定含有浓厚的史官文化特质。因此，剖析《老子》思想的史官文化因子既是判定《老子》著者为史官的依据，亦是判定先秦、两汉文献记载（关于老子其人其书）真实可靠的重要依据。

（一）《老子》思想与史官文化研究简述

在以往《老子》思想与史官文化的研究中，王博《老子思想的史官特色》是最具系统性、专门性的学术著作。在此书中，王博主要分三个方面探讨《老子》与史官文化的继承关系：一是《老子》所用词语的史官特色，认为《老子》中的"式"字与"中"字分别表征史官所用之木栻与简策（或帛书）；二是周代史官之职掌对《老子》思想的影响，从"礼制""兵事""天道""藏书"四个角度分析；三是史官思维在《老子》思想中的体现，以"推天道以明人事""辩证思维""侯王中心的思考方式"为论点。高木智见《〈老子〉思想的历史研究》一书也详细讨论了史官文化与《老子》思想的关系，他认为"《老子》思想的源流，就是殷周以来作为智囊存在于统治阶层周围的史官的思想"①，其主要依据在于《老子》中的思想内容（尤其是处世哲学）符合原中国（战国之前）时期史官阶层的世界观，即：

> （当时）记录和管理该历史的史官从历史中总结出来的经验教训是复制过去的善，回避过去的恶。这个善，就是能使本族本国永远存在的处世，而相反的处世则是恶。依据顺天则永存，逆天则灭亡这个事实，顺天的才能争取到天长地久。原中国时期的人们认为，贯穿历史的就是这一极为单纯并冷酷的原理。因此，顺天、敬天、敬德这种敬德处世哲学，才被统治者所采用。而且，史官从历史中总结出来的配天的敬德思想，同《老子》思想在顺应决定一切的巨大力量这个意义上，其结构是相同的。②

除上述两位学者的研究外，孙以楷、金德建等人以《左传》《国语》等史书为依据，将书中所记载的春秋史官言论与《老子》部分文句进行比对，发现两者蕴含思想极为相似，认为"春秋史官的哲学思想是老子哲学思想的重要的、最直接的来源"③，故"'道家者流，盖出于史官'（《汉书·艺文志》）无疑是可以证实的"④。

（二）《老子》思想的巫文化传统与史官理性精神

如前文所说，春秋史官文化的理性特征是在史官逐步独立于巫觋群体的过程中形成的，但这并不意味着春秋史官文化完全没有早期巫文化的色彩，这一点从《左传》《国语》等史书记载的史官兼有巫职中就可看出⑤。所以成书于春秋末期、由史官身份的老聃所著的《老子》一书不但具有春秋史官文化的理性精神，而且依然保留着强烈的巫文化传统。

殷周时期，巫、史之职能具有共通的一面，那就是沟通人神、占卜吉凶。而在占卜、通神的过程中，巫术仪式与神秘体验是巫者所必须经历的，故这一过程充斥着浓郁的巫魅性，《老子》思想的巫文化传统就体现在此种巫魅性质上。《老子》思想的核心是"道"，全书"道"的阐发篇幅最多，也最能反映出《老子》一书的神秘巫道特色。《老子》有云："无名天地之始，有名万物之母。故常无欲，以观其妙；常有欲，以观其徼。此两者同出而异名，同谓之玄，玄之又玄，众妙之门。"（《老子⑥·一章》）"视之不见名曰夷，听之不闻名曰希，搏之不得名曰微。此三者不可致

---

① 高木智见：《先秦社会与思想：试论中国文化的核心》，何晓毅译，第236页。
② 高木智见：《先秦社会与思想：试论中国文化的核心》，何晓毅译，第236页。
③ 孙以楷：《老子通论》，合肥：安徽大学出版社，2003年，第246页。
④ 金德建：《先秦诸子杂考》，郑州：中州书画社，1982年，第65页。
⑤ 譬如《左传·哀公九年》记述春秋史官史赵、史墨、史龟均行占卜、通神等巫觋之职。
⑥ 注：本文所引《老子》原文，出自王弼通行本。

诘，故混而为一。其上不皦，其下不昧，绳绳不可名，复归于无物，是谓无状之状、无物之象。是谓惚恍。"（《老子·十四章》）历来解老者普遍将这两段文字视为老子对"道"之本体的描述，其中可能含有巫文化的因子。有学者指出："'无'，即巫也，舞也。它是在原始巫舞中出现的神明。在巫舞中。神明降临，视之不见，听之无声，却功效自呈。它模糊而实在，涵盖一切而又并无地位；似无而非物，似神而非神，可以感受而不可言说；从而，'玄之又玄，众妙之门'……"[①] 以原始巫术仪式（降神）解释《老子》中的"道"论，在《老子》书中可以寻得痕迹：《老子》全文出现"神"字 8 次，除"神器"外，其他 7 处皆可为鬼神之"神"义。另外，所谓"天之道，不争而善胜，不言而善应，不召而自来，繟然而善谋"（《老子·七十三章》）。《庄子·天道》言老学"澹然与神明居"都可从侧面说明《老子》思想具有一定的巫术特色。

巫文化传统是《老子》思想继承史官文化的一个表现，而史官理性在《老子》思想中的反映亦是如此。道家思想历来有着冷彻的现实主义的一面，这与春秋史官的理性精神有关。"'史官'自身在记录、观察历史的长期的、连续的活动中，人事理性主义的因素不断发展，以致在后来（汉）变成'史'的主导特质。"[②] 在史官那里，"人事理性主义"的实质是一种冷静的历史理性，也就是对包括个人、家庭、国家、社会等一切"人事"在内的历史辩证法的认同。诚如邓联合所说："史官理性在老子思想中的表现是：以对人事吉凶之道的深彻认知为前提，以'反处做起'为政术，以达到避祸趋福、维护家国生存利益之目的。"[③]《老子》思想中的辩证观念是极为丰富的，如有无、难易、高下、贵贱、荣辱、生死、祸福……且这些方面都是对立统一、相互转化的存在，这无疑是源于史官理性的。春秋时期的史官理性还有另一个表现，那就是史官的直笔，即不畏强权、敢于忠实记录史实而绝不曲笔，这种史官直笔似乎与殷周史官"以君王为中心"的传统相悖，但却证明了春秋史官确实正在日益理性化。据《左传·襄公二十五年》记载，崔杼为掩盖"弑君"的罪名而三杀史官，但依然被继任史官照实记录，可见史官理性的强大。《老子》书中也有这种"直笔"式的理性精神，如其言："大道甚夷，而民好径。朝甚除，田甚芜、仓甚虚。服文采，带利剑，厌饮食，财货有余，是谓盗夸。"（《老子·五十三章》）"民之饥，以其上食税之多，是以饥。民之难治，以其上之有为，是以难治。民之轻死，以其求生之厚，是以轻死。"（《老子·七十五章》）"夫佳兵者，不祥之器……兵者，不祥之器，非君子之器。"（《老子·三十一章》）《老子》所批判的统治者多欲、好战、不顾

---

① 李泽厚：《说巫史传统》，第 43 页。
② 陈来：《古代思想文化的世界：春秋时代的宗教、伦理与社会思想》，第 95 页。
③ 邓联合：《庄子哲学精神的渊源与酿生》，北京：光明日报出版社，2011 年，第 114 页。

民生的行径正是春秋时期兼并战争下的真实情况，曾任史官的老聃在《老子》中都如实记录了下来。

四、结语

至此，本文对《老子》与史官文化的探讨已经明晰。春秋时期的史官文化出现理性化的一面，但却依旧具有上古时代的巫文化传统。除了思想层面外，"《老子》、《庄子》等所展现出的老子形象，也不乏大巫色彩。特别是老子深谙相术，善于从人的状貌推测其内心世界，而相术则是巫史的专长"①。不过，西周末年之后，以史官为主的知识阶层开始怀疑和批判神秘主义的鬼神观念，民本主义、自然主义精神兴起，其内在的理性精神是不言自明的。所以春秋史官文化不但继承了殷周以来"巫史合一"背景下的巫魅文化特质，而且具有春秋时期逐渐形成的理性主义精神，这两者对《老子》思想都产生了一定的影响。总之，从《老子》与史官文化的关系看，《老子》一书对思想的融合与创新体现得非常明显，这或许就是春秋战国时期特有的文化现象。

---

① 王萍：《老子与中国早期史官》，《文史哲》2000 年第 2 期。

史学大家的道家时刻：梁启超和王国维
对老庄哲学的态度

楼庭坚 *

内容提要： 梁启超与王国维是近代学术思想史的双璧。一者博雅，一者专精，治学上的倾向之别，是由二人不同的性情气质而定。而二氏又共以老庄为精神资源。梁启超基于一战后旅欧的观察，对"最热心肠"的老子的"为而不有"大加提倡，希望人们减少物质欲望，获得兴味，扩充智识。王国维的生命则深受庄子影响。他面对千古文化之变，如庄子所言"吾丧我"，希望在对人为预设的见解与价值的消解中，超脱功利性的物我关系，挺立意志，保持真我。虽然理念与抉择不同，但在对独立意志、自由精神的追慕上，二氏却所归为一。

关键词： 梁启超 王国维 老子 庄子 道家

一、引言

海宁王国维（1877—1927）与新会梁启超（1873—1929）堪为近代学术思想史的双璧。王氏初事哲学文学，以戏曲研究得治学门径，经罗振玉训练，终凭古史新证名世。信奉"生百政治家，不如生一文学家"的他将全副精力用于文章之道，如高手下棋无废子，于上古史、古文字器物诸"绝学"领域莫不斐然有成，自编之《静安文集》《观堂集林》成学术史之经典，多日月不刊之论。梁氏幼习训诂辞章学，从康有为，得学陆王心学、佛学、史学、西学。同样视学问高于现实功干的他是一位百科全书式的学者，学术史、佛学、诸子学等方面皆有述学。借希腊诗人阿尔奇洛克斯的"狐狸知道很多事情，刺猬只知道一件大事"之喻，专精的王国维可谓学术史的魁元，兴趣更泛的梁启超则是思想史的翘楚。王氏行文精洁，考据精湛，重学

---

* 楼庭坚，浙江大学哲学学院中国哲学博士。

术本身，"欲学术之发达，必视学术为目的，而不视为手段而后可"①，提出二重证据法；梁氏文气如虹，思辨敏锐，以为学、术不可相离，"离术言学，故有如考据帖括之学，白首矻矻，而丝毫不能为世用也"②，扛起新史学大旗。

不同的治学倾向，盖由不同的性情气质而定。王国维是职业学问家，面对晚清的千古未有之变，留下"五十之年，只欠一死，经此世变，义无再辱"的遗言。梁启超则是锐意的思想家，身处过渡时代，反而发出"过渡时代者，希望之涌泉也，人间世所最难遇而可贵者也，有进步则有过渡，无过渡亦无进步"③的豪言。虽然各有悲观、乐观的情怀，二人在对独立意志、自由精神的追慕上，却是所归为一。而他们所汲取的精神思想资源，正是老庄。老庄学在近代学术史上占据一席之地，产生了以儒佛解老庄如马一浮《老子注》《庄子笺》与会通中西之学如严复《老子评语》《庄子评语》等诸多大作。④不甚为人注意的是，老庄学还曾作为精神资源，滋养着近代学人，其中，受到影响颇深的正是王国维与梁启超。二氏其人其文，都可见浸淫老庄的痕迹。而这两位史学大家的道家时刻，又鲜为人所注意。笔者将梳理出二氏对老庄哲学的态度，以求更好进入他们的内心世界。

二、为而不有——梁启超对老子哲学的理解

梁启超对老庄的论述，始于其1902年后发表的《论中国学术思想变迁之大势》。在这部对胡适等产生了重大影响的著述中，梁氏以南、北两分先秦学派，北派包含邹鲁派、齐派、秦晋派、宋郑派，务实崇古；南派则以老列庄、杨朱及其他老徒为正宗，此派因土地富饶，气候适宜，不愁生计故，由玩世而厌世。相比于北派，它富于"探玄理，出世界，齐物我，平阶级，轻私爱，厌繁文，明自然，顺本性"⑤的精神。在此，梁氏总体上是以先秦道家为出世、厌世的。同时，他也看到了老学将欲取之、则先予之这重权谋的一面，乃至批评曰："老学最毒天下者。"⑥在对被他名为老学时代的汉晋六朝思想的论述中，更可见他对道家的负面评价："三国、六朝，为道家言猖披时代，实中国数千年学术思想最衰落之时代也。"⑦

---

① 梁启超：《学与术》，汤志钧、汤仁泽编：《梁启超全集》第八卷，北京：中国人民大学出版社，2018年，第323页。

② 王国维：《论近年之学术界》，傅杰、邹国义编：《王国维全集》第一卷，杭州：浙江人民出版社、广州：广东教育出版社，2009年，第123页。

③ 梁启超：《过渡时代论》，汤志钧、汤仁泽编：《梁启超全集》第二卷，第292页。

④ 可参方勇：《庄子学史》第三卷，北京：人民出版社，2008年；林红：《近代的道家观：对近现代道家思想研究的探析》，济南：山东大学出版社，2012年。

⑤ 梁启超：《论中国学术思想变迁之大势》，汤志钧、汤仁泽编：《梁启超全集》第三卷，第31页。

⑥ 同上书，第30页。

⑦ 同上书，第64页。

耐人寻味的是，到了 20 世纪 20 年代，梁启超摇身一变，开始自积极的方面看老子。在 1920 年的《老子哲学》中，梁氏说到南方的老子的学术"纯带革命的色彩"①，甚至认为："常人多说《老子》是厌世哲学，我读了一部《老子》，就没有看见一句厌世的语，他若是厌世，也不必著这五千言了。老子是一位最热心热肠的人，说他厌世的，只看见'无为'两个字，把底下'无不为'三个字读漏了。"②在这篇文章中，他援引佛学资源，详细讨论了老子学说的本体论、名相论、作用论。他借《大乘起信论》的一心开二门之说，认为道的本体就如真如自性，非有非无，它"很合著佛教所谓'真空妙有'的道理"，对于它的领会也是"不许思议"的，那么对它有无的讨论本身不过是名相之论。他进一步说：

> 那名相从那里来呢？老子以为从人类"分别心"来。他说道："天下皆知美之为美，斯恶已；皆知善之为善，斯不善已。故有无相生，难易相成，长短相较，高下相倾，音声相和，前后相随……"那名相的尊生次第怎么样呢？他说："道生一，一生二，二生三，三生万物。"……老子以为宇宙万物自然而有动相，亦自然而有静相，所以说："万物并作，吾以观复，夫物芸芸，各复归其根，归根曰静。""复"字是"往"字的对待名词，万物并作及所谓"动而愈出"，所谓"出而异名"，都是从"往"的方面观察的。老子以为无往不复，从"复"的方面观察，都归到他的"根"。③

如《老子》文本所揭示的，道创生万物，就是它向本原回归的过程，这也是老子对自身运动的"方向性"规定："反者道之动。"④这样的自然法则昭示着，我们所言的价值都是在特定境域中呈现的相对价值，并且随着时境之迁移，它势必向着相反的反向转化。这也是梁氏所谈到的本体之有无不过是名相之论，名相的衍生正是道创生万物，而又"各复归其根"的历程。在政治领域也是如此。老子的"无为而治"并非无所作为，这个"无为"作为统治技术，目的在于无不为。正是基于此，梁启超强调，"为而不有"方是老子的精神："老子喜欢讲无为，是人人知道的，可惜往往把无不为这句话忘却，便弄成一种跛脚的学说。失却老子的精神了，怎么才能一面无为，一面又无不为呢？老子说：'是以圣人处无为之事，行不言之教。万物作焉而

① 梁启超：《老子哲学》，汤志钧、汤仁泽编：《梁启超全集》第十卷，第 373 页。
② 同上书，第 383 页。
③ 同上书，第 375—376 页。
④ 参董平：《老子研读》，北京：中华书局，2015 年。

不辞，生而不由，为而不恃，功成而弗居。夫唯弗居，是以不去。'"①

梁启超发表《老子哲学》等几篇关于老庄的文章时，正值其 1918—1920 年旅欧归来，此时离他上一回谈及老子已近二十年，他的观念也发生了深刻的变化。整个近代中国的主题无外乎对处于中西古今十字路口的本国文化的出路的探寻。这一段历程，可以用曾廉《上杜先生书》"变夷之议，始于言技，继之以言政，益之以言教"之语概括，梁启超在《五十年中国进化概论》中则总结为向器物、制度、文化三期。②但是当他目睹欧战后西方各国财政破产，科学万能之梦破碎后，便开始对西方的生物进化论、"自己本位的个人主义"观展开了反思。在他思考的集结《欧游心影录》中，有一段他与美国记者赛蒙氏（Frank Herbert Simmonds）的对话："我问他：'你回到美国却干什么？' 他说：'我回去就关起大门老等，等你们把中国文明输进来救拨我们。'"③此种论调在欧洲屡见不鲜，原因在于先秦时面对严峻的社会问题，孔子看到了"礼崩乐坏"也就是制度文明精神的瓦解，而欲重新建立周代的规范；老子则认为种种现象是文明进步带来的弊端，企图用"无为"导向一条"小国寡民"的治道，这思路引发了欧人某种"异代可同调"的共鸣。这一点，梁氏在《老子哲学》有所谈及："诸君听了老子这些话，总应该联想起近世一派学说来。自从达尔文发明生物进化的原理，全世界思想界起一个大革命，他在学问上的功劳，不消说是应该承认的，但后来把那'生存竞争，优胜劣败'的道理，应用在人类社会学上，成了思想的中坚，结果闹出许多流弊……欧洲人近来所以好研究老子，怕也是这种学说的反动罢。"④

从《老子哲学》看，对于老子教人"不以智治国""小国寡民"的政术论，梁启超认为是错误的，但对于这种"论"背后的"理"，他却大加提倡："像'不有''不争'这种道理，总是有益社会的，总是应该推行的。但推行的办法，应该以智识做基础，智识愈扩充，愈精密，真理自然会实践。"⑤缘何如此呢？按梁氏所引《韩非子·解老篇》，"上仁为之而无以为"意即"生于心智所不能已也，非求其报也"。这种不求回报、不能自已的情感，正是梁启超所推崇的。他说罗素即最佩服老子的"生而不有"："罗素最佩服老子这几句话，拿他自己研究所得的哲理来证明。他说：'人类的本能，有两种冲动，一是占有的冲动，一是创造的冲动……这种冲动发达起来，人类便日日进化所以这是好的冲动，应该提倡的。'罗素拿这种哲理做根据，说老子

①　梁启超：《老子哲学》，汤志钧、汤仁泽编：《梁启超全集》第十卷，第 378 页。
②　梁启超：《五十年中国进化概论》，汤志钧、汤仁泽编：《梁启超全集》第十一卷，第 405 页。
③　梁启超：《欧游心影录》，汤志钧、汤仁泽编：《梁启超全集》第十卷，第 66 页。
④　梁启超：《老子哲学》，《梁启超全集》第十卷，第 380 页。
⑤　同上书，第 382 页。

的'生而不有，为而不恃，长而不宰'，是专提倡创造的冲动，所以老子的哲学，是最高尚而且最有益的哲学。"①

如梁启超所自陈，他是最主张趣味主义的人。②他说："凡有所为而为的事，都是以别一件事为目的，而以这件事为手段。"③而趣味之所在，正是以无所为而为。在1921年12月21日的演讲中，梁启超把这种创作与占有的冲动称作"'知不可而为'主义"与"'为而不有'主义"，认为此物可以把人们关于利害的观念，转化在情感与艺术上。④在他的家书与演讲中，此类强调兴味的文字比比皆是，这背后有殷殷深意存焉。需知兴味的广泛，即精神生活的充实。在1923年的《东南大学课毕告别辞》中，梁启超说到国内青年节常耳闻一句话"智识饥荒"，认为想要解决精神饥荒，就需要从"以精神为出发点"的东方的学问找材料，具体的方法，即是："（一）裁抑物质生活，使不得猖獗，然后保持精神生活的圆满……（二）先立高尚美满的人生观，自己认清楚将精神生活确定，靠其势力以压抑物质生活。如此，不必细心检点，用拘谨功夫，自能达到精神生活绝对自由的目的。"⑤可见梁启超引介、评价老子"最热心肠"，并教人们无为、不有并获得兴味、扩充智识的最终目的是引领人走向精神生活的绝对自由。

在《孔、老、墨以后学派概观》（1920）中，梁启超说到庄子也是热心之辈，"彼实具一副救热肠"，"此正所谓行菩萨行者，与孔、墨殊途同归矣"⑥。他对老庄哲学的如是理解，正也是他本人精神的写照。他教人像老子般"为而不有"，减少物欲，求精神生活的圆满，目的是实现《欧游心影录》的《新文明再造之途》一节所谈的"人类生活的根本义"："保全自己，发展自己。"⑦

三、吾丧我——庄子对王国维人生的影响

王国维对老子哲学的集中讨论，见于他1906年发表于《教育世界》122号的《老子之学说》。他认为孔、墨都未有精密的形上学，老子则探求宇宙之根本亦即"道"，

① 梁启超：《老子哲学》，《梁启超全集》第十卷，第380页。
② 梁启超：《学问之趣味》，汤志钧、汤仁泽编：《梁启超全集》第十五卷，第396页。
③ 同上书，第397页。
④ 梁启超：《"知不可而为"主义与"为而不有"主义》，汤志钧、汤仁泽编：《梁启超全集》第十五卷，第277—278页。
⑤ 梁启超：《东南大学课毕告别辞》，汤志钧、汤仁泽编：《梁启超全集》第十六卷，第53页。
⑥ 梁启超：《孔、老、墨以后学派概观》，汤志钧、汤仁泽编：《梁启超全集》第十卷，第398页。
⑦ 梁启超：《欧游心影录》，汤志钧、汤仁泽编：《梁启超全集》第十卷，第68页。

故"我中国真正之哲学，不可云不始于老子也"①。他还说《老子》的道是宇宙万物的根本，也是道德政治的根本，老子道德政治理论的"不问是否"与处世治国之术的"入于权诈"存在矛盾。这与梁启超对老子政术违反自然的批评并无二致。在 1907 年 11 月至 1908 年 1 月发表于《教育世界》161—165 号的《孔子之学说》中，王国维又延续了梁启超的孔北老南说，以为南派"气象幽玄，理想高超、不涉于实践而专为思辨"②。诸文为清代以降经子平等、诸子学勃兴、近代地理学传入的产物，它们与《孟子之学说》《荀子之学说》《墨子之学说》《列子之学说》《周秦诸子之学说》等，共同构成了王国维对中国哲学的论述。

有意思的是，王国维并没有专门讨论庄子的文章。而按一些时人的回忆，庄子是他一生的心头好。据刘惠孙说，早年王国维任报馆校对时，罗振玉某日早到，"听见有人在读庄子，音节苍凉，大奇，再一着（看）原来是这位校对先生"③；王国维晚年在清华园上课时，"还经常讲到庄子，他身上有不少浪漫气质"④。王国维把对庄子的情感形之于言，文章常有老庄之痕迹。在 1904 年后陆续发表于《教育杂志》的《红楼梦评论》中，他开篇即引老庄："老子曰：人之大患，在我有身。庄子曰：大块载我以形，劳我以生。忧患与劳苦之与生相对待也久矣。"⑤

此二语正为《红楼梦评论》全篇立论之基。王氏随后对生活的本质展开讨论，他以为生活的本质为欲，欲的不能满足为苦痛，欲望满足后无可欲的对象为厌倦，人生就是在苦痛与厌倦之间反复摇摆，快乐之后，苦痛愈深。显然，他借用了叔本华《作为意志与表象的世界》中的钟摆理论——欲求和挣扎是人的全部本质，欲求的缺乏是痛苦，欲望的满足是无聊，人生是在痛苦和无聊之间钟摆般摆动着。不甚彰显的是，他随后发挥庄子哲学以解决钟摆问题的尝试：

> 由是观之，吾人之知识与实践之二方面，无往而不与生活之欲相关系，即与苦痛相关系。兹有一物焉，使吾人超然于利害之外，而忘物与我之关系。此时也，吾人之心，无希望，无恐怖，非复欲之我，而但知之我也……然物之能使吾人超然于利害之外者，必其物之于吾人无利害之关系而后可，易言以明之，

①　王国维：《老子之学说》，姚淦铭、王燕编：《王国维文集》第三卷，北京：中国文史出版社，1997 年，第 102 页。此文为谢维扬、房鑫亮、傅杰、邬国义编：《王国维全集》（杭州：浙江教育出版社、广州：广东教育出版社，2010 年）之佚。

②　王国维：《孔子之学说》，姚淦铭、王燕编：《王国维文集》第三卷，第 108 页。

③　参龙峨精灵：《观堂别传》，陈平原，王风编：《追忆王国维》，北京：生活·读书·新知三联书店，2009 年，第 359 页。

④　李燕杰：《关于王国维先生言行的追忆》，《教育艺术》1994 年第 3 期。

⑤　王国维：《红楼梦评论》，谢维扬、房鑫亮、傅杰、邬国义编：《王国维全集》，第 54 页。

必其物非实物而后可。然则非美术何足以当之乎？夫自然界之物，无不与吾人有利害之关系；纵非直接，亦必间接相关系者也。苟吾人而能忘物与我之关系而观物，则大自然界之山明水媚，鸟飞花落，固无往而非华胥之国、极乐之上也。岂独自然界而已？人类之言语动作，悲欢啼笑，孰非美之对象乎？然此物既与吾人有利害之关系，而吾人欲强离其关系而观之，自非天才，岂易及此？于是天才者出。以其所观于自然人生中者复现之于美术中，而使中智以下之人，亦因其物之与己无关系，而超然于利害之外。是故观物无方，因人而变：濠上之鱼，庄、惠之所乐也，而渔父袭之以网罟；舞雩之木，孔、曾之所憩也，而樵者继之以斤斧。[①]

此处通篇体现庄子之精神。按王国维之意，人的生活本为欲望驱动，但有一样东西可使人不计利害，超脱功利性的物我关系，不以物喜，不以己悲，进入澄明之境。这就是《庄子·齐物论》所讲的"吾丧我"，也就是去掉身心所累。按庄子之意，人生苦难，系于一心，要齐物、齐论，根本上是要齐物我，亦即无心。[②] 当吾人打破"成心"与"成见"，消除物我之分，保持内心祥和，才能自在生存。王国维认为能使人做到此的是美术。他在发表于《教育世界》69 号的《孔子之美育主义》一文中对"美"做过界定。他说人生而有欲求，所谓"道德""聪明"不过是为满足欲望，而得失产生的种种心理，内发于人心为苦痛，外见于社会为罪恶。"美"正是能减少人心苦痛、社会罪恶者，"美之为物，不关于吾人之利害者也"[③]。

这显然亦是受庄子影响。庄子以人的本然状态为自由，人处于自由状态的社会为"至德之世"，这种社会"端正而不知以为义，相爱而不知以为仁"，因为道德要求都不过是道德堕落后的产物。王国维相信，当吾人能够忘却我与世界的关系，而秉持庄子"物无非彼，物无非此"的理念，与道冥一，以道的眼光看待万物，则审美的对象将无限拓宽，主体所审阅者无不"大美"。因此，在他眼中，大自然的山水明媚、鸟飞花落，就如同华胥之国一般。华胥国即是《列子·黄帝》中君王有方、百姓自然无欲的盛世乐土。王氏还用了《庄子·知北游》"其用心不劳，其应物无方"的典，云唯有天才方可超出利害关系，臻超然的审美境界，故各人观物之法不同。

此后王国维进一步说明了观物的两种情况：不存欲望以观外物的"优美之情"、观不利于吾人的物体而生的"壮美之情"。第二种情况下吾人生活的意志崩塌，智力得而起独立作用。那应该如何解脱呢？王氏说：

① 同上书，第 56—57 页。
② 参陈少明：《〈齐物论〉及其影响》，北京：商务印书馆，2019 年，第 38 页。
③ 王国维：《孔子之美育主义》，姚淦铭、王燕编：《王国维文集》第三卷，第 155 页。

　　而解脱之道，存于出世而不存于自杀。出世者，拒绝一切生活之欲者也。彼知生活之无所逃于苦痛，而求入于无生之域。当其终也，恒干虽存，固已形如槁木，而心如死灰矣……而解脱之中，又自有二种之别：一存于观他人之苦痛，一存于觉自己之苦痛。然前者之解脱，唯非常之人为能，其高百倍于后者，而其难亦百倍。但由其成功观之，则二者一也。通常之人，其解脱由于苦痛之阅历，而不由于苦痛之知识通常之人，其解脱由于苦痛之阅历，而不由于苦痛之知识。唯非常之人，由非常之知力，而洞观宇宙人生之本质，始知生活与苦痛之不能相离，由是求绝其生活之欲，而得解脱之道。然于解脱之途中，彼之生活之欲，犹时时起而与之相抗，而生种种之幻影。所谓恶魔者，不过此等幻影之人物化而已矣。①

　　这里王国维用了《庄子·齐物论》"形固可以如槁木，而心固可使如死灰乎"之语，用来形容拒绝生活之欲而进入无生领域的人最终的状态。郭象注云："槁木死灰，言其寂寞无情耳。"此是说这时的人其心已然远离社会意识层面的理想追寻，其身则如枯萎之木。②具体的解脱之法包括两种：观他人之苦痛、觉自己之苦痛。前者远难于后者，因为只有智识卓越之人才能洞察宇宙人生的本质就是生活与苦痛相即，而他们在寻解脱之道的过程中又时时在生活之欲中挣扎，产生种种幻影。这固也是受庄子影响。庄子哲学的每每流露出一种发觉生命之本质即不自由而要追求自由的情感，这种情感就是庄子所言的"壮美之情"。但是，庄子的智慧之处正在于他把意志挺立，以达观的情怀消解了这一份悲剧性的意蕴，如江海之水，由汪洋肆意，而清波容与。

　　而王氏本人没办法达成这条他自己称为超自然的、神明的、平和的解脱之道。他寄希望于用美术慰藉生命："美术之务，在描写人生之苦痛与其解脱之道，而使吾侪冯生之徒，于此桎梏之世界中，离此生活之欲之争斗，而得其暂时之平和，此一切美术之目的也。"③然他最终也未能解脱，投湖自尽，一如自己所言："故苟有生活之欲存乎，则虽出世而无与于解脱；苟无此欲，则自杀亦未始非解脱之一者也。"④对此，陈寅恪堪为解人，他在《王静安先生遗书序》中说："尝综览吾国三十年来，人世之剧变至异，等量而齐观之，诚庄生所谓'彼亦一是非，此亦一是非者'。"⑤世事之无

---

① 王国维：《红楼梦评论》，谢维扬、房鑫亮、傅杰、邬国义编：《王国维全集》第一卷，第62—63页。
② 参杨国荣：《庄子内篇释义》，北京：中华书局，2021年，第33页。
③ 王国维：《红楼梦评论》，谢维扬、房鑫亮、傅杰、邬国义编：《王国维全集》第一卷，第63—64页。
④ 同上书，第62页。
⑤ 陈寅恪：《王静安先生遗书序》，《金明馆丛稿二编》，北京：生活·读书·新知三联书店，2001年，第247页。

常，就像《齐物论》"彼亦一是非，此亦一是非"之语。震旦有沉陆之虞，王室存累卵之危，王国维身上的忧患感，与庄子一般。庄子对道的论述是沿袭老子而来，但老子哲学是政治哲学，老子有着统治者消解欲望，人们以守柔自处，以不争接世的期许。推崇老子的梁启超也是朝气蓬勃的；庄子的关怀则是乱世中的生命。他在《天下》篇考察了"天下之治方术者"，感慨在种种偏见、边见与价值藩篱中，生命本原的学问"道术""将为天下裂"。处在同样情境中的王国维也难免于此虑，他在《沈乙庵先生七十寿序》中说："国家与学术为存亡，天而未厌中国也，必不亡其学术。天不欲亡中国之学术，则于学术所寄之人，必因而笃之。世变愈亟，则所以笃之者愈至。"① 足见在他心中，国家与学术关联紧密，且对学术不亡久而弥笃。及王氏陨落，陈寅恪还在《清华大学王观堂先生纪念碑铭》咏其学术思想之不朽："来世不可知者也，先生之著述，或有时而不章。先生之学说，或有时而可商。惟此独立之精神，自由之思想，历千万祀，与天壤而同久，共三光而永光。"②

王国维的一生是受到庄子影响的一生。他希望如《齐物论》所讲的"吾丧我"，在对人为预设的各种见解与价值的消解中，超脱利害关系与是非对立，而达物我相齐的一往平等。美术，即是实现此之方也。王氏在 1906 年发表的《论教育之宗旨》中曾讨论"教育之宗旨何在"的问题。他说："'真'者知力之理想，'美'者感情之理想，'善'者意志之理想也。完全之人物不可不备真美善之三德。"③ 挺立意志，保持真我，建立自己对美的法则，正是王氏所借庄子殷殷教人者也。

四、余论

陈寅恪诗云："读史早知今日事，对花还忆去年人。"明末顾亭林曾发出"七十老翁何所求？正欠一死！若必相逼，则以身殉之矣"的咏叹，熟稔历史的梁启超、王国维两位名家，若思及此，不知是否会有今世何世之感？需知凡新旧交替之际，佞弥巧者官弥高，忠烈之辈莫不苦痛，而窃国者，却得以名显身泰。然疾风知劲草，士人的名节正在此得以彰显。王国维选择了退守自处，括囊无咎，陈寅恪《赠蒋秉南序》"默念平生固未尝侮食自矜，曲学阿世，似可告慰友朋"正可概括。梁启超则选择奔走救国，展现出多事之秋的自觉担当："又吾人为政，当以是非之公论为标准，不当因危言而退缩，不当因甘言而诱惑。"④

---

① 王国维：《沈乙庵先生七十寿序》，谢维扬、房鑫亮、傅杰、邬国义编：《王国维全集》第八卷，第 620 页。
② 陈寅恪：《清华大学王观堂先生纪念碑铭》，《金明馆丛稿二编》，第 246 页。
③ 王国维：《论教育之宗旨》，姚淦铭、王燕编：《王国维文集》第三卷，第 57 页。
④ 梁启超：《政治家之修养》，汤志钧、汤仁泽编：《梁启超全集》第十六卷，第 227 页。

　　墨子刻（Thomas A. Metzger）提到的"乐观主义认识论"（epistemological optimism）与"悲观主义认识论"（epistemological pessimism）[1]，恰体现了梁、王之别。二氏一为文化托命之人，一为政治热衷之士；一推崇老子，一浸淫庄子，却都如胡文英《庄子独见》所云"庄子眼极冷，心肠最热。眼冷，故是非不管；心肠热，故感慨万端。虽知无用，而未能忘情，到底是热肠挂住；虽不能忘情，而终不下手，到底是冷眼看穿"，保持着对现实或远或近的关怀。在二人的有所不为的操守、无用之用的志趣中，其独立意志迸发出来。虽然理念与抉择不同，但在对自由精神的追慕上，他们毕竟所归为一。

①　墨子刻：《中国近代思想史研究方法上的一些问题》，《近代中国史研究通讯》第 2 期，台北："中研院"近代史研究所，1986 年。

《道德经》章句研究

《老子》"德经"首章新探
——"上德"句、"下德"句

王 鑫[*]

内容提要： 帛书本与严遵本、通行本（河上公本、王弼本）、傅奕本等主要世传本在"德经"首章章次及经文上存在明显的差异，得到了学者们的广泛讨论，至今仍存有一定的争议。近年来北大汉简《老子》的问世为研究"德经"首章中的一些重要问题提供了新的线索。本文对帛书本、汉简本及主要传世本进行对比分析，结合相关文献，对以往学者关于本章形成的一些普遍观点做重新探讨，认为"上德"句作"上德无为而无不为"更符合《老子》整体思想，也更契合"德经"首章思想主旨；"下德"句或不能视之为"衍误"或"妄增"，从行文脉络看，"德经"首章无"下德"句比较合理。

关键词：《老子》 上德无不为 无以为 下德

基金项目： 2020 年国家留学基金管理委员会资助，项目编号：202006130064。

一、引言

《老子》主要传世本关于"德经"首章的章次及经文存在较为明显的差异，得到了历代学者的广泛关注与讨论。近年来，《老子》简帛古本（即 1973 年湖南长沙马王堆三号汉墓出土帛书《老子》甲、乙本，1993 年湖北荆门郭店楚简本，2009 年初北京大学藏西汉竹书《老子》）的相继出土为研究《老子》"德经"首章中的一些重要问题以及厘清早期《老子》文本的发展、演变历程提供了新的依据与线索。

《老子》"德经"首章简帛古本与主要世传本经文对照（郭店楚简本无本章内容对应）：

帛书甲本："……德。上德无……无以为也，上仁为之……以为也，上义为之

---

* 王鑫，女，湖南大学岳麓书院 2018 级博士研究生，比利时荷语天主教鲁汶大学（KU Leuven）联合培养博士研究生，研究方向：先秦哲学、比较哲学。

而有以为也，上礼……，……攘臂而乃之。故失道而后德，失德而后仁，失仁而后义，……而乱之首也。……道之华也，而愚之首也。是以大丈夫居亓厚不居亓泊，居亓实不居亓华。故去皮取此。"①

帛书乙本："上德不德，是以有德；下德不失德，是以无德。上德无为而无以为也，上仁为之而无以为也，上德为之而有以为也，上礼为之而莫之应也，则攘臂而乃之。故失道而后德，失德而句仁，失仁而句义，失义而句礼。夫礼者，忠信之泊也，而乱之首也。前识者，道之华也，而愚之首也，是以大丈夫居……居亓泊，居亓实而不居亓华，故去罢而取此。"②

北大汉简本："上德不德，是以有德；下德不失德，是以无德。上德无为而无以为，下德……之而无以为，上仁为之而无以为，上义为之而有以为，上礼为之而莫之应，则攘臂而乃之。故失道而后德，失德而后仁，失仁而后义，失义而后礼。夫礼，忠信之浅，而乱之首也。前识者，道之华，而愚之首也，是以大丈夫居其厚，不居其薄；居其实，不居其华，故去彼取此。"③

严遵本："上德不德，是以有德；下德不失德，是以无德。上德无为而无不为，下德为之而有以为。上仁为之而无以为，上义为之而有以为，上礼为之而莫之应，则攘臂而仍之。故失道而后德，失德而后仁，失仁而后义，失义而后礼。礼者，忠信之薄而乱之首。前识者，道之华而愚之始。是以，大丈夫处其厚，不处其薄；处其实，不处其华。去彼取此。"④

河上公本："上德不德，是以有德；下德不失德，是以无德。上德无为而无以为，下德为之而有以为，上仁为之而无以为，上义为之而有以为，上礼为之而莫之应，则攘臂而仍之。故失道而后德，失德而后仁，失仁而后义，失义而后礼。夫礼者，忠信之薄，而乱之首。前识者，道之华，而愚之始。是以大丈夫处其厚，不居（处）其薄；处其实，不居（处）其华，故去彼取此。"⑤（第三十八章）

王弼本："上德不德，是以有德；下德不失德，是以无德。上德无为而无以为，下德为之而有以为，上仁为之而无以为，上义为之而有以为，上礼为之而莫之应，则攘臂而扔之。故失道而后德，失德而后仁，失仁而后义，失义而后礼。夫礼者，忠信之薄而乱之首。前识者，道之华而愚之始。是以大丈夫处其厚，不居其薄；处

①　高明：《帛书老子校注》，北京：中华书局，1996年，第3页。

②　高明：《帛书老子校注》，第89页。

③　北京大学出土文献研究所编：《北京大学藏西汉竹书（贰）》，上海：上海古籍出版社，2012年，第123页。

④　严遵：《老子指归》，王德有点校，北京：中华书局，1994年，第3页。

⑤　王卡点校：《老子道德经河上公章句》，北京：中华书局，1993年，第147—150页。

其实，不居其华，故去彼取此。"①（第三十八章）

傅奕本："上德不德，是以有德；下德不失德，是以无德。上德无为而无不为，下德为之而无以为，上仁为之而无以为，上义为之而有以为，上礼为之而莫之应，则攘臂而仍之。故失道而后德，失德而后仁，失仁而后义，失义而后礼。夫礼者，忠信之薄，而乱之首也。前识者，道之华，而愚之始也。是以大丈夫处其厚，不处其薄；处其实，不处其华，故去彼取此。"②（第三十八章）

对比可见，"德经"首章帛书本、汉简本与主要世传本在章次及经文上存有明显的差异。第一，从章次上看，帛书甲乙本、严遵本是"德经"在前，"道经"在后，与韩非所引《老子》本相合；汉简本及河上公本、王弼本、傅奕本等通行本皆是"道经"在前。第二，从经文上看，首句各版本帛书本（帛书甲本残缺）、汉简本与世传本经文是一致的，没有太大疑问。自"上仁"句以下有个别字（如：故、者、也等）之增删略有差异，但于文意理解影响并不大。"德经"首章简帛古本与传世本的重要分歧（关乎文意理解）有两处：其一，"上德无为而无不为"还是"上德无为而无以为（也）"；其二，"下德为之……"一句有或无。《韩非子·解老》篇引文作"上德无为而无不为也"③，严遵本、傅奕本作"上德无为而无不为"，帛书乙本作"上德无为而无以为也"，汉简本、河上公本、王弼本均作"上德无为而无以为"。《解老》篇无"下德"句之引文或释文，帛书甲乙本亦无此句，北大汉简本、傅奕本作"下德为之而无以为"，严遵本、河上公本、王弼本作"下德为之而有以为"。

《老子》各传世本关于"德经"首章的主要差异受到了学者们的广泛关注及讨论，而自马王堆帛书本出土以来，学者们多依帛书本经文对本章文本进行裁定。经过对帛书本、汉简本、严遵本、通行本（河上公本、王弼本）、傅奕本、《韩非子·解老》篇"德经"首章之经文、释文的仔细比对与分析，笔者认为以往学者关于本章一些重要问题所形成的某些普遍观点多是有待重商的。本文通过对帛书本、严遵本、通行本（河上公本、王弼本）、傅奕本"德经"首章经文、释文的对比、分析，结合新近问世的北京大学藏西汉竹书《老子》及相关传世文献，对"德经"首章中的一些重要问题做重新探讨，略陈关于"德经"首章以及早期《老子》文本演变相关问题一些陋见。

① 王弼注、楼宇烈校释：《老子道德经注校释》，北京：中华书局，2008 年，第 93 页。
② 傅奕：《道德经古本篇》，《四部要籍注疏丛刊·老子》上册，北京：中华书局，1998 年，第 130 页。
③ 《韩非子·解老》："所以贵无为无思为虚者，谓其意无所制也。夫无术者，故以无为无思为虚也。夫故以无为无思为虚者，其意常不忘虚，是制于为虚也。虚者，谓其意所无制也。今制于为虚，是不虚也。虚者之无为也，不以无为为有常，不以无为为有常则虚，虚则德盛，德盛之谓上德。故曰：'上德无为而无不为也。'先慎曰：'按此篇及喻老每条末"也"字、"矣"字多非《老子》文。'"（王先慎：《韩非子集解》，北京：中华书局，2013 年，第 139 页）

二、"无不为"与"无以为"

"无不为"与"无以为"意义差别较大，以往学者对此讨论较广泛。朱谦之认为，唯"上德无为而无以为"，较之"上德无为而无不为"，于义为优。① 陈鼓应依帛书乙本赞同朱谦之所说。② 刘殿爵："傅本改'无以为'作'无不为'便与上文'无为'相对，成为句中相对而与全文体例不合。要之，作'无为而无不为'不论是在傅本抑在《韩非》都显然是后人所改。"③ 高明说："'无不为'与'无以为'的意义迥别，分歧绝非偶然，二者之间必有一误，但是，弄清孰是孰非，首先应澄清《解老》篇引文有无讹误……从韩非这段论述中，毫无'无为而无不为'之意，正是对'无为而无以为'的诠释。仔细阅读《解老》篇中这段文字，自然会觉察到它所论述的内容，则与引文'无为而无不为'互相抵牾，足证引文原非如此，当依帛书作'无为而无以为'，彼此才得吻合一致，错误显然是后人传抄造成的。不言而喻，《解老》篇引文既然有误，而严、傅、范与楼古四本此文，也必经后人篡改，非老子原本之义。"④ 刘笑敢认为，从文章思想脉络来看，讲的是动机问题，当从帛书本作"无以为"，与下文"无以为""有以为"相应。⑤ 综上，自帛书本出土以来，学者们多依帛书本认为此句当作"上德无为而无以为"，而笔者认为以往学者的普遍说法是有待重商的。针对以往学者关于"德经"首章"无不为"与"无以为"问题的讨论，笔者略谈几点自己的看法。

首先，笔者认为，依《韩非子·解老》篇释文不能断定引文"上德无为而无不为也"为讹误，韩非引文出错的可能性较小。笔者不赞同高明先生所说"韩非论述毫无'无为而无不为'之意，正是对'无为而无以为'的诠释，当依帛书作'无为而无以为'，（引文）错误显然是后人传抄造成的"。

第一，依韩非《解老》篇释文难以彻底判定引文"上德无为而无不为也"有误。《解老》篇释文言："凡德者，以无为集，以无欲成，以不思安，以不用固。为之欲之，则德无舍；德无舍则不全。用之思之则不固，不固则无功，无功则生有德。德则无德，不德则有德。""无为""无欲""不思""不用"都是韩非关于老子"上德"的解释。接下来的释文为："所以贵无为无思为虚者，谓其意无所制也……虚者之无为也，不以无为为有常，不以无为为有常则虚，虚则德盛，德盛之谓上德。"这段释文强调"无为无思"为"虚"，"虚"则德盛，德盛即为上德。此段释文应是承接上文"上德

① 朱谦之：《老子校释》，北京：中华书局，1984 年，第 151 页。
② 陈鼓应：《老子今注今译》，北京：商务印书馆，2003 年，第 216 页。
③ 陈鼓应：《老子今注今译》，第 216 页。
④ 高明：《帛书老子校注》，第 3—4 页。
⑤ 刘笑敢：《老子古今：五种对勘与析评引论》，北京：中国社会科学出版社，2006 年，第 395—396 页。

不德"句，进一步详细对"上德无为"进行解释。韩非释文中没有明显关于"无不为"的细致解释，因此不能判定引文一定为"无为而无不为"。但是亦不能彻底断言引文有误，韩非对首句的释文中亦不见对"下德不失德，是以无德"句的细致解释。可见，依韩非《解老》篇释文或难彻底判定引文"上德无为而无不为也"是有误的。

第二，依韩非释文亦不能断定引文当为"上德无为而无不以为也"。"无为"与"无以为"意思有相通之处。河上公解释"无以为"为"无以名号为也"①。老子"无为"是顺事物之自然而"为"、让事物顺其自然之理自由发展而不强作妄为，本身就包含"无以名号为"这一层面。依韩非释文只可判定其是对"上德无为"进行阐释，却不能判定其是在诠释"上德无为而无不以为也"。韩非对下文"上仁为之而无以为也"的解释是："仁者，谓其中心欣然爱人也。其喜人之有福，而恶人之有祸也。生心之所不能已也，非求其报也。"②可见，韩非对"无以为"的解释应为"非求其报"，而上部分释文中是以"虚"解释"上德"的，其意蕴与"非求其报"迥然相别。

第三，笔者认为，韩非《解老》篇引文出错的可能性是较小的。其一，韩非所据《老子》传本文本本身字词出错的概率较低。韩非《解老》篇所据《老子》传本是当时盛行的老子传本（也可能是诸多盛行传本中的一种），应是比较权威且相对完善的，文本字词讹误的概率应是很低的。詹剑锋言："一本书有人为它作注解，必定这本书有价值而又流行很广……在公元前三世纪韩非就作《解老》、《喻老》两篇，可见《老子》书存在已久，流行普遍了。"③丁四新认为，《韩非子》引《老》所据之文本很可能是一个完整的本子，"韩非所据之《老子》抄本可能来自三晋贵族和荀子，而荀子则很可能是在游学稷下所得。以此论之，则韩非所据的《老子》文本约当在公元前300年左右流传"④。其二，《解老》篇此句引文传抄出错的可能性极小。考察《解老》篇关于本章的其余引文皆无讹误，而单单此句一个"不"字传抄出错或是有悖常理的。其三、严遵本作此句亦作"无不为"，证明在其所处年代之前"上德无为而无不为"的说法是存在的。严遵《指归》言："清静因应，无所不为，谓之德人……上德之君，性受道之纤妙，命得一之精微，性命同于自然……故恬淡无为而德盈于玄域，玄默寂寥而化流于无极。恩不可量，厚不可测，兼包大营，泽及万国。知不足以伦其化，言不足以导其俗。天下昧昧喝喝，皆蒙其化而被其和。若此者元无，绝而不知为之者何谁也。"⑤依释文，严遵确实是为"上德无为而无不为"作诠释的。

① 王卡点校：《老子道德经河上公章句》，第148页。
② 王先慎：《韩非子集解》，第139页。
③ 詹剑锋：《老子其人其书及其道论》，武汉：湖北人民出版社，1982年，第89页。
④ 丁四新：《郭店楚墓竹简思想研究》，北京：东方出版社，2000年，第3页。
⑤ 严遵：《老子指归》，王德有点校，第3—4页。

严遵为西汉末期的隐士，笔者推测严遵所处时代及之前应是流行"上德无为而无不为"的说法的，否则隐居的严遵也不会依"上德无为而无不为"作论述。

其次，笔者认为"上德"句作"上德无为而无不为"是符合老子整体思想，并与本章思想、行文脉络相契合的。"自然无为"是老子哲学之精髓，"无为"乃指顺任事物之自然、不强作妄为①。老子哲学中，"无为"可产生"无不为"的结果。郭店楚简："为道者日员（损）。员（损）之或员（损），以至亡（无）为，亡（无）为而亡（无）不为。"②通行本中则两次出现"无为而无不为"的说法：王弼本第三十七章言："道常无为而无不为"③，王弼注曰："顺自然也，万物无不由为以治以成之也"；第四十八章言："为学日益，为道日损。损之又损，以至于无为，无为而无不为"④。在老子思想体系中，体道之人顺任万物之自然，清静无为，万物终自化，"无为"而无所不为。可见，作"上德无为而不为"是符合老子思想义理的。⑤

从"德经"章的思想脉络、行文体例上看，笔者认为作"上德无为而无不为"上下文思想贯通，并符合此章行文体例。本章主旨是在推崇"上德"不自恃有德，而抨击有意求德、恪守形式上的"德"。本章首句言："上德不德，是以有德；下德不失德，是以无德"（各传本经文在此句上无分歧），则全章内容可以以"上德""下德"为分，化为两大层次。"仁""义""礼"皆自"下德"出，"上仁""上义""上礼"句可化分为与"上德"相对应的第二大层次。"上德"的行为方式是"无为"，与之相对的是"下德"之"为之"，经文中"上仁""上义""上礼"的行为方式皆为"为之"（各传本皆作："上仁为之……上义为之……上礼为之……"）。作"上德无为而无不为"，与"无为"之行为相应的是"无不为"的层次，而"上仁""上义""上礼"则依次对应为"无以为""有以为""攘臂扔之而莫之应"。由此，自"上德"至"上仁""上义""上礼"层次递减明显，既符合首句"上德""下德"二分的整体结构，亦与尾句"故失道而后德，失德而后仁，失仁而后义，失义而后礼……是以大丈夫处其厚……故去彼取此"形成呼应。此外，作"上德无为而无不为"与"上礼"之"上礼为之而莫之应，则攘臂而扔之"形成了实际效果上鲜明对比，与"夫礼者，忠信之薄，而乱之首。前识者，道之华，而愚之始"一句遥相呼应，符合老子抨击

---

① "道常无为"，王弼注"顺自然也"（王弼注、楼宇烈校释：《老子道德经注校释》，北京：中华书局，2008年，第90页）。陈鼓应先生认为，"自然"是一种观念、态度、价值，也是一种状态和效果，"无为"则是一种行为，是实现"自然"的手段和方法，"自然"与"无为"，密不可分、相得益彰："自然"的观念、态度、状态必然要求"无为"的行为，"无为"的行为必然体现"自然"的观念，必然实现"自然"的价值和效果。（陈鼓应、白奚：《老子评传》，台北：文史哲出版社，2002年，第90页）
② 彭浩：《郭店楚简〈老子〉校读》，武汉：湖北人民出版社，2001年，第79—80页。
③ 王弼注、楼宇烈校释：《老子道德经注校释》，第90页。
④ 王弼注、楼宇烈校释：《老子道德经注校释》，第127—128页。
⑤ 严遵：《老子指归》，王德有点校，1994年，第4页。

"礼"的思想。而若作"上德无为而无以为",则自"上德"至"上义"依次对应的是"无以为""有以为""攘臂扔之而莫之应","上德"与"上仁"没有了层次上的区别,且自"上德"至"上义"没有了明显的层次递减效果。因此,笔者不赞同刘殿爵先生所言"'无以为'作'无不为'与上文'无为'相对,成为句中相对而与全文体例不合"或不成立,而刘笑敢先生所说"从文章思想脉络来看,当从帛书本作'无以为',与下文'无以为','有以为'相应"或难成立。要之,笔者认为本章"上德"句作"上德无为而无不为"使全章层次分明、前后连贯、首尾呼应,而作"上德无为而无以为也"会使文章结构混乱。

最后,笔者推测在汉代以前流行的《老子》传本中"上德无为而无不为也""上德无为而无以为也"两种说法或均有存在,而后者在西汉时期成了主流说法并影响了后世通行本。若《解老》篇引文无误,即证明在韩非所据《老子》文本是约公元前300年左右流行的《老子》传本(有可能是众多流行的传本中的一种)中"上德"句是作"上德无为而无不为也"的。而抄写年代分别在汉高帝、文帝时期①的帛书甲、乙本以及约汉武帝时期的汉简本②此句均作"无以为",说明在汉初之前流行的《老子》传本是存在"上德无为而无以为也"的说法的,而汉初之前的《老子》传本当不止一种③,"无以为""无不为"的说法或均有存在。也就是说:汉代以前《老子》当有多个流行的传本,而在盛行的传本中"上德无为而无不为也""上德无为而无以为"的说法均是存在的,而后者在西汉时期更为流行,并获得了官方认可,成为汉时主流说法并影响了后世通行本。笔者认为,高明先生所说:"'无不为'与'无以为'二者之间必有一误,当依帛书作'无为而无以为',不言而喻,《解老》篇引文既然有误,而严、傅、范与楼古四本此文,也必经后人篡改,非老子原本之义"有待重商。其一,在帛书本之前当存在多个《老子》传本,"无不为""无以为"两种说法或是均有存在的,而并非两者间"必有一误";其二,帛书本所据《老子》传本与韩非、严遵等所引《老子》传本应不是同一个本子,以帛书本经文为标准断言"韩非本及严、傅、范与楼古四本有误"或是有些盲目、武断的。其三,笔者上文已有

---

① 据整理者言,帛书甲本"抄写年代可能在高帝时期,即公元前二〇六年至一九五年间",帛书乙本"抄写年代可能在文帝时期,即公元前一七九年至一六九年间"(国家文物局古文献研究室编:《马王堆汉墓帛书(壹)》,北京:文物出版社,1980年,"出版说明"第1页)。

② 整理者推测竹简的抄写年代多数当在汉武帝(公元前104年至公元前87在位)时期,可能主要在武帝后期,下限应不晚于宣帝(北京大学出土文献研究所编:《北京大学藏西汉竹书概说》,《文物》2011年第6期,第53页)。

③ 丁四新经考证认为:"可以肯定在战国中期,乃至更前,《老子》的存在状况当远较郭店简本三组的总和为多",《老子》在战国中期以前,很可能即已经历了历时性演变的过程"(丁四新:《从简、帛、通行本比较的角度论〈老子〉文本演变的观念、过程和规律》,《人文论丛》(2002年卷),武汉:武汉大学出版社,2003年,第84—86页)。

所分析，作"上德无为而无不为也"是完全符合老子思想义理，亦与本章思想脉络、行文体例相契合的，因此，从文本的合理性而言，笔者认为"上德"句作"上德无为而无不为"更优。

三、关于"下德"句之有或无

关于简帛古本与世传本的另一重要分歧——"下德无为而无（有）以为"一句之有或无，目前多数学者立场一致，认为该句为衍文，当依帛书本删去。刘殿爵说："帛书本是三分，上德、上仁、上义，文中'无为'与'为之'相对，'无以为'与'有以为'相对。上德居上，既'无为'又'无以为'；上仁次之，虽不能'无为'尚能'无以为'；上义居下，既不能'无为'又不能'无以为'。上、中、下层次分明。王弼本加上'下德'作四分，结果'下德为之而有以为'与'上义为之而有以为'相重复。傅本'上德'句作'无为而无不为'，'下德'句作'为之而无以为'又与'上仁'句重复，这样显见《老子》文句原来是如帛书本作'三分'的，后人改作'四分'时，改得不得其法，便陷于重复。"①高明说："从经文分析，此章主要讲论老子以道观察德、仁、义、礼四者之不同层次，而以德为上，其次为仁，再次为义，最次为礼。"……据帛书甲、乙本分析，德仁义礼之间各自差别非常整齐，逻辑意义也很清楚。今本衍"下德"一句，不仅词义重叠，造成内容混乱，而且各本衍作"下德为之而无以为"，则同"上仁为之而无以为"相重。由此可见，"下德"一句在此纯属多余，绝非《老子》原文所有，当为后人妄增。验之《韩非子·解老》篇，亦只言"上德""上仁""上义""上礼"，而非"下德"，与帛书甲、乙本相同，足证《老子》原本即应如此，今本多有衍误。②陈鼓应同意以上说法，认为"当从《韩非》及帛本作四分法，即'上德……上仁……上义……上礼……'，'下德无为而有以为'为汉时（帛本之后）衍入。道家对世风的序次皆为四层，即'太上'、'其次'、'其次'（或'其下'）、'其下'（或'太下'），秦汉前无此'五分法'。与十七章参读：'上德无为而无以为'即'太上不知有之'。'上仁为之而无以为'即'其次亲而誉之'。'上义为之而有以为'即'其次畏之'。'上礼为之而莫之应'即'其下侮之'。"刘笑敢："从这一段的结构来看，帛书本作'上德'、'上仁'、'上义'、'上礼'，排列整齐有序，与下节'失道—失德—失仁—失义—后礼'的顺序若合符节，而传世本加入'下德'句，以与'上德'对偶，欲使结构变得不合理。显然是传世本摹仿上段'上德'、'下德'之对仗而加入'下德'一句，造成文意混乱。"王中江认为，《庄子·知北游》引用和解释这段话中也没有"下德为之而无以为"一句，但

---

① 陈鼓应：《老子今注今译》，第 216 页。
② 高明：《帛书老子校注》，第 3 页。

由于上文有"下德不失德，是以无德"的话，下文的"下德为之而无以为"究竟是承上本原本就有，还是后来附益上的，不容易判断。①

针对"下德"句是"有"还是"无"的问题及目前学者的讨论，笔者认为有几点要申明。首先，北大汉简本《老子》"上经"首章存在"下德……之而无以为"一句，为今本"下德"句的存在找到了文本依据②，以往学者所言"今本多有衍误""后人之妄增"有待重商。《解老》篇引文无"下德"句，作"上德……上仁……上义……上礼……"四分。这或可说明先秦盛行的《老子》传本中"德经"首章是无"下德"句的，作"上德……上仁……上义……上礼……"四分。帛书甲乙本亦作"上德……上仁……上义……上礼……"四分。与韩非本相比，帛书本"上德"句"无为无不为"作"无为而无以为"经文有所变化，但下文《老子》"德经"首章是依然是沿用先秦传本作"上德……上仁……上义……上礼……"四分，文本结构未发生明显的变化。抄写年代约在汉武帝（后期）的北大汉简本③出现了"下德□之而无以为"一句，作"上德……下德……上仁……上义……上礼……"五分，严遵本、河上公本、王弼本、傅奕本与汉简本相同皆作"五分"。从"四分"到"五分"，说明在汉简本所处时代或其前《老子》文本得到了重新编排④，发生了较大的改变。依据本章"下德"句从"无"至"有"的递变痕迹看，笔者认为，《老子》文本在西汉时期受到了明显的人为设计和裁判，得到了重新编排，严遵本、河上公本等传本都受到了重编后《老子》文本的影响，成书时代或在汉简本之后。在汉代以前盛行的《老子》传本中"德经"首章或是作"上德无为而无不为也，上仁……上义……上礼……"，而"上德无为而无以为（也），下德……上仁……上义……上礼……"的文本结构则是在西汉时期确立并影响通行本（河上公本、王弼本）的。今本多有"下德"句不应视之为"衍误""妄增"，应是以重新编排后的汉传本为文本来源的。

其次，从文本编排的合理性看，笔者认为本章无"下德"句更符合本章思想脉络。笔者在上文已有所分析，本章可依首句分为两大层次：与"上德"相应的层次、

---

① 王中江：《北大藏汉简老子的某些特征》，《哲学研究》2013 年第 5 期。

② 参见王鑫：《〈老子〉札记四则——"下德无为而无（有）以为：有生于无""泾人恒无心"与"报怨以德"》，《老子学刊》2021 年第 1 期。

③ 整理者推测竹简的抄写年代多数当在汉武帝（公元前 140 年至公元前 87 年在位）时期，可能主要在武帝后期，下限应不晚于宣帝（北京大学出土文献研究所编：《北京大学藏西汉竹书概说》，《文物》2011 年第 6 期）。

④ 丁四新认为，从郭店简到帛书本，《老子》大致处于"自然分章"阶段，但人为分章的因素在不断增强，自景帝立经后，西汉《老子》的篇章进入了人为设计和裁划的阶段，帛书甲本在早期《老子》文本的演变过程中起着关键的作用，而北大汉简本（景帝立经本的复抄本）其实是一个十分关键而具有高度权威性的定型本，严遵本和刘向本（各通行本的直接来源）晚于汉简本，都是在景帝立经本的基础上再作章数设计和章段裁划的结果，而成为西汉后期的两个定型本（丁四新：《早期〈老子〉文本的演变、成型与定型——以出土简帛本为依据》，《中州学刊》2014 年第 10 期）。

与"下德"相应的层次。"上仁""上义""上礼"属"下德"层次，与"上德无为而无不为"相应，添加"下德为之而有以为"或"下德为之而无以为"皆显赘余。且作"下德为之而有以为"，如汉简本（"为之"的"为"字缺失）、严遵本、河上公本、王弼本，与下文"上义为之而有以为"一句词义重复；作"下德为之而无以为"，如傅奕本，则与"上仁为之而无以为"重复。因此，从文本编排的合理性而言，本章添加"下德"会引起文章思想脉络混乱，而无"下德"句与老子思想义理及本章思想脉络相契合。从文本"演变"的角度看，由帛书本"上德……上仁……上义……上礼……"四分至汉简本由"上德……下德……上仁……上义……上礼……"五分的文本结构变化体现了汉人重新编排《老子》的努力。只不过，汉人的编排未见得合理。

最后，笔者还注意到：严遵本的文本来源不只汉时传本一种，其受先秦时期的传本之影响较明显，主要依据（仅就本章而言）有：第一，严遵本作"上德无为而无不为"靠近韩非《解老》篇引文，而与帛书本、汉简本异；第二，严遵本作"礼者，道之华，而乱之首也"，汉简本此句作"夫礼，……"、帛书乙本、河上公、王弼本、傅本作"夫礼者，……"，严遵本与帛书本、汉简本皆异，而与《庄子·知北游》引文"故曰，'失道而后德，失德而后仁，失仁而后义，失义而后礼。礼者，道之华，而乱之首也'"[1]相吻合；第三，严遵本是"德经"在前，"道经"在后，与韩非所引《老子》本、汉初帛书本相合，而与汉简本及通行本皆异。因此，笔者认为严遵本应该是有多个文本来源的，既包括先秦时期的传本，也有经过重新编排后的汉代传本。

四、结论

回顾以往关于《老子》"德经"首章的讨论中，充斥着大量类似于"当依帛书本作……"的言论。但笔者认为，以简帛古本为绝对的标准对《老子》文本进行裁定、判断世传本优劣的学术态度是比较盲目的。因为从文本"演变"角度看，不论是帛书本，还是汉简本，其价值、意义在于向世人展现《老子》文本在某个时期的样貌[2]，它们是某个时期《老子》文本之真实呈现，但却不能说明《老子》原本即是如此，更不代表《老子》文本应当如此。此外，从文本编排的合理性看，帛书本、汉简本的文本编排未见得是合理的。笔者在上文已进行了详细的分析、论证，帛书本、汉简本在"德经"首章"上德无为而无以为也"以及"下德"句上编排未见得最为

---

① 郭庆藩：《庄子集释》，王孝鱼点校，北京：中华书局，2004年，第728页。
② 北大汉简整理者认为："北大简《老子》最主要的学术意义是为我们提供了一个处于'定型'阶段的完整而精善的《老子》古本。"韩巍：《北大汉简〈老子〉简介》，《文物》2011年第6期。

合理。虽然简帛古本确实为我们研究老子的思想以及厘清《老子》文本之发展、演变历程提供了重要的依据，但不可过度拔高简帛古本的学术价值，若视简帛古本为《老子》文本之绝对标准是欠妥的，我们应当客观、理性地看待简帛古本的学术价值及意义。

经过本文关于《老子》"德经"首章两个主要问题——"上德"句"无不为"与"无以为"以及"下德"句之有或无的分析，笔者的主要结论有：第一，笔者认为，以往学者依帛书本经文判定"德经"首章"上德"句当作"上德无为而无以为也"的普遍说法是有待重商的。其一，高明所言《韩非子·解老》篇引文"上德无为而无不为也"有误的说法或难成立，依《韩非子·解老》篇释文不能断定引文"上德无为而无不为也"为讹误。韩非引文出错的可能性较小。据《解老》篇引文、帛书本及汉简本或可推测：在汉代以前流行的《老子》传本中"上德无为而无不为也""上德无为而无以为也"两种说法或均有存在，而后者在西汉时期成了主流说法并影响了后世通行本。其二，从文本编排的合理性看，笔者认为"上德"句作"无为而无不为"更优。"上德"句作"上德无为而无不为"符合老子整体思想，亦与"德经"首章思想主旨相契合。第二，北大汉简本《老子》"上经"首章存在"下德……之而无以为"一句，为今本"下德"句的存在找到了文本依据，以往学者所言"今本多有衍误""后人之妄增"有待重商。由帛书本"上德……上仁……上义……上礼……"四分至汉简本由"上德……下德……上仁……上义……上礼……"五分文本结构之重要变化体现了汉人对《老子》文本的重新编排。今本多有"下德"句显然是以重新编排后的汉传本为文本来源的，因此不应视之为"衍误""妄增"。第三，从行文脉络看，"德经"首章无"下德"句更与本章行文脉络相吻合。汉代编者对《老子》文本的重新编排也未见得合理。第四，经过严遵本与简帛古本之比对并结合有关传世文献分析，笔者认为，严遵本的文本来源应该不只汉代传本一种，其受先秦时期的传本的影响也较为明显。

《老子》的大国外交之道及其当代启示
——以第六十一章为中心

谢徐林[*]

内容提要:《老子·第六十一章》是先秦文献中少有的专论国家间关系原则的篇章。首先它基于春秋末年大小国林立而争斗不休的社会现实,连用七个"下"字阐明了国与国交往的基本行为准则(谦下、尊重)和基本目标(两者各得所欲)。其次,该章从头至尾皆聚焦于大国,以"江海居下方能大"为喻强调大国谦下可以在整个天下秩序中发挥奠基性和引领性的作用。而《老子》不同章节对这个政治性比喻的灵活运用又揭示了"下"字背后以雌制雄、以柔守强、忍辱担当、利物不争、善得人心等丰富的义涵,呈现出一种迥异于欧美政治文化的中国式"王道"智慧,可以为当下我国全面推进"中国特色大国外交"具体实践中处理国家间关系、应对大国竞争和积极参与全球治理提供某些智慧的启迪。

关键词:《老子》 第六十一章 大国外交 一带一路 人类命运共同体

《老子·第六十一章》是老子基于春秋末年大小国林立而相互争胜的社会现实而提出的一种有关天下治理的基本原则。习近平总书记曾在德国科尔伯基金会的演讲中引用该章的话表明中国处理国家间关系的基本态度:"中国先哲老子讲:'大邦者下流。'[①]就是说,大国要像居于江河下游那样,拥有容纳天下百川的胸怀。中国愿意以开放包容心态加强同外界对话和沟通,虚心倾听世界的声音。"[②]

当下中国已经实现从"站起来"到"富起来"再到"强起来"的历史性飞跃,并越来越多地承担起大国责任而深度参与到今天的"天下治理"之中。在此背景下

---

[*] 谢徐林,南京大学哲学系博士研究生。

[①]《老子·第六十一章》各本文字微有差异,帛书甲本作"大邦者下流",而通行本作"大国者下流",但意思差不多。

[②] 习近平:《习近平在德国科尔伯基金会的演讲》,人民网,2014年3月28日,http://politics.people.com.cn/n/2014/0329/c1024-24772018.html。

习近平总书记强调"中国必须有自己特色的大国外交",我们的外交工作要"有鲜明的中国特色、中国风格、中国气派"①。然而"长期以来,国际关系理论存在着'西方中心主义'的现象。不论是经典的现实主义理论、自由主义理论,还是近些年来的建构主义理论,所关注的研究问题大部分来自西方的经验,理论背后的哲学思想往往有明显的西方渊源"②。中国几代国际关系学者在反思、批判这一现象的同时,也在努力"探索有中国特色的国际关系理论"和努力"建设国际关系理论的'中国学派'"③。许多学者把目光投向了中国自先秦以来的思想文化传统和政治外交实践,但大多聚焦于儒家文化的天下观及儒家文化主导下的朝贡体制,对道家哲学之天下意识及相关政治理念的关注和阐发尚明显不够。

《老子》五千言共提到"天下"59 次,频率之高可以说冠绝先秦诸子;同时全书没有提及任何一个特定的国名、地名,可见老子哲学之视域始终是整个天下。他关于如何治天下、安天下的政治哲学后来为黄老道家所继承和发展,并深刻影响了西汉及唐初的政治家们,推动了中国人最为自豪的汉唐盛世的建立。如胡孚琛先生所言:"中国历史上强盛的汉唐王朝,都受到道学思想的滋养,连清初康熙皇帝也外示儒术而内用黄老,道学之富国强兵的政治效果是昭然可见的。"④而《老子·第六十一章》立足于春秋末年所讨论的国家间关系原则正是其天下治理哲学的重要组成部分。

今天,"中国特色大国外交"的推进既需要根植于新中国成立以来 70 余年的中国特色社会主义外交实践,也需要根植于中国悠久的历史文化传统。老子在春秋末年时代大变局下关于大小国关系原则、关于天下治理的相关理论精髓,无疑可以作为一种返本开新的重要文化资源而为当下"中国特色大国外交"的战略性推进提供某种借鉴和参照。

一、"大国者下流":大国何以为"大"

2021 年 4 月 20 日博鳌亚洲论坛年会开幕式在海南博鳌举行,国家主席习近平发表了题为《同舟共济克时艰,命运与共创未来》的主旨演讲,其中说道:"大国要有大国的样子,要展现更多责任担当。"⑤那么到底如何才是"大国作为大国该有的样子"? 这个问题也是《老子·第六十一章》所关切的核心。它说:

---

① 习近平:《中国必须有自己特色的大国外交》,《习近平谈治国理政》(第 2 卷),北京:外文出版社,2017 年,第 443 页。

② 漆海霞:《当前国际关系理论创新的途径》,《国际关系研究》2019 年第 4 期。

③ 参见程多闻:《全球国际关系学视野中的"中国学派"构建》,《国际观察》2021 年第 2 期。

④ 胡孚琛、吕锡琛:《道学通论》,北京:社会科学文献出版社,1999 年,第 4 页。

⑤《习近平:同舟共济克时艰,命运与共创未来》,新华社,2021 年 04 月 20 日,http://www.xinhuanet.com/video/2021-04/20/c_1211119857.htm。

  大国者下流，天下之交，天下之牝。牝常以静胜牡，以静为下。故大国以下小国，则取小国；小国以下大国，则取大国。故或下以取，或下而取。大国不过欲兼畜人，小国不过欲入事人。夫两者各得其所欲，大者宜为下。（《老子·第六十一章》）

  本章谈大小国相处之道连用了七个"下"字。"下"即谦下、谦卑之意，《老子河上公章句》这一章的题目就叫作"谦德"。显然老子把它视为国家间关系的基本道德准则，同时老子强调这一关系模式或道德准则是由大国来奠定的，所以他开头说"大国者下流"，结尾又说"大者宜为下"。

  为什么老子把这个"下"字看得如此重要？其实背后有一种文化精神在。中国号称"礼仪之邦"，《礼记》中对礼的精神内涵有个简明的概括："夫礼者，自卑而尊人。"（《礼记·曲礼》）自己保持谦下而对他人保持尊重，这便是礼的实质。可见"下"字的背后是尊重，互相谦下的背后是互相尊重。《周易》六十四卦唯一一个"六爻皆吉"的卦就是谦卦。以国与国的关系来说，大大小小的国家在国际社会中都有其相应的地位，就好像占据着不同的爻位一样。但不管是居于高的爻位还是低的爻位上，都不能失去这种谦下之德。如此国与国相处才能够彼此尊重，彼此"各得所欲"，整个天下将处于和谐有序的状态。

  "大国者下流"是对"大国之为大国"的一种定位。王弼解释说："江海居大而处下，则百川流之；大国居大而处下，则天下流之。"这也就是《老子》第六十六章所说的："江海所以能为百谷王者，以其善下之，故能为百谷王。"大国之为大国，根本原因不在于面积大国力大，而在于它有江海一般的胸怀，谦下能容，从而自然而然成为"天下之交"。王弼解释这四个字为"天下之所归会者也"[1]，河上公则说"天下士民之所交会"[2]，意思差不多。大国善于谦下将对天下各国、天下士民产生巨大的吸引力和凝聚力，从而获得他们的信赖和向往。

  陈鼓应先生就把本章两个"取"字解释为"聚"："'以取'，以聚人；'而取'，聚于人。"[3]张默生则理解为：大国谦下能取得小国的信仰，小国谦下能取得大国的信任。[4]综合起来说，谦下能够带来大小国之间的互相凝聚、互相信任。在这样一种和

① 王弼注，楼宇烈校释：《老子道德经注校释》，北京：中华书局，2008年，第159页。
② 王卡点校：《老子道德经河上公章句》，北京：中华书局，1993年，第238页。
③ 陈先生举出了版本学上的例证："顾欢本、开元本、敦煌本、次解本、赵志坚本'取'都作'聚'。"（见陈鼓应：《老子注译及评介》，北京：中华书局，2015年，第288页）
④ 陈鼓应：《老子注译及评介》，北京：中华书局，2015年，第288页。

谐共生的关系中，大国小国都能够实现自己的利益，都能够满足自己的愿望，这便是老子所说的"两者各得所欲"。

国与国交往而达到"彼此各得所欲"，即使在今天这不仍然是国际关系所追求的基本目标吗？而这个基本目标能否实现很大程度取决于那些举足轻重的大国。如陈鼓应先生评述本章时说："人类能否和平相处，系因于大国的态度。"① 大国秉持的态度、理念和行为方式确实在国际关系中起着根本性和全局性的作用，"大者宜为下"就是强调大国应当主动成为示范者和引领者。

同时，"大者宜为下"也是对大国的一种告诫。如杜光庭说："夫物常以小轻大，而必以大凌小，将恐大国之君骄盈致祸，鲜能下下，故戒之大者特宜为谦下尔。"② 按人之常情，身处弱小者较易保持低姿态而强大者往往容易骄矜。纵观历史和环顾世界，确实有很多国家在强大之后会"富贵而骄"而以霸道凌驾于其他国家与民众。因此老子的这一告诫在今天仍具有深刻的现实意义。整个第六十一章都是立足于大国来论述，老子身处于诸侯国纷争的春秋末年，表面上他是在为大国考虑，实际上他关心的是整个天下。"大邦者下流""大者宜为下"所强调的是，大国对于天下承担着特殊的角色和责任，大国应当以谦下包容来引领和促进整个天下的和谐有序。

总结来说，第六十一章围绕一个"下"字指明了国家间关系的基本道德准则（谦下尊重）、基本目标（两者各得所欲），尤其强调了大国在国际关系中的特殊角色和责任。值得注意的是，老子并非采取生硬的说理说教而是借助了一个形象化的比喻来阐释这个"下"字，那便是将大国比喻为江海（"大国者下流"）。

而老子在《道德经》不同章节对这个比喻的灵活运用和对于"下"字的多维阐发，则可以为我们呈现一种更加立体化的大国外交之道。

二、"知其雄，守其雌"：大国的守持之道

第六十一章以大国为"天下之牝"并认为"牝常以静胜牡，以静为下"。"牝"指雌性的鸟或兽，与"牡"相对。此比喻略显怪异，在解读上存有一定争议。通行本是作"大国者下流，天下之交，天下之牝"，而年代更早的帛书甲本则是作"大国者下流，天下之牝也，天下之交也。"可见"牝"和"交"内涵相近且可以位置互换，都是对大国居下流的进一步解释——千沟万壑之水都纷纷流向江海，因此江海就像一个吸纳众流的牝物，像一个万物交汇之地。

《老子·第二十八章》也说明了这一点："知其雄，守其雌，为天下溪。"溪谷乃众流汇归之地，老子以"牝"字或者"雌"字来形容它，均是取此义涵。"知其雄，

---

① 陈鼓应：《老子注译及评介》，北京：中华书局，2015年，第288页。

② 杜光庭撰，巩曰国点校：《道德真经广圣义》，南京：凤凰出版社，2017年，第400页。

守其雌"就是说：大国在国际关系中往往拥有雄强的、凸出的实力，但是它需要懂得以雌静来守护强大；越是强大者越需要懂得雌柔之道，这是一种高妙的大智慧。故《第六十一章》反复出现的"下"字不仅仅表示谦下，它还有"雌静""柔弱"等内涵。

《列子·黄帝》对老子"柔弱胜刚强"的思想有一个精彩的发挥，可以帮助我们理解这一大智慧。它提出"欲刚，必以柔守之。欲强，必以弱保之"，也就是借柔弱来守护刚强，我们可称之为"知其强，守其柔"。《列子》认为这是一种"常胜"之道：

> 天下有常胜之道，有不常胜之道。常胜之道曰柔，常不胜之道曰强。……强，先不己若者；柔，先出于己者。先不己若者，至于若己，则殆矣。先出于己者，亡所殆矣。（《列子·黄帝》）

靠刚强来守护刚强，能够战胜实力不如自己的，但是等到它与自己实力对等时就危险了。善于以柔弱来守护刚强，则可以战胜实力超出自己的，并始终立于不败之地。

这里有必要提一下几乎成了西方人心结的所谓"修昔底德陷阱"，它一方面固然是由西方政界、学界共同人为地营造出来的，但另一方面其中确实能找到其历史文化上的根源。因为西方文化所理解的大国间竞争正是崇尚实力与刚强，崇尚"胜人"。因此当现存大国预料到一个崛起中大国的实力即将"若己"时，便会感觉到"殆矣"，一定用各种办法强力打压它乃至发动战争。这种观念为人类历史带来了一次又一次深重的灾难。

道家则认为一国越是强大，越需要懂得谦下之道、雌柔之道。《老子·第三十三章》说："胜人者有力，自胜者强。"能压制他人战胜他人确实证明你有实力，但这毕竟是不可持久的。通过"自胜"（自我建设自我革新）才能带来真正的强大，而且是持久的强大。近代以来，葡萄牙、西班牙、荷兰、英国、法国、德国、俄国、美国、日本等大国的崛起无不是通过"胜人"即通过对外侵略与掠夺来实现，同时也在这种残酷的胜负之争中实现"城头变幻大王旗"的更新换代。而中国则走了一条"自胜"的和平崛起之路，我们今天的成就和地位是通过主动的"改革开放"，通过"聚精会神搞建设，一心一意谋发展"而辛苦赢得的，从未主动发动过一次战争，从未向外掠夺过一寸土地。正如著名国际政治经济学家让·皮埃尔·拉赫曼曾在 2016 年指出："大家都应该明白的是，如果中国真的实现了'和平崛起'——在不发动战争，不掠夺、奴役、占领别的国家的情况下成为了一个超级大国，那么中国将是人类历史上第一个不依靠侵略他国而崛起的世界大国。"①

　　然而目前来看西方各大国未必明白这一点，所以仍然在无理地污蔑和打压中国崛起。科林·弗林特、张晓通指出，西方学界百余年来已经形成了一整套有关地缘政治的固有的思维模式和认识框架，即"西方地缘政治想象"。由此西方政治精英在解读中国"一带一路"倡议时会形成两种习惯性思维："一是历史类比，将中国与历史上的崛起大国相比照；二是通感，想象中国会模仿自己追求扩张和霸权。"② 由于这种"以己度人"的研究的预设大前提和推理模式均是歪曲的，其结论往往也浮于表面而又误解重重。

　　其实西方政治精英们也承认中国快速、稳步和全方位的崛起堪称世界历史上的一个奇迹，只是他们仿佛并未从这种崛起中主动学习多少东西。香港《南华早报》2021 年 3 月 30 日文章提到了阿拉斯加中美战略对话中一个重要却容易让人忽视的细节："中国最高外交官杨洁篪说一口流利的英语。而美国国务卿布林肯不会说中文，拜登的任何一名高级中国顾问也都不会。"③ 如果一味崇尚"胜人者有力"，也许就很难谦卑地低下头来向他人学习。故美国两党从不会比拼谁对于中国了解更多更透彻，而只是比拼谁对中国更强硬。相反，一个崇尚自我建设自我革新的国家，它自然谦卑能"下"，善于以人为师，真诚地吸收他者的长处来壮大自己。

　　总的来看，《道德经》中"自胜者强""以柔守强"的中华古老智慧，可以在中国近几十年的和平崛起中得到现实的印证并值得我们继续践行和坚守下去。这样的强盛之路才是正当的、持久的和对世界各国人民均有利的。

　　三、"受国之诟，是谓社稷主"：大国的责任担当

　　由于大国特殊的角色和责任，它的目标就不能只是让自己立于不败之地，还应该主动承担责任而为天下谋福利。在这个问题上亦可以运用到这个"下"字的智慧。

　　前面提到《老子》五千言共提到"天下"59 次，老子哲学之论域始终是整个天下而非立足于一国。比如第五十四章说："修之于身，其德乃真。……修之于天下，其德乃普。"中国自改革开放以来就一直在踏踏实实做"修之于身"的功夫——通过自力更生在各方面建设上取得了举世瞩目的成就；同时我们也在坚实履行自己的大国责任，尤其是今天我们大力倡导的"人类命运共同体"理念和"一带一路"倡议，

---

　　① 《让·皮埃尔·拉赫曼：中国将是人类历史上首个不依靠侵略而崛起的世界大国》，观察者网 2016 年 5 月 9 日，https://www.guancha.cn/JeanPierreLehmann/2016_05_09_359489.shtml。

　　② 科林·弗林特、张晓通：《"一带一路"与地缘政治理论创新》，《外交评论》，2016 年第 3 期。

　　③ 《美中政策基金会主席：中美知识鸿沟恐将伤害美国外交》，光明网 2021 年 4 月 1 日，https://m.gmw.cn/baijia/2021-04/01/1302203814.html。

正是要将中国建设中所积累的智慧、经验与财富"修之于天下"，与世界各国人民共进共荣共享。如同国家主席习近平曾在二十国集团领导人杭州峰会上向各国宣告的那样："中国的发展得益于国际社会，也愿为国际社会提供更多公共产品。我提出'一带一路'倡议，旨在同沿线各国分享中国发展机遇，实现共同繁荣。"①

老子确实说大国要像江海一样"谦下""雌静"和"不争"，但我们不能忘记他所说的不争乃是要像水一样"善利万物而不争"（《老子·第八章》）。该章用了七个"善"字具体解释何为"善利万物"？老子认为其中最重要一点就是水善于居处在众人所讨厌的卑下之地，因此它才能像无私的道一样广泛地成就万物。陈鼓应先生评述此章说："老子认为最完善的人格也应具有这种心态与行为：'处众人之所恶'，别人不愿去的地方，他愿意去；别人不愿意做的事，他愿意做。他具有骆驼般的精神，坚忍负重，居卑忍辱。他能尽其所能地贡献自己的力量去帮助别人。"②

《老子》中其实多次谈到了这种"处众人之所恶"的胸怀和智慧，比如：

> 知其荣，守其辱，为天下谷。为天下谷，常德乃足。（《老子·第二十八章》）
> 受国之垢，是谓社稷主；受国不祥，是为天下王。（《老子·第七十八章》）

"守其辱""受国之垢""受国不祥"也好，"处众人之所恶"也好，都是强调大人或大国应当为整个天下承担别人不愿意承担的角色和责任。我国当下推行"一带一路"倡议来大力发展亚非拉等欠发达地区的基础设施建设，某种程度正是在做一件过去欧美发达国家不愿意做的事情，承担一种他们不愿意承担的角色。如果这一战略按照"共商、共建、共享"的理念很好地推行下去，使参与各国实现"各得所欲"、互利共赢，这难道不是一件"善利万物"的事情吗？而我们在这个过程中所面对的种种困难、挑战、质疑、批评乃至无端指责，都可以视之为"受其垢""受其不祥"——一个人、一个国家如果只是独善其身，那是不需要承受这些东西的；但是当一个大国要去做一件其他大国都不愿意做的事情，承担一种他们不愿意承担的角色，这些东西就是可以坦坦荡荡面对的。

道家认为："天地万物，凡所有者，不可一日而相无也。"③即天地万物之间是一个彼此依存、息息相关的统一体。今天世界互通互联的程度已经达到了历史的新高度，经济、安全、气候、生态、健康等领域的诸多重大问题无不需要世界范围内的通力

---

① 《共商共建共享的伟大构想》，新华网 2016 年 10 月 08 日，http：//www.xinhuanet.com/politics/2016-10/08/c_129313875.htm。

② 陈鼓应：《老子注译及评介》，北京：中华书局，2015 年，第 88 页。

③ 郭象注，成玄英疏：《南华真经注疏》，北京：中华书局，1998 年，第 135 页。

合作来解决。2018 年 3 月 20 日，十三届全国人大一次会议通过宪法修正案将"推动构建人类命运共同体"写入宪法，这是中国基于自身文化传统与国内建设实践而为全球治理贡献出的中国智慧、中国方案，也充分展现了我们作为一个大国的责任担当。

四、"善用人者，为之下"：大国的得人心之道

《老子》第六十一章反复谈论的"下"字不仅指明了国家间关系的基本行为准则，同时由于该章自始至终是立足于大国来论述，它其实也展示了一种格局宏大而又充满智慧的大国外交之道乃至大国竞争之道。在一个万物互联、彼此依存的世界中，大国与大国之间的竞争往往不只是单纯比拼硬实力，还要看谁更懂得谦下、雌柔，更善于尊重、包容和利于他国，更能够促进国与国之间乃至整个世界之间的互利共赢（即老子所谓"各得所欲"）。

《老子》第六十八章也是重点论述这个"下"字：

善用人者，为之下。是谓不争之德，是谓用人之力，是谓配天，古之极也。

这里的"用"不可作功利主义的理解。当大国谦下包容小国，"善利小国而不争"，那么小国自然而然会尊重、信服和支持大国，这是一种"两者各得所欲"的效果。因此"善用人者，为之下"并非指单方面的利用，而是说大国要善于以谦下、包容来引领一种互相尊重、互利共赢的双边关系。老子一方面讲"善利万物"（善于以自身去成就他人），另一方面又讲"善用人之力"（善于借他人之力来成就自己），这两方面其实是合一的。当一个大国善于"为之下"，真诚地展示出这样的胸怀与气度，它自然而然能够成为"天下之交"，赢得天下各国及其人民的拥护和支持。这便是老子所说的"不争而善胜，不言而善应，不召而自来，繟然而善谋"（《老子·第七十三章》）。你没有主动争胜，却常常得到胜利。你没有主动开口，却常常得到回应。你没有主动召唤，人们却来靠近你。你坦坦荡荡，人们却愿意来同你谋划。

老子把这种做法称赞为"古之极也"，它确实是一种成人成己的大智慧，既可以用于人与人的相处中，也可以被运用于国家间的关系中。王毅外长 2019 年在伯尔尼同瑞士联邦委员兼外长卡西斯共同会见记者时说道："中国从不以大欺小，从不干涉他国内政，而是坚持大小国家一律平等，相互尊重。即便只有几万人口国家的领导人访华，我们都为他铺满红地毯，鸣放 21 响礼炮，请他检阅三军仪仗队。"[①] 实际上

---

① 《王毅：中国在国际舞台上堂堂正正、光明磊落》，人民网，2019 年 10 月 24 日，http://usa.people.com.cn/n1/2019/1024/c241376-31419095.html。

只有当一个大国不自恃己大，真正懂得谦下尊重之道，它才能够不分大小、贫富、强弱、远近地平等对待世界上一切国家并赢得他们的尊重和信服。这与某些大国在国际社会中坚持"本国优先""本国第一""本国例外"的理念正好形成了鲜明的反差。习近平总书记也曾指出："作为大国，意味着对地区和世界和平与发展的更大责任，而不是对地区和国际事务的更大垄断。"① 因此，大国间的竞争不是单纯比拼谁的力量和权势更大，而是要在硬实力的基础之上来比拼智慧之高低、格局之大小、道德之有无。

> 故飘风不终朝，骤雨不终日。孰为此者？天地。天地尚不能久，而况于人乎？故从事于道者同于道，德者同于德，失者同于失。（《老子·第二十三章》）

暴风骤雨般强大的势力看起来给人以威慑，但那是不可持久的，因为不合于常道。如果一个国家所作所为有道有德，世界将会回报它道与德；如果一个国家所作所为为失道失德，也会得到相应的回报。因此对一个国家尤其是大国来说，盛气凌人的强大终究是不足依恃的，关键还要看你在国际关系中是否有道有德，你的所作所为是否能够赢得人心，这才是长久的取胜之道。如孟子说："得天下有道：得其民，斯得天下矣。得其民有道：得其心，斯得民矣。"（《孟子·离娄上》）

《老子·第四十九章》也指出，圣人治理天下善于"以百姓心为心"。这句话就今天的时代来说又有特殊的内涵———一方面，中国国内的建设发展需要"以百姓心为心"，与他们对美好生活的向往密切呼应；另一方面，推动"构建人类命运共同体"也要善于"以百姓心为心"，这里的百姓当指包括中国人民在内的全世界各国人民。沈伟认为，中国共产党"以人民为中心"的理念能够在"人类命运共同体"建构中得到实践升华："其一，以更广泛的人民利益为根本，致力于人民在经济、政治、文化、社会、生态等更宽范围、更大领域中的利益实现。其二，把中国人民的利益与世界人民的利益相结合，要求正确处理国家利益的差异性与人类利益的一致性，强调中国人民与世界人民的共同价值追求。"②

一些西方大国对我国的"人类命运共同体""一带一路"等倡议心怀恐慌，希望在打压的同时推出自己的替代性方案。在一个重大课题上能有多种方案本是很好的事情，然而西方大国的相关研究多"将重心放在分析中国的意图上，而忽视了'一

---

① 《习近平：大国意味着更大责任，而非更大垄断》，人民网，2015 年 03 月 28 日，http：//world.people.com.cn/n/2015/0328/c157278-26764197.html。

② 沈伟：《"两个大局"下的人类命运共同体：从意识自觉到责任担当》，《人民论坛·学术前沿》2021 年第 1 期。

带一路'沿线国家的发展现状。……（其研究）根本不重视一大批收入水平不高国家的真正需求"①。大概他们历来习惯了以一种高高在上的姿态来看待和"研究"世界各地的欠发达国家，恰恰缺少了老子所强调的"下"的态度。这也使得他们很难提出一个"得人心"并得到广泛认同的替代方案来。

在今天这个一体互联的世界中，国与国尤其是大国与大国之间必然存在着某些竞争，这是正常且很有积极意义的。但假如这种竞争是"利"字当头，唯"我"独尊，那就很容易演变为恶性竞争乃至零和博弈。老子告诉我们，大国与大国之间的竞争应当是道义的竞争、人心的竞争。或者说从长远来看，尊重道义、顺应人心而懂得谦下的一方将赢得胜利，而且是自然而然到来的胜利，所谓"不争而善胜"。

五、结语：大国外交要善用"曲则全"的智慧

总结来说，《老子·第六十一章》一再强调的"下"字除了指明了国家间关系的基本道德准则——谦下、尊重外，它还蕴含着以雌制雄、以柔守强、忍辱担当、利物不争、善得人心等丰富的内涵。正是这些内涵汇聚在一起使得大国能够成为天下之所会归；同时这些内涵也向后人展示出老子心目中"大国之为大国"所应有的胸怀、格局和处世应物的智慧。

习近平总书记 2014 年曾在南太平洋岛国斐济的《斐济时报》和《斐济太阳报》发表署名文章《永远做太平洋岛国人民的真诚朋友》，其中引用了《老子》最后一章中的话："既以为人，己愈有；既以与人，己愈多。"（《老子·第八十一章》）这其实正合于老子所谓"曲则全"的理念——越懂得给予你反而越丰富，越懂得谦下你反而越尊贵。实际上，老子反复谈论"下"字和反复将大国（或圣人）比拟成溪谷、江海，也处在向我们展示"曲则全"的智慧。所谓"江海所以能为百谷王者，以其善下之，故能为百谷王"，所谓"知其雄，守其雌""知其荣，守其辱""后其身而身先""以其不争，故天下莫能与之争""以其无私，故能成其私"等等，无不蕴含着"曲则全"的意趣。

这并非小聪明小计谋，而是老子基于其"道德"理念所阐发出的一套大智慧。《老子》是讲"曲则全"，《周易》则讲"曲成万物"，中国文化的这个"曲"字很值得我们玩味。正像老子主张的不争是"善利万物而不争"，他强调大国应当谦下、雌柔也是因为这样可以帮助我们曲成自身，曲成他国乃至曲成天下。"曲成"代表一种迂回、曲折的智慧，它是务实的而非空疏的，是考虑长远而非争于一时的，是胸怀天下而非自私自利的。

① 见钟飞腾：《"一带一路"、新型全球化与大国关系》，《外交评论》2017 年第 3 期。

　　在当下我国全面推进中国特色大国外交的具体实践中，不论是处理国家间关系，应对大国竞争，还是积极主动参与全球治理，老子围绕"下"字所阐发的这一格局宏大又充满智慧的"曲成"之道都值得被我们借鉴和运用。

郭店简《太一生水》再解析
——兼与帛书《老子》甲本之字句对照

内容提要： 作者在对郭店简《太一生水》做注解、白话译文的基础上，认为：《太一生水》乃郭店简《老子》的组成部分，亦可独立成篇，阐述了太极的生成和运转机制，其作者是老子；《太一生水》后经老子修改，化为帛书《老子》甲本的部分内容；对《太一生水》的研究应重视道家文献中常见的隐语现象，并应从新出土文献中汲取关于道家哲学的最新信息。

关键词： 郭店简 《太一生水》 老子 清华简 上博简

郭店简《太一生水》受到学界的持续关注，笔者亦曾撰文对《太一生水》的性质、作者等问题做过研究。近年来，随着对清华简、上博简、郭店简及马王堆帛书等出土文献的更多研究，笔者对《太一生水》有了更多新的认识，特此撰文阐发，并修正部分此前的观点。

关于《太一生水》相关学界研究成果的综述，谭宝钢教授《近十年来国内郭店楚简〈太一生水〉研究述评》（《史学月刊》，2007 年第 7 期）和任蜜林教授《太一生水：一篇并不完整的哲学文献》（《哲学研究》，2021 年第 1 期）等文章所述甚详，故为求简洁，本文于学界同仁的相关见解不再引用。

一、释文①

太一生水。水反辅太，一，是以成天；天反辅太、一，是以成地；天地复相、辅也，是以成神明；神，明复、相辅也，是以成阴阳；阴阳复，相辅也，是以成四

---

* 马文增（1971—），北京市社科院哲学所助理研究员，主要从事道家、儒家思想及出土文献研究。

① 以整理者释文为底本（《郭店楚墓竹简·太一生水、鲁穆公问子思》，荆门市博物馆编著，北京：文物出版社，2002 年版，第 23 页），以下简称"原释文"。笔者所作释文以圆括号标出，补文以方括号形式标出，于注解部分说明。

时；四时复，辅也，是以成沧热；沧①热复，相辅也，是以成湿燥；湿燥复，相辅也，成岁而止。故岁者，湿燥之所生也；湿燥者，沧热之所生也；沧热者、四时者，阴阳之所生；阴阳者，神明之所生也；神明者，天地之所生也；天地者，太、"一之"所生也。是，故太。一藏于水，行于时——周而或［始，以太为］万物母；一（孰能）缺（块）？一（孰能）盈（涅）？以纪为万物经——此天之所不能杀，地之所不能理（裂），阴阳之所不能成。君子知"此"之谓，［侯王毋已贵以高］。

天道贵弱——削成者以益生者，伐于强，责于［中，柔弱微细处上］。

下，土也，而谓之地；上，气也，而谓之天——道亦其字也，"青昏"其名。

以道从事者，必托其名，故事成而身长；圣人之从事也，亦托其名，故功成而身不伤。

天地……名，字并立。故（古），过其方，不思相［当］。

［天不足］于西北，其下高以强；地不足于东南，其上［高以强——不足于上］者有余于下，不足于下者有余于上。

二、注解

（一）太一生水……君子知"此"之谓，（侯王毋已贵以高）。

1. 太一生水：太，帛书《老子》甲本"道经"第25章"有物混成"②之"有"，"字之曰道吾强为之名曰太"之"太"，笔者认为即道家所谓无形之存在；一，最先，最初；生，生出；水，笔者认为即道家所谓之"先天一气"、上博简《凡物流形》"德生两"之"德"③，最初的有形之存在，笔者认为即现代科学所称的"基本粒子"。

2. 水反辅太，一，是以成天：反，回；辅，辅助，"反辅"意回报；一，合一，此指构成水的物质相互结合形成的物质；成，形成；天，《说文》："巅也，至高在上。"此指构成水的物质相互结合后形成的物质构成的空间整体。

3. 天反辅太、一，是以成地：一，此指"水"；地，构成天的物质与水再结合后形成的物质构成的空间整体。

4. 天地复相、辅也，是以成神明：复，重叠；相，专有名词，指上文所言的分别构成天地的物质；辅，补；神，指行星（此专指地球），《说文》："神，天神，引出万物者也"；明，恒星（此专指太阳），《说文》："照也。"

① 原释文漏印"沧"字，笔者据《郭店楚墓竹简·太一生水、鲁穆公问子思》第3页内容补。
② 高明撰：《帛书老子校注》，北京：中华书局，1996年版，第348页。以下凡引用帛书《老子》甲本之经文皆出自该书，不再一一出注。
③ "德生两"，原释文"貌生两"，笔者认为"貌"应改释为"德"。参见拙作：《上博简〈凡物流形〉新释新解》，《管子学刊》2017年第3期。

5.神，明复、相辅也，是以成阴阳：复，覆，《诗·小雅·蓼莪》："顾我复我。""明复"意阳光普照；相，递相，先后，"相辅"意昼夜更替；阴阳，光暗，指昼夜。

6.阴阳复，相辅也，是以成四时：复，往复；相辅，互动，指变化；四时，四季。

7.四时复，辅也，是以成沧热：复，往复；辅，此指接续；沧，《说文》："寒也"；热，《说文》："温也。""沧热"指温度变化。

8.沧热复，相辅也，是以成湿燥：复，往复；燥，干。

9.湿燥复，相辅也，成岁而止："岁"，谷物成熟，《康熙字典》："年谷之成曰岁"；止，停止。"成岁而止"意"太"之所生始于"水"，止于"岁"。

10.故岁者，湿燥之所生也：生，产生。

11.天地者，太、"一之"所生也：一之，合一之道。

12.是，故太：是，正，《说文》："直也。从日正。"即《大学》"自天子以至于庶人一是，皆以修身为本"之"是"，亦即"诚正格致"，对应下文之"古"；太，此活用作动词，生太，同帛书《老子》甲本"有物混成""始制有名"。

13.一藏于水，行于时：一，合一，合一之机制；行，《说文》："户庚切"，贯穿；时，时间。

14.周而或（始，以太为）万物母：周而或始，循环；母，母体，根本，本源。"始以太为"四字为笔者据帛书《老子》甲本"有名万物之母也"补，原文残缺。

15.一（孰能）缺（块）？一（孰能）盈（涅）？以纪为万物经：孰能，简文𧱣，整理者读作"一"，笔者认为此字上半部分的"𦫳"应厘定为"雔"，"雔"，《说文》："双鸟也，从二佳"，通"雠"，为"谁"的假借字，当读作"谁"，故"𧱣"乃"谁""能"二字合文，读作"孰能"①；块，此用作动词，聚集，意使万物成形。简文"块"，整理者读为"缺"，笔者认为应如字读；涅，澄，澄清，意使混乱的状态平息。简文"涅"，整理者读为"盈"，笔者认为应如字读；纪，五纪、岁、月、日、时辰、节气，《书·洪范》："五纪：一曰岁，二曰月，三曰日，四曰星辰，五曰历数"；经，纲纪，法则。此句为疑问句，意万物之形成和分解（出现和消失）由"纪"（时间）控制。

16.此天之所不能杀，地之所不能理（裂），阴阳之所不能成：此，这，指原因；杀，《康熙字典》："又同死。《孟子》凶年不能杀。"此指天体崩解；裂，分裂，原释文"理"，笔者读为音近之"裂"；阴阳，此指阴阳转换，即宇宙天体之旋转；成，完，止息，《广韵》："毕也。"《康熙字典》："终也。"

---

① "孰能"亦出现于郭店简《老子（甲）》中，简文为"竺能"，整理者读为"孰能"。

17. 君子知"此"之谓，（侯王毋已贵以高）：君子，《礼记·曲礼》："博闻强识而让、敦、善，行而不怠，谓之君子。"此，《说文》："相比次也"，即"一"，合一之道；谓，所谓，意思，涵义；已，既；贵，位尊；以，而；高，高慢。"侯王毋已贵以高"为笔者据帛书《老子》甲本"胃（谓）侯王毋已贵［以高将恐蹶］"补，原文缺。笔者认为此句之含义是侯王应尊重君子而能纳谏。

从内容上比较，笔者认为：

"太一生水"对应帛书《老子》甲本"始制有名"四字；

自"太一生水"至"太一之所生也"，对应帛书《老子》甲本"［道生一，一生二，二生三，三生万物，万物负阴而抱阳，］中（冲）气以为和"句；

"一藏于水行于时"句对应帛书《老子》甲本"道生之而德畜之，物刑（形）之而器成之"句；

"（以太为）万物母"对应帛书《老子》甲本"有名万物之母也"句；

"周而或（始）""孰能块？孰能涅？以纪为万物经"句对应帛书《老子》甲本"天地之间，其犹橐籥——与，虚而不屈，动而愈出"句。

"此天之所不能杀，地之所不能理（裂），阴阳之所不能成"，对应帛书《老子》甲本"昔之得一者，天得一以清，地得［一］以宁，神得一以灵，浴得一以盈，侯［王得一］而以为［天下］正"句。①

（二）天道贵弱——削成者以益生者，伐于强，责于［中，柔弱微细处上。］

1. 天道贵弱：道，标准，规律，《广韵》："理也。"天道即天理，天之标准；贵，看重，重视；弱，弱者，代指人。此句释义依据《尚书·泰誓（上）》"惟天地万物父母，惟人万物之灵"句、帛书《老子》甲本"人之生也柔弱"句，及张三丰《大道论》"天地之间至灵至贵者人也"句。

2. 削成者以益生者：削，割；成者，天所成者，此指谷物，即上文之"成岁而止"之"岁"；以，以之，用以；益，助；生者，天所生者，此指人，《诗·大雅·生民》："天生烝民。"

3. 伐于强：木强则伐而用之。伐，砍伐；强，壮，此指树木长成。

4. 责于［中］：刚柔适中。责，求，《说文》："求也"；中，适中，此指金属用具硬度适中。"中"字为笔者据帛书《老子》甲本"兵强则不胜"句义所补，原文缺。

5. ［柔弱微细处上］：保护老幼妇孺。柔弱，指老人和女子；微细，指病弱和孩童；处上，处于被托举的状态。此六字为笔者据帛书《老子》甲本"强大居下，柔弱微细居上"句义所补，原文缺。

---

① 高明教授读"浴"为"谷"，笔者认为应如字读。

此章意天生万物以为人用，同《诗·大雅·烝民》之"天生烝民，有物有则"之义，对应帛书《老子》甲本之"人之生也柔弱，其死也筋朋坚强。万物草木之生也柔脆，其死也枯槁。故曰：坚强者死之徒也，柔弱微细生之徒也。兵强则不胜，木强则恒。强大居下，柔弱微细居上。"

（三）下，土也，而谓之地；上，气也，而谓之天——道亦其字也，"青昏"其名。

1. 下，土，而谓之地：下，《说文》："底也。"此指脚下；"而"后省主语，笔者认为其为"民"，即"人""下民"，意人所谓之"地"乃脚下之土层，非"天反哺太、一"而形成的"地"。《鹖冠子·度万》："所谓地者，非是膊膊之土之谓地也。"

2. 上，气也，而谓之天：上《说文》："高也"，此指头上；而谓之天，人所谓"天"者乃头上之大气层，非"水反哺太，一"而形成的"天"。《鹖冠子·度万》："所谓天者，非是苍苍之气之谓天也。"

3. 道亦其字："土"与"气"构成的空间其道亦为"一阴一阳"，两性相对而一体。字，表字。

4. 青昏：气与土构成的空间，人所居，即"玄黄"，《易·坤文言》："夫玄黄者，天地之杂也，天玄而地黄。"

（四）以道从事者，必托其名，故事成而身长；圣人之从事也，亦托其名，故功成而身不伤。

1. 以道：遵循道。以，据，凭；道，"一阴一阳"（合一）之道。

2. 从事：行事。

3. 托：推托，推辞。《玉篇》："推也。"

4. 名：名声，权力，荣誉。

5. 事成而身长：事成身退。长，《说文》："直良切。""身长"即"长身"，长身而去，离去。

6. 圣人之从事也，亦托其名：圣人，此指大禹。

7. 不伤：不受中伤。

从内容上比较，"以道从事者，必托其名，故事成而身长"句对应帛书《老子》甲本"始制有［名，名亦既］有，夫［亦将知止，知止］所以不［殆］"句；"圣人之从事也，亦托其名，故功成而身不伤"句对应帛书《老子》甲本"夫唯不争，故莫能与之争"句。

（五）天地……名，字并立。故（古），过其方，不思相［当。］

1. 天地……名：名，名词，概念，"……名"者，指天地、神明、阴阳、四时、沧热、湿燥、青昏等万事万物。

2. 字并立：字，道，规律；并立，两性并存，两极一体。"太"与其所生之水、天地、神明直至青昏构成"太极"。

3.古：质朴，真挚，《尔雅》："古，故也。"《玉篇》："久也，始也。"即《恒先》"恒先无有，质、静、虚"之"质"、帛书《老子》"见素抱朴"之"朴"、清华简《虞夏殷周之治》"有虞氏用素"之"素"，此用作动词，即道家哲学专有概念"返本归真""返先天"。简文"古"，整理者释为"故"，笔者认为当如字读。

4.过其方：过，超出，超过，《玉篇》："度也，越也。"《正韵》："超也"；其，天地直至青昏；方，区域，范围。

5.不思相当：不考虑对立因素，不受"相对一体"之道制约。思，思考，考虑；相当，相对，指两性一体之存在。"当"为笔者所补，原简文缺失。

从内容上比较，"天地名字并立"对应帛书《老子》甲本"有失之相生也，难易之相成也，长短之相刑（形）也，高下之相盈也，意声之相合也，先后之相随，恒也"[①]；"古，过其方，不思相当"对应帛书《老子》甲本"两者同，出，异名"句。

（六）［天不足］于西北，其下高以强；地不足于东南，其上［高以强——不足于上］者有余于下，不足于下者有余于上。

1.［天不足］于西北：天，即上文"上，气也，而谓之天"之"气"；不足，缺乏，指空气稀薄；西北，西北方向，指黄土高原。"天不足"三字为补文。

2.其下高以强：其下，空气之下，地表；高，土多，土层厚；以，而；强，强大，此指地势高。

3.地不足于东南：地，即"下，土也，而谓之地"之"土"，土地；不足，少，指土层薄，地势低；东南，指江南丘陵地带。

4.其上［高以强］：其上，空气；高，此指因地势低而空气层相对厚的状态；强，压力大，指气压高。"高以强"三字为学界裘锡圭教授等所补，笔者从之。

5.［不足于上］者有余于下，不足于下者有余于上：足，满足；上，在上位者，君主；有余，多裕；下，百姓，民，"不足于下"意民少而贫困。"不足于上"四字为补文，意在上位者克制私心而爱民利民。

此章以上气下土之象喻"侯王"之克己与民之多寡贫富之间的关系，即君若欲国富民多，则须行仁道，宽松而不严苛，轻徭薄赋，呼应上文之"侯王毋已贵以高"。

比照来看，此章内涵与文字对应帛书《老子》甲本"天下［之道，犹张弓（弙）］者也：高者印（荫）之，下者举之；有余者损之，不足者补之。故天之道，损有［余

---

① 高明教授之释文如下："天下皆知美为美，恶已；皆知善，訾（斯）不善矣。有无之相生也，难易之相成也，长短之相刑（形）也，高下之相盈也，意（音）声之相合也，先后之相随，恒也。"笔者认为"知美为美"应断读为"知美、为美"；"訾"应读如本字；"有无之相生也"之"无"，应隶定为"失"；"意"应读如本字。

而益不足。人之道则］不然，损［不足而］奉有余。孰能有余而有以取（聚）？奉于天者乎！［唯有道者乎］！"①以及"人之饥也，以其取食税之多也，是以饥"句。

三、白话译文

太最先所生者乃水。水回报太，结合为一，生天；天回报太、水，生地。构成天地的"相"分别聚合、组合，生恒星与行星；阳光普照，地球自转，生昼夜；地球绕太阳旋转，昼夜长短变化，生四时；四时往复，依次接替，生冷热；冷热往复，变化，生湿燥；湿燥往复，变化，使谷物成熟——太之演化至此止。故谷物之成熟乃湿燥所生；湿燥乃冷热所生；冷热、四时乃阴阳所生；阴阳乃神明所生；神明乃天地所生；天地乃太与"合一"之道所生。太之生乃为正道之用。合一之道隐于水、贯穿于时间——万物根于太，遵循循环机制，生与死由时间控制——这就是天何以不崩、地何以不裂、宇宙天体何以旋转不息之原因。君子知合一之道，侯王不可位尊而高慢。

万物之中人为贵，此乃天理——谷物成熟则收割而食之；树木长成即伐而用之；金属器具须硬度适中；保护老弱妇孺。

脚下者为土层，而人称之为"地"；头上者为气层，而人称之为"天"——其道亦是"合为一体"，其名则为"青昏"。

奉道从事者必隐其名，故事成而身返；圣人之行事亦谦让不争，故功成而不被中伤。

天地……万事万物，皆两性一体。返本归真，出其界，则不受相对之道制约。

西北方空气稀薄、气压低，而土层厚、地势高；东南方空气稠密、气压高，而土层薄、地势低——在上者宽仁，则民多而富；在上者严苛，则民少而贫。

四、《太一生水》是郭店简《老子》的组成部分

笔者认为《太一生水》是对上博简《恒先》、清华简《五纪》中相关内容的复述，与上博简《凡物流形》构成上下篇的关系，其作者是老子（周太史儋）。

从结构和内容上看，《太一生水》可看作独立的一篇；同时，《太一生水》又与简本《老子》的其他章和概念有直接关系，《太一生水》又是完整的简本《老子》的组成部分，每章皆有相对独立的主题，其与简本《老子（丙）》同抄于一组竹简并非

---

① 高明教授之释文如下："天下［之道，犹张弓］者也：高者印（抑）之，下者举之；有余【敓】者（损）之，不足者补之。故天之道，【敓】（损）有［余而益不足。人之道则］不然，【敓】（损）［不足而］奉有余。孰能有余而有以取奉于天者乎？［唯有道者乎］。"除部分标点与高明教授所作不同之外，笔者认为"弓"应释为"穹"，"取"应释为"聚"，"印"应读为音近之"荫"。

偶然。

如，简本《老子（甲）》之《有状混成》章曰："有、状、混成，先天、地、生，寂、寥，独立不改，可以为天下母。未知其名，字之曰道，吾强为之名曰太。"《太一生水》首章曰："太一生水……成岁而止。"结合起来看，两段文字完整地讲述了"太"之产生、性状与演化天地万物，从而最终演变成"太极"的过程，"太"作为概念来讲显然是同一个，即"太一生水……成岁而止"这部分文字从上下文的关系上看应该直接接在"吾强为之名曰太"句之后。

再如，以《有状混成》之"字之曰道"句与《太一生水》"道亦其字也"句比较，亦可发现两者在文字表述上的关联。《有状混成》章中，老子将"有、状、混成，先天、地、生"之"混成"机制称为"道"，天地之内的万事万物都受此道的制约；而自"天地"中产生的"青昏"，是由"气"和"土"构成，亦在"混成"机制的作用范围内，故表明其性质的"表字"亦应是"道"。因此，在皆以"道"为"字"的情况下，相对于"有状混成"的"字之曰道"句，"青昏"的"字之曰道"自然应加一"亦"字，从而形成"道亦其字也"这亦明白显示其与前文的内容有承继关系的表述。

另外，关于《太一生水》研究的关键性背景问题之一，即郭店简本《老子》与帛书《老子》的关系问题，笔者认为：包含《太一生水》篇在内的郭店简本《老子》是尚未完成的《老子》的部分"底稿"；《太一生水》最终经拆散、文字改动后，化为《老子》的"定稿"——帛书《老子》甲本的部分内容（内容比较见本文第二部分）。[1]

五、《太一生水》研究须重视隐语现象和参考文献问题

道家文献中常见隐语。张三丰《大道论》言曰："夫道者，无非穷理尽性以至于命而已矣。孔子隐诸罕言，仙家畅言之、喻言之，字样多而道义微，故人不知耳。"[2] 吕岩暗示《老子》中无处不在的隐语现象曰："句读之不明，岂细故哉？"[3] 隐语者，隐而言之，非不欲人知，故今日之学人中亦有识之者。如，曾传辉教授说："道学传统，口诀门径都要一脉相承，口口相传，在文字记载方面，要紧之处往往隐语连缀，窥其堂奥者或以为是宝墨灵文，不识真面目者反以为呓语鬼话。"[4] 以笔者所见，隐语

---

① 关于《老子》版本问题，参见拙作《〈老子〉"三绝三弃"章辨析——兼及〈老子〉真本（帛书甲本）之研究方法》，《道学研究》2022 年第 1 期。

② 李西月：《张三丰全集》，董沛文主编，盛克琦、芮国华点校，北京：华夏出版社，2017 年版，第 90 页。

③ 老子著，吕岩释义，韩起编校：《道德经心传》，桂林：广西师范大学出版社，2014 年版，第 167 页。

④ 谷彬等注译：《黄帝四经注译、道德经注译》，北京：中国社会科学出版社，2004 年版，第 7 页。

这种独特的表达方式不单见于传世道家文献，如《老子》《庄子》等，亦见于出土道家文献清华简《殷高宗问于三寿》《筮法》《五纪》，以及上博简《恒先》《凡物流形》等篇中；不单与"化性""炼气"等有关的采用隐语，与天文地理、史事人文等有关的内容也频见此现象。

笔者认为，就学术研究来说，在对隐语现象有充分认识的基础上，以知识背景、结构和储备为依托，以严谨的训诂、语法、句读分析为手段，是求真之诚心，经过长期的反复的思考与推敲，是可以逐步破译隐语，逐渐接近文本真义的。如，以《老子》《尚书》《诗经》的相关内容相参照，可知《太一生水》中以"弱""生者"指代"人"；以上下文相参照，可知"古过其方"之"古"与"是故太"之"是"同义，"成者"指代"岁"；从训诂、语法、上下文等角度参详，则可知"一"字在《太一生水》中有"最初""合一""水（德）"等几种词义，词性则有副词、动词、名词的变化；而"天地复相辅也是以成神明神明复相辅也是以成阴阳"二十二字中指代、词性词义和句读的变化更是错综复杂。

除了要对隐语问题应有所认识，笔者还认为，《太一生水》研究中还应拓宽参考文献的范围。简言之，除《周易》《老子》等文献外，新出土文献如上博简《恒先》《凡物流形》，以及清华简《筮法》《五纪》等对于提高学者对道家的认识极有价值，学者在研究工作中应充分重视这些新出土文献所提供的关于道家哲学的新信息。

《道德经明意》研究

"意"哲学视域下老子境界论分析
——以《道德经明意》第三十八章为中心

刘科迪[*]

内容提要：对老子《道德经》中"道意"思想的探索是哲学界讨论的经久不衰的话题，"道""德""自然""无为"是《道德经》中的核心概念，如果说对这些重要的哲学概念之间关系的认识是对老子哲学思想的纵向深入的话，那么温海明教授的《道德经明意》一书从"意本论"的角度出发对老子"道"论思想的认识则可以说是对老子哲学思想的横向扩充。本文以"意"哲学为视域并结合第三十八章中的"上德""下德""仁义礼"对其中所展现出来的"意道之境""德业之境""仁义之境"进行探讨，进一步明晰为何只有排除"前识"回归到人的意识的缘发状态上来才能真正地打开《道德经》中的"大道之门"。

关键词：《道德经明意》 境界 自然之意 道意关系 意向性关系

"境界"问题是中国哲学中的核心问题,本文以《道德经明意》[①]中的"意"哲学为核心对老子"境界论"展开分析,首先需要对老子《道德经》中是否有"境界论"一说做出回应,如陈鼓应先生在对《道德经》第五十六章的引述部分讲："老子哲学和庄子哲学最大的不同处，便是老子哲学几乎不谈境界，而庄子哲学则着力于发扬其独特的人生境界。如果老子的哲学有所谓境界的话，勉强可以说玄同的观念为近似。"[②]面对这一说法，就需要对中国哲学中的"境界论"含义做出分析，什么是"境界"？"境界本是一个地域概念，即疆土、疆界。随着历史的发展，人们逐渐发现自己的心灵也是一个复杂的世界；这心灵世界里有认识，有情感，有意志；它不仅

　＊　刘科迪（1997—），中国人民大学哲学院博士研究生，主要研究方向：中西比较哲学，宋明理学。
　①　《道德经明意》一书是温海明教授的专著，2019 年由中国社会科学出版社出版。该书从"意本论"哲学体系下对老子"自然之意"思想进行诠释，该书的核心思想在于指出：老子哲学的核心是贯通天道人事的自然之意，也就是心意发动合乎自然之道的哲学思想。
　②　陈鼓应：《老子注译及评介》，北京：中华书局，1984 年，第283 页。

反映外部的物境，积淀着自己的经历，而且还融汇认识、情感和意志而在想象中形成各种意象，——于是，人们就借用原为疆域、领土义项的'境界'概念来描述人的内心世界的境域。"①从对"境界论"一词的含义分析中可以看出，"境界"一词与人的心灵状态有关。因而，回应老子哲学中是否蕴含着"境界论"思想，就需要对老子哲学中是否蕴含着与人的心灵状态有关的思想做出分析。

蒙培元从对老子"德"论思想论述中来对老子哲学中的境界论进行分析，指出："如果没有'德'，所谓'道'也就失去了意义，或者只是自然哲学的问题。'德'是'道'的实现，也是'道'的主体化。'德'就是人的德性，老子的道德哲学就是德性之学。'德'虽然来源于'道'，但不再是自然宇宙论的范畴，而是一个主体的实现原则，变成了人生修养问题，变成了境界问题。"②蒙培元注重从老子的"德"论分析其中所蕴含的"境界论"思想，认为"境界是本体的存在方式"，并且是从"主体的实现"上来对"道"与"德"进行理解，强调"道"与"德"是与人的自身相关的，这一思想亦如陈赟指出的："'上德不德'之'德'，这种意义上的'德'不是作为一个有待实现的追求目标，而是本身融入、积淀在政教与日用生活的世界中，以'无名'而'实享'的方式存在着。"③即"德"不是一种与自身生活相离的概念，而是正蕴含在人的生活实践过程之中，在生活的本真体验中体悟"德"的生生不息与恒久魅力。

当然，对老子"德"论思想的分析与对"道"的理解密不可分，曹峰认为"道"与"德"共同构成了老子道论思想的两条生成序列，如《道德经》第五十一章"道生之，德畜之，物形之，势成之。是以万物莫不尊道而贵德"，"道"是万物之始，"德"是万物之终，万物的生长是"道"与"德"共同作用的结果，但是万物的生长发育的过程亦不能脱离"道"。如《道德经》第十六章有：

> 致虚极，守静笃。万物并作，吾以观复。夫物芸芸，各复归其根。归根曰静，静曰复命。复命曰常，知常曰明。不知常，妄作，凶。④

温海明在其《道德经明意》一书中对"芸芸"一词的解释是：事物展开为千差万别的分别相，但从极静的道意之境观之，最终所有的事物都要回归其本根之道，

① 付长珍：《宋代理学境界论》，博士学位论文，华东师范大学哲学系，2001年，第1页。
② 蒙培元：《心灵超越与境界》，北京：人民出版社，1998年，第196页。
③ 陈赟：《庄子哲学的精神》，上海：上海人民出版社，2016年，第218页。
④ 王弼：《老子道德经注》，楼宇烈校释，北京：中华书局，2011年，第39页。

如生物经历一个生命周期之后仿佛回到生命的起点，回到自然虚空的状态之中去①。"道意之境"下对"道"的意会状态遵从"自然之意"的发动与运行，每一个心思意门的开—合都在"道"的"场域"之中。温海明《道德经明意》一书中把第三十八章的标题命名为"失道后德"，这四个字点明了老子划分境界论的依据恰恰是从对"道"的体认上来说的，对生生之"道"的逐步背离是境界一层层下落的原因所在。为了便于对老子第三十八章的内容进行分析，这里列出这句话：

> 上德不德，是以有德；下德不失德，是以无德。上德无为而无以为；下德为之而有以为。上仁为之而无以为；上义为之而有以为。上礼为之而莫之应，则攘臂而扔之。故失道而后德，失德而后仁，失仁而后义，失义而后礼。夫礼者，忠信之薄，而乱之首。前识者，道之华，而愚之始。是以大丈夫处其厚，不居其薄；处其实，不居其华。故去彼取此。②

通行本把《道德经》分为"道经"与"德经"两个部分，而此章则属于"德经"开篇第一章，可以看出，老子对"德"的认识与孔子是有区别的，"由道以至德再至仁义，通常看来是人类文明不断进步的表现，人们对于事物本性的了解也越来越深入，人们认为以仁义行是文明人举止的象征，由此各种以仁义为名义的规范就出现在各种场所"③。但是老子却认为现实的仁义礼的道德法则其实是"失道""失德"的结果，经验性的道德法则恰恰是不稳定、毁坏人心的表现。温海明《道德经明意》一书的一大亮点即在于从"意本论"的角度来对老子《道德经》中的"道"进行哲学性的诠释，指出：《道德经明意》是从"意本论"体系出发，体现"自然之意"是自然而然的创造之意（力），是"始于自身"的、情境性的、自发性的创造力，而不是"产生于虚无"的、绝对性的神创之力。创生论自然而然新生，注定每一个时空都充满新颖性，是自发的、生机性的活力，如人的意识时刻参与生生不息的新生情境，能够领会"自然之意"，并参与其间，成就自己新生的经验之旅④。对"道"的意会是情境性的、非创造性的、生生不息的过程，这也点出了为何老子会把"无为而无以为""为之而有以为"……"攘臂而扔之"视为逐步对"道"的背离！以下结合《道德经明意》第三十八章所体现出的"意"哲学视域下老子的境界论思想做具体的展开：

---

① 温海明：《道德经明意》，北京：中国社会科学出版社，2019年，第132页。
② 王弼：《老子道德经注》，第98页。
③ 张华勇：《老子"德"的内在意蕴及其现代阐释》，《道德与文明》2015第5期。
④ 温海明：《道德经明意》，第26—27页。

一、自然之意彰显下的意道之境

"意道之境"作为老子境界论划分的最高层次，集中体现了老子"道"论思想。那么，"道"与"意"又是如何联系起来的呢？温海明指出："道"就是我们生存的场域，我们的"意"与之有关还是无关，"道"的场域都在那里。人通过意念认识世界，但我们却完全没有感觉到"意"的存在。在我们跟世界的关系之中，"意"本身就像一个旋转门一样。当我们意识到了"意"，我们就推开了一扇门，进入了这扇旋转门，其实就进入了"道"。而"道"又在门与门、意念与意念之间不断地延展之中展现其丰富的意蕴，就像鱼根本不知道水的存在，通过"意"存在于"道"中，却可能永远不知道"意"的存在，而无"意"，我们就不能言说"道"，但"道"确实存在，"意"更是真实不虚①。对"道"的领会其实就是人在境遇性的意会之中由"一扇门"进入"另一扇门"的过程，是人的意识的直观性体验的过程，此即"自然之意"的彰显。

《道德经》第三十八章中老子对"有德"与"无德"进行划分，"上德不德，是以有德；下德不失德，是以无德"，"上德"之所以称为是"上德"的关键就在于其不表现为形式上的德，也不刻意地表现的有德，一切都是从当下的直观本身出发，是自然之意的表现。这里的关键在于对"自然之意"的理解，首先，需要对什么是"自然"进行分析，"自然"一词在中国哲学中具有非常重要的哲学意义，王中江对"自然"一词的含义做了详细的考察，指出："中国的'自然'概念既有复杂的演变过程和谱系，又有非常多的解释和运用，这里的考察所论及它的一些含义和特性，主要有现实实体的自然、万物本性的自然、本体及本性的自然、法则的自然、非故意和非主使的自然、万物自己造就自己的自然、规范和境界的自然等。"②"自然"一词随着各时代关注的哲学问题的不同，其含义也是一个不断丰富的过程。刘笑敢强调"自然"是老子哲学中的一个核心的概念，并指出《老子》自然观念的三种含义："（1）自己如此;（2）本来如此;（3）势当如此。"③学界对老子"自然"思想的相关论述，本身也体现了"自然"一词的哲学价值与自身理论的丰富性！

《老子》五千言中直接提到"自然"的有五处：

> 功成事遂，百姓皆谓：我自然。④（第十七章）

---

① 温海明、陈德明：《比较视域中的〈道德经〉"意—道—门"哲学》，《江西社会科学》2021第8期。
② 王中江：《中国"自然"概念的源流和特性考论》，《学术月刊》2018年第9期。
③ 刘笑敢：《〈老子〉自然观念的三种含义》，《哲学动态》1995年第6期。
④ 王弼：《老子道德经注》，第43页。

希言自然。①（第二十三章）

人法地，地法天，天法道，道法自然。②（第二十五章）

道生之，德畜之，物形之，势成之。是以万物莫不尊道而贵德。道之尊，德之贵，夫莫之命而常自然。③（第五十一章）

是以圣人欲不欲，不贵难得之货，学不学，复众人之所过，以辅万物之自然而不敢为。④（第六十四章）

王玉彬把目前学界对"自然"的理解总结为两种进路："进路1：'自然'是'万物'的本然存在状态，'万物之自然'是'道之无为'的结果；进路2：'自然'即'道的本性'，也是人应效法的'尺度'，'无为'即'人之自然。'"⑤其中就老子直接提到的五处"自然"来说，对第二十五章"道法自然"的理解尤其受到学者们的关注。

透过王博、王中江、叶树勋对第二十五章的分析，我们可以看出他们更强调"进路1"，重在突出"自然"是道之无为的结果，如叶树勋认为："老子所言'自然'是强调不受干涉、自己如此的意义，关注的是事物活动在无外力情况下的自发性，而不是无意识状态下的本然性。这里的'自己'首先是指万物，而'道'和圣人则是相对的他者，若他者不干涉，则万物即可自发活动、自己而然。"⑥路线1的思想也可以很好地对老子的政治哲学思想做出解释，如曹峰从"道"与"德"的角度展开对老子"生成论"的两条序列的论述⑦，并进一步揭示出"无为"是原因，"自然"是结果；王博认为："万物之自然，牵涉到的是处在权力关系中弱势一方的万物存在主体性问题"。⑧接着王博进一步指出："道因其无为之德而保证了万物的自然和主体性。"⑨如《道德经》第五十七章："故圣人云：'我无为，而民自化；我好静，而民自正；我无事，而民自富；我无欲，而民自朴'。"⑩这里的"无为"正是出于自然之意的自然生发，不以自己的意念强加给百姓，而这恰恰是人民生活淳朴幸福的重要保证，可以看出这一主张老子哲学思想的逻辑自下到上展开为：自然—无为—道。

---

①　王弼：《老子道德经注》，第60页。
②　王弼：《老子道德经注》，第66页。
③　王弼：《老子道德经注》，第141页。
④　王弼：《老子道德经注》，第171页。
⑤　王玉彬：《论老子"自然"观念的两种诠释进路》，《人文杂志》2021年第9期。
⑥　叶树勋：《早期道家"自然"观念的两种形态》，《哲学研究》2017年第8期。
⑦　曹峰：《〈老子〉生成论的两条序列》，《文史哲》2017年第6期。
⑧　王博：《权力的自我节制：对老子哲学的一种解读》，《哲学研究》2010年第6期。
⑨　王博：《权力的自我节制：对老子哲学的一种解读》，《哲学研究》2010年第6期。
⑩　王弼：《老子道德经注》，第154页。

　　而就路线 2 来说，如罗安宪在《论老子哲学中的"自然"》一文中重点从"自然之义""自然与道的关系""自然与无为的关系""自然"的反面进行相关的分析，指出"自然"即自生、自化、自成，亦即自本自根，表示没有外力的压迫。透过对"道法自然"的分析，罗安宪指出："道法自然"实际上是"道性自然"，突出的是自己使自己成为如此，更进一步地指出："道的本性就是'自然'，自然就是'自己而然'，就是自其然而然，无造作，无虚假，是'自然'。"① 即在罗安宪看来，"自然"是道的本性，"无为"即是人之自然，因而现实生活中顺着万物的本性就都是"自然"与"道"的体现，但是不可忽视的一点就是，人是有思想，有欲望的存在，现实生活实践中总会有"欺"的情况发生，或者是"自欺"，或者是"欺他"，这些情况都是对"道"的违背，因而罗安宪指出："'无为'是人类独有的概念，是抵达'自然'、恢复'自然'之简便途径，老子让人通过'无为'以达'自然'。"② 罗安宪归纳出老子的思想逻辑自下到上的展开为：无为—自然—道。

　　无疑这两条路线间存在着很大的差异，但无论是路线 1 也好，路线 2 也罢，他们都不否认"道"是老子哲学中最高的哲学概念，只不过是就"道"与"物"；"道"与"自然"；"道"与"无为"之间的关系的认识上存在分歧，或者是认为"万物"的"自然"是道无为的结果，或者认为"自然"是道的本性，而分歧的关键则在于针对"自然"一词在不同文本中的不同诠释所带来的对"自然"一词的哲学含义的不同理解。

　　温海明"自然之意"的思想可以说是对老子《道德经》"自然"一词做了新的哲学性的诠释，把"道"与"自然"的关系理解为在人的境遇性生活之中的人的当下的意念与道的交接的一种本真的"自然之意"的呈现，如其指出："'自然之意'核心是天道自然，它本身没有意念，只因人有意念，但'自然之意'一词显得自然好像有它的意念，但这个'意'并非意志化。《道德经》的'道'通常来说没有意志，也不能把它意志化。"③ 在中国哲学中"道"不是一个概念化的存在，因而对"道"的认识不能通过知识性的求证，而中国哲学中又有"道无所不在"的说法，"道"是不能脱离人的具体生活来说的，是"创生性"的"道"，温海明提出了"境遇性创生力"（contextual creativity）的说法，指出："个人周围的境遇、现实和历史的境遇都作为个人当下意念创造的背景而存在，人的所有的活动都处在境遇创生的过程中，每时每刻都在此过程中进行选择。"④ 这样老子《道德经》所蕴含的"自然之意"也就体现

① 罗安宪：《论老子哲学中的"自然"》，《学术月刊》2016 年第 10 期。
② 罗安宪：《论老子哲学中的"自然"》，《学术月刊》2016 年第 10 期。
③ 温海明：《观水悟意——〈道德经〉之水与意哲学》，《广西职业技术学院学报》2020 年第 3 期。
④ 温海明：《比较境遇与中国哲学》，北京：人民出版社，2020 年，第 15 页。

在人在具体的行为实践过程中，在与物打交道的每一个瞬间，顺从自己当下的意念的发动，即是对"道"的意会。道无所不在，可是具体的言语、认知性的了解又不能把捉到"道"的全体，因为"道"的背后没有某种永久的真实或某种不变的机体。安乐哲认为《道德经》中的宇宙论是一种"关联宇宙论"（correlative cosmology），是一种"只有'生成'存在"（only becomings are）的宇宙论①。"道"的场域本身就在那里，人现实实践当中的每一个意念的发动都是真实的、情境性的，而能否把握到"道"也恰恰在于对"意"的缘发状态的关注，顺从人的当下的每一个意识发动即是生生不息的"道意"体现。

对"道"的体会不是知识性的探求、不是理性的认识，而是以"直观"的方式呈现出来的，那什么是"直观"？康德说："无论一种知识以什么方式以及通过什么手段与对象发生关系，它与对象直接发生关系所凭借的以及一切思维当做手段所追求的，就是直观。"②就中国哲学的特点来看更确切地说是"本体直观"③，"本体直观"强调当下体验的直接性，温海明指出"这种体验式的反观、直观，直觉式的意会，与常理的借光之观不同，是因'观'而'光'，即'观'与'光'俱生。"④可以说"自然之意"意会体验其实就是"本体直观"的体现，在"自然之意"的发动下"无为而无以为"，没有"用心"，没有特殊的"目的"，一切都是"自然而然"的"道意"的生生之机的体现，也可以说，这种"真实无妄"的"自然之意"即是道之"诚"的重要的表现！

二、自身意识背离下的德业之境

第三十八章对"上德""下德""仁义礼"做出了区分，在区分中老子给出了一个非常重要的词汇"前识者"，那么，什么是"前识者"？温海明在《道德经明意》的注的部分指出：前识者是先知先觉者，有先见之明者。老子反对关于"道"的所谓先知先觉，因为这是自以为是的浮华愚蠢⑤。那么接下来的问题就是为什么"前识"

---

① 安乐哲、郝大维：《道不远人——比较哲学视域中的〈老子〉》，何金俐译，北京：学苑出版社，2004年，第10页。

② 康德：《纯粹理性批判》，北京：中国人民大学出版社，2004年，第56页。

③ 陈清春教授区分了"本质直观"与"本体直观"，指出胡塞尔现象学基本方法是"一切原则之原则"，强调："每一种原初给予的直观都是认识的合法源泉，在直观中原初地给予我们的东西，只应按如其被给予的那样，而且也只在它在此被给予的限度之内被理解。"胡塞尔现象学"直观"强调的是在直观明见基础上对内在意识经验的描述、分析以及对意识发生过程的解释，更确切地说是"本质直观"，而中国主流哲学自其创始以来就以直观体为主要哲学方法，非常自觉地抵制任何现成性的逻辑与思辨方法，体现的是"本体直观"。（参见陈清春：《六合内外：庄子内篇道论研究》，北京：科学出版社，2021年，第9—11页）。

④ 温海明：《道德经明意》，第44页。

⑤ 温海明：《道德经明意》，第213页。

对"道"的意会来说反而成了"累赘"呢？

这里的"前识"相当于庄子所说的"成心"，什么是"成心"？成心是人的意识心，是包括感知、理解、思维、想象、情绪、意志等所有意识的活动以及意识内容的意识心。成心之"心"指所有意识活动，成心之"成"指所有伴随各种意识活动而生成的意识内容①。《齐物论》中"夫随其成心而师之，谁独且无师乎？奚必知代而心自取者有之？愚者与有焉"，庄子亦把以成心为"师"视为"愚者"，老子与庄子这么认为的关键在于对人的意识本身的认识，无论是"前识"或是"以成心为师"都是以意识中的意识内容为对象，而忽视了意识活动本身，这样势必会阻碍意识中的"生生不已"的"自然之意"的发动以及本身体验之真的获得。

胡塞尔的"意向性"理论可以很好地把人的意识活动体验揭示出来，在胡塞尔看来，纯粹的意识体验由："实项内容"与"意向内容"两部分构成。"实项内容"②从属于意识的材料方面，它受意向活动的统摄或赋形，因此可以说，"材料的组成部分"与"意向活动的组成部分"一同构成"实项内容"的总和，"意向内容"则从属于意识的"意向相关项"方面。通过胡塞尔对意向行为的发生过程的阐释可以了解到：实项内容（感觉材料）部分是不能为我们直接显现出来的，对人直接显现的是意向内涵，也就是意向相关项所指向的现象世界。其中，"意向性"的一个显著的内涵就是"关于某物的意识"，也正如王阳明所说的"意之所在便是物""意未有悬空的，必着事物""有是意即有是物，无是意即无是物"，而就每一个"意识行为"来说，每一个意识行为都具有一个对自身的"自身意识"③，这也说明了在意识行为发生过程中，不能把其视为一种客观的、对象化的认识。倪梁康通过对"自身意识"与"反思"的区分揭示出："意识对自身的'自身意识'不同于意识对自身的'自身反思'。'反思'是在直向的意识行为进行之后而进行的第二个意识转向自身的行为；而'自身意识'不是一个行为，而是伴随着每一个意向行为的内部因素，意识通过这个因素而非对象地（非把握性地）意识到自身。因此，这种'自身意识'不是胡塞尔通

---

① 陈清春：《六合内外：庄子内篇道论研究》，第24页。

② 《胡塞尔现象学概念通释（增补版）》（北京：商务印书馆，2016年，第435—436页。）对"实项"（reell）做出了解释："'实项的'在这里是指意识生活的意向活动内涵的存在方式，更确切地说，这种存在方式作为权能化反思的同一个体客体在内在时间的一个特定现在上（或一个现在序列上）是现存的，并且在这个意义上是'现实的'。"倪梁康在书中做出补充："胡塞尔所说的'实项'可以被理解为一种对感性材料的内在拥有方式"。

③ 倪梁康在《胡塞尔现象学概念通释（增补版）》（北京：商务印书馆，2016年，第465页）中对"自身意识"进行相关的解释："所有意向体验不仅是关于某物的意识，而且'所有体验都是被意识到的……它们作为非反思的'背景'存在与此。这个意义上的'自身意识'也被胡塞尔称作'内意识'或'内感知'：'每一个行为都是关于某物的意识，但每一个行为也被意识到。每一个体验都是在内地'被感知到'（被内意识到）……内感知并不是一个在同样的意义上的体验。它本身并不重又被内感知到'。"

常所说的'反思',而是反思得以可能的前提。它有别于'反思'之处就在于,'反思'是对象性意识,而'自身意识'是非对象性意识:它是对意识行为进行的'意识到',但并不以意识行为的进行为对象。"[1]"自身意识"是说每一种意识都伴随着一种意识,并且这种意识是指向自身的、非对象性的,而人的"前识"恰恰是一种经验积累下的经验性、对象性的认识。"老子反对执着和分别善恶,要求人们切入道意之境,即意道何以,无所作为的境界。当道意不分,道在万物之中,意也在万物之中,道即是意,意即是道,道意不二,意不偏离道,则无私意,无作为,这时随物附意,意随物显,自然天成,让万物都顺自然之意,自生自化。"[2]"道"的显现在于人的意会,而人的语言性的阐释、知识性的把握是不能对道进行整全性的理解的,如《道德经》开篇即言"道可道,非常道;名可名,非常名","道"的显明可以说是"去蔽"的过程,现实生活当中的多余的"解释性""知识性"的发挥其实都是对"道"的遮蔽,因而老子提出"不自见,故明;不自是,故彰,不自伐,故有功;不自矜,故长。夫唯不争,故天下莫能与之争",可以说"道"的显现正是在这种"反弱"之意中呈现出来的,任何的着意为之在老子看来都是一种对"道"的背离。

温海明在其导论部分"自然之意之为反弱之意六玄意门"中指出《道德经》强调自然之意的运用是通过反弱之意的开合,因其相反,所以相成,只有让道意以反弱之意开显于世,才能成就其功用……反弱之意为大道之用,如顺应自然之意来治国,等于借天地自然之力而不于两难之中选其一,顺自然之意自然从容中道,也就无为而可大为,万物自然生灭,成坏,都因其反弱而能存生。"[3]就"反弱"之意来看,"水"可以说是把这种意识状态发挥的淋漓尽致,"水"的生生流动性的特点与"前识"的"固执性"可谓有着巨大的差别:

> 上善若水。水善利万物而不争,处众人之所恶,故几于道。[4](第八章)
>
> 江海所以能为百谷王,以其善下之,故能为百谷王。[5](第六十六章)
>
> 天下莫柔弱于水,而攻坚强者莫之能胜,以其无以易之。弱之胜强,柔之胜刚,天下莫不知,莫能行。[6](第七十八章)

温海明非常注重对《道德经》"水意"哲学的阐释,并指出老子"水意"哲学最

---

① 倪梁康:《胡塞尔现象学概念通释(增补版)》,北京:商务印书馆,2016年,第465页。
② 温海明:《道德经明意》,第213页。
③ 温海明:《道德经明意》,第44—45页。
④ 王弼:《老子道德经注》,第22页。
⑤ 王弼:《老子道德经注》,第175页。
⑥ 王弼:《老子道德经注》,第195页。

能体现出"道"的"生生之意"，进一步指出："《道德经明意》认为《道德经》是一部观水悟意的书，其中建构自然之意的哲学也可以称为'水意'哲学，该哲学思想可以分解为'水若玄冲'的水意本体论，'道意善水'的水意认识论，'善美信时'的水意伦理学，'若水胜强'的水意政治学"①他以《周易》中的"坎"卦来对"水"进行说明："坎有水流入陷阱之中之象，水流不满，'流水不腐，户枢不蠹'，流动不会腐败就能保持活力，所以亨通。"②"水"的这种生生之机的运作即"道意"思想的体现，而这种"生生之意"的最大特点是每一个意念的流动都是"依境而生"的过程，是排除"前识"的经验性累积而于当下的意识发动中体会到的真实性。

从"水意"哲学中可以看出，"德业之境"也有"高层"与"低层"之分，"高层"的"德业之境"中如"水"的运作一样，生生不息，历时历新，于具体的情境展开中随顺意念的自然发动，于当下情境的发用之中顺着"自身意识"出发真实地体会大道的"生生流行"，在真实的情境中感悟每一个行为中相伴而来的"自身意识"有真切的体会，这种意识的真实性也即对"道意"的把握，反之，"前识"的经验性的积聚反而因为预设性而阻碍了对道的意会；而"低层"的"德业之境"则把目光投射于具体经验的小功小业之中，在老子看来这恰恰是对"大道"的偏离，这也是老子《道德经》第三十八章中指出的"上德"—"下德"—"仁义礼"一步步降落的原因所在，也正如蒙培元所说："儒家从伦理开始，进到个人的道德修养，提倡个人的道德境界；道家老子则从个人的'德性'出发，提倡道德境界，如果要说伦理，那也是一种'德性伦理'，不是社会的群体伦理。老子的道的境界，以'真'为特征，从这个意义上说，它是真理境界。"③人的每一个意识的缘发与发动都是"依境而生"的，每一个当下都是"新新不已"的过程，而当下的意识状态的真切的体验与感受为我们意会到，这对我们来说才是"真"，反之，一些经验性的"前识"在老子看来反而成了遮蔽"真"的重要的原因，因而老子会把所谓的"前识"看成"愚之始"。

三、实而无虚之意下的仁义之境

《道德经》第三十八章中：上仁为之而无以为；上义为之而有以为。上礼为之而莫之应，则攘臂而扔之。就老子对"上德""下德""仁义礼"的划分来看，仁、义、礼其实是对大道的背离与分解，是"无道"的表现，宣传仁义道德，还自以为有崇高的见识，实在是失道之言，无本之木，虚伪浮夸，华而不实。④这也体现了道家思

---

① 温海明：《观水悟意——〈道德经〉之水与意哲学》，《广西职业技术学院学报》2020年第3期。
② 温海明：《周易明意：周易哲学新探》，北京：北京大学出版社，2019年，第370页。
③ 蒙培元：《心灵超越与境界》，北京：人民出版社，1998年，第204页。
④ 温海明：《道德经明意》，第215页。

想的独特性的特点，在道家眼中一切外在的约束不仅不会增加人们的"福祉"，反而，一切力图通过外在的道德约束来规范人的思想行为的都是有意而为之的，是对大道的背离。

老子《道德经》第三十八章中讲："故失道而后德，失德而后仁，失仁而后义，失义而后礼。夫礼者，忠信之薄，而乱之首。前识者，道之华，而愚之始。"可以说，对原本的仁义礼存在信念的设定，并以此为标准来对人们现实的生活进行统摄，不仅是对大道流行的背驰，而且阻碍了现实生活的生机与流行，在老子看来这是何等的"荒谬"，因为在老子看来，过度地追求这些外在的约束反而会导致人心的失范，好的政治恰恰是"不妄为"。正如王博指出的："无论是'上德'或'下德'，都是就权力的道德来说的。它们之间的区分：一是'不德'和'不失德'，二是'无为'和'为之'，三是'有德'和'无德'。第一条偏重在心的有无，第二条偏重在行为的有无，第三条则是结果的有无。如果从前面的理解出发，有心和有为之所以是下德，主要在于这种态度和做法把君主的意志强加于世界，破坏了百姓的主体性，也就破坏了这个世界建立在君主和百姓双主体结构之上的和谐与平衡。"① 因而这些过度设定的法则在现实中人们会"莫应之""攘臂扔之"，说明了制度化、技术化的道德反而会让人们无比反感。从"道意关系"的角度来理解"不妄为"即是："得道有德与失道无德之间的区别，都在起心动念是否合乎自然之意之间。"② 而合于"自然之意"的运作的即是"上德"或可以表述为"玄德"：

> 生之畜之，生而不有，为而不恃，长而不宰，是谓玄德③。（第十章）
>
> 故道生之，德畜之；长之育之；亭之毒之；养之覆之。生而不有，为而不恃，长而不宰，是谓玄德④。（第五十章）
>
> 知此两者，亦稽式。常知稽式，是谓玄德。玄德深矣，远矣，与物反矣，然后乃至大顺⑤。（第六十五章）

"玄德"即最幽深玄妙的上德，它让万物生长，但不强加已意，即养育兴作万物而不自逞意识之能，使万物生长养育的玄德，从未试图主宰他们⑥。"玄德"的彰显总是与"无为"的表现联系在一起的，曹峰指出："玄德"作为"道"的作用方式，其

---

① 王博：《权力的自我节制：对老子哲学的一种解读》，《哲学研究》2020年第6期。
② 温海明：《道德经明意》，第156页。
③ 王弼：《老子道德经注》，第26页。
④ 王弼：《老子道德经注》，第141页。
⑤ 王弼：《老子道德经注》，第173页。
⑥ 温海明：《道德经明意》，第95页。

本质在于"道"竭力克制自己的主观意愿，对于万物不主宰、不强制，注重培养万物自身的意志和动力，给万物留出更大的、不会穷尽的空间，听任万物各遂其性，自然而然地、充满活力地生存发展下去，从而最终达到"无为而无不为"的境界①。那么如何理解这里的"无为"？刘笑敢认为关键是对"无"字的理解，并结合庞朴先生对于"无"字的研究②指出老子所说的"无为"的"无"应该是"实有似无的无"。以无来解释无为就是"有而似无"的行为。"有"说明无为的实行者不可能真的毫无行动，而且，在特定的情况下，拒绝行动或没有反应本身也是一种行动或行为。"似无"则说明无为之为的特点，那就是自然而然，虚静恬淡，为之于不为之中，成之于无事之中，虽胜而未争，虽得而未夺③。因而老子的"无为"其实是一种"不妄为"，不以"为"为"意"并执着于此，但是这种"无为"又有着巨大的"力量"。

温海明在其《道德经明意》一书中从"自然之意"的实化状态中来理解"性""情""欲""志"，指出："自然之意贯注于事物之中，形成事物天赋的性状，成为万事万物生成与发展的基础。自然之意顺适外物外事而变化而产生'情'，说明'性'接于外物而有情感变化，如忧愁喜怒等；'情'当顺自然之意而调节。'欲'是接于外物之后有所黏滞，遮蔽本然自然之意的意欲发动，是内在主观难以摆脱的牵绊倾向……'志'是个人心意之长远期盼与谋划，自然之意引导个人之'志'并合乎个人之'志'。"④从"自然之意"的角度对"性""情""欲""志"的解释可以说很好地体现了自然之意在个人身心上的一种具体化的表现，而正如其对《道德经》第三十八章中所划分的"仁义之境""德业之境""意道之境"来说，人不断地在意门的开—合之中进入"道"的场域之中的过程其实就是不断地于自身的意的缘发与实化之中向"意道之境"逐步靠近的过程，这也显示出"道"因"意"而显现其光明，虽然，人的意识的吊诡之处在于人无法一下子达到对"道"的整体性把握，而只能通过阴阳对待的方式来进行认识，因此现实的生活当中人们又不得不借助语言、名相等来展开对道意的认识，但是正如柯小刚指出的：《易》"一阴一阳之谓道"，吊诡并非气化的病态，而是基本常态。气化论的政治学不谋求自由对于不自由的"最后斗争"（左派）或"终结历史"的戏剧性胜利（自由民主派），而是致力于营建一

①　曹峰：《〈老子〉生成论的两条序列》，《文史哲》2017 年第 6 期。
②　庞朴先生把"无"分成了三个意义，首先以"亡"为代表的"无"，意指"有"的消失或未现；其次是"舞"所指代的"无"，意指实有似无的东西；最后是"无"所代表的绝对空无。参见：刘笑敢《老子之自然与无为概念新诠》，刘笑敢指出老子的无为不是一个时有时无的概念，而是贯穿其哲学体系的核心概念，因而第一个含义显然不适合老子所说的"无为"，另外，"无"所代表的绝对空无代表着抽象思维的发展，是王弼哲学的相关内容。
③　刘笑敢：《老子之自然与无为概念新诠》，《中国社会科学》1996 年第 6 期。
④　温海明：《道德经明意》，第 265 页。

个默化的、留白的空间，在其中每个人都可以回到他作为天地气化的本来过程之中（"天命之谓性"），即使这一过程是吊诡难测的①。这也说明了虽然现实生活中我们只能通过阴、阳对待的方式来把握道意，但是也正是在现实的与物"打交道"的过程之中，当下情境之中的每一个意识生成的真切体验其实就是对"道"的意会，即人可以于意识的内在吊诡中保持阴、阳之间的张力，在对"道意"的把握的情境过程体验中也恰恰是"自由感"的获得。人的意识固然存在"吊诡"性，但正是在"玄意门"的开合之间人从一个境遇进入另一个境遇，在此境遇中的当下的意识感悟与实化之中创造出丰富的意义世界。"存在者只有进入意识，为意识领会，玄意门开启，存在者才成为存在者本身。存在者的意会必然被偶然化，只有在偶然性意会中，存在者才会存在于'道——门'开启的道中。自然之意本然自在就是整全，整全被意会即落入分别。整全与分别对待之间的玄意门犹如阴阳感应合力，开开关关之间，化生万物。万物之存在，只要进入意识，即落入玄意门开合之阴阳对待，在开开关关之中，宇宙元气自然充和。"②

人是现实的存在，"道"也必经人的意会才能得以显现，然而现实生活中我们依旧可以看到并非处处都是"道意显现"的"光辉时刻"，这恰恰就因为没有顺从人的当下的"意念"发动，受固有的存在信念的影响而产生的对人的心灵的遮蔽，如陈清春讲："对实体的存在信念来源于意识自然生成过程中意识所固有的对于被生成物的存在或不存在的设定，即对被动生成的存在设定和对主动生成的不存在设定，这些设定在习性中凝聚为根深蒂固的关于存在或不存在的信念。"③即固然"自然之意"的发用下是光辉灿烂的，但是就具体的个人的"意"的状态来说，难免还会为"情""欲"等因素牵绊，这也正如老子揭示出的："是以圣人抱一为天下式。不自见，故明；不自是，故彰，不自伐，故有功；不自矜，故长。夫唯不争，故天下莫能与之争。"④"是以圣人去甚、去奢、去泰。"⑤"为学日益，为道日损，损之又损，以至于无为。"⑥内在的主观的意愿越强大，甚至想以一己之力主宰万物，其实恰恰是对"自然之意"的背离，"自然之意"正是在"损""减""反""弱"的过程中体现的，这也说明了对于实化的意念要"实而虚之"，要对意念进行"留白"，"即正向有为的意念，要实化为大象无形的意念，实则虚之，虚则实之"，反之如果没有"虚"的空间

① 柯小刚:《气化、吊诡与自由:〈周易·系辞传〉尚象制器章读解》,《中国现象学与哲学评论》2017年第2期。
② 温海明:《道德经明意》,第40页。
③ 陈清春:《六合内外:庄子内篇道论研究》,第44页。
④ 王弼:《老子道德经注》,第58页。
⑤ 王弼:《老子道德经注》,第78页。
⑥ 王弼:《老子道德经注》,第132页。

一切任随形式的摆布，恰恰是把所有的"生机呈现"全都从人的意识当中驱逐出境，而这必然是对大道流行的背离。

四、余论

本文重在从"意"的状态出发来对老子《道德经》第三十八章中所体现出的境界论进行分析。其中，"自然之意"是人的意识与物交接时依境而生的过程中所体现的生生不息之意，"道"不是一个实体性的、虚设的概念，"道"对人的彰显只能是因"意"而"明"的。那么，道意如何明了？立足于温海明在其《道德经明意》一书中"意本论"思想，道意如何明了的问题可以转化为意识生成问题。中国哲学中有"一阴一阳之谓道"的说法，从"道意关系"的角度来说，人的任何意识都是由阴力与阳力共同构成的，如现实生活中存在有无、难易、长短、高下、前后等对立的现象，这也说明了这些经验性观念的不稳定性，因为在我们对"长"进行判断时，其中必然有"长"的反面"短"，现实生活中一切经验性的法则如"仁义礼"等标准在老子看来都是不稳定的、短暂的，甚至这些所谓的规则其实是对"道"的背离。但是人的意识的"单向度"的特点并不妨碍人对"道"的把握，"道"作为"场域"存在于人的意识的背后，而人的当下意识的境遇性生成是进入"道"门的关键，随着境遇性的转换一个又一个的大道之门向我们敞开的过程也是人的意识逐步与"自然之意"相融合的过程，人的意识的生生流转过程也即是对"道"的体认的过程，人的意识也是于在阴阳对待的把握中去认识"道"的，保持阴、阳内在的张力，于具体的当下情境之中顺从人的当下的意念的发动则就是"自然之意"的真实呈现。

透过老子在《道德经》第三十八章中对"上德""下德""仁义礼"的境界论划分，立足于老子哲学，我们可以看出，不同的"意会"的状态下所表现出的不同境界，从"自然之意""反身意识""实意之意"这三种"意"出发来对老子《道德经》第三十八章中的"自然之境""德业之境""仁义之境"展开论述，体现出《道德经明意》一书从"意本论"体系出发揭示老子"道"论思想的独特性与创新性。

《道德经》第四十三章译注评析

陆建华 *

内容提要：本文围绕《道德经》第四十三章的译注展开，择取八家注本进行比较研究，重点突出《道德经明意》译本特色。文章分为四个部分，第一部分介绍八家译注本的译者和译本；第二部分介绍八家译注对第四十三章的不同释义；第三部分对八家释义进行对比分析；第四部分结语。传统的译注更倾向于联系前后章节，多阐述个人体会，本文围绕《道德经明意》的译注，从"意本论"角度疏通第四十三章，展现"自然之意"哲学重构，凸显《道德经》本身思想的整全性。

关键词：意本论 至柔 心意 自然之意

"阅读《老子》这样的经典，不外乎四种方式。一是训诂的方式，注释考订，疏通句义，提供可读的文本，方便后学理解文句方面的意义。二是理论的方式，一般借鉴西方学术规范和研究方法，界定《老子》的思想观念，建构形而上的体系。三是体悟的方式，不执着于文本的原始旨意，着重从个体的当下需要出发，寻觅启迪人生的智慧。四是释读的方式，首先落实文本理解其本旨，再抽象提升其意义，作理论性的阐述。"① 在这样的分类情况下，传统译注多是围绕某章节或者联系前后几章节展开研究，划分某主题，如"无为""自然"等，然后进行译注，或者结合个人体会进行阐述；还有部分译注是从训诂学的视野下展开，多是对通行本文字的修改或者注释，很少能够通达全书。前述的研究著作多还是离哲学的思考研究较远，或者可以称为文学性的立场进行译注，追求的是文字及译注的准确性，或许仅仅是起到文学知识传播的作用，对《道德经》全书哲学思想性的传播多无裨益，这也是目前译注汗牛充栋的原因之一，但这类译注也多是束之高阁的命运。可是，若不能整体

* 陆建华，中国人民大学哲学院中国哲学专业在职研究生。
① 张涅：《基于文本的思想阐释——董平〈老子研读〉介述》，《光明日报》2016年2月4日，第14版。

把握《道德经》全书的思想内涵，又何以能够译注各章节？当然，千年以来，《道德经》的各种译注更多的是出自哲学家之手，而非文学家。但是古人对哲学、文学之分区别不大，能译注《道德经》的也多是具有深刻思想性的人，侧面突出了《道德经》内涵的思想性。

为了避免《道德经》的译注仅仅成为一种文学性的传播载体，另一种译注研究视角是真正关注到《道德经》本身的思想性问题，本质上属于哲学研究。通过融会贯通《道德经》全书，真正达到返本开源，从源头梳理全书思想内容，再进行各章节的译注。在此种视角下的译注，不再仅仅是考据文字，探寻词义，而是直通《道德经》本身所蕴含的思想内涵，达到类似"六经注我"的境界。

而王弼注开启的"哲学的"路数，成为早期注《道德经》的重要著作，也多为今天学者重视。但近代学者的译注还是多从传统视角来进行译注，偶尔有哲学内涵的探讨，也是浅尝辄止，其深度算不上哲学研究。但温海明教授的《道德经明意》却别开生面，作为"意本论"的四部曲之一①，打开了不一样的"意"世界。本文则以《道德经明意》中的"意本论"为核心，通过溯本清源的方式，对比另外七家译注，重点探索"意"的思想内涵以及《道德经》全书中展现出来的"自然之意"，故本文以《道德经》第四十三章为线索探究"温本"与其他译注的差异和特色，以期达到"圣人的心意的开闭合于道意之境的自然运动，不需要自私地用意去意会，即可让自然之意呈现其明白境界"②。

一、八家译者和译本的简介

根据《史记》所载，老子过关的时候，关令尹喜勉强老子写点东西，于是写下的东西，就集结成书了。至于该书是叫作《老子》还是《道德经》，仅是一种指称，是从命名角度对该书思想内容的理解，当然"道德"两字更能体现该书的思想。但这本书是老子在过关的时候写的，还是老子早就写好了，在过关的时候拿出来应付关令尹喜的？这就涉及这本书的思想内容的连续性和系统性。因为我们目前的版本已经和初始版本大不相同，最突出的就是章节的划分以及不同版本的流传。丁四新指出："'主题'和'思想'也直接影响着《老子》的分章和文本裁划。"③戴卡琳也说："期望一个作家表述的思想连贯有序，这是一个难以达到的理想。"④正如常见的译注，

---

① 温海明教授另外三部"意本论"著作分别是《周易明意：周易哲学新探》，北京：北京大学出版社，2019 年；《坛经明意》，北京：宗教文化出版社，2021 年；《新古本周易参同契明意》，上海：上海三联书店，2022 年。

② 温海明：《道德经明意》，北京：中国社会科学出版社，2019 年，第 38 页。

③ 丁四新：《〈老子〉的分章观念及其检讨》，《学术月刊》2016 年第 9 期。

④ 戴卡琳：《解读鹖冠子——从辩证学的角度》，杨民译，沈阳：辽宁教育出版社，2000 年，第 4 页。

都有支离感的，无法通达《道德经》全书的思想。从古至今，译注《道德经》的书大约不下千种。而且古人的注释，现在看得懂的人少了。但近现代人的译注又五花八门。"董平认为，王弼本开启了'哲学的'路数或取向，注重《道德经》思想内涵及其义理的阐释与发挥；河上公本开启了'宗教的'路数或取向，注重道教玄理的解释与发挥，夹杂着宗教的、术数的怪诞难稽之说。"① 两种路数或取向的根本原因在于该书蕴含的思想内涵极其庞大，具有丰富性和多样性，这为后人的译注留下充分的解读和创造理解的空间。《道德经明意》显然是通过"哲学的"解释路向，以意本论疏通全书，形成鲜明特色。

　　按照前文所述有四种基本方式解读《道德经》，故而选取八家有代表性的译注本，其中用训诂的方式来解读的有高亨先生的《老子正诂》、陈鼓应教授的《道典诠释书系：老子今注今译（参照简帛本）（修订版）》，以注释考订为主，注重疏通句义；用理论的方式解读的有温海明教授的《道德经明意》，建构了形而上的"意本论"哲学体系；用体悟的方式来解读的有憨山大师的《老子道德经解》、任法融道长的《道德经释义》、张其成教授的《张其成全解道德经》，结合实践经验，注重个人体悟，以启迪人生智慧为主；用释读的方式来解读的有马恒君教授的《老子正宗》、董平教授的《老子研读》，兼具训诂和体悟，且有理论性的阐释。以下分别介绍这些译本：

　　1. "憨山本"（以下简称"憨山本"）：憨山大师（1546—1623），名德清，字澄印，明末四大高僧之一，曹溪南华寺中兴祖师。大师多才多艺，通于史书，工于书法，长于诗文。憨山大师以佛教智慧解《道德经》，会通佛道。憨山大师注《道德经》，始于万历二十年（1592年），卒于万历三十四年（1606年），前后用功十五年，"必得义遗言，因言以见义。或经句而得一语，或经年而得一章"②。憨山苦心为学佛、学老的人而做的注解，希望学佛者通达老子本意，到达"善自他宗"③；同时，为学老者破除自己私见，能够"得离言之旨"④。

　　2. "高亨本"（以下简称"高本"）：高亨先生是中国现代学术史上有代表性的著名学者，不仅在多所学校任教，且投入精力整理古籍和研究国学，涉及《周易》、《诗经》、《楚辞》、先秦诸子等，其《老子正诂》在一九二九年曾用作过教学讲义，是《道德经》八十一章的全解本，也属于丛刊之一。本书在订正文字、调整语序、异文通假等方面，充分展现高亨先生训诂的成果，且见解新颖，虽偶有牵强，但不掩光芒，特别是有近百处与出土文献相合。

---

①　温海明：《道德经明意》，第 8 页。
②　憨山：《老子道德经解》，梅愚点校，武汉：崇文书局，2015 年，第 1 页。
③　憨山：《老子道德经解》，梅愚点校，第 160 页。
④　憨山：《老子道德经解》，梅愚点校，第 1 页。

3. "陈鼓应本"（以下简称"陈本"）：陈鼓应教授在大量吸收前人研究成果的基础上，根据作者多年研究心得，对《道德经》做了全面介绍。《道典诠释书系：老子今注今译（参照简帛本）（修订版）》以《道德经》原有篇章为序，先引原文，再加注释，而后是今译，最后是引述。注释通俗易懂，今译文字优美，注释、引述学术容量大。

4. "马恒君本"（以下简称"马本"）：马恒君教授的《老子正宗》是"慧通百家烛今古，心存天道仰圣贤。皓首穷经数十载，原汁原味解老子"①。该书是以马恒君教授的讲稿整理而成，带有部分教师习气。因为讲课过程中不允许含糊其词，所以讲稿内容带有些不容置疑的味道。这反倒是形成了"马本"的特色，在当时的时间背景下树立了新风。

5. "任法融本"（以下简称"任本"）：任法融道长的《道德经释义》是从道教经典的角度来诠释《道德经》。道长蛰居楼观台，一生研道弘道，所以书中指出："全书八十一章主要阐述了无极图和太极图及其相互关系，讲了天道和人道的关系，目的在于使人道取法于天道，由太极返回无极，使人回归先天纯粹的本性，使人的自然潜能得到全面的开发和利用，成为道德高尚的人。"②本书也是释义经典丛书之一。

6. "董平本"（以下简称"董本"）：董平教授的《老子研读》是其课余时间为学生讲解《道德经》的录音整理修订而成，属于系列丛书之一。因而"董本"突出了作者的个人理解和诠释，展现了作者广博的学识，通过旁征博引，娓娓道来的方式，为学生打开进入"经典"文本世界的新大门。如作者后记所说："想借此与我自己的硕、博士生们一起进入经典文本的世界，一起去领略古人的思想智慧，从而获得关于思想与文化的历史感。"③

7. "张其成本"（以下简称"张本"）：张其成教授在《张其成讲读老子大道之门》基础上，融入其最新的感悟与启发，以更广的视角来解读《道德经》全书，故而著成《张其成全解道德经》。其写作目的是用更加通俗的现代言语，用一些历史的故事来阐发《道德经》中的微言大义，所以全书的导语是：打开智慧的大门④。

8. "温海明本"（以下简称"温本"）：温海明教授的《道德经明意》是以意本论为基础，属于意本论哲学的奠基之作，其写作目的并不在于对《道德经》的不同版本及对其中文字之考辨，而是在一种比较哲学视域下，基于《道德经》"道"的哲学，试图建构"自然之意"的哲学系统。

① 马恒君：《老子正宗》，北京：华夏出版社，2007年，封底语。
② 任法融：《道德经释义》，北京：东方出版社，2012年，第10页。
③ 董平：《老子研读》，北京：中华书局，2015年，第288页。
④ 张其成：《张其成全解道德经》，北京：华夏出版社，2017年，第1页。

"温本"和其他七种译注本非常不同，主要体现在三个方面。首先，文本翻译部分"力求体现老子哲学的内在一致性"①，"通过翻译把涉及'自然之意'的核心内容的面向具体表达出来"②。其次，注释部分是本书特色之一，通过哲学性的注释，逐一缕析，"并加入中英文文本翻译得失探讨"③。第三点，"明意"部分作为本书阐发《道德经》哲学性最强的章节，"通过建构老子'自然之意'的意本论哲学系统，来说明老子哲学的核心是贯通天道人事的自然之意"④，可见，"温本"不是简单的翻译、注释，还是侧重于通过"明意"来突出其哲学研究。

二、第四十三章在八家译本中的释义

【原文】天下至柔，驰骋天下之至坚。无有入无间，吾是以知无为之有益。不言之教，无为之益，天下希及之。

【译文】

1."憨山本"：

此承上言无为之益，以明不言之教也。

然天下之至坚，非至柔不足以驰骋之，如水之穿山透地，浸润金石是已。若以有入有，即相触而有间。若以空入有，则细无不入，如虚空遍入一切有形，即纤尘芒芴，无所不入，以其虚也。若知虚无之有用，足知无为之有益矣。

前云人不善教人者，以其有言也。有言则有迹，有迹则恃智，恃智则自多，自多者则矜能而好为，凡好为者必易败。此盖有言之教，有为之无益也。如此，则知不言之教，无为之益，天下希及之矣。⑤

2."高本"：

没有对全文的翻译，主要是对章节的订正，重点是是对"出于"两字的关注。"'出于'两字王本原无，传本有。《淮南子·原道》篇引同。今据增。"⑥

3."陈本"：

天下最柔软的东西，能驾驭天下最坚硬的东西。无形的力量能穿透没有间隙的东西，我因此知道无为的益处。

不言的教导，无为的益处，天下很少能够做得到的。⑦

① 温海明：《道德经明意》，第 2 页。
② 温海明：《道德经明意》，第 2 页。
③ 温海明：《道德经明意》，第 2 页。
④ 温海明：《道德经明意》，第 2 页。
⑤ 憨山：《老子道德经解》，梅愚点校，第 88 页。
⑥ 高亨：《老子正诂》，北京：清华大学出版社，2011 年，第 72 页。
⑦ 陈鼓应：《老子今注今译》，北京：商务印书馆，2003 年，第 239 页。

4. "马本"：

天下最柔弱的东西能在最坚硬的东西里奔驰。没有的东西可以进入没有空隙之中。我因此得知自然无为的好处。没有言辞的教化，自然无为的好处，天下很少有什么能赶得上它。[①]

5. "任本"：

遍满太空的真空妙气，虽至虚至柔，却可驰骋天下，能渗入任何致密而坚硬的物体，在里面自由出，穿来穿去。我由此可以类推，"无为"也和这种无形之气一样，可以无所不至，无所不为，无所不成，收到特殊的效果。"道"不言而教，不令而从，无为无造，无形无象，然而它的功能是天下任何事物不能企及的。[②]

6. "董本"：

没有对全文的翻译，主要是对章节的研读。"驰骋"一词，原是对马奔竞驰逐而无所阻挡之状的形容，这里则用来形容"天下之至柔"能够在"天下之至坚"之中自由往来，是即所谓"柔能克刚"。……"无有"即无形体，即是"至柔"；"无间"即无间隙，即是"至坚"。"至柔"而能驰骋于"至坚"，"无有"而能入于"无间"。根本原因即在其无为而自然，所以说"吾是以知无为之有益"。[③]

7. "张本"：

天下最柔弱的东西，能够驾驭天下最坚强的东西。无形的东西能够穿入没有间隙的东西，我因此知道"无为"是有益处的。不说出来的教导，不妄为的益处，天下人却很少能够做得到。[④]

8. "温本"：

心意是天下最柔弱，但能够驾驭并穿行过世间最坚硬的东西。

心意有着无形的力量，强大到可以穿透没有间隙的东西。我因此认识到心意自然无为的益处。

心口"不言"而教化众生，自然"无为"而利益天下，普天之下很少有人能够做到。[⑤]

三、八家译本的对比研究

首先，形式上来看，八家译注有不同的段落划分。

---

① 马恒君:《老子正宗》，第 143 页。
② 任法融:《道德经释义》，第 108 页。
③ 董平:《老子研读》，第 190 页。
④ 张其成:《张其成全解道德经》，第 185 页。
⑤ 温海明:《道德经明意》，第 235 页。

　　《道德经》的产生背景有其特殊性，"老子为周之藏室史或征藏史，主藏书之事"①，可能老子在当太史的时候，思考写就的著作，这也回应前文，《道德经》一书是老子在过关的时候拿出来交给关令尹喜。这种写作背景决定了全书结构有若干个段落的性质，老子边整理边思考边写作，而每个段落又由若干个层次所构成。推测《道德经》形成之初本是不分章的，1973 年马王堆墓出土的帛书《道德经》乙本仍不分章。当然分章的出现是为了阅读和传播的方便，如帛书《道德经》甲本中出现的圆点符号，应含有分章的意思。北京大学所藏的西汉中期竹简本《道德经》分 77 章，而通行的王弼本《道德经》则分 81 章。

　　"马本""董本""任本""张本"未做划分；"憨山本""高本"和"陈本"把此章节划分为两段，但"高本"将"吾是以知无为之有益"断在第二句，与"憨山本"和"陈本"不同，"高本"重点是正诂，重点在对"出于"两字的补增；而"温本"划分为三段，更显清晰。"马本"所有章节的翻译，都是直接采用整章翻译，未对章节内部进行划分。"董本"是通过对章节的研读，突出本章讲"无为"之用。"憨山本"和"陈本"对本章的翻译，突出的是"不言之教"，特别是"憨山本"翻译之前直接表述："以明不言之教也。"②"温本"对本章的翻译，直接按照每句进行划分，特别清楚，更利于阅读或者朗读。而且"温本"全书都是此体例，从而对应并展示段落中的层次感。同时，"张本"和"温本"另一特色是给每章节取了章节标题，用来概括对应章节的主旨。"张本"直接选用首句作为标题，没有概括性和内涵意义；"温本"第四十三章的标题是"意柔至坚"，突出本章节的主语"意"，同时表述了"意"的特征：柔且至坚。

　　其次，本章的"至柔"与"无有"是难点与重点。对比七家译注，只有"温本"翻译时突出了本章的主语：心意。

　　"陈本"和"马本""张本"仅仅表述为"天下最柔软的东西"，这"东西"是有特征的，就是"最柔软"，但这"东西"到底是什么东西，"陈本"和"马本""张本"并未讲透，阅读相关译注的时候，多是这种翻译，让人迷惑，又有点只可意会不可言传的感觉。

　　"憨山本"在本章的翻译，直接采用比喻："如水之穿山透地，浸润金石是已。"③"高本"也有作者按："有'出于'二字是也。《淮南子·原道》篇引此文高注：'水是也。'甚塙。"④"任本"指出这是"真空妙气"。"张本"在解读中指出："天下

---

① 王博：《老子思想的史官特色》，台北：文津出版社，1993 年，第 20 页。
② 憨山：《老子道德经解》，梅愚点校，第 88 页。
③ 憨山：《老子道德经解》，梅愚点校，第 88 页。
④ 高亨：《老子正诂》，第 72 页。

最柔弱的、最柔软的东西是什么？是水，是气，是那些无形无状的东西，当然更是'道'。"[1]"董本"先是引用"成玄英云：'至柔，水也。坚，金也。驰骋是攻击贯穿之义也。言水至柔，能攻金石之坚，喻无为至弱能破有为之累'"[2]做解释。其后又指出"道本身即是无形无象的，其存在是无为而自然的，是真正为'天下之至柔'"[3]，也没有解释透彻。"陈本"在本章翻译的后面，做了引述："水是最柔不过的东西，却能穿山透地。老子以水来比喻柔能胜刚的道理"[4]，也是用"水"来比喻。王弼注本章："气无所不入，水无所不（出于）经"[5]，是用"气"来比喻。这些都是非常好的方法，通过比喻成"水""气""妙气"能让读者易于体会"至柔"，但还是无法悟透。因为所有的比喻都只能摸到本章主旨的一面，无法透彻翻译本章节。

但"马本"的不同之处，在于其本章后面的讲疏中写道：这个"至柔"的东西是什么呢？前人举了水、气等。这都不大贴切。还是庄子体验深一些。他在《在宥》篇里用了一段老子回答崔瞿的话来描写。"老聃曰，女慎，无撄人心。人心排下而进上，上下囚杀，淖约柔乎刚强，廉刿雕琢，其热焦火，其寒凝冰。其疾俯仰之间而再抚四海之外。其居也，渊而静；其动也，县而天。偾骄而不可系者，其唯人心乎！"意思是说，老子讲过，你可要小心，不要去挑逗人心。人心都是推下进上，上下杀害。看着柔顺却能胜过刚强，有棱有刃，能刻能削，热如烈火，寒如凝冰。要快起来，俯仰之间就能在四海之外打个来回，静止的时候渊深静谧，活动起来悬腾上天。亢奋骄纵不可约束的，恐怕就只有人心吧！这段话即使是庄子的假托，也能生动地说明老子的"至柔""无有"指的是人心。用今天的话说，是指人的思想活动、精神活动。所以才说它至柔，却能在最坚硬的东西里东奔西突。[6]"马本"此处已经指明"至柔"指的是人心，而且在注解"有无入于无间"的时候，"马本"写到："'无间'是没有间隙。能进入没有间隙的东西就是人的精神。老子认为精神具有比物质更大的力量，只不过是古人把精神叫做人心。"[7]这解释得很透彻，但为何翻译的时候没有把这"东西"直接翻译成"人心"，估计是觉得太过于突兀，可能认为整本书思想不能用"人心"来统领。

"温本"在本章翻译中，直接点明主语是心意，使人茅塞顿开，如庖丁解牛，游

---

① 张其成：《张其成全解道德经》，第 185 页。
② 董平：《老子研读》，第 190 页。
③ 董平：《老子研读》，第 190 页。
④ 陈鼓应：《老子今注今译》，第 240 页。
⑤ 王弼：《老子道德经校释》，楼宇烈校释，北京：中华书局，2008 年，第 120 页。
⑥ 马恒君：《老子正宗》，第 143—144 页。
⑦ 马恒君：《老子正宗》，第 144 页。

刃有余。"圣人之意存之物也,故字曰至柔,名曰无形。"①"心意"才是天下最柔软的东西,"心意"才有着无形的力量。其实这也是意本论中"意"的自然展开,从侧面也突出"温本"全书译注时候贯通的"自然之意","意会到天地自然之意,即得悟大道,玄意门敞开,导人走向道的境界"②。"马本"在本章讲疏最后提出"这一章用人心的难以控制说明不言之教、自然无为的好处"③,指出了"人心"问题,但"温本"的"心意"更能诠释并贯通本章主旨。"温本"全书各章节的"明意"部分构建了《道德经》"自然之意"的意本论哲学系统,也在第四十三章突出展现了出来。"时间以自然之意的方式生成和存在,而万物就其本身存在的根本状态来说都如时间,只能由'意'来领会而带入存在。"④不管是最坚硬的东西也好,还是没有间隙的东西,都是"时间性"的存在,都只有"意"能够来往穿梭,这也恰恰体现出了"心意"的无时不在,无处不有。

四、结语

本文围绕第四十三章译注展开的比较研究,重点在于对"至柔"和"无有"主语的探索。"高本"注重正诂,"憨山本""陈本""马本""董本""任本""张本"在一定程度上体现了《道德经》文本的思想内涵,特别是"马本"中直指"人心"问题。但没能围绕《道德经》形成一个完整的思想体系,更多是字面翻译,或者采用比喻手法进行翻译,忽视了《道德经》作为哲学经典的重要事实。而"温本"则发挥了《道德经》本身思想性的内涵,直接把握文本核心重点,通过"自然之意"直接重构《道德经》,再现《道德经》的高妙境界。

---

① 河上公、王弼、严遵:《老子》,刘思禾校点,上海:上海古籍出版社,2013 年,第100—101 页。
② 温海明:《道德经明意》,第 40 页。
③ 马恒君:《老子正宗》,第 145 页。
④ 温海明:《道德经明意》,第 237 页。

道意通物论探析——基于对《道德经明意》的解读

秦凯丽 *

内容提要:《道德经明意》一书以"自然之意"为本体，对"道体"进行了最新的哲学诠释。以本体"意"入"道"的诠释方式，为道物融通论提供了新的解读面向，具体从三个方面展开：第一"意"作为人之为人存在的根本，以及万物存在的本源，在《道德经明意》中，因"自然之意"而有道与物，道物皆本于"自然之意"，道物本源相同；第二《道德经明意》将道物相通的枢纽——外在的德目（如守柔、谦下处顺等）转化为心念的瞬间发动之几微，心念发动合于道意，则心物相通、圆融无碍，心念发动不合于道意则近于死地，一念之差，谬之千里；第三《道德经明意》构建了物器身心等多重道通物论的视域，构建了本体本然的、与道境相融的、非诠释学层面上的意义世界。

关键词：自然之意 道意 物 几 意义世界

导言

道物关系是中国哲学史上的一条主线，道物关系最早在老子那里开始讨论。

有学者认为老子道物关系是道物论，如林光华认为："《老子》的道物关系论有四个层面：道生物，道成物，道统物，道通物。"[①] 也有很多学者认为老子的道物关系是二分论，道是无限的，根源性的，物是有限的，受道宰制的。陈鼓应先生认为，老子的道物关系在后世发生了话题转换，转化为体用关系和一多关系。就体用关系而言，王弼将老子的"有""无"观念转化为本末和体用关系，至唐宋经佛、儒各派竞相使用而愈加广泛，其中程颐的"体用一源"的观点尤为人知；而一多关系，在哲

---

* 秦凯丽（1993—），女，河南安阳人，汉族，中国人民大学哲学院中国哲学专业博士。研究领域：海外易学。

① 林光华：《道在物中：再论〈老子〉的道物关系》，《杭州师范大学学报》（社会科学版）2015 年 5 月第 3 期。另：本文所用《道德经》版本系楼宇烈先生校释，参王弼：《王弼集校释》，楼宇烈校释，北京：中华书局，1980 年。

学史上是部分与整体、共相与殊相、统一性与多样性关系之论题，后世黄老学派"以一统多"、王弼"以一为主"、周敦颐"一实万分"、程朱"理一分疏"、朱熹"一源万别"等观念皆受其影响。[①]道物关系涉及什么是世界的本源、世界是何种样态等问题。温海明以意为本、援意入道，对传统的道物关系进行了重新解读，构建了道意融通物论的新型哲学诠释理论。

一、道意生物论的本体建构——自然之意

道是在大化流行中万物存在的根源。《道德经》第一章和第四十二章说明道的生化过程。

> 道可道，非常道；名可名，非常名。无，名天地之始。有，名万物之母。故，常无，欲以观其妙。常有，欲以观其徼。此两者，同出而异名，同谓之玄。玄之又玄，众妙之门。[②]（《第一章》）

道是不可言说，是无名的。在宇宙间什么都没有，也就是无，但也不是空无一物的nothing，而是"惚兮恍兮，其中有象；恍兮惚兮，其中有物；窈兮冥兮，其中有精"（《第二十一章》）的未形无名的状态，是天地产生的源始；及"未形无名"发展到"有形有名"之时，万物因形名有了时空上的规定性，从而有"生之、育之、亭之、毒之"的终始过程，故"有"为万物的母亲。从"无"可以观物始之玄妙深奥，从"有"可以观物之成与归终（王弼注"徼"为"归终"[③]）。有与无并生共存，对立统一，同出于道。道作为万物在宇宙间进进出出的门户，实在是太玄妙了。此外，《第四十二章》具体说明了道从无到有化生万物的过程："道生一，一生二，二生三，三生万物。"

因道无形无名无象，难以言说，但老子勉强起个名，名为"道"或者"大"，老子说："吾不知其名，字之曰道，强为之名曰大。"（《第二十五章》）老子也多用"朴""常"等特性来指代道，说明道作为万物的主宰，具有永恒性和普遍性，如：

---

① 陈鼓应：《论道与物关系问题——中国哲学史上的一条主线》，《哲学动态》2005年第7期。

② 此章有许多不同的断句方式，主要分歧在于以"无""有"断句，还是以"无名""有名"断句，两种断句对《老子》一书根本概念的把握有所不同，前者强调"无""有"是道生化万物的不同过程、状态，无有相资，道统有无；后者凸显在政治领域中，道化生万物的过程中"名"对物的规定作用，主要著作参曹峰：《中国古代"名"的政治思想研究》，上海：上海古籍出版社，2017年。此处采用温海明《道德经明意》一书的断句方式。

③ 王弼：《王弼集校释》，楼宇烈校释，北京：中华书局，1980年，第2页。

道常无名，朴虽小，天下莫能臣也。侯王若能守之，万物将自宾。天地相合以降甘露，民莫之令而自均。始制有名，名亦既有，夫亦将知止。知止可以不殆。譬如道之在天下，犹川谷之于江海。（《第三十二章》）

王弼将"朴"解释为"朴之为物，愦然不偏，近于无有。"①可以理解为，"朴"为全道。道常常是无名的，整全不偏，通于无有，虽然小，但天下都不敢把它作为臣子。侯王如果能够守住它，万物将会自然地宾服，天地交、雨露降，没有人命令而自然均匀，是道使之如此。一开始有名，就应该知其所止，即止于道，止于道就可以避免危殆了。道对于天下，就像川谷之于大海一样。以上从四个层面先后说明了道的永恒性和普遍性，分别是侯王止于道，天地止于道，人止于道，天下止于道。

温海明认为，"意"为人存在之本，对于道的认识产生于人的认识，因人意识的参与，才有了道是万物的主宰、本根，道从无到有生化万物的过程，以及道无形无象特征的种种认识。相应地，这些认识展现了本体之意的活动过程，在《周易》中为"人天之意"，在《周易参同契》中，为"通神之意"，在《道德经》中，则是"自然之意"，相应的"意"的认识状态为：

"意"的几重本体认识状态如下：第一层是无偏无邪的自然之意；第二层是有无、成毁的阴阳共同体层面上的道意；第三层是意之为有无相生的"无"态，偏于"虚"意；第四层是意之为念，即有无相生的"有"态，偏于实化的"念"；第五层才是实有的念头。每一层都离不开自然之意。②

这里在"道意"之前增加了"自然之意"，这在《道德经》中并没有明确提示，《道德经》第一章说明了大道衍生出"无"和"有"的过程，对从"无"到"有"之前的道的状态着墨不多。对有无之道之前状态的建构在宋儒之后，宋儒为回应佛道的挑战，构建了本体论的理学形态，阐发出了有无之前的道的形态，即无极和太极。这里，温海明对"自然之意"的理解显然吸收了无极和太极的说法，第一层自然之意相当于周敦颐《太极图》中的无极，浑然一体，无声无嗅，是万物造化之根本；第二层道意是阴阳以及一切对立概念的统一体；第三层到第五层是道意自虚无到实有的演化过程，这五层意的认识状态都离不开自然之意，都是自然之意的实化过程。

可以说，《道德经明意》仍然是在刘宗周意学基础上进行的体系化建构。温海明

① 王弼：《王弼集校释》，第81页。
② 温海明：《道德经明意》，北京：中国社会科学出版社，2019年，第150页。

试图将"意"作为中国哲学的本体，并对重要经典进行重新注释，这种做法非常类似于朱子以"理"为本体随文注释儒家经典的方式。这使得"自然之意"的呈现往往是情境化的，是依境而生的，就像"门道"一样，是人们进入世界进而认识世界的通道。

> 老子的"自然之意"哲学如此深刻，以致人们不过从"门—道"走向另一扇门，门里门外都是人在面对世界——这种最根本的存在关系——人与世界共在本身具有根基性的哲学意味。①

这里用"门"来比喻自然之意，采用的是谢林对"道"的翻译，他将"道"译为"port"，门，在谢林那里是"非存有"（具有存有可能性）$\xrightarrow{\text{经由}}$ 门 $\xrightarrow{\text{转化}}$ "现实的存有"（存有可能性的实现）。

而在温海明这里，将"门道"融入"意"的理解之后，变成未形之意 $\xrightarrow{\text{经由}}$ 意门 $\xrightarrow{\text{实化}}$ 实有的念头，"未形之意"包括前述所言的前四层的意识形态，分别为自然之意、道意、有无相生的"无"态和"有"态，是具有实化可能性的"非存有"状态，经由意门的转化后，变成现实存有的念头，这一切都是作为本体的自然之意的展开，才使得世界朗现，表达了"人与世界共在本身"的深层次哲学意蕴。

作为本体的自然之意是诚中无邪，创生性的，永不衰竭，就像风箱橐龠一样，"虚而不屈，动而愈出。多言数穷，不如守中"（《第五章》）。天地之间就像风箱一般，看起来空虚，但作用不可竭尽，万物由之而生。这中正信诚的生生之意被领会后，就会在意念将动而未动之时，自然顺于道意流行，实化为万事万物，并关涉到伦理、宗教、政治等多个面向。

二、道意通物论的关键枢纽——由"德"到"几"

在《道德经》文本中，形上之"道"是超形象、超时空的存在，而器物则属于有限性的存在体。道器通过"德"这个中介，使形上与形下之间密切联系在一起。在《道德经》中有十二章明确出现了"德"字：归结为两层含义：一、德者，得也，少则得。"德者同于德，失者同于失。同于道者，道亦乐得之；同于德者，德亦乐得之；同于失者，失亦乐得之。"（《第二十三章》）二、从道就是德。"孔德之容，惟道是从。"（《第二十一章》）王弼认为唯以虚无为德，然后乃能动作从道。"德"古训为

---

① 温海明：《道德经明意》，第33页。

"得"，道是万物生成的根本依据，万物只有"得"才能"德"成万物。可见，德是道与物间的中介。①

既然得之于道的就是德，德一定符合道的原则，那么就可以由道的状态以及运行规律来推论德的具体表现。老子在文中其实已经从侯王统治、战争、日常事务等方面对德的具体方面进行了描述，归纳来说，有以下几点：

1. 对内静养。因为道对万物不偏不彰，不炎不寒，一视同仁，所以能做到无欲，无欲便自然能静，即通过去欲的方式达到静养的目的。如"不尚贤，使民不争；不贵难得之货，使民不为盗；不见可欲，使民心不乱。"（《第三章》）"重为轻根，静为躁君。是以君子终日行不离辎重。"（《第二十六章》）"躁胜寒，静胜热，清静为天下正。"（《第四十五章》）在王弼看来，凡事有本末，清静无为就可以保全物之真性，带领天下走上正道。内里清静自然不妄为，即清静便能无为。

对外虚空。因为道体涵盖万物，是一个整全，像山谷一样包容万物。"知其雄，守其雌，为天下谷。"（《第二十八章》）道体又像大海一样能容纳川流"辟道之在天下，犹川谷之于大海"（《第三十二章》），所以得于道之德也是虚空的。虚空就意味着对待事情没有一些成见和定法，完全根据客观现实，找出最佳方案处理事情。所以老子主张圣人要不自见，不自是，不自彰。不要自我炫耀，要抛开我见，迎接真知。还要"是以圣人去甚，去奢，去泰"（《第二十九章》）。甚、奢、泰都是指心中想要施加于万物发展的成见，这些都是不利于万物本性的发展的，要做到"圣人无常心，以百姓心为心。百姓皆注其耳目，圣人皆孩之"（《第四十九章》）。

2. 贵柔处下。从无到有的发展过程即是道。这个过程是不断顺应自然、社会、人心的过程，时时处处要求守柔的品质。"合抱之木，生于毫末；九层之台，起于累土；千里之行，始于足下。"（《第六十四章》）要顺从自然规律去行事，谦下处顺。

而《道德经明意》认为，得于道的关键在于，在心念之几微处做反身性的功夫，从而将合于道的具体的德目内化于人的方寸心田之上，即心念发动的几微之处。心念发动合于道，则道意通万物，道意物圆融无碍。虽然在《道德经》中"几"没有专门的论述，但"几"与《道德经》中的"微"概念相当，都指事物将形而未形之时，故在《道德经明意》中，"几"与"微"并用。

"几"作为事物发展初端的意涵，较早见于《系辞》。《系辞》曰："几者，动之微，吉之先见者也。""几"既是事物发展的动向，也是吉凶将显的预兆。基于此，《系辞》作者提倡人们不仅要"知几""研几"，对事物发展的趋势有所认知和把握，达到"以

---

① 詹石窗、谢清果认为，道生万物，德畜万物，德在道生万物的过程中承担着重要的承上启下的作用。参詹石窗、谢清果：《中国道家之精神》，上海：复旦大学出版社，2016年，第68页。

成天下之物"神妙莫测的境界。还要"见几""行几","君子见几而作，不俟终日"，要对事态动向有所顺应、干预和扭转，合于道的趋势要顺应，悖于道的趋势要干预进而扭转，以达到趋吉避凶的目的。

温海明承续《系辞》中"几微"的概念，认为在心体发动的几微之处，有善有恶，道意与私意并现，是循道意去私意，还是择私意萌道意，是区分圣人和凡人在人心发动之处的关键所在。就圣人而言，圣人在本心发动之时，能够安于自然之意的自然发动，在心体发动的几微之处自然能够顺从自然之意，通达光明，达到"寂然不动，感而遂通"的境界。"圣人要把握的是，道进入意之瞬间的纯朴未分的状态，这种状态是圣人心意的枢机，因为圣人把握它来领导和驾驭天下万事万物的千变万化。"① 这种"把握"是反思或反身，即通过"反"的转向可以直接通达幽微的自然之意，从而领略诚体所导向的人文意义世界，遵循自然之意发动时几动之处的纯善趋势，不待勉强就可以不逐外物，持精保神，齐与万物，与道合一。圣人顺应自然之意是自然之善的发动感应，郑开认为，道家标明"德""自然"背后其实包含强烈的价值判断意味，近似于《庄子·外物》"去善而自善"，即"自然而善"②。

而对于私意肆行的人而言，在人心发动之时，会受到人欲的干扰，需要"复"和"执"的功夫，才能达到圣人的境界。即在人心发动即将显现为善或恶的后果时，需要在发动的几微之处为学用功，去除一切欲念和杂质，才能使自然之意自然萌发，从而达到虚静明通、周乎天下而不遗的境界。正如温海明所说：

> 如果人不意会自然之意，人因自私用意的虚伪对待性创造就会走偏。人一旦想通过虚幻的、离开自然之意之本相的道德范畴来约束人的思想行为，就是没有生命力的外在约束。这时候人需要向水学习，水因其无欲，反而刚强："上善若水，水善利万物而不争"；水因其反弱，反而利生："处众人之所恶，故几于道"（第八章），水居于众人讨厌的地方，反而是顺其自然之意。③

总的来说，对学道之人而言，在人心发动之处，天理和人欲同时显现，在自然之意开始发用的"几微"之处，学人要循善去恶，归于自然之意，方不失本体之心。

综上，以意解道的方式，合于道的德不再是具体外在的德目，如虚静、柔弱、谦下等，而是内化为心念发动的瞬间是否合于道意，"德行的展开从心思意念发动的瞬间开始，从心思意念发动的根源处去反思意念与自然之意沟通的分寸，是建构德

---

① 温海明：《道德经明意》，第 177 页。

② 郑开：《道家形而上研究》（增订版），北京：中国人民大学出版社，2018 年，第 235 页。

③ 温海明：《道德经明意》，第 50 页。

行的努力"①。故《道德经明意》道意通物论实现了枢纽的关键转化——由外在的德目转化到内心意念发动的几微所在。

三、道意化物论的多重视域——物器身心

道物关系是《道德经》中最重要的话题之一。道是万物之本原及存在根据，"道生一，一生二，二生三，三生万物"（《第四十二章》）。不仅从宇宙本原论或生成论上回答了宇宙生命起源及演化的过程，而且在本体论上回答了天地万物存在根据的问题。也可以用"有""无"范畴来说明道物关系，道与物关系，亦即本体界与现象界的关系，道具有无限性、永恒性、普遍性，而物则受时空的限定，无绝对性，仅有相对性。以自然之意建构的道物关系不仅强调体用，更强调体用间的融通一贯，在"意"为本体论的视域下，道物是一而多、多而一、共相与殊相的关系。

首先，物因道意而存在。一切存在物只有在意会中才能开显出来，成为存在者存在本身。现实世界是心物一体的建构，是心物一体的表象性存在。这一表象性在《周易》中以模拟现实世界的象数体系表征。

> 存在者只有进入意识，为意识所领会，才成为存在者本身。存在者存在，被意会似乎是偶然，但偶然之中带有必然性，意会的偶然性与必然性不可分割。存在者必然被偶然化，只有在偶然性偶遇之中，存在者才会存在。②

万物因意识而显现，这显然与阳明的心学理论相近，心外无理，心外无物，比较著名就是"岩中花树"的例子："你未看此花时，此花与汝心同归于寂。你来看此花时，则此花颜色一时明白起来。便知此花不在你的心外。"③（《传习录》下，第275条）只有在心念发动的时候，物才能朗现在人们面前。意会的偶然性带有深刻的必然性，意会到的事物当下存在，不知从何而来，却如此存在，意物自因、自生、自成，意与物合，与玄远幽栖的"无"境融为一体，人与世界共在。

其次，器为道意之用。道器关系是道物关系的另一种表达，葛荣晋提道："'道'这一范畴，虽然在先秦诸子中多次出现，有所谓道与天地、道与气、道与物、道与理之对称，但是只有到了战国末年，才开始把道和器加以对举。道与器作为一对哲学内涵，最早见于《周易·系辞传》。"④陈鼓应认为道与器成为一对独立的概念，始

---

① 温海明:《道德经明意》，第51页。
② 温海明:《道德经明意》，第137页。
③ 吴震:《传习录精读》，上海：复旦大学出版社，2011年，第73页。
④ 葛荣晋:《中国哲学范畴通论》，北京：首都师范大学出版社，2001年，第190页。

于老子。《系辞》的"道""器"观念当系来自老子。①《道德经》中有八章出现了对"器"的讨论，多指的是有限性的存在体，如"埏埴以为器，当其无，有器之用"（《第十一章》）、"夫佳兵者，不祥之器"（《第三十一章》）、"民多利器，国家滋昏"（《第五十七章》）、"不敢为天下先，故能成器长"（《第六十七章》）、"小国寡民，使有什伯之器而不用"（《第八十章》）；也有指有限而又无限的存在体，如"天下神器，不可为也"（《第二十九章》）、"大器晚成"（《第四十一章》），这里"神器"与"大器"已由有限性近于无限性；还有从本体论上来谈器的，如"朴散则为器，圣人用之则为官长，故大制不割"（《第二十八章》）。

在温海明看来，从"意"本的层面来看，"器"可以从存在论、本体论以及宇宙论三个层面展开论说。从存在论上看，器因意而存在，真朴的大道必须分散为具体的器物被人所意会后，才能存在，从而朗现在人们面前，器无意则不存在；从本体论上看，真朴的大道是体，器物是大道之用，"大器"和"神器"尤为如此，只有心念通达自然之意的圣人才能对此运用自如，"为政与制约政权神器，本质上都是制心控意的艺术，为圣人之心，起心动念皆合于天道，而能够意动如天，万物皆顺其意，意动如不动，为如不动，故其心意如如不动，为如不动，而制天下"②，从而达到意器连通的统一体，实现"大制不割"的质朴不分的状态；从宇宙论上看，真朴的意道是众多器物的开端，器的存在由意念的生发与器物交接而产生。这里，道器不仅仅是相互含摄、上下一致，而是从这三个方面，实现了器不离意，意不离器，器意融通的境界，通过"自然之意"本体的介入，使得形而上之道与形而下之器体用不二、圆融无碍。

最后，身心意通道。身心是通道的关键前提，要想通道，必须对身心保持正确的态度，老子反对"保身""贵身""自生"，相反提倡的是"后其身""外其身""不自生"，"天长地久。天地所以能长且久者，以其不自生，故能长生。是以圣人后其身而身先，外其身而身存。非以其无私邪？故能成其私"（《第七章》）。他认为通过私心私意极力谋求身体长生的状态，有违道之运行规律，相反要循道而行，谦下处顺，不争无为方能有为而"成其私"，如此才是真正的"善摄生者"，"陆行不遇兕虎，入军不被甲兵，兕无所投其角，虎无所措其爪，兵无所容其刃。夫何故？以其无死地"（《第五十章》）。从意本论来看，身与天地一样长久，靠的是身融入道意的过程，这个过程需要特定的反身性才能达到。因为身在现实中是私意化的存在，意念的发动如果任其外化，则精气耗散，容易导致祸患。故需要关照意念，让意念在发动的

① 陈鼓应：《论道与物的关系问题——中国哲学史上的一条主线》，《哲学动态》2005年第7期。
② 温海明：《道德经明意》，第181页。

时候能够归于大道，知止于道，才能保精全神，归于意识的无分别状态，从而消泯与他人的差别，超越有限性的肉体限制达致无限的时空境界。

以自然之意为本，融通身心物器所构建的意义世界，是本体性的、本然的、自然而然的，与玄远莫测的道境融通为一。本体性的意义世界不同于诠释学层面上的意义世界。诠释学认为，通过语言的诠释，新的意义世界得以彰显。如梅洛-庞蒂以"翻译"为例，认为"翻译"就是理解，就是对意义的解放，是把世界中的意义诸元具体化，是对可见者的再次明晰化，是对野性事相或前述的逻辑处理。[①] 德里达认为，语言一开始就是一种争论——是意义的可能性和世界的可能性的争论。[②] 而自然之意所建构的意义世界，是前沿哲学的一种表达，不是狭义的语义理解问题，涉及本体论、认识论、宇宙论等领域。

结论

总的来说，《道德经明意》以意为本，提供了解读道物关系的全新的哲学角度，在意本论的视域下，万物因自然之意而生，因意念发动合于天道而通，最终实化出了物器身心等多重与道境相融通的意义世界，此意义世界的建构内在于心意，不是外在主宰性的超越主体之上的构想，这突破了传统的道物关系理解。从本体上来说，由道生物论，转化为道意（道意之上为自然之意）生物论；从认识论上来看，将体悟合于道的"德"目，变成反思心念上的善恶念头；从境界上来看，实现物器身心等形而下的存在融通道境形而上的意义世界。可以说，基于"自然之意"之本，《道德经明意》实现了道意生物、道意通物、道意化物的道意物融通的境界。

---

① 冯文坤：《意向凝聚与意义生成》，北京：科学出版社，2017 年，第 9 页。
② 冯文坤：《意向凝聚与意义生成》，第 15 页。

《道德经》之解：明"自然"之意
——以《道德经明意》为中心

王 蕾[*]

内容提要：不同于学界对老子"自然"之义的阐发，《道德经明意》一书，在先前研究的基础上，融通老子哲学中"自然"之思，通过"意"的建构，将老子哲学中的"道""自然""无为"等重要概念予以心意之解，以成"自然"之意的解读。此自然之"意"是基于对"自然之义"的创发。本文通过对《道德经明意》中"自然之意"的把握，梳理以"意"解"自然"的脉络，并从"道法自然"、君民关系、会意道德、创生之意、把握自然之"几"的层面分别展开，以贯通"十玄意门"。

关键词：《道德经明意》自然之意 玄意门

一、引言

关于老子之"自然"的解读，近年来的研究成果层出不穷，也涌现出了较为新颖的解说。如王中江对于"自然"之义的研究较为深入，尤体现在对道家自然之研究。在对于"道法自然"的解读中，其对较为流行的释义"道自己如此""'道'无所效法"的观点产生了质疑：认为"自然"并非"道之自然"，而是"事物之自然"；"道法自然"并非"道性自然"，而是"道遵循万物的自然"；"道"以"无为"的方式"遵循万物的自然"；"道无为而万物自然"在政治领域的呈现即"圣人无为而人民自然"这才是老子所说的"自然"。[①] 在此基础上，王玉彬认为此是诠释老子"自

---

[*] 王蕾（1998—），女，中国人民大学哲学院硕士，研究方向为中国哲学。

[①] 王中江：《道与事物的自然：老子"道法自然"实义考论》，《哲学研究》2010年第8期。

然"之义的"进路"①。叶树勋对学界老子之"自然"理解中的分歧进行了梳理，并从"何谓自然""何者自然""何以自然"三个角度进行回应，认为现有的"自然"之解释，难免会用后起之义诠释老子的"自然"，并强调在理解"自然"时，要与后起之表示行动不刻意、不做作之义做区分。其次，在对自然与"道"的关系问题上，叶树勋强调老子所言"自然"并非指"道"的属性，而是指万物自发活动的表现，具体到政治场合则意味着民众自我成就的情况。最后认为老子言"自然"都是放在关系中来讲，一方（万物或百姓）之所以"自然"，有赖于另一方（道或圣人）"无为"。②叶树勋的观点与曹峰对老子"自然"之义的理解较为相近。曹峰认为"自然"是老子之"道"的属性，这是一种后起的说法，其依据很大程度上来自河上公注本的"道性自然"。这一点与叶树勋的观点一致。又从黄老道家"因循"的角度，理解"自然"为万物之性，以此言说"自然"的必要性，以证后世道家的"天"或"天道"的运动方式是"自然"。接着，谈到"自然"并非天生就是道家最高的哲学概念，认为至少在《老子》中，"自然"还只是一个用来表达万物理想状态的模糊的、笼统的词汇，而且它不独立存在，只是作为"无为"的结果出现。③刘笑敢在学界对于老子"自然"之义统合的基础上，从"体系义"的角度进行解读。认为老子之自然是"人类文明社会中的自然而然的秩序"，这是在自然的造词义和语词义基础上的"体系义"，可简称为"人文自然"。这里的"人文"二字是"人类文明社会"的缩写，不特指人文主义。④

上述对于老子"自然"解读大体聚焦在"道"与"自然"之关系，进一步体现在"道之自然"（道性自然）与"万物之自然"的分歧上，并对先行和后起的老子"自然"之义做了区分，强调还原老子本义之"自然"。并统合对于"无为"之义的辨析，如对"无为"主体的认知，进一步丰富"自然"之义的理解。由是观之，学界重点在对于老子"自然之义"的阐发与梳理，是一种传统的诠释路径。值得注意的是，近年来与上述对于老子"自然"之义的传统诠释路径不同，温海明教授《道德经明意》一书，在"自然之义"的基础上提出了新的解读，即着眼于老子"自然

---

① 王玉彬：《论老子"自然"观念的两种诠释进路》，《人文杂志》2021年第9期。在本文中，王玉彬区分了老子"自然"观念的两种诠释的进路，一是在宇宙生成论的意义上解释"道"为创生实体，由此而生"道无为而万物自然"的宇宙和谐状态，以及圣王效法天道而施之于人事的政治同构；二是，老子之后的思想史更倾向于在"道性自然"的理解模式中将"道"诠定为内在于万物的存在本体，这样，"道"便不再只是圣人可守、可行的政治原则，而是万物、百姓都应守之、行之的本然"德性"。他认为此两种诠解"自然"的进路之间有着相当的理论差距，也是学界对"自然"的理解充满异见的根源。

② 叶树勋：《老子"自然"观念的三个问题》，《人文杂志》，2018年第5期。

③ 曹峰：《从因循万物之性到道性自然——"自然"成为哲学范畴的演变历程》，《人文杂志》2019年第8期。

④ 刘笑敢：《什么是老子之自然的"体系义"》，《福建论坛》（人文社会科学版）2021年第10期。

之意"的解读。其"自然之意"包含了学界对于"自然之义"的讨论也涵括温教授的创发处"意"之论述。本文则试从《道德经》明确阐发的五处"自然"之义出发，对照温海明教授的"意"之解读进行展开。并从"自然之意"的角度，对《道德经》进行新"意"的梳理，以明《道德经》之"自然之意"。

二、明"自然"之意

《道德经明意》一书，是阐述老子"自然之意"的哲学、以意本论为根基展开的系统化建构之作，亦是温海明教授意哲学的奠基之作。本书的着眼点"自然之意"，是学界对于《道德经》研究的新意所在，亦为《道德经》的哲学研究提供了一个新"意"的视角。

初触此书，不免心中产生疑惑，《道德经》之"意"何以明？《道德经》之"意"有何内涵和面向？《道德经》"明意"何以成为可能？如此崭新之视角，将以何种面貌呈现于此书之中？不由翻看导论，欲一探究竟。导论以"自然之意"为题，点明"明意"是通过"建构老子'自然之意'的意本论哲学系统，来说明老子之哲学的核心是贯通天道人事的自然之意，也就是心意发动合乎自然之道的哲学思想"①。此一观点颇有趣味，让人不禁产生对于《道德经》中"心意"发动相关阐述的好奇之心。当阅读继续推进，在《道德经》当代版本与文本重构一节，作者对传统文献与出土文献的区分，或通行本与出土文献的关系论述值得读者注目。作者对于出土文献的态度，客观冷静，并由此发问：出土文献的版本就更加标准、更有意义吗？似是而非。在某种程度上有过度依赖出土文献倾向的学界中，作者的发问让人陷入沉思，不可断言出土文献一定比传世文献或同行本的价值更高，历史之久远、学界之新研不足以为出土文献提供绝对地位的保障，而传世的通行本之所以流传至今，必定有其流传的必然性和价值性，故作者认为通行本和出土文献实则是不同的文献系统，它们虽有互相比较，相互借鉴的价值，但不可用出土文献考订的字词来否定通行本的字词，更不能彻底改写。这一观点在今日的研究视阈下值得考量，深思。

导论部分最有"意哲学"特色的是对于本书方法论的介绍，即对《道德经》做"自然之意"的哲学重构。首先作者对于《道德经》文本内涵的解读是基于老子哲学本身就是一个系统化的哲学体系，具有前后逻辑的连贯性的基础进行解读，是区别安乐哲的解读，是让"自然之意"始于自身的、情境的、自发的创造力，而不是"产生于虚无"的、绝对性的神创之力，这里突出了人的意识与天地间流动的"自然之意"相交接，以意念的方式通达宇宙万物，二者互相共生、创造。此不失为对

---

① 温海明：《道德经明意》，北京：中国社会科学出版社，2019年，第2页。

《道德经》解读的创发之处，在多以宇宙生成论、南面之术（政治哲学）层面探讨《道德经》的意涵，此种解读可谓新意勃发。对于"道"之解读，亦具有作者原创性。"道"既非反理性主义，也不是神秘主义，但须通过"玄意门"以见道，"玄意门"有十："一、万物之意；二、创生之意；三、道意之意；四、意会之意；五、时间之意；六、反弱之意；七、意物之意；八、反身之意；九、无欲之意；十、无为之意。"①它是不断打开心的道路，与世界关联的方式。在解读"道"之无法言说的特点时，作者引入"意"之概念，所能表达出来的"道"，并非"道"本身，而是通过"意会道"的方式进行体悟。道在万象自然之中只是自然的存在，并不呈现为"自然之意"，但因为有"意"的参与，自然之意才显发出来。许多学者阐发老子的"自然"之义，但是"自然"在被言说的过程中已然与人产生了情境式的关联，随即也便成了"自然之意"，正是因为"意"的赋予，才使得学者得以言说自然之义，且方有众说纷纭之情境。但作者"自然之意"强调的是"自然之意开显为道本身"，对于其把握的方式只能"当如其所是""如其本然地加以领会"②。那么，"自然"之义的开显体现在《道德经》文本中何以呈现作者之"意"呢？不妨回到作者对原典的明意中：

> 太上，下知有之；其次，亲而誉之；其次，畏之；其次，侮之。信不足，焉有不信焉。悠兮，其贵言。功成事遂，百姓皆谓我自然。（第十七章）

对于此章最后一句"百姓皆谓我自然"有两解：一为百姓本来如此；二是在君主的角度言说，"功成事遂"自然而然。作者对于此章的理解是将君主作为"存在者"来表述，主旨是表达意念世界之有的领会，具体为统治者存在与否的领会是否需要经验。作者认为："存在者只有进入意识，为意识所领会，才能成为存在者本身。"③笔者理解的"意识"主体是与存在者相对的百姓，君主作为"存在者"被百姓所"意会"或者说在百姓的"意识"中有统治者之存在，在偶意化的过程中对存在者之存在给予了肯认，即是说，在此二者的关系中，统治者与百姓是双向的互动关系，但此种关系中的偶意性并不利于君主的统治，难以使百姓对统治者全面意会，在此意义上，须让统治者之存在由偶意化变为实意化。然从以"意"之角度理解君民关系一点，作者之言以意哲学体系一以贯之。在《道德经》二十三章：

> 希言自然，故飘风不终朝，骤雨不终日。孰为此者？天地。天地尚不能久，

---

① 温海明：《道德经明意》，第 31 页。
② 温海明：《道德经明意》，第 35 页。
③ 温海明：《道德经明意》，第 137 页。

而况于人乎？故从事于道者，道者，同于道；德者，同于德；失者，同于失。同于道者，道亦乐得之；同于德者，德亦乐得之；同于失者，失亦乐得之。信不足，焉有不信焉。

作者以"少言在道"为章名。解释"希言自然"为"同于道的自然之意很少显现或实化为言语"①。而从自然之本体意味上来说，作者以自然之意为无言之意，不言之意，恬淡静寂。此处也谈及人之心意与道相合之关系，即"心意通达于道的，起心动念皆在道中"②。此篇作者聚焦道与德之关系。在先后顺序上，作者强调道意是"整全性"领悟，而对于道之德是相较于前者的下一层级的领悟，是具有分辨性的。在这个意义上将道、德做了区分。

对于自然之义阐发的重点篇章聚焦在第二十五章，也是学界对"自然"之义解读充满争议的一章：

有物混成，先天地生，寂兮寥兮，独立而不改，周行而不殆，可以为天地母。吾不知其名，字之曰道，强为之名曰大。大曰逝，逝曰远。远曰反。故道大，天大，地大，王亦大。域中有四大，而王居其一焉。人法地，地法天，天法道，道法自然。

作者为本章命名为"意在道先"，这一"意"与"道"的观点颇值得深思。作者在解释本章仍以"意"来贯通。首先对"道"的把握，只能通过"意会"进而用语言来表述，这一观点与王弼"混成无形，不可得而定，故曰'不知其名'也"③有共通之处，只不过作者点出了此一"字之曰"为"意识"层面的领会，在此意义上，无意则无道，此处涉及道意之两种面相的关系：一是在言说意在道先，是以意会表述可言说意义上，先有意后有道（描述之道）；二是道在意先，此处的道与前者不同，是已经独立存在，并为他意或共意所知，但只有"己意可以使道进入秩序"④，这里作者强调的是，如此"意会"不通过感觉经验材料来实现，是通过意会来实现，非私意之意会，而是通于天下、自然之意会。因为道本身是一种超越性的存在，是一种超越时空的本体性的存在，由此所产生对道的意会并非道本身，而是道的唯一存在方式之说。学界对于"道法自然"的理解众说纷纭：如陈鼓应以为所谓"道法自然"

① 温海明：《道德经明意》，第155页。
② 温海明：《道德经明意》，第156页。
③ 王弼：《王弼道德经注》，南京：凤凰出版社，2017年，第19页。
④ 温海明：《道德经明意》，第165页。

即"道以自然为归；道的本性就是自然"①。罗安宪将道、自然、无为划分为三个层次，认为"自然"是从属于"道"的，"无为"是从属于"自然"的，而所谓"道法自然""即道以顺乎自然为法，以自然为法，以自己为法"②。二者的理解实质上具有一致性。然基于上述认识，曹峰以为："'道'是'自然'的主体，'道'的属性就是'自然'，这实际上是比较晚起的说法。"③进一步，他认为："'无为'是前提，是原因，'自然'是结果。"针对这一章，理解"道"以实现万物的"自然"为法则。那么，作者是如何理解这一学界争论不休的难题呢？"人（以其自然之意）效法地，地效法天，天效法'道'，而'道'（法自然之意），即是自然本身自然而然的意（力）。"这里强调的是天地大道本然的自然之意（力），"力"之言说有创生之意，即在自然之意中含有创生之力度。体悟此须通过体道即"会意"达到。作者的解释思路另辟蹊径，以"意"为道先，是在"道"之前设有另一个存在，但不否认道的宇宙生成的创生性质，然实则在言说"道"的过程中，"意"在道先已然存在。此外，对与"道"和"德"的关系：

> 道生之，德畜之，物形之，势成之。是以万物莫不尊道而贵德。道之尊，德之贵，夫莫之命常自然。故道生之，德畜之；长之育之；亭之毒之；养之覆之。生而不有，为而不恃，长而不宰，是谓玄德。（第五十一章）

此章作者对于道、德的解释是站在本体论的视角上，万物由"道"而来具"德"是天与天下万物一体的本体论论证。这里将"道之生"与"意"之发的双重自然之意相互融通，而道和德的区分是源自意生瞬间的整体与具体之分。这里的"自然之意"似乎区分了两种模式，一种属诸生机的机体，因为机体是以心思意念的活动为前提，并且以顺自然之意为发动的前提；第二种是"道"之本有之自然之意，其中又分为两个层次，一是自然而然，自己而然之"自然"，二是"道生"的过程中被人或者意念所感知的自然之意，此意层面的自然之意是与人所共通的，双向同构。接着，作者从"自然之意"生发的层面对"性""情""欲"进行了区分：由自然之意所贯注的事物中成"性"，顺外事外物的变化生"情"，"情"本应顺自然之意加以调节，若对万物有所粘黏则成"欲"。值得注意的是作者对于"自然之意"落入个体心灵发动为心思"意"虑，这样一种心意并非私意，而是作者在导论部分谈及的己意，

---

① 陈鼓应：《老子今注今译》，北京：商务印书馆，2006年，第175页。
② 罗安宪：《论老子哲学中的"自然"》，《学术月刊》，2016年第10期。
③ 曹峰：《从因循万物之性到道性自然——"自然"成为哲学范畴的演变历程》，《人文杂志》2019年第8期。

是顺由自然之意的发生而流动的"意"，这一"自然之意"落实于人身，就是意念实化的过程，作者在其另一部著作《儒家实意伦理学》一书中谈到"意念的实化"，即儒家的意念观是意与物相互作用的过程，人通过与他人关联而理解自身，也通过他人与自身之反向关联来了解他人。正是通过这种交互作用的过程，人之意念得到实化。正如作者所言"儒家式意念的发动，在于意念的发动瞬间赋予其善的价值"。[①]这里明显区分儒道两家在所发之"意"上的差别，儒家强调的是意之发动的价值赋予，而道家强调的是意之发动的"自然"，此亦为儒道二家学说上的分歧所在。从意的角度来讲，儒家强调的是："在生生不息的万物情境中把握自我、发展自我、修养自我。用杜威的话说，自我与他人相关联言穿透自身，与他者连通并共通创生。"[②]而道家强调是与道之自然之意所相合，虽同为相互的创生，道家更为注重"自然"。

在讨论圣人与"自然""道"的关系时有：

> 其安易持，其未兆易谋。其脆易泮，其微易散。为之于未有，治之于未乱。合抱之木，生于毫末；九层之台，起于累土；千里之行，始于足下。为者败之，执者失之。是以圣人无为故无败，无执故无失。民之从事，常于几成而败之。慎终如始，则无败事，是以圣人欲不欲，不贵难得之货；学不学，复众人之所过，以辅万物之自然，而不敢为。"（第六十四章）

此章涉及圣人之自然之意，圣人亦要通过"学"自然之意以治身，因循天地之间自然之意而行。圣人之意非私意，而是顺从自然之意，通达自然之意，"让自己的自然之意与天下事物的自然之境和谐共振"。[③]此为常人所求，圣人所有，也是圣凡之别。对于如何把握自然之意作者也有说明，前提是能够对自然之意有所意会，其次则是在自然之意显发之"几"的时候去把握，体现在治国上则是"于未乱的状态中及早处理，使之不会偏离意念的想象于掌控"，这一点的内在涵蕴是道之自然之意，所把握的"几"也是自然之意。由此将把握之"自然之意"的人加以区分：一为在自然之意上的人，固执于己见；二是顺应自然之意的人，可以通达自然，无所执着。在这个意义上的无执在某种程度上可以与儒家之"毋意，毋必，毋固，毋我"的思想是一致的，如何晏解曰："以道为度，故不任意。用之则行，舍之则藏，故无专必。无可无不可，故无固行。述古而不自作，处群萃而不自异，唯道是从，故不

---

① 温海明：《儒家实意伦理学》，北京：中国人民大学出版社，2012 年，第 1 页。

② 温海明：《儒家实意伦理学》，第 5 页。

③ 温海明：《道德经明意》，第 311 页。

有其身。"① 虽此处之道强调的是道义之道，但也可作自然之意解。

三、结语

《道德经》中明确谈及"自然"的章节是上述五处，笔者欲从《道德经》原本中去探求温海明教授《道德经明意》之"自然之意"，在此五章中涉及作者所谓"玄意门"，包含通过"意"来领会万物，万物在"意"之流转开显自身"万物之意"；通过对"道生"之领悟与有机体当下形成的意之同构的关系，在二者相互融通中把握的"创生之意"；此外在谈及圣人时所内涵的"无欲之意"，即"通达自然之意的人能够时刻保持意会的状态，无欲无求，不因情境的变化而生丝毫伤害生旺之气的私心，知道如何保持自然之意之生生状态，善于创造并维护身体之生机关联的情境"②。在意道之自然时的"意会之意"，"道"之"自然之意"通过意会被领悟，与自身的"自然之意"相关联。温海明教授的意哲学系列著作，以"意"贯通中国哲学的整体思想，尝试建构中国的"意"哲学，其以特定的视角"意"对中国经典进行解读，是谓对经典体系的再建构。正如初见《道德经明意》一书时，映入眼帘的蓝色使笔者眼前一亮，"自然之意"角度的《道德经》解读，亦使笔者耳目一新，伴随着视野的拓宽，心中也不胜愉悦。

---

① 何晏：《论语集解校释》，高华平校释，沈阳：辽海出版社，2007年，第159页。
② 温海明：《道德经明意》，第49页。

"意本论"初探——以《道德经明意》为中心

王 硕*

内容提要:《道德经明意》是"意本论"哲学思想的奠基之作,对"意学"的发展具有导向性作用。在这本书中,温海明通过诠释《道德经》的方式,以"意"为核心创建了"意本论"哲学思想体系,推动了中国哲学在当代的发展。"意学"之"意"指的是人的意识,"自然之意"指的是非人为干涉的天然性的意识,"意学本体论"认为人的意识具有逻辑先在性,"意学工夫论"强调修养自身意识的重要性。

关键词:《道德经明意》意本论 意学 意 自然之意

当今中国哲学研究欣欣向荣,专家学者们在对中国哲学史进行深入分析整理的基础上,构建了新的中国哲学思想,其中比较重要的有牟宗三"道德形上学"思想、李泽厚"情本论"思想、陈来"仁本论"思想、温海明"意本论"思想。"意本论"思想是温海明在中西比较哲学的视域下创建的,融合了当前哲学研究的最新成果,推动了中国哲学的发展。"意本论"思想目前有五部著作,分别是《儒家实意伦理学》《道德经明意》《周易明意》《坛经明意》《新古本周易参同契明意》,其中《道德经明意》被温海明视为"意本论"思想的奠基之作。作为"意本论"思想的奠基之作,《道德经明意》中的"意本论"思想已成规模,其中的重要观点对"意学"的发展具有导向性作用,初窥"意学"可以以此书为中心进行考察。

一、"意本论"的形成

"意本论"哲学思想是如何形成的?温海明认为:"通过经典解释来实现义理建构,方能真正实现中国哲学的哲理开新。"[①] 所以他的"意本论"哲学也是通过诠释经典的方式创建的。在《道德经明意》的明意部分,温海明对《道德经》进行了"意本论"

---

* 王硕,男,汉族,安徽省亳州市涡阳县人,湖南师范大学公共管理学院哲学系硕士生,研究方向为中国哲学。

① 温海明:《意哲学与当代作为比较哲学的中国哲学》,《孔学堂》2020年第4期。

的诠释，全面表达了"意本论"哲学思想；为了更好地表达"意本论"思想，温海明还以"自然之意"为标准取用《道德经》经文，使之更契合"意本论"哲学的义理。

通过诠释《道德经》来表达自己的思想，这一方式由来已久。《道德经》流传至今已有两千多年，在这悠久的历史中有很多学者对之进行注释，总的来看，这些对《道德经》的注释大致分为两类，一类是为了还原这部经典的原文原意，另一类是通过注释经典的方式来表达注释者的思想。通过注解《道德经》来表达的哲学思想有很多，例如，战国时期的韩非子在《喻老》中，通过解读《道德经》表达了自己的法家思想："赏罚者，邦之利器也，在君则制臣，在臣则胜君。君见赏，臣则损之以为德；君见罚，臣则益之以为威。人君见赏而人臣用其势，人君见罚而人臣乘其威。故曰：'邦之利器不可以示人。'"[1] 汉代的河上公通过注解《道德经》表达了自己的"身国同治"思想："奈何者，疾时主伤痛之辞。万乘之主谓王[者]。王者至尊，而以其身行轻躁乎？疾时王奢恣轻淫也。王者轻淫则失其臣，治身轻淫则失其精。王者行躁疾则失其君位，治身躁疾则失其精神。"[2] 魏晋时期的王弼通过注解《道德经》，表达了自己的"贵无论"思想："天下之物，皆以有为生。有之所始，以无为本。将欲全有，必返于无也。"[3]

和韩非子、河上公、王弼等人一样，温海明的"意本论"哲学思想体系也是通过诠释《道德经》的方式创建的，诠释的内容主要在《道德经明意》的明意部分。首先看温海明是如何定位明意部分的思想主旨的。在《道德经明意》中，关于《道德经》八十一章的解读分成了四个部分，分别是原文、翻译、注释、明意，前面三个部分比较容易理解，关于明意部分的思想主旨，温海明说："'明意'通过构建老子'自然之意'的意本论哲学系统，来说明老子哲学的核心是贯通天道人事的自然之意，也就是心意发动合乎自然之道的哲学思想。"[4] 明意部分实际上是通过对《道德经》原文进行详细的解读来构建"意本论"哲学思想，而不是论证出老子哲学是什么。"在'明意'部分，本书试图建构'自然之意'意本论，提出'自然之意'为《道德经》哲学体系的中心，通过'意本论'对《道德经》做全面哲学建构，使《道德经》哲学的系统化建构成为可能。这部分用自然之意对道、自然等本体性概念进行哲学改造，尽量做到明白晓畅，首尾一贯。总之，本书基于《道德经》'道'的哲学，建构

① 王先慎：《韩非子集解》，北京：中华书局，1998年，第159页。
② 河上公：《老子道德经河上公章句》，北京：中华书局，1993年，第107页。
③ 楼宇烈：《老子道德经注校释》，北京：中华书局，2008年，第110页。
④ 温海明：《道德经明意》，北京：中国社会科学出版社，2019年，第2页。

'自然之意'的哲学系统。"①

　　《道德经明意》的明意部分是通过解读《道德经》的方式构建"意本论",通过两个例子可以看到明意部分的实质。下面以《道德经明意》第三章和第二十五章为例。

　　在《道德经明意》第三章的明意部分,温海明说:"民心不当为具体的物所引导,而应该为道意所引导,让民心回到道意的自然之境中去。……但圣人的使命在于帮助民众领会道意,所以对于民众的私意要虚无化,让他们减弱私意,帮助大家顺道意把握和掌控生机。"②民心应被道意引导而不是被外界具体的物引导,圣人应当帮助民众领会道意、减弱私意,这是"意本论"政治思想的言说。对于这一章的"为无为,则无不治"文本,温海明解释说:"'无为'是不以私意逞强,强加于道意,让道意在自然之境之中自然伸展领会,而不必加以改变。所以要制意(实意)而顺道意的自然之境,换言之,要制心而通乎道意。因为在'意'中被全然彻底地领会而能够达到心物共生之境,表现为心对物的'治'理,其实是心对万物之道意的梳理,使之条理畅然,清楚明白。"③"无为"是不让私意强加于道意,"为无为"被解读为"制心而通乎道意",此处明意部分表达了"意本论"的修养方法论。

　　在《道德经明意》第二十五章的明意部分,温海明说:"对'道'的意会没有关于'道'的直接经验基础,只能通过意会与'道'交接状态的描述而借用语言来形象化,与其说'道'是对道本身的描述,不如说是意识对'道'之领会的言语化、名相化等不得已的表达。无意则无道,虽然可以说在意对'道'领会之先,'道'已独立自存,并为他意(他人之意)或共意(公共之意、历史之意)所知,但只有己意(自己对道的意会)才能使'道'进入秩序,但己意不是私意,己意可以说是人心通于天下、通于'道'的意。私意指私心发动的意,是为了自身私利的意。"④在这一部分,温海明指出了意识对于道的逻辑先在性,强调了意的根本性地位,在温海明看来,没有人的意识就没有道,不被人的意识所意会到的道是不存在的,只有被人的意识意会到的道才具有存在与价值双重属性。通过此章明意部分,可以看到温海明没有把重点放在解说道是什么,而是通过诠释经文来表述"意本论"哲学思想。

　　通过对上面两章文本的明意部分的解读,可以看到温海明的《道德经明意》是和韩非子《喻老》、河上公《老子注》、王弼《老子注》同类的作品,都是通过诠释《道德经》的方式来表达诠释者的思想,都是"六经注我"式的哲学创作。

------

① 温海明:《道德经明意》,第26页。
② 温海明:《道德经明意》,第75页。
③ 温海明:《道德经明意》,第75页。
④ 温海明:《道德经明意》,第164—165页。

不仅如此，为了让《道德经》更好地言说"自然之意"，温海明对《道德经》的经文进行了有目的的取舍。

首先看温海明对待经典原文的态度。"本书在通行本的基础上，结合新出土文献和最新研究成果，从哲学的角度对《道德经》的文本加以调整和取舍，如从陈鼓应、刘笑敢等对文本的比较出发，根据自然之意哲学的内在逻辑来对文本做出合理取舍。可以说，文本的存在形态（从原文到译解）本来就应该是为了哲学思想系统服务的。历史上流传的和已出土的文献当中，哪些文本的表达方式能够最接近老子自然之意的意本论哲学系统，就合理地取用哪种表达方式。"① 客观的文本虽然存在却没有价值，为思想服务的文本才有意义，在这里温海明直接指出文本形态是为了哲学思想服务的，充分表达了他对经文的态度。《道德经明意》的取舍是有目的的取舍，是根据"意本论"哲学之"自然之意"的内在逻辑对文本做出的取舍，哪个文本能够更好地表达"自然之意"就取用哪个文本。这种对文本的取用虽然是为了更好地表达"自然之意"，但是这种取用也不是任意增删的，而是尽可能地保持了通行本的样态："本书在尽量保持通行本样态的基础上，选择了能够最合理表达老子哲学意本论核心思想的文本表达方式。"② 虽然如此，从这里仍然可以看出温海明对《道德经》经文的态度，仍然可以看出《道德经明意》的创造性。

《道德经明意》对经文的取用，通过以下两个例子可以看得更加清晰，为了全面展示《道德经明意》的创造性，此处仍然以《道德经明意》第三章和第二十五章为例。首先看"意本论"对《道德经》第三章文本的取用。

> 王弼本：不尚贤，使民不争；不贵难得之货，使民不为盗；不见可欲，使民心不乱。③
>
> 河上公本：不尚贤，使民不争；不贵难得之货，使民不为盗；不见可欲，使心不乱。④
>
> 淮南子本：不见可欲，使心不乱。⑤
>
> 老子想尔注本：不见可欲，使心不乱。⑥
>
> 傅奕本：不尚贤，使民不争。不贵难得闲之货，使民不为盗。不见可欲，

① 温海明：《道德经明意》，第1页。
② 温海明：《道德经明意》，第1页。
③ 楼宇烈：《老子道德经注校释》，北京：中华书局，2008年，第8页。
④ 河上公：《老子道德经河上公章句》，北京：中华书局，1993年，第10页。
⑤ 何宁：《淮南子集释》，北京：中华书局，1998年，第857页。
⑥ 饶宗颐：《老子想尔注校证》，上海：上海古籍出版社，1991年，第6页。

使民心不乱。①

帛书甲本：不上贤，[使民不争。不贵难得之货，使]民不为[盗。不见可欲，使]民不乱。②

帛书乙本：不上贤，使民不争。不贵难得之货，使民不为盗。不见可欲，使民不乱。③

（郭店楚简本无此句。）

北大汉简本：不上（尚）贤，使民不争；不贵难得之货，使民不为盗；不见可欲，使心不乱。④

明意本：不尚贤，使民不争；不贵难得之货，使民不为盗；不见可欲，使民心不乱。⑤

王弼本、河上公本、北大汉简本、淮南子本、老子想尔注本、傅奕本这六个版本都是汉景帝之后的版本，这六个版本中的最后一句文本都有"心"这个字；出土的帛书本是汉景帝之前版本，两个版本的帛书《道德经》上都没有"心"这个字，而是"使民不乱"。从哲学史研究的角度看，这一段最后一句文本应当作"使民不乱"。首先，这一段的前面两句文本是"使民不争""使民不为盗"，指向的是"民"而不是"民心"，所以后面这一句文本应当作"使民不乱"而不是"使民心不乱"，这样文意才协调。其次，帛书本《道德经》是较早的版本，更可能保留了《道德经》祖本的经文原貌，从这个角度来看，此处文本也应当作"使民不乱"。陈鼓应意识到了此处文本存在问题，他认为此处文本应该作"使民不乱"，这在他对这一段文本的翻译中可以看出："不标榜贤明，使民众不起争心；不珍贵难得的财货，使民众不起盗心；不显耀可贪的事物，使民众不被惑乱。"⑥陈鼓应翻译的是"使民众不被惑乱"而不是"使民众的心不被惑乱"，这可以看出他的观点。较早的文本是"使民不乱"，后来的文本却多出了"心"这个字，这很可能是文本在流传的过程中发生了变化。刘笑敢指出了这个问题，他认为这个"心"字可能是后来受到儒家思想的影响而衍生的："可能最初的《老子》关心的主要是形之于外的，即使'心乱'而形不乱，对

① 傅奕：《道德经古本篇》，熊铁基、陈红星编：《老子集成》第1卷，北京：宗教文化出版社，2011年，第47页。
② 高明：《帛书老子校注》，北京：中华书局，1996年，第235页。
③ 高明：《帛书老子校注》，第235页。
④ 北京大学出土文献研究所：《北京大学藏西汉竹书二》，上海：上海古籍出版社，2012年，第145页。
⑤ 温海明：《道德经明意》，第72页。
⑥ 陈鼓应：《老子今注今译》，北京：商务印书馆，2003年，第88页。

社会也没有直接伤害，所以作'使民不乱'。其他各本之'心'字可能是受到儒家理论影响而衍生的。增一'心'字，从儒家立场来看，可能比较深刻，但是并不符合道家的基本精神，也不适合现代的社会管理原则。"①

在《道德经明意》中，此处文本作"使民心不乱"，温海明对之解释为"帛书甲乙本作'使民不乱'，王弼本作'使民心不乱'，全书论治心之术，进而治民，故从王弼本。人心的欲望不被激发出来，就不会发动占有他人财物的意念，更不会有偷盗他人财物的行为并付诸实践，也就不会扰乱社会秩序。"② 这里说"全书论治心之术，进而治民"，从哲学史研究的角度来看这一观点可能不是很有说服力，但是从哲学创作的角度看，这种诠释更符合"意本论"思想，能够实现让《道德经》文本为"意本论"思想服务的目的。

第二个例子是《道德经明意》对《道德经》第二十五章文本的取用。

王弼本：故道大，天大，地大，王亦大。域中有四大，而王居其一焉。③

河上公本：故道大、天大、地大、王亦大。域中有四大，而王居其一焉。④

淮南子本：天大，地大，道大，王亦大。域中有四大，而王处其一焉。⑤

老子想尔注本：道大，天大，地大，生大。域中有四大，而生处一。⑥

傅奕本：道大，天大，地大，人亦大。域中有四大，而王处其一尊。⑦

帛书甲本：[道大]，天大，地大，王亦大。国中有四大，而王居一焉。⑧

帛书乙本：道大，天大，地大，王亦大。国中有四大，而王居一焉。⑨

郭店楚简本：天大，陞（地）大，道大，王亦大。国中又（有）四大安，王尻（居）一安。⑩

北大汉简本：天大，地大，道大，王亦大。或（域）中有四大，而王居一焉。⑪

---

① 刘笑敢：《老子古今》，北京：中国社会科学出版社，2006年，第116页。
② 温海明：《道德经明意》，第73页。
③ 楼宇烈：《老子道德经注校释》，第64页。
④ 河上公：《老子道德经河上公章句》，第102页。
⑤ 何宁：《淮南子集释》，第847页。
⑥ 饶宗颐：《老子想尔注校证》，第32—33页。
⑦ 傅奕：《道德经古本篇》，熊铁基、陈红星编：《老子集成》第1卷，北京：宗教文化出版社，2011年，第49页。
⑧ 高明：《帛书老子校注》，第351页。
⑨ 高明：《帛书老子校注》，第351页。
⑩ 荆门市博物馆：《郭店楚墓竹简》，北京：文物出版社，1998年，第112页。
⑪ 北京大学出土文献研究所：《北京大学藏西汉竹书二》，第156页。

　　明意本：故道大，天大，地大，人亦大。域中有四大，而人居其一焉。①

　　此处文本《老子想尔注》本作"生"，唐代的傅奕本作"人"，其他各本皆作"王"。在帛书甲本帛书乙本、北大汉简本、郭店楚简本这四个版本被发现之前，一直有学者认为这段文本中的"王亦大"应当作"人亦大"。例如，范应元认为此处文本应当作"人亦大"，因为人为万物之灵是三才之一，并且作"人亦大"与后面的文本"人法地"语义一贯。"人字，傅奕同古本，河上公本作王，观河上公之意，以为王者人中之尊，固有尊君之义。然按后文人法地，则古本文义相贯，况人为万物之灵，与天地并立而为三才，身任斯道，则人实亦大矣。"②奚侗认为此处的"王"是后代尊君者篡改的，《老子》原文应作"人"。"两人字各皆作王。《淮南·道应训》引亦作王，盖古之尊君者妄改之，非《老子》本文也。……《老子》以道为天地万物之母，故先之以道大。若改人为王，其谊太狭。幸下文人法地人字未改，益可资以证明。"③严灵峰也认为此处文本应当作"人亦大"，因为这能凸显人的地位与价值。"《尚书·泰誓篇》：'惟人万物之灵。'《孝经》云：'天地之性人为贵。'《抱朴子》云：'有生最灵，莫过乎人。'人为万物之灵，当以'人'为万物之代表，不当以'王'为代表也。范应元本、傅奕本'王'并作'人'，当据改。"④

　　四个版本的《道德经》出土文献全作"王亦大"，在这之后，学术界已经很少有人说此处文本应当作"人亦大"。然而在《道德经明意》中，温海明为了使此处文本能够更好地表达"意本论"思想，仍然坚持将此处文本改作"人亦大"，他认为作"人亦大"可以突出人的灵性，表明人可以通过修行来提升至圣人境界。"'人亦大'一本作'王亦大'，意为人乃万物之灵，与天地并立而为三才，即天大、地大、人亦大；并与下一句'人法地'相互呼应。……人之灵可以领悟自然之意至虚无象，大气恢弘，自然大象，无为大方，人可以修行、提升灵性到《易传》合于天地、日月、鬼神之圣人境界，即人间至灵大'王'意境。"⑤

　　通过上面两个例子可以看到，《道德经明意》是在"意本论"哲学思想的指导下取用《道德经》文本的，目的是让《道德经》文本为"意本论"哲学思想服务。这种对文本的修改与《老子想尔注》一样，都强烈地突出了诠释者的思想，具有明显

---

　　① 温海明：《道德经明意》，第160页。
　　② 范应元：《老子道德经古本集注》，熊铁基、陈红星编：《老子集成》第4卷，北京：宗教文化出版社，2011年，第413页。
　　③ 奚侗：《老子集解》，熊铁基、陈红星编：《老子集成》第13卷，北京：宗教文化出版社，2011年，第12页。
　　④ 严灵峰：《老子达解》，台北：华正书局，2008年，第128页。
　　⑤ 温海明：《道德经明意》，第162页。

的创造性内涵。

二、"意本论"的内容

上一部分说明了温海明是如何创造"意本论"哲学思想的，这一部分旨在解说《道德经明意》中的"意本论"思想的具体内容。在《道德经明意》中，温海明创建了具有丰富内涵的"意本论"思想，下面对"意本论"之"意"、"自然之意"、意学本体论、意学工夫论这四个方面的"意学"思想进行解读。

既然以"意本论"来命名这种新创的哲学体系，那么这个"意"是什么意思呢？温海明虽然没有在《道德经明意》中直接给"意"下定义，但是在这本书中可以看到"意"这个语词指的是人的意念、意识。"每一个瞬间，人的意识都在与天地间流动的'自然之意'相交接，从而形成不断新生新成的当下经验，这种经验具有丰富性、整全性和心物融通性。"[1]"虽然人的意念首先是自然之意在运作，但人们不要自私用力，要在心意发动的反思状态中除去自私与巧力，让心意在自然之意流动的状态中自然呈现。"[2]在《周易明意》中，也可以看到"意"指的是人的意念："意念与万物沟通之后才有世界本体的发用，意念领会了世界创始，心意与物交之后，自然力绵延在人问心与事的互动中表现为吉凶悔吝仁义道德等各种价值判断。"[3]"意"在《坛经明意》中也是指人的意念："在《坛经》'空有之意'的眼光中当，一切之有皆意念实化之有，一切有境皆意念实化之境。"[4]在《儒家实意伦理学》一书的前言中，温海明说："儒家实意伦理的中心在于论证儒家伦理的根本在如何于当下一念之间作出'儒家'式道德判断并进而依此行为。本书将从古典儒家伦理论说入手，讨论意念在何种意义上是'儒家的'并且是'伦理的'。"[5]此书讨论意念如何既是儒家的又是伦理的，从这里也可以看出"意本论"的"意"指的是人的意念。在《新古本周易参同契明意》中，"意"是指人的意念，"修炼意丹的根本在于炼'意'，也就是让意念从耳朵眼睛九窍等气息流露之通路收摄返回，以便使意念与外界的通路闭塞而不泄露，不发动流露真意真炁于外。"

上面已经指出"意本论"中的"意"指的是人的意识、意念，那么显现于《道德经明意》中的"自然之意"是什么意思呢？关于《道德经》中的"自然"概念的含义，萧无陂认为这一概念"指的是一种根源性状态、原初性状态"[6]。叶树勋认为这

---

① 温海明：《道德经明意》，第 27 页。
② 温海明：《道德经明意》，第 53 页。
③ 温海明：《周易明意》，北京：北京大学出版社，2019 年，第 62 页。
④ 温海明：《坛经明意》，北京：宗教文化出版社，2021 年，第 55 页。
⑤ 温海明：《儒家实意伦理学》，北京：中国人民大学出版社，2014 年，"前言"，第 1 页。
⑥ 萧无陂：《论早期道家"自然"概念的双重意蕴》，《中州学刊》2010 年第 5 期。

一概念的内涵"一是反对他者干涉,以保障活动的自发性;一是反对自我造作,以保持活动的本然性"①。温海明也认为自然指的是非人为干涉的天然状态,"道与德虽为万物生作之根……但从不干涉或主宰万物,而任万物自化自成"②。所以"自然之意"就是指符合道家自然概念之内涵的人的意识,即非人为干涉的天然性的意识。虽然温海明也说过自然之意即是道意:"第一个'道'是名词,指代宇宙之道,是天地之间一切现象如此展现的根据,即哲学所谓实体、本原、真理和规律等,在本书的解读中,基本上等同于'自然之意'。"③"道意即自然之意的基本状态,是道必然进入意中,以意的方式行世。"④但这是因为他认为道也是具有自然性内涵的,"'道法自然'指'道'自动自发,纯任自然,本来如此,与人无干"⑤。

以"意本论"来命名哲学体系,可见在这个体系中"意"是具有本体性地位的。在"意本论"哲学思想体系中,"意"的本体性地位或者说"意学本体论"指的是人的意识具有逻辑先在性地位,意识的逻辑先在性从温海明对"道—意"关系的论述中可以看到。在《道德经明意》第一章的明意部分,温海明通过论述"道—意"关系来说明意识的逻辑先在性。"'道'是道意,是道被领会在意念之中。'可道'是表意,是把领会的意念通过语言文字加以表达。道意即自然之意的基本状态,是道必然进入意中,以意的方式行世。离意无道,可以说意在道先,因为有意,所以道显于意中,为意所领会表达,所以无意就无法领会道。从这个角度说,是'意—道',也就是意为道本,意在道先。"⑥"意为道本,意在道先",这句话清晰地表达了意识的逻辑先在性。温海明还说:"'道'不是自在的,不是客观外在的,而是需要意会而得的。"⑦不被人的意识意会到的道是不存在的,道必须依赖于人的意识而存在,这里又凸显出了人的意识的根本性地位。

需要注意的是,温海明只是在通过对"道—意"关系的论述来强调人的意识的重要性,他不是在塑造一个主观唯心主义的哲学。"'道—意'是道进入意中的状态。无意则无道。意不是主观的、个体的,而是与道共存的,有道即有意,无意则道不起。但不可理解为,没有我主观的意,就不能够有道,那样道似乎依赖主观之意存在,不是这样。"⑧虽然从认识的角度看"无意则无道",但是道是不依赖人的意识而

---

① 叶树勋:《早期道家"自然"观念的两种形态》,《哲学研究》2017年第8期。
② 温海明:《道德经明意》,第263页。
③ 温海明:《道德经明意》,第56页。
④ 温海明:《道德经明意》,第63页。
⑤ 温海明:《道德经明意》,第163页。
⑥ 温海明:《道德经明意》,第63页。
⑦ 温海明:《道德经明意》,第54页。
⑧ 温海明:《道德经明意》,第63—64页。

存在的客观对象。"道与意发生关系，需要借助玄意之门打开，却无法讨论何者在先，因为道与意同时共存，否则道无法为意所领会。可见，玄意门、道与意三位一体，每一个都是根本，世界缺少它们中任何一个，都不可能开始。"①道虽然要借助玄意之门来为意所领会，但是道的存在是不依赖于意的，因为玄意门、道与意三者缺少任何一个都不能形成"道意"。从上面这两句论述可以看出温海明没有否认外界事物存在的客观性，所以"意本论"哲学不是主观唯心主义。

"意本论"哲学不仅强调人的意识的逻辑先在性，也重视修养人的意识，这就是意学工夫论，意学工夫论在《道德经明意》中有多处显现。在对"故知足不辱，知止不殆，可以长久"的解读中，温海明说："意识边界的自知与维护涉及意念实化的艺术，即意识之必实化为物，但何为名，何为利，何者分散精气，何者养生？这是修意的关键，也就是反身之意的领悟和自修。意念之必外化，而纯粹任其外化，则心意散乱，生气流散，日渐沉沦，久有祸殃。唯意念在实化过程之中，能够自知返己，知止不乱，方能保持精气，养足神明。"②意念的外化会让人心意散乱、日渐沉沦，要想保持精气神必须让意念自知返己，这就具有明显的工夫论倾向。在关于中国哲学中的"性""情""欲"概念的解读中，也能够看到意学工夫论。"自然之意贯注于事物之中，形成事物天赋的性状，如男女、智愚、音容笑貌等不易改变的性状，构成事物之'性'；'性'为万事万物生成与发展的基础。自然之意顺适外物外事而变化而产生'情'，说明'性'接于外物而有情感变化，如忧愁喜怒等；'情'当顺自然之意而调节。'欲'是接于外物之后有所黏滞，遮蔽本然自然之意的意欲发动，是内在主观难以摆脱的牵绊倾向；故'欲'当受自然之意的节制而减少，达到清心寡欲的状态才好。"③"性"接于外物而有"情"，"情"要被自然之意调节；"性"黏滞于外物而有"欲"，"欲"要被自然之意节制。以自然之意调控人的"情"和"欲"，是意学工夫论的重要思想。

通过上面对"意"之内涵、"自然之意"之内涵、意学本体论、意学工夫论这四个方面的"意学"思想的解读，可以看到"意本论"之"意"指的是人的意识，"自然之意"指的是符合道家自然概念之内涵的非人为干涉的天然性的人的意识，意学本体论强调意识的逻辑先在性，意学工夫论强调修养自身意识的重要性。

---

① 温海明：《道德经明意》，第38页。
② 温海明：《道德经明意》，第240页。
③ 温海明：《道德经明意》，第265页。

结语

余敦康说诠释学是哲学和哲学史的唯一的进路[①]，他认为中西哲学都要以诠释的形式来发展自身。温海明也认为诠释是中国哲学发展的重要路径，所以他的"意本论"哲学思想体系也是通过诠释的形式建立起来的，他通过诠释《道德经》《周易》《坛经》《周易参同契》构建的"意本论"哲学思想体系，实现了中国哲学在当代的创新与发展。劳思光认为中国哲学是引导的哲学、是成人之学，"中国哲学作为一整体看，基本性格是引导的哲学。中国传统中有许多哲学学派，但除了极少数例外，他们的学说全是引导的哲学。……当我们说某一哲学是引导性的，我们的意思是说这个哲学要在自我世界方面造成某些变化。"[②]"意本论"哲学的工夫论特征表明这种思想具有明显的教化色彩，因此"意本论"哲学也是"引导的哲学"。由上可知，"意本论"是温海明在把握了中国哲学发展创新的一贯方式，自觉在中国哲学本质特征的基础上，在中西比较哲学的视域下，通过诠释经典的方式创建的引导性的哲学思想体系。

[①] 余敦康：《诠释学是哲学和哲学史的唯一的进路》，《北京青年政治学院学报》2005年第2期。
[②] 劳思光：《对于如何理解中国哲学之探讨及建议》，《中国文史哲研究集刊》创刊号。

温海明、柯小刚《道德经明意》意本论对谈

柯小刚[*]

柯小刚（同济大学哲学系教授、古典书院山长）：现代学院学术越来越走入类工业化生产、类公司化经营，这是令人担忧的趋势。在今天的学术界，敢于讲出自己的原创思想，既需要勇敢又需要智慧。

温海明（中国人民大学哲学院教授、山东省泰山学者）：是这样的，提出原创思想要有点勇气。

柯小刚：温老师在北大、在美国夏威夷都有系统的学养积累，认真修炼。我原以为他在夏威夷主要是晒太阳，现在看来才知道人家在那还真是在修道。（众笑）温老师的老师安乐哲先生，应该是海外汉学家当中真正的——如果能说唯一的话——是真正唯一的那种思想家，而不仅是某学术方面的专家，可谓名师出高徒。大家可以去读温老师编辑的与安老师相关的书籍。

温海明：2018 年，我在孔学堂书局出版了安老师的两本书。2020 年，又给安老师编了两本，一本人民出版社出版的《生生的中国哲学》（2021 年底出版了），一本山东友谊出版社即将出版。安老师这些年非常精进，很高产。

柯小刚：温老师《道德经明意》的想法很特别，我自己感觉他的思想核心在"门"与"道"两个字上面。例如"道"这个字，人们常常忘记这个词和日常经验中道路的关联，把它当作一个所谓的专业术语，遗失了它和日常具体经验的关系。其实，哲学从来都要跟日常的具体经验、具体事物相关，现在温老师又把"门"和"道"放在一起讲，很有启发性。

温海明：我受到了谢林"众妙之门"的启发，后来海德格尔研究谢林，很多德国和日本哲学家都受他的影响。

柯小刚：温老师把"意"作为全书的核心观念，用"意"把"门""道"等跟具体经验相关的东西连在一起，然后进行升华。这个"意"极为微妙难言，所以写书

---

* 柯小刚（1973—），同济大学人文学院教授，主要研究方向：中国哲学。

的整个过程很不容易。要讲"意"，我感觉比"道"、比"门"还要难讲，因为"门"和"道"至少可以跟我们日常生活的经验，跟具体的门、跟具体的道路相关；而讲"意"呢，虽然我们自己反省自己内心的时候，可以找到自己的"意"，但温老师讲的，似乎不仅仅是心理意义上的，不仅仅是心理活动的"意"、自我反省的"意"，而是另有更高深的维度。当然，这个维度也必须通过反省之"意"来寻找，并非脱离人心之物。

温海明：确实，我有时候反省，我的系列著作之所以这么看重"意"，以"意"为本，或许真的可能和早年研究心理学有点关系。

柯小刚：温老师是心理学出身的。

温海明：对，我是华东师大心理系本科，当年认真研究过弗洛伊德的无意识、潜意识，荣格的集体无意识等学说。十几年来，我试图建构意本论，提出"人是意念创生的存在"，并以此解读各种经典，这些年持续地在做这方面的工作。我2014年出版了《儒家实意伦理学》，讲"实意"，就是说，人生就是意念实化的过程的意思。

柯小刚："实"就是"诚"嘛，诚即实，诚其意。

温海明：是啊，"诚意"（古典书院的助手名字）实际上就是把古典书院的"意念"实化出来。我强调，人生都在境遇当中，不断实化我们的意念，比如，今天我们来到柯老师的道场，就在古典书院的境遇当中，一起来实化我们的"意"念。我认为，本来每个人的人生，其实就是一个意向创生的过程。我在夏威夷写博士论文的时候，第三章经典题目叫"contextual creativity"，其实我真正要写的主题是intentional creativity（意向创生），也就是说，我们人活着，就是意念的创造的过程。creativity有很多种讲法，我强调意向创生（intentional creativity），人在世间的创造性，包括跟着世界一起创造的那种本体性的创造性，如熊十力在《新唯识论》里面强调的生生不息的创造性，都是境遇创生（contextual creativity）。宇宙本体是生生不息的创造性，但这种"生生"，如果离开了我们意念的领会（意会），它不过是一种本体性的存在，要想被人认识还是有困难的。正是在这个意义上，我就把道本转化成意本，就是说，道本离不开意本，因为道本就是一个客体性的存在性，那种本体性存在的根本性状态，但道体，需要进入意识才能存在起来，也就是说，道本是不能离开意本的，而意本其实比道本更根本。

柯小刚：庄子说"道行之而成"嘛。

温海明：这个"行"其实就是"意行"，意念之行，就是意念实化的过程。

柯小刚：我在学车，刚拿到驾照，在路上开车的时候，就会意识到刚才温老师说的"道行"就是"意行"。你要预先判断每一辆车的意向，为什么人家要打灯？

为什么他的车头稍微往旁边偏了一点？他是不是有变道的意向？我是不是要减速一下？诸如此类。每辆车、每个人都有他的意向，每个人在路上走，就有他的意向。

温海明：柯老师的比喻跟我在书里经常用的比喻很像，我常用在路上开车的例子比喻意向的交互共生。杜威认为，人生的经验每时每刻都需要在各种各样的意向当中进行调整。当老师和司机一样，意向需要依境而生，依着场地的境遇而不断生起来，也就是依着大家的问题和意识的流动来引导大家就像开车一样，咱俩在这里好像司机一样。

柯小刚：哈哈，我是副驾，你是主驾。（众笑）

温海明：我开着意本论的车，开到了古典书院的路上，来到柯老师的主场，时时刻刻得看着柯老师和诸位，不停调控意念，把握好方向盘，这期间我们的意念时刻交织互动。我也常用游泳和冲浪的比喻，其实都是类似的意思。如果我们在一起游泳，大家都要顺着水流来，如果在一起冲浪，大家都要顺着浪潮来，每个人的意向都要顺着情势的变化来变化。

柯小刚：今天早上我的书法直播日课中，讲到黄庭坚的划桨笔法，内容非常相似。黄庭坚讲书法就像划桨一样，感受桨和水流的力量对话。你要顺着水才能划得动，但完全顺着又得不到水流逆顶的推力。所以，你要适当地以某种合适的角度来对抗水流，当然，这种对抗又不是完全逆向水流，而毋宁说是一种顺应水流的方式。这种逆顶顺应的两行吊诡关系便是对话。划桨经验的本质就是学会与水流形成对话，犹如书法经验的本质就是让笔与纸形成对话，让落纸之形与运笔之势形成对话。这个关系就像《诗经·柏舟》篇的"泛彼柏舟，亦泛其流"。一方面是"亦泛其流"，"亦泛其流"就是说顺着水流，另一方面，如果只是顺着水流的话，还要水手干什么？还要船长干什么？还要桨干什么？都不需要了。所以又要"泛彼柏舟"。"泛彼柏舟"是说你要主动去划桨，但是主动划桨的时候，你又不能无视水流的力量和方向，你如果无视它，我想怎么划就怎么划，你可能就会翻船。所以，在"泛彼柏舟"的主动性和"亦泛其流"的被动性之间，有一种动态调适的对话在时刻发生着。黄庭坚说书法如划桨，大概就是这个意思。

温海明：柯老师讲到水流，我想到了我的《周易明意》里面所建构的"意本论"，按照先后天八卦，把"意"分为八个维度，其中有一个维度是"行"——"意行"，这"意行"对应的是坎宫八卦。坎不就是水流吗？柯老师讲《诗经》里面划船与水流的关系，其实就是意念在情境当中顺着前行，即"意行"，意念之行。《周易明意》坎宫八卦对应的就是"意行"，我用代表水的坎宫六卦四十八爻，来说明人的意念发动，行于世间，好像泛舟湖上，划水而行。

柯小刚：在这个意义上，我们就能明白，为什么孟子说"观水有术，必观其澜"，因为水之澜就是刚才温老师说的水之行，"行"是在势当中，在时间性的流动当中形成的，这个"行"表现为水之澜。我今天早上发的公众号推送里，还有安雅拍的青浦古典书院旁边的淀山湖水波水纹，从中可以看到水之行一方面是无定行，但另一方面在每一个瞬间你都可以看到它的行，这个行它表现为"澜"，即波澜。

温海明：《道德经》跟水的关系大家都比较熟悉。"水善利万物而不争，处众人之所恶，故几于道。"水的"行"不是自然之行，而是"水意之行"，是意念领会出的水的流动，它实际上是老子要强调的道的流行状态。我通过这样一种对道的意念化理解，来谈"意本"这个角度的哲学建构。之前《道德经》的研究，很少真正从哲学的角度来谈的，明确建构一个新的哲学中心思想的努力少之又少。王弼注老子讲"贵无论"，其他注本，真正建立自己哲学理论的其实非常少。安乐哲老师很强调要有一个哲学的翻译，我则强调，不仅要有哲学翻译，还要对文本进行哲学建构，也就是要建立"意在道先"的意本论。

柯小刚：在书法经验里，也特别重视意在先。每一笔都有意向性，它的意态要往哪个方向走，就表现为字形态势的"将奔而未驰"。点画"意行"既表现为"流"，也表现为"留"。流中有留，留中有流。它往哪个方向走，它和其他笔画之间如何呼应，这些都是我们能看到的书法之"意"。书写者心里的意虽不可见，但表现为点画"意行"却可以见。"意行"之"意"与"意在笔先"的"意"相关，又不完全相同。书写过程实际上就是两个"意"之间的对话。这些关系其实都可以辅助我们去理解温老师说的"意本论"，以及他在《道德经》的阐释里面蕴含着的一些意思。温老师主要负责把最高深的哲学道理跟大家讲，我负责通过日常经验、大家能懂的话，来给他做一个注脚，今天对谈的意义就在这里（笑）。

温海明：柯老师刚才讲书法的"行"，"行"的背后都有"向"，它每一笔都有书写者的"意向"，我的《周易明意》里面，也有"意向"的维度，意向维度对应的是离宫八卦，离卦除了有热、阳光、光明，还有文明的意思。我们古代文字的意向，最初的文字书写开始，就已经微妙地为文明立"向"，也就是说，书写的意向，其实已经造成了世界各文明的分野，因为不同文明有不同的书写方式，它代表着不同文明的人们有自己的思考方式，即他们的意向，从一开始就不一样。我们去领悟道意，实际上是要去尽可能地还原或者去接近原初大道那样无向之向的状态。所有的思考和写作，都必然是有"意"而且有"向"的，但要想悟道，你又希望去达到一种原初的、无向的意向状态，只有通过体悟性的方式，才能把关于"道"的体悟描绘下来。只有在"意会"的状态里，《道德经》的"道"和《周易》的"道"才是通的。

《道德经明意》不太好读，是因为所有的文字它都是"道"之显"向"，但是你在"向"文字的意向化过程当中，又要千方百计去体会道体本身那种无向之向，是最根本的、还没有分离的、那种本根性的状态，即大道混元的意味，这是比较难把握的。书法的意向，就需要回到离宫那种文明灿烂的"意向"状态，怎样体悟回到原初的意向状态，再去把握和意会出来。

柯小刚：温老师在《周易明意》当中，把"意"按照八卦分成八个维度，在《道德经明意》中，他把"自然之意"具体细分为十个维度，提出"十玄意门"。十个玄意门不是那么好懂。

温海明：我们从最实际、最直接的经验——"门"开始。谢林当年看到法文里面的 Porte，一下就被吸引了，阐发"玄之又玄，众妙之门"，说"道"被我们意会的当下的状态，好像开启了一扇门，这非常虚明灵妙。我们在意会的那一瞬间，就是通过意念把"道"从无形无限的状态实有化，然后突然间感觉到"道"向我们的"意"敞开，好像对"道"有文字化的感通领悟。要理解《道德经明意》就要强调"意"对"道"的领悟感和感通感，这是整本书的基础。也只有在这种与道感通的感觉当中，才有所谓的意向之"门"或者"玄意门"。"十玄门"是华严宗的说法，我加了一个"意"，成为"十玄意门"，实际上是要讲，"道"被我们意会的当下状态是很玄的，玄之又玄，可以分为十重"玄意门"状态来理解。"道"无疑有玄虚的一面，也有实有的一面，有无相生，"道"就是当下的。"道"的种种状态，外人看来跟空气一样空虚的东西，但它对哲人来说，肯定是实实在在的，被我们领悟和意会出来，其实是要通过"十玄意门"才能呈现出来的。

高虹：我觉得温老师的"意"是一个从无到有的转化过程。"意"其实是从人的感受，是从"道"或者心里分离出来的动态过程。所以温老师提到，"意"本身有一个创生过程，有一个实化过程，然后显化出种种现象来。所以我觉得"十玄意门"就是"实意"的过程。

柯小刚：其实每个人的阅读、理解和表述过程，都不断地在重新打开一扇又一扇门，这就是经典的魅力，也是经典解读无穷无尽的"门"层层打开的魅力。

郑兵：在读《道德经明意》139 页第 18 章的时候，我觉得，人可以欺骗别人，但不能欺骗自己，因为欺骗自己肯定知道"哦，这个我是说的假话"。自欺会通过直觉的方式，阻碍人与他人，也阻碍人与大道的沟通。而对"道"的意会就是人跟自然之间一下子达到心灵相契。如对树和人，我们可能瞬间就能够与它们融为一体。天人一体的感觉实现之后，我看到树，就觉得我跟它没有区别。像你们两位老同学见面一样，话不在多，可能眼睛眨一下，你就知道他在想什么，这种心灵的感通，本质上是大道的贯通状态，它是道的当下表现形式。

中国哲学就在生活的细微之间，就像平时经常喝的茶、我经常写字用的笔，我拿到手里，感觉就很舒服，有一种对"道"的贯通感的意会。就像你家里养了一只小狗，你还没到家，它就闻到了你的味道。大道不是挂在天上，而是在生活当中。就像柯老师说的，真理在意念当中，是意念通"道"，以"道"的方式实化出来，而不是以西方逻辑的表现方法去展开，如果去体悟意念的展开，实际上东西方是一样的，你说不说，分不分析，这个道还是在这个地方，关于道的"意"也就在那里。

刘科迪：在上哲学导论课的时候，老师问过我们："道无所不在，为什么不在你当中？"前面已经说了，道是无所不在的，但是后面又问，你身上为什么没有道的体现？后来我想，作为一个现实的人，应该怎么跟道进行沟通。温老师《道德经明意》给我最深的理解，就是我们作为现实的人，跟道如何去沟通，确实只能通过我们的意。书里第 150 页写有五种理解，首先是自然之意，第二是一种阴阳和合的道意，第三是偏向于虚态的意，第四是虚意实化为念，第五是成为实有的念头。用意本论的理念可以讨论善恶问题。王阳明讲"无善无恶心之体"，也讲"至善是心之本体"，它既有无善无恶，又有至善的说法，看似矛盾，如果理解成不同层面，比如讲善恶的时候，只有在现象层面，我们才能讲这是善的，那是恶的。善和恶是和我们的自身感受相关，我们的感受背后，其实就跟意有关。因为我们在做善恶选择的时候，其实就是我们意念发动的过程，其实是"意"支配我们，到最后体现在行为上，实化为这行为是善的，那行为是恶的，就是我们的意之选择的过程。

在意之选择的过程当中，意的发动背后是你自身所附带的一套人格价值的体现。究竟最后是你的本性战胜了习性，还是你的习性战胜本性，到底是哪一方战胜哪一方？这就是温老师说的，把意念实化的时候，我们究竟选择什么？如果我们的本性战胜了习性，顺从自然之意的话，我们自身的整个价值提升了。我们在选择的时候，意念自然流行，如果把它理解成理性有点不太合适，它其实就是我们随顺着自然之意的发用与流行，体现自己最本真的状态，最后，如果我们想不断提升人格价值，用儒家的话来讲，就是自身道德修养不断提高的过程。用道家来理解的话，是自然之意生生不息的流行过程。

温海明：科迪是陈清春老师的学生，清春也是我们北大的老同学，清春这些年沟通庄子和现象学，做了很多哲学解释和阐发工作，这方面很有体会。儒家的"实意"带有择善固执的意味，而道家的"实意"，其实带着顺其自然的意味。我们时刻在感通我们自己的自然之意，每个人都以自己得道的方式在接通道。"道"在我们每个人身上都有所得，然后我们表达出来的是对所"得"之"道"的当下意会。

郑兵：我曾经反思体验过，自己的意识当中，家人不能不想。人的意识必然自然地接着现实和理想，人既然不能不想这些内容，那么怎么去把握"意"？

温海明：确实，意必有对象，这就是"意缘"，意识不可能无缘。儒家有一个天条，人必须孝顺父母，道家必须顺道而行，这都是"意缘"，没有无缘无故的"意"。

柯小刚：阳明曾问一个和尚，出家后到底想不想父母？和尚说想，于是当天晚上那和尚就回家了。可见在和尚的意识中，不可能都是"空"的，也是想父母的。

温海明：郭象有一句很著名的话"所遇为命"，所有你遇到的，就是你的命，当大家如此因缘际会，就构成我们当下不可更改的境遇。人生就是在这样一个不可更改的境遇，不断往前伸展。无论儒家道家，每个人时时刻刻都和大道相遇，而与道相遇的当下瞬间，打开了我们通往"道"的"门"的同时，也凝固了我们的"命"。

有些人他遇到道，觉得自己开悟了，门打开了，他有一种感通感和领悟感，有他自己独特的体会道的方式。其实，《道德经》就是要去帮助大家"得""道"，《道德经》本身是通往"道"的"门"，但门其实只在"悟道"的时候敞开。虽然我们每时每刻都在"门"和"道"之间走，从那么多打开的"门"走过去，走过那么多的"道"，但什么时候，那个"门"和"道"真正向你敞开，这就需要一种机缘性的领悟，需要当下意念性的"门"在意识当中敞开。

柯小刚：所有遇到的东西，既给你带来限制，也给你带来可能性。它既是限制的，也是打开的。比如说，我们现在在古典书院这个特殊的时间空间，一方面它限制了我们，因为我们就没法同时去刷抖音了，无法去看 b 站了，也无法去复旦听其他讲座。你在看温老师的书，你就无法同时看安老师的书。这是在限制你。但是，所有的限制也同时在给你打开，给你提供新的可能性，这就是门的关和开。每一扇门，会给你打开一个空间，会通向道。但这个门它也可能给你带来限制。一个门打开的道路，也是相对有限的，这一扇门通过的"道"是我"得"到的，所以"得"和"道"的关系就似乎有点像"门"和"道"的关系、个人和道的关系，以及命和性的关系。刚才温老师所强调的，你所遇的都是你的命，一方面是"遇"限制了我们，这是我的命，我的命有我的特殊性，但是另一方面，恰如中医讲的"命门"，你所遭遇的每一个"命门"都将通向你的天性，通向道，通向无限。

温海明：所遇为命，想起我们当年在北大怎么相遇，如今在上海又相遇，多少年来分分合合，但所有相遇就构成了我们的命运，也都通于大道。在北大相遇之前，我们其实应该彼此都已经立定了今生的志向。我在华东师大念心理学的时候，就坚定了要献身于中国哲学的理想。你我都为道而生，为摸索和打开道的大门而奋斗至今。在年轻的时候，我们发现自己本性当中，有通于哲学和文化之道的那一部分，然后我们就决心，今生今世"造次必于是、颠沛必于是"。当时发誓一生要以大道为中心，决不偏离。这么多年，像过山车一样，我们经历过很多事情，但我们永远不离开年轻时候的梦想初心，守住自己的本性，让命运去遭遇，让本性随缘展开，这就是所遇为命，而对大道的体悟是"命门"。

李欢友：天地之间是不是有"意"？如果是这样的话，我们人可以感通到道，

"意"是不是跟所谓的创造性相似？直接感通大道本身？

温海明：柯老师、丁耘和我们几个，其实都在以自己的方式，从自己的角度感通"道"，进而重新诠释、改写当代中国哲学。这方面小刚老师写了好多书，如《道学导论》有他对道、文化之道、诗文之道的理解、感悟，他的系列著作不断在诠释经典。我从"意"的角度解释经典，目前出了对《道德经》《周易》《坛经》的解读，对《参同契》的解读也快出了①。在不同的书里，"意"的意义不一样。《道德经明意》的主题叫"自然之意"，《周易明意》的主题叫"人天之意"，《坛经明意》主题叫"空有之意"，《参同契明意》的主题叫"通神之意"。我把意的不同维度在诠释过程当中带出来。

《周易明意》的"人天之意"根据先后天八卦分了八个维度。所以"意"的内涵不仅是主体意识，如"自然之意"肯定不仅是主体意识，首先，天地自然本来的意，更接近于自然的创生力，"自然之意"就是天地自然本来有的倾向性，那种生生不息的状态，其次才是我们对道的"意"，可见，"自然之意"当然不是人当下的意念，但它又不能离开人的意念而独立存在。因为你要体会到"道"不能离开"意"而独存，否则的话，人如何去把"道"领会出来、表达出来。强调天地自然有生生不息的意，好像熊十力在《新唯识论》里强调的儒家的"生意"，反对佛学的寂灭。

李欣友：老师的"意"跟八识的"意"有什么区别？贡老师研究味觉，说口耳实际上是听的，老师您的"意"是意念的意义更多一点，还是眼耳鼻舌身意的"意"更多？人的感官这么多，为什么有的学者特别强调味哲学。到底味、意或者是说、语言，哪一个具有优先性，哪一个在前？

温海明：华南的"味哲学"已经有两本书了，他准备写第三本，把他的味哲学贯彻到底。"味"是他理解中西哲学的特殊角度，但不知有没有建立"味本体"。他从味的角度，把中国哲学思想的各种说法都做了改写。相比之下，我不仅要从意的角度做改写，我是把意作为本体性存在来理解。我把意的解释贯穿到每章、每卦、每爻的解释当中，如果意可以是本体，我就能够用"意"把经典的每句话解释清楚。这项工作一直在推进，我觉得"意"确实应该是本体，至于解释是否成功，后人自有评说。从我的角度，意和味不是同一个维度的，至少在我这里，我更倾向"意"。

柯小刚：意可味，非常味。（笑）

袁传志：其实我感觉，"味"和"意"还是有相似点，可能贡老师讲味的时候，他不是讲味道、味觉，他想讲体会和玩味，这种体会和玩味的过程就跟意会，或者说领悟，其实是有一定的共通。温老师的意是从体验和体悟上来讲，而意哲学还有

① 《新古本周易参同契明意》已于2022年在上海三联书店出版。

更宽广的视域，可以放在本体的位置上，去诠释和解释自然、人天、通神等内容。相对"味"来说，"意"的视域、可塑性和包容性更广一些。

孙世柳： 从唯识学角度，温老师把"意"提高到了阿赖耶识的高度。刚才柯老师讲到书法，写书法要体会到字后面有意，而弹古琴也有意。怎么去解释这些即兴演奏的、人之"意"？

温海明： 书法的味道、古琴的味道，背后都有其"味"之"意"，这就是说，要意会出书法后面笔画的意味，古琴弹奏时音调后面的意味来。

柯小刚： 即兴演奏可能尤其需要意。因为即兴演奏不是单凭经验性的机械动作，后者反而还少了点意。也就是说，我反正练熟了，就这样机械重复就行，这便是习气。即兴演奏则有可能带来习气的破除。因为随机的即兴生发尤其需要"意"，如果没有"意"的话，他随机的演奏有可能会失败，有可能缺乏一种音乐的流动性，有可能会断掉，连不上，节奏可能不太对等等问题。所以，即兴演奏中的"意"可能比熟练的演奏还要更强，所谓更强，恰恰意味着他的演奏不随意、不任意，但是要想驾驭到很好的随意和任意，恰恰需要更强的"意"去维系，也就是更深的功夫。所以这个更强的"意"，有可能是温老师所谓"自然之意"，"道之意"，因为已经不再是一般意识的意。一般意识的意只是有意识地去控制意识对象即可，而这对于"道意"来说就显得弱了。真正强的"道意"是"自然之意"，是貌似无意而有意。

袁传志： 温老师之前也提到，感觉在即兴之前，对书法、演奏的意识培养过程，可以说是有意识的"意"的积累过程，也就是意丹形成的汇聚、积累过程。当需要即兴演奏的时候，演奏者再把记忆的"意"自然而然地散发出来，从动机上，当下即兴的"意"的展开和实化过程，其实是合乎"自然之意"的意念实化过程，即意念合乎道运行的状态。在即兴之前，有一个非常深厚的修习过程，犹如书法和练琴，修习过程就是形成意丹的过程。

温海明： 在《道德经明意》当中，我特别强调修"道"的人，需要先修炼到对"自然之意"有一种感通感，然后每时每刻我们当下的"意"，在这个时空当中，就是"坎陷"的过程，也就是自然之意的当下感通感，是一种"坎陷"，因为它就坠落下来，我们把那种通天的大道意识坠落下来、实化下来、坎陷下来，变成我们能够沟通的、能够理解的、具体的存在。本来无限的、层层叠叠的、意念状态，就在我们当下的交谈当中，在我们的创作过程当中，在我们的即兴演奏当中，"坎陷"而"实化"出来。其实，我们大家聊天，就跟即兴演奏一样，就是我们对大道的领悟和意会，是当下的"坎陷"，是"自然之意"的即兴实化过程。

从我的《儒家实意伦理学》这本书开始，我就讲"意"是依境而生的。"依境而生"（*creatio in situ*）受到安乐哲老师的影响，他强调中国哲学化生性的依境而生，不是西方的神创论那种"无中生有（creation ex nihilo）"，不是上帝从纯粹虚无当中，把世界突然间造出来，我们没有纯粹人格神那样外在超越者的哲学传统，而是说，一切都好像在化生、流行当中转化出来的。意念实化的过程，就像各位的发言和我们两个老师意念的流动过程一样，是在境遇性场域（field）当中，不断形成我们各自的焦点（focus/foci）。意念生成的场域是背景（context），而每个人的意识背景其实跟我们的学习、阅读、经历等经验联系在一起，我们当下的意念，其实可以无限延伸，到"一念三千"那样的背景和境域当中，呈现出层层叠叠的经历和状态。

柯小刚：在《诗经》当中，"意"可以说是一种弱化的强化。"关关雎鸠，在河之洲"，还没有讲到"窈窕淑女，君子好逑"，等到讲出来的时候，意反而弱了。还没有讲出来的时候，"意"其实更强。"关关雎鸠，在河之洲"好像在说"我没别的意思哈，你别想多了"，但越是这样，心意就越强。在"梁山伯和祝英台"的故事里，就可以看到这样的例子。

温海明：我书里面，"十玄意门"第六提到"自然之意之为反弱之意六玄意门"是说，我们对自然之意的领会，在当下是通过一种相反的、弱化的方式，或者说"坎陷"的、否定的方式，来表达、实化出来，"反者道之动"，意念的实化是大道运行和展示的过程，本来大道运行有一种状态，被我们意会、领会出来，再实化出来，可以说，它都是反着来、弱着来的。

柯小刚：一个非常直接的例子就是弘一法师的书法，他早年的书法学《张猛龙碑》，非常张（张大），非常猛（峻猛），也非常龙（龙虎之象）。但是，越到晚年，他的书法越平淡、收敛，貌似更弱，但实际上更强。晚年书法里边的气息、意味，他的"意"和"味"，都更强了。他的书法之"意"，显然是反向的，类似于刚才说到的《诗经》起兴的"以弱化的方式来强化"之意，这其实是最聪明的强化之道。我现在每天带娃，也常常体会到一点这个意思。老子和庄子其实都是育儿大师。对孩子你不能强迫。两三岁的孩子开始喜欢说"不"，什么都说"不"。所以，我常常不叫他做，而是我做我自己的，让他慢慢地、悄悄地看我做，然后他自己就会做起来。所以，当你弱化的时候，你其实反而强化了，这就很老子。

温海明：这活生生的例子，说明以弱化的方式用"道"，也是有意地改变"自然之意"运化的生活场景，确实是我们对于自然之意先行意会，之后使之呈现，这是从反弱一面来实化大道的活用。在《道德经》中，老子说大道实实在在，关键你领悟了以后，你是不是能够按照"道"显现的规律，把它用出来，在生活当中实化出来，可见，"道"的坎陷，其实是顺道而行，大道顺着它本来应该展现的那种状态，去实化出来。

袁传志：关于"反弱"我有一个问题：我能够理解老子强调"反弱"，所谓"反者道之动，弱者道之用"，但是，在提到"意之反"的时候，另一个问题也呈现出来，即"意之正"的维度如何体现在"自然之意"的表达过程中。对于老子而言，可能不强调这种"正"，但这是否意味着，老子思想中，就没有"正"的维度，而只有反和弱这一层维度。所以我的问题是，如何看待"意之正"的问题。

温海明："意之正"按照一般的理解来说，即是大道本来顺其自然的状态，比如说，面对一个孩子自然而然会有的那种倾向性，即如何能够把孩子本来的"道"意会、领悟出来，然后再去"用"孩子的道本身的过程。当然，你可以说，后来引导他的时候，对他可能的倾向性的判断，是基于一种经验性的、自然的、方向性领悟，这就是孩子的"道"本来自然流行的、所谓"正向状态"，然后你用"意"把他的"意"进行转向，你通过你的意会和领悟，依照你的经验和经验，去运化孩子的"道"，使之改变其本来的"意之正"，而行于你所引导的"意"之"道"。

这层意思我在《周易明意》中讲得比较多，在《道德经明意》中相对较少，主要就是意念如何转化阴阳。人的意念，当下就可以转化周围情境当中的阴阳之力，也就是说，意念时时刻刻在转化阴阳，意念转化阴阳，实际上就是意念转换了你的命运。因为你的意念方向转变了，你的命运的方向也就跟着改变了。当然，一般人会觉得，人有很多念头，当下这么一个念头的转变，跟命运有什么关系？其实，它们之间确实是有关系的，命运就是当下一个个意念对天地阴阳的转化延伸而成的。

听众1：我们是否可以这么理解，能"明心见性"，就说明"命"是可改的。

安雅：如果能够"明心见性"，应该就不用改命了，因为无所谓善恶、对错、好坏。

听众2：举个例子，一个读者本来想自杀，读了温老师的书以后，就再次鼓起了生活下去的勇气，这或许就是意念转化天地的阴阳，由死到生。

温海明：确实有读者说，我的书有救命的"要诀"，当然这种说法也许有夸大的地方，他可能很受感动而已。我的写作当然带着我的经验，带着我对人生的感悟，只是我不是写小说，不讲故事，也没有像柯老师那样不停举例子，我用很抽象的语言去表达，试图传达出自己的人生感悟。我写得那么抽象，读者还表示能够理解，这很有意思。我觉得，或许最重要的是文字背后要有"意能"。书法创作也是这样，"书法"笔画当中，意识的能量其实可以很强，观赏者去琢磨笔画的走向、力度、韵味，然后会发现，要修行足够，才可能有那种笔力和意识的能量表现出来。我们琢磨自己的文字也好，道场的能量也好，它其实是我们的意识在赋予我们的生活情境、生命过程以意识的能量，当然我们的意识能量有多少，我觉得首先这种"意能"是从天道来的，我们领悟出来，必须用心坚持，也就是意念时时刻刻发动都不要偏离天道才有"意能"，才能用心去把天上大道的能量给接下来，把古圣先贤的"斯文之道"的能量给接下来。柯老师的书院已经存续了十几年，他所做的功德就时间存续来说，就已经超过了梁漱溟的乡村建设运动。柯老师就是一扇时刻向道敞开的门，他的意向，从来都接续着古圣先贤之道。

栋梁： 他如果很笨，没办法通天，那可怎么办？

温海明： 那不可能（众笑）。

柯小刚： 会有办法的（笑），每个人都会想办法通天，因为每个人都会有他自己的道。

温海明： 这就是禅宗说的，每个人都可以"明心见性"，每个人都要去悟道，《道德经》也好，《周易》也好，都是悟道的方便法门，都是要帮助大家，让道门向你敞开，然后大家就会发现，所有这些文字，其实不过都是方便法门，都可以扔掉。最关键的，还是要悟道。

栋梁： 所以到底应该怎么悟道呢？

柯小刚： 每个人的道路都是特殊的，都有突出之处和局限之处。每一个孩子的成长也是，他有什么样的资源，他在农村还是城市，中国还是外国，私立学校还是公立学校，都不一样。但是，他总能找到自己的道路，条件是条件，境遇是境遇，但是，你只要有自己的"意"和"志"，就可以去寻找，而人只要去寻找，就能找到"道"。

栋梁： 我对"能量"这词其实非常感兴趣。能量的源头在哪里？我觉得能量的源头其实源自信仰，信仰源自悟道通天。如果有一个人，他的"能量"不能直接通天，也不喜欢读书，我们能不能用一个简单的方法，或者是互动、聊天，能够帮他先体会到能量的源泉吗？我体会到能量的源泉，是因为有心的磨难和触动，可是他不是。

柯小刚： 我认为还是要顺其自然一些，你不要有太强的想法去改变它。你首先要去体会那个孩子他自己的意向，他的自然倾向，再以人治人。教育只能是《中庸》所谓"以人治人"之事，物质条件总是次要的。用人来带人，就是说，教育者（父母也好，老师也好）要投入你的整个身心，去跟小孩对话，去了解他，去融入他的世界，融入他的心。你别一上来就否定他，如果从否定出发，我们就会有一种强烈意愿要去改变他，很多父母和老师都犯了这个错误。像我这些年一直在批判的"读经班"就是用这种错误的方法，他一厢情愿就想要让孩子们去接触古典文化，但是心太急，想着很小的孩子就一定要接近圣贤文化，然后就强迫孩子背诵。强迫的结果却是很强的逆反，最后导致这些孩子一听人提孔子，就油然生出恐惧和厌恶。

温海明： 能量的问题，和栋梁兄之"栋梁"的意向本身，可能还有点关系，"栋梁"是要支撑起一座大厦，那么栋梁的上面，需要解决支撑的能量怎么来的问题，栋梁的下面，要解决能量怎么走的问题，不然，能量就不通了。能量不通，就不可能支撑起整个大厦。这就是要解决柯老师说的，不能够强迫孩子，压迫孩子，要悟道的人，也不能说，一定要去做什么，做什么才能开悟，没有这回事，做任何事情，都可以开悟，"挑水砍柴无非妙道"，所以对于意识能量肯定要疏导，否则的话，意识的能量积压到一定程度，得不到调节和疏导，就会出现精神问题。

栋梁：现实中有很多家长，对孩子有望子成龙的期盼，我就让他们写书法，这看似无用，其实是很有用的事情。但是来了一两回，他们就不来了。他说，我又不喜欢读书，为什么要来写字？但我是有执念的，我想通过我的努力，给他们一些东西。

温海明：这让我觉得，有点像心理咨询，而心理咨询，需要因势利导。

安雅：是的，心理咨询师要知道他们需要什么，如果我们一味地把我们的给别人，可能适得其反。就像你要让河蚌养珍珠，你得在阳光很好，流水很温和，没有人去打扰，在壳开着的时候，你才能放进东西进去，若非如此，你一碰它就合上了。如果你戳它，它不会再打开，这样，你不仅养不出珍珠来，连河蚌它自己就死了。我们今天大人对孩子，大概都是这个样子，我们的所有情绪，其实都来自：我有一个愿望，但这不能算是"意"，如果我用"意"在先，我就会感知他的"意"，然后心"意"相通。你得用心，才会领会到"意"，两个人之间才能够相通。

可是如果你一味地只是"我有一个愿望"，其实那个叫"欲念"，我如果有一个"欲念"想要让对方怎样，正如心理学里说，批评、指责、抱怨、埋怨都是最大的强化，只要你强迫给，都会使你想改的越来越难改。从心理学的角度来讲，人生来还是爱学习的，你去看小朋友他真的对这个世界充满了好奇，他什么都想学，包括读书，他们是喜欢的，直到你把读书弱化成成绩排名，这件事令他痛苦，他才开始放弃，比如说我学的数学、英语、语文也好，还没有进入到对知识的乐趣，你就一味要求他的成绩和排名，他完全没体会到乐趣，就只有痛苦了。心理学的两大驱动力：追求快乐、逃避痛苦，我们刚好双管齐下，让他讨厌学习。

其实柯老师刚才讲的，弱化是最有效的强化，刚才温老师讲因势利导，什么叫因势？你得先有足够的身心意，放下你的欲念，去观察他，陪伴他，视他如最尊贵的甲方，最尊贵的老师，这样去看你的孩子，看你的父母，看你的爱人，而建立那种尊重如上宾的那种界限的时候，你才忽然发现：我一直想让他学，其实他在那方面有天赋。我听过一句特别美的话：我们一直抱怨自己的孩子不会飞翔，不像别的孩子翱翔在空中，是因为你没有看到，你在太早的时候就已经剪掉了他飞翔的翅膀，他只能在地上爬，爬让他痛苦，这样的孩子要不疯，就只能叛逆，叛逆的都是好的，证明他个性强。中国特别悲惨的一个现象是，我们心理治疗接诊的年龄越来越低，而因为抑郁症自杀死亡的年龄也越来越低。

柯小刚：《礼记》中讲："礼闻取于人，不闻取人。礼闻来学，不闻往教。"什么叫"取于人"呢？就是我只准备好这些东西，你来自取。我最近正在读新出的廖平《知圣篇》。他反复讲一个观点，说像老子、庄子、列子等人的思想，人们常常以为这些是道家的，和儒家相反，而他不赞同这个观点。他认为，真正的大道它流而为儒家、道家。无论儒家还是道家，都在孔子之后，他们都体现了孔子思想中极为重要的部分。这就像柏拉图大于柏拉图主义，佛陀大于佛教。敢问佛祖西来意，敢问孔子教化意，他这个"意"要想明白，不是某家某派某主义就能够把这个"意"固定下来的。

我一直提倡儒家的朋友要读道家的书，道家的朋友也应该读儒家的书。我也强调，中学西学应该相互学习。真正的学问一定是开阔融通的，是走大道的。大道并行而不相悖，同归而殊途，一致而百虑。要做无古无今、无中无西之学问。

温海明：这是一个中西互通的时代。一种哲学，应该在儒道之间、中西之间，应该是阴阳互补、彼此互通的。

柯小刚：孔子说"毋意，毋必，毋固，毋我"。实其意，诚其意，才能领会自然之意。

温海明："自然之意"是反教条主义的，反"原教旨主义"的。《周易明意》《道德经明意》的"意"完全是敞开的，是没有任何教条主义的。

柯小刚：中医也是这样，中医是经权结合的，有经有权。但日本"汉方派"却有经无权，死守经方，不能变通，而随症加减变通本来却是中医的灵魂。他们学的书法也是这样。优点是保存了中国晋唐时期的执笔法，还有一些动作也保存了古法，但往往不能化用，形成高度程式化，知其然而不知其所以然，违反了虞世南所谓"不主故常"的根本精神，把活生生的古典弄成了活化石，结果适得其反。这样的教训值得吸取。

温海明：这种情况也是受到了文化性格的限制，在文化情境中，会受到文化内在意义的限制，这个意义是自动生成的，它的能量是意念的能量，让他愿意接受这样一种边界的限制。这就像"原教旨主义"者对《旧约圣经》的执守一样，他们安于这种情境之中，安于边界能量给自己带来的限制。这是一种习俗，他已经接受了这样的上千年不改变的文化状态。

柯小刚：中国文化从《易》发源，深于变易之道。现代化过程中，中国的日新求变、能通善变，举世皆惊。但另一方面，一些最核心的内涵还是在那里，大道还是没有变，这才是真正神奇的地方。这其中的一个原因，可能是因为他变，反而可以不变。如果刻舟求剑、固守成规，反而把文化最核心的内容给变了。焦循说"执其一端为异端，执其两端为圣人"，"惟不同而后能善于人同"，都是说的这个道理。

温海明：中国的大道是"天不变，道亦不变"，中国文化之"道"不会改变，这是中国文化的根本。

（2021 年 5 月于上海古典书院）

老学哲学范畴与思想研究

大道至简，易知易行——论《道德经》中的知行观

内容提要：《道德经》提出了"吾言甚易知，甚易行"的独特知行观。本文着力诠释老子知行观的内容、简易、繁琐和朴素的定义，并分析"易知易行"的内涵，着力于对知的过程，自知、他知、常知的"易知"和行的实现，修身、齐家、治国的"易行"两部分的剖析。最后从古代知行观延伸到对现代社会的知行观进行指导和补充，引导人们在现实生活中更好地感知和践行老子的"易知易行"。

关键词：道德经　知行观　老子　易知易行

基金项目：厦门大学一流课程"道德经"建设。

作为一部流传了两千多年的典籍，《道德经》虽然只有短短五千余言，可是它以简洁优美的文字为我们完整地构建了一个朴素、自然、豁达、飘逸的宇宙观、人生观和方法论的宏大框架。鲁迅在致挚友的信中指出："前曾言中国根底全在道教，此说近颇广行。"[①]《道德经》在人与自然、中医养生、治国安邦、修身养性和人生真谛等都为世人给出指导和启迪。不仅在古代，老子的思想为人们所瞻仰，通过历史的沉淀和洗涤，即使在科技发达、信息便利的今天，老子的智慧依旧可以为这个时代提供方法和智慧，而时代也为老子的思想增添了新的内涵。其中，老子在《道德经》中表达了他"易知易行"的知行观，为现代的知行观提供了丰富的理论来源。

一、简易之"道"：道易知易行

"道可道，非常道；名可名，非常名。"（第一章）[②]然而在《道德经》中，老子不

---

*　陈格格，女，福建莆田人，厦门大学新闻传播学院 2021 级传播学硕士，研究方向：中华文化传播研究；谢清果，男，福建莆田人，厦门大学新闻传播学院教授、博士生导师，研究方向：老子传播学。

① 徐广艳：《从鲁迅思想中的道家意蕴看中华传统文化》，《汉字文化》2021 年第 15 期，第 169—170 页。

② 本文所用《道德经》版本为：王卡点校：《老子道德经河上公章句》，北京：中华书局，1993 年版。

止一次地提示着我们，"道"虽然是"玄之又玄，众妙之门"，但依然有其"易知易行"之处，而这"易"则是老子知行观的中心诠释。

（一）以一御万：简易与繁琐

老子在《道德经》第六十三章中曾说"天下难事必作于易，天下大事必作于细"，充分体现了"易"的重要性。大道至简，"吾言甚易知，甚易行。天下莫能知，莫能行"（《道德经》第七十章），更是点出了"易"与知行相结合的必要。事物、经验、大道，往往归结于一个"一"字。《道德经》第三十九章："昔之得一者，天得一以清，地得一以宁，神得一以灵，谷得一以盈，万物得一以生，侯王得一以为天下贞。"这里的一，即所谓的道，天得到道而清明；地得到道而宁静；神得到道而英灵；河谷得到道而充盈；万物得到道而生长；侯王得到道而成为天下的首领。为道者只臻至易知易行之境，才能"载营魄抱一"。

繁和易，一组相互对立存在的事物。我们可以在生活中找到许多这样的例子：单一的字词就是易，组合起来的句子就是繁；自然界的一个生物是易，整个自然生态是繁。甚至可以延伸——正如《道德经》第六十四章有言："合抱之木，生于毫末；九层之台，起于累土；千里之行，始于足下。"毫末、累土和足下是易，合抱之木、九层之台和千里之行是繁。简易和繁琐，二者相辅相成，共同协调世间，天地不能离开繁，否则就会显得枯燥无味，没有内容；更不能离开易，因为往往最重要、最基本的道理往往是很简单的。

（二）无名之朴：道之简单与淳朴

我们要从事物复杂的表象，去挖掘事物简朴的本质。德国著名哲学大师黑格尔在其著作《历史哲学》中曾说："道为天地之本，万物之源。"[1] 道是最淳朴的、最无私的，它孕育了万物，却不求回报。"道常无名朴。虽小，天下莫能臣……始制有名，名亦既有，夫亦将知止，知止可以不殆。"（第三十二章）道创造了万物，为了记忆方便则有了名，但是不能被这个名字的表面所迷惑，要透过万物的表象看到它们的原本一体，只有这样才能看到事物的真实本在永恒和不灭。《道德经》首句即提出"道可道，非常道；名可名，非常名"的观点。首句似乎可译为："道，若是可以人为实行的，就不是恒常不变的道；名，若是可以由人来定义，就不是恒常不变的名。"[2] 举个例子，在中国共产党的历史上，曾经面对过许多的艰难险阻和大风大浪，也制定过不少的政策和措施来应对危机，但其根本不变的核心就是大道。"是以圣人被褐而怀玉"（第七十章），如何透过现象看本质，总结事物发展的规律，正是我们应该

---

① 黑格尔：《历史哲学》，北京：生活·读书·新知三联书店，1956年，第58页。

② 傅浩：《"可道"辨正》，《北京大学学报》（哲学社会科学版）2001年第3期。

从《道德经》中学习的。

二、易知：明白四达之"道"

在纷繁的社会现实中观察、提取共同点，并将用精练的语言进行概括，这是从行到知的过程，也是马克思主义中实践到理论的第一次飞跃。而老子则以其朴素的思想指出了"知"这一概念在生活中的重要性，通过对"知"的过程性求索，进而描绘出明白四达之"道"的"易知"。

（一）知不知：知的过程性求索

《道德经》中出现"知"50余次，若将"知"放在安身立命的角度进行系统思考，与"知"相似的概念就是"明"。两者的关系是"知常曰明"。正如"知不知，上"一样，"知常"也是"上"的应有之义。"常"这个概念可以说易知易行，老子在第五十二章提出"习常"的观点："用其光，复归其名，无遗身殃。是为习常。"① 人类对知识的索取是无止境的，是不停歇的，"吾生而有涯，而知也无涯"。从我们的先祖类人猿伊始，对自身和自然的认知就已经开始了。在生存的过程中，通过对经验的不断积累，他们的大脑飞速地进化，记忆和应激性也远大于前。工具和劳动改变了生存的方式；出现了文字，就可以成本地制造成书籍，把知识传阅开；人们通过阅读书籍，开阔眼界，更新自己的固有思想，或者把自己的思想与之相比较，推进学术的研究；互联网的出现加快了信息传递的速度，做到"秀才不出门，便知天下事"。从古到今，人们对知识的索取从来没有停下来过，也不会停下来。"君子曰：学不可以已"，只有对知识有渴求的心，才能拓宽自己的视野，充实自己的内心，追寻生而为人的价值，为社会、自然、国家贡献才华和能力。

"知者不博，博者不知。"（第八十一章）人不应当满足于当下已经汲取到的知识，更不应该卖弄自己的学问。《道德经》说："知不知，上。"（第七十一章）在字面上，说的是知道"不知道"才是上等的知道。在这里，老子是将"不知"作为一个特定的认识领域。在人的认识面前，永远存在"不知"的领域，因为存在不知，人才去求其知②。有才情、有胆魄的人应该合理地运用自己的知识，将自己所学授予他人，怀有海纳百川之心。"不自见故明，不自是故彰，不自伐故有功，不自矜故长。夫唯不争，故天下莫能与之争。"（第二十二章）不自我表扬，反能显明；不自以为是，反能是非彰明；不自己夸耀，反能得有功劳；不自我矜持，所以才能长久。正因为不与人争，所以天下没有人能与他争。

---

① 谢清果：《道德真经精义》，北京：宗教文化出版社，2015年，第76—77页。
② 张尚仁：《"知不知上"的认识论——〈道德经〉研究》，《深圳大学学报》（人文社会科学版）2016年第3期。

认知学习的过程中难免会有错误，不可避免地会闯入误区，要做到"君子博学而日参省乎己，则知明而行无过矣"《道德经》。第四十八章有言："为学日益，为道日损，损之又损，以至于无为，无为而无不为。"我们在学习的过程中，学问和涵养是不断增长的，但是正因为有日渐增长的知识，才应该反过来进行自省、自我修正，最终达到一种"无为"的境界。"知不知，上；不知知，病。夫唯病病，是以不病。圣人病病，以其病病，是以不病。"（第七十一章）知道自己还有所不知，这是很高明的。元代张嗣成认为："知之为不知者，自谦；不知为知之者，自昧。能病自昧之为病，是则知害而不害。"① 不知道却自以为知道，这就是很糟糕的。有道的圣人没有缺点，因为他把缺点当作缺点。"人非圣贤，孰能无过。"正因为他把缺点当作缺点，所以，他没有缺点。我们常说："知之为知之，不知为不知，是知也。"面对求知过程中的误区，要诚实地对待，辩证地去看待存在的问题，然后解决。

（二）善知之明：自知、他知、常知里的"易知"

1. 自知之明："知人者智，自知者明。"

"人贵在有自知之明"，"知人者智，自知者明"（第三十三章），倘若不自知，又如何去易知，如何教他人知之呢？很多人在求学、生活的道路上常常感到迷茫，在做选择的时候犹豫不决，在表达观点的时候不知所云，就是因为其不自知，才不为他人知。自知，应当遵从自己的内心，跳脱出自我的存在来看待自我。既要知其长，也要知其短。做到扬长补短，充分发挥自己的能力。心理学上有一种效应叫作短板效应，具体是指：桶里的水的水平高度通常不是由最长的板，而是由最短的板的长度来决定的。短板成了具有整体制约作用的、可发展的、暂处弱势的部分。"短板效应"广泛存在于学习活动中②。我们要辩证地去接纳自己的不完美，弥补缺憾，看清了自己，也就是看清了世界。自身变得更"易知"，就更"易知"世间万物了。

"夫轻诺必寡信，多易必多难。"（第六十三章）老子提醒我们，不要轻易地承诺，有时候就是过分看轻小事，失信于人。何以言"吾言甚易知甚易行"，难道是在舍易求难吗？其实是应当"言有宗事有君"。那这个"言""君"倘若我自己都不能知，又如何知他人？正所谓"知人者智，自知者明"也。老子认为，如果言不知其所指，不如不言，所以才有"行不言之教"；事不知其所为，不如不为，所以才有"处无为之事"。正所谓"知者不言，言者不知"（第五十六章），故曰"道常无为而无不为"，无为是最好的为，所以要为无为，无为是为的最高境界。

2. 他知之明："上善若水。水善利万物而不争，处众人之所恶，故几于道。"

---

① 张嗣成：《道德真经章句训颂》，北京：华夏出版社，2012 年，第 36 页。
② 阳泽：《论学习中的短板效应》，《现代中小学教育》2002 年第 3 期。

"上善若水。水善利万物而不争，处众人之所恶，故几于道。"（第八章）在求知的过程中，要始终保持着谦卑的态度，就像是水一样，天气寒冷时，就凝结成冰，天气炎热时，就化身为气，包容世间杂质，波澜不惊，坐怀不乱。"居，善地；心，善渊；与，善仁；言，善信；政，善治；事，善能；动，善时。"我们要做到敏而好学，不耻下问，放下身价，虚心地求教。刘备不惜三顾茅庐，请诸葛亮出山。杨时为了求得学问，程门立雪；当自己谦虚，别人也会对你增加尊敬。"天下莫柔弱于水，而攻坚强者莫之能胜，以其无以易之。弱之胜强，柔之胜刚，天下莫不知，莫能行。"水谦卑、柔弱，不与他人争，不为他人先。故贵以贱为本，高以下为基。老子认为，圣人一定是自谦的，即使处于高位，也不忘本，把过去的种种当作自己宝贵的人生经历，反复地翻阅，朝花夕拾，推陈出新。

3. 常知之明："绝学无忧。"

"绝学无忧"，绝学，应理解为将学问做透，不学功利之学，不学机巧心机，保持本性的纯良为正解。"五色令人目盲；五音令人耳聋；五味令人口爽"，世界上纷繁复杂的事物有很多，干扰人的视线，太多的人为利欲熏心，丢弃了初心，走上追名逐利的道路。"无欲"是《老子》本有的概念，除有争议的例子以外，起码有两个用例是非常明确的，即"常无欲，可名于小；万物归焉而不为主，可名为大"（第三十四章）和"常使民无知无欲"。这里的无欲实际就是无为的意思，无为在老子那里不是什么都不做，而是依顺本性轨道而为，自然而然地为①。"金玉满堂，莫之能守；富贵而骄，自遗其咎。""不义而富且贵，与我如浮云。"抛去奸诈狡猾的权力与功利之争，权力欲望的纷争，总是不可避免的带来战争和杀戮。"夫佳兵者，不祥之器，物或恶之，故有道者不处。……夫乐杀人者，则不可得志于天下矣。"（第三十一章）而战争带来的就是生灵涂炭、民不聊生，这与老子的"执大象，天下往。往而不害，安平太"是完全相悖的。

"有志之人立长志，无志之人常立志。"人之所以为万物之灵，就应该有抱负，有志向，见异思迁最是大忌。回望历史，哪一位有志之士不是心怀家国天下，百姓疾苦？《道德经》第七章言："是以圣人后其身而身先，外其身而身存，非以其无私邪？故能成其私。"范仲淹登岳阳楼，向士人发出了"先天下之忧而忧，后天下之乐而乐"的召唤；杜甫高呼"安得广厦千万间，大庇天下寒士俱欢颜"的感慨；周恩来总理年少之时就立下"为中华之崛起而读书"的壮志。"上士闻道，勤而行之；中士闻道，若存若亡；下士闻道，大笑之，不笑不足以为道。"（第四十一章）立长志，是指引我们更好地前行，是我们求学求知过程的指明灯，有"长志"的存在，才能

---

① 许建良，《道家老子"无模式"论解》，《东南大学学报》（哲学社会科学版）2017年第5期。

指引我们去知"易知"，易"易知"。

三、易行：善行无辙迹之行

王守仁曾说："知是行的主意，行是知的工夫；知是行之始，行是知之成。"[①]意思是说，道德是人行为的指导思想，按照道德的要求去行动是达到"良知"的工夫。在道德指导下产生的意念活动是行为的开始，符合道德规范要求的行为是"良知"的完成。[②]从实践到理论是第一次飞跃，而更为重要的是从理论到再实践的第二次飞跃，老子以其精炼深刻的哲理，为我们实践从"知"到"行"，再从"易知"到"易行"的路径提供指南。

（一）行的实现：无言之益

再高深莫测的理论，最终还是要付诸实践的。"纸上得来终觉浅，绝知此事要躬行。"世界上是没有什么单凭空口大话就能成事的，老子也在《道德经》中提出实践的重要性："上士闻道，勤而行之。"中国哲学讲究"心物合一"，道是心物相合的状态，通过对事物的分析才能把握"道"。《礼记·大学》："致知在格物，物格而后知至。"[③]只有亲身去研究事物的原理，探寻事物的本质，才能从中获得智慧。哲学是科学之母，科学本身源于哲学，科学进展的历史告诉我们，新的知识只能通过实地实验而得到，不是由自我检讨或哲理的清谈就可求到的。在瞬息万变的今天，实践是检验真理的唯一标准，要将真理运用于实践之中，在不断的实践创新中反过来更正刷新原先的真理。这也就是"理论指导实践，实践反过来对理论进行更新"的道理，也是老子《道德经》中"吾言甚易知，甚易行"的现代说法。

"不出户，知天下；不窥牖，见天道。"（第四十七章）老子不是说不出户就知天下事，而是说经历过事情，通过别人的经验，再次知天下事。荀子说"吾尝终日而思矣，不如须臾之所学也；吾尝跂而望矣，不如登高之博见也"，更体现了知行合一的重要性。战国时期赵括纸上谈兵，没有根据实际战场情况变通，最终军队被秦军打败。"读万卷书行万里路"，知识的丰富不仅体现在学富五车上，更体现在"道可传不可受"，真正的道理是要自己去体悟的，外在的事物是一种路径，通过这种路径去寻找自我，然后最终回到自己的本心，多问为什么。张岱年指出："中国哲人都认为变化是一根本的事实，然而不止如此，更都认为变化是有条理的。变化不是紊乱

---

① 于海量：《略论王守仁的知行合一说》，《镇江师专学报》（社会科学版）2000年第2期。
② 魏义霞：《王守仁"知行合一"与宋明理学知行观的共同本质》，《贵阳学院学报》（社会科学版）2014年第9期。
③ 白宗让：《〈礼记·大学〉"格物致知"新解》，《宝鸡文理学院学报》（社会科学版），2019年第6期。

的，而有其不易之则，变化的不易之则，是所谓常。常即变中不变之义，而变自身也是一常。常的观念，初发自老子。"① 利用变化的条理性，去寻找最本质、内在的常道，才是"道可传不可授"的真正含义所在。

"天地之间，其尤橐龠乎？虚而不屈，动而愈出。"（第五章）人是天地自然的一部分，大自然是一座永不枯竭的宝藏。很多时候，人们通过利用自然、学习自然来更好地"行"。现代社会有很多人类借鉴自然的例子：古代的鲁班看到小草的细齿后发明了锯子；通过观察蝙蝠在黑夜中利用声波飞行的特点，人们仿制出了雷达；利用鱼的流水线形体来制造潜艇降低潜艇在水中前行的阻力。"绵绵若存，用之不勤。"人类对自然的任何伤害最终都会伤及人类自身，这是不可抗拒的规律。只有做到知行合一，才能实现人与自然的和谐共生。人作为认识主体，始终在道上，不同的人有不同的感受和境遇，然而道是客观的、自在的。虽然每个人对道德描述并非对道的本身应有的客观描述，但这并非人类的悲哀，恰恰是人类的真智慧，人类这种反思的力量，体现的正是道的精神。用这种精神来行道，人生就显得丰富美满。② 尊敬自然，道法自然，这是老子的核心观点，也是我们实践过程中的本源所在。

（二）为之于未有，治之于未乱：修身齐家治国中的"易行"

1.修身之行："言有宗，事有君。"和"图难于其易，为大于其细。"

"言有宗，事有君"，即使是行为，也要有依据，不可以凭空想象、凭空捏造理由。正如上文所提到的，首先要"自知者明"，明白你做事情的缘由，承担好事件的后果。但是我们的见识是短浅的、粗略的，有时候做事情时可能遵从自己原始的欲望，带来不可预估的后果。"言有宗，事有君"中的"宗"和"君"也可以以"渊兮，似万物之宗"（第四章）、"静为躁君"（第二十六章）中的意思来解读。这里的"宗"就是祖宗的意思，"君"就是君主的意思。老子作为史官，通过研究前人留下来的史籍去探知他们深奥的智慧，"吾尝终日而思矣，不如须臾之所学也；吾尝跂而望矣，不如登高之博见也。……君子生非异也，善假于物也"③（《劝学》）。站在前人的肩膀上，向古往今来的贤者借鉴学习，形成自己所拥有的人生观和价值观，引导我们为人处世都走在正道上。对当代的大学生来说，在思想政治素质上做到知行合一也是必不可少的。思想政治素质的发展，是教育对象现有的思想政治素质水平与新的思想政治素质要求之间由不平衡到平衡、再由新的不平衡到新的平衡的运动攀升。由"知"到"行"的辩证运动是推动思想政治素质发展的内在动力。"知""情""意""信""行"连续转化发展，推动教育对象现有思想政治素质水平持

① 张岱年：《张岱年文集》，北京：清华大学出版社，1990年，第130—131页。
② 谢清果：《道德真经精义》，北京：宗教文化出版社，2015年，第66—67页。
③ 张之洞：《劝学篇》，上海：上海书店出版社，2002年，第22页。

续提升，达到"知行合一"。①

"图难于其易，为大于其细"，从最面前的事情着手，掌握最靠近自己的信息，利用最原始的信息，不断订正修改，最后达到目标。世界太强大，我们太弱小，所以我们的策略是无为。守稳自己的目标，和世界的潮流互动，从而让世界自己走到我希望它走到的位置上。世界上那么多的知识，我难道要全部学习吗？世界上那么多的职业、事务，我都应该去完成吗？面对这样庞大的知识体系，你无法决定下一步的行动。"不出户，知天下；不窥牖，见天道。"面对世间所有的一切，我们所吸收的知识最终都要添加到我们原有的体系上去。说白了就是要根据我们要解决的具体问题，去寻找可能的策略和规划方式，不要指望能全方位覆盖信息，那样只会耗时耗力，事倍功半。"其安易持，其未兆易谋；其脆易泮，其微易散。为之于未有，治之于未乱。"（第六十四章）预防千里之堤溃于蚁穴，不仅仅是最面前的事情容易谋划，在细小的错误刚刚出现的时候时也是最容易被修正的。我们常说，"失之毫厘，谬之千里"，等到失误孕育到无可救药的地步时，量的累计引起了质的改变，此时再采取措施，就为时已晚了。

2. 齐家之行："是以圣人处无为之事，行不言之教。"

"是以圣人处无为之事，行不言之教"，身教远远胜于言教。这对从事教育的人来说再贴切不过：有时候，以身作则胜过谆谆教诲；对于孩子来说，他们更擅长的是模仿父母、老师的言行举止而不是接受泛泛而谈的大道理。"三人行，必有我师"，我们的认知有很大一部分是来源于他人的，这就是为什么有的时候人们认为，环境对人的成长发育来说也很重要。古时孟母三迁，不就是为了能给孟子一个好的学习成长环境吗？所谓"近朱者赤，近墨者黑""见贤思齐焉，见不贤而内自省也"说的就是这样。明太祖朱元璋首句注："道犹路也，凡人律身行事，心无他欲，执此而行之，心即路也，路即心也能执而不改，非常道也。道可道，指此可道言者，盖谓过人之大道。道即成，名永矣。即非常之名，可行焉，可习焉。"②明太祖将第二、三个道都理解为"行"。他认为道在"行"中，行道是非常人所可为之事，因此要对自身加以约束。清世祖福临解首句："上道字，乃制行之道。可道，可行也。常道乃真常不变之道。上名字，乃立言之名，可名，言之也。常名，即常道之名。"③福临认为常道是可御行的。常道是可道的主宰。这也提醒我们，当我们向他人传播知识时，尤其是亲身传授时，也要做到"知者不言，言者不知"（第五十六章），用精练的言语

① 孙其战：《思想政治素质"知行合一"的发展逻辑及其实现——体验式思想政治教育视角》，《高校辅导员学刊》2021 年第 13 期，第 97—100 页。

② 朱元璋：《大明太祖高皇帝御注道德真经》，《老子集成》第六册，第 2 页。

③ 爱新觉罗·福临：《清世祖御注道德真经》，《老子集成》第六册，第 59 页。

概括要点，更多地以行动做示范。

3. 治国之行："治大国，若烹小鲜。"

《道德经》中有很多是老子的治国理念，书中涵盖了不少对当朝从政者的建议，让从政者治理国家也能做到"易行"。最典型的比如《道德经》第六十章："治大国，若烹小鲜。"老子以烹饪比喻治国，调料要恰到好处，火候要掌握得当，掌勺要看准时机。治国就要爱民，以民为本，不敢有丝毫懈怠、丝毫马虎，"水能载舟，亦能覆舟"，治理国家依照规律办事，有条不紊，才能使国家繁荣昌盛。中国是大国，任何一个举措都维系着亿万人民的利益，治国安邦者要有一颗爱民如子的心，"当官不为民做主，不如回家卖红薯"。一切为人民谋福祉，关注民生是大事，大事要从小事做起，一步一步地将国家建立得更加民主法治。如历史上，汉高祖刘邦在进入咸阳时，曾对百姓约法三章：杀人者死，伤人者刑，及盗抵罪；在井冈山时期，毛泽东为了维护广大人民的利益，对人民军队和党政干部提出了三大纪律八项主义的要求。治国安邦，要以"大道"服天下。"以道佐人主者，不以兵强天下，其事好还。"（第三十章）"执大象，天下往。往而不害，安平太。"（第三十五章）"道常无为而无不为。侯王若能守之，万物将自化。"（第三十七章）这些都体现出治国能人所应当拥有的品质：大道自持。"大邦者下流"（第六十一章），中国作为世界上的大国，要有大国担当，像江河下流一样，谦虚退让。在 2020 新冠肺炎疫情全球爆发后，中国毫不犹豫地向疫情严重的地区及国家派去专家和医护人员，提供救助方法和经验，帮助他国于水火之中，雪中送炭，共克时艰，坦荡大度，宠辱不惊，笃定前行，在构建人类命运共同体的道路上，中国做出了最优秀的表率，充分体现了大国风范。

四、结语：为无为——易知易行的知行观

从春秋战国时期知行论的发展、宋明理学中"行优于知""知先行后"再到现当代的知行论，都体现着"知行合一"思想的深刻内涵以及其影响、意义与方法指引[1]。而老子在《道德经》中处处彰显着"易知易行"的知行观。

《道德经》中提到"为无为，则无不治"（第三章）。"无为"，对老子来说就意味着自然，自然就意味着一切自然而然，不必刻意而为。而无为本质上也是一种为，只不过是一种没有违背自然规律的作为。保持这种作为，便是心至功成，是谓易知易行。自然即自在天然而成之物、自在天然而成之事，"无为即自然"是老子最基本的哲学观点。而自然是我们最容易、最方便接触到的事物，同事也是最简洁、最归一的单元。从易知出发，以知指导行来做到易行；同时以易行反哺易知，做到知行

---

① 何心：《"知行合一"思想的内涵及现实意义》，《学理论》2020 年第 6 期。

相辅相成、螺旋式升华，最终实现知行的辩证统一。

　　知之愈明，则行之愈笃；行之愈笃，则知之愈明。大道至简，易知易行。在两千年前，老子在《道德经》中传授他的知行观，在两千年后，我们通过理解揣摩老子富有哲理的思想来实现新时代的知行合一。老子的智慧和他的《道德经》，就像浩瀚宇宙中一颗璀璨的明星，闪烁着耀眼的光芒，在今天依然值得我们不断深入学习、研究和践行。

从训诂哲学看老子之"道"

樊兵策[*]

内容提要： 训诂哲学最早由饶宗颐先生提出，为中国哲学的研究与创作提供了新的视角。本文通过文字学展开分析，结合现代考古成果追溯道的源头，并以此切入老子之"道"的研究。具体内容包括：考察作为哲学范畴的"道"，追溯其发生、发展的途径，梳理出其概念演变的脉络，进而尝试开拓出一种新的道家哲学进路。

关键词： 训诂 哲学 道老子

基金项目： 本文系四川大学"创新 2035 先导计划·文明互鉴·儒释道思想融通创新与人类命运共同体构建"专项研究成果

国学大师饶宗颐先生提出："我以为我们应该提倡训诂哲学。……窃以为治中国古代哲学，宜除开二障，一是西方框框之障，二是疑古过甚之障。东方哲学的源泉由本土苗长而生，有自己的 Pattern，不必套取西方的模式。文献上的资料，经典上的语言，不仅要处理文字的表面意义，还须进一步理解它内在的深层意义，和其他相关的经典语言的同义异辞。"[①] 根据饶先生的发凡，后人对这一倡议不断完善，认为训诂哲学即"以语词的训诂为基础，进一步阐发文字、文本和经典的哲学意义"，[②] 实现文本之辞与哲学之理的互证。所谓"训诂"，在古代主要是解经的工具，目的在于以训诂通义。古典训诂学主要包括文字学、音韵学等。许慎《说文解字》指出："训，说教也；诂，训故言也。""教"包括政教、文教、宗教的含义，言包括语言、语义等。训诂哲学是对传统经典文本的现代哲学诠释，这就需要结合现代哲学学科，也涉及中国文化及其哲学的现代转型。有人认为要除掉西方框框之障，就该把"哲学"也拿掉，因为哲学也是西方之物。本文不采取这种态度，而主张在传统训诂学

---

　　* 樊兵策，四川大学哲学系生命哲学（学派）研究中心，哲学博士，研究方向为生命哲学，在《哲学动态》《宗教学研究》《道学研究》等发表论文若干篇。

　　① 饶宗颐：《"贞"的哲学》，饶宗颐主编：《华学》第 3 辑，北京：紫禁城出版社，1998 年，第 13 页。
　　② 张丰乾：《训诂哲学——古典思想的"辞理互证"》，成都：巴蜀书社，2020 年，第 3 页。

的基础上有所发展。学界对老子之道多有阐发，而从训诂哲学角度的研究尚不多，本文试图为之。

一、老子之前的"道"

中国汉字就是综合天地万物之象而形成的抽象符号，包括音、形、义三部分，相应的有音训、形训、义训。传说中字圣仓颉造字时"天雨粟，鬼夜哭"，这虽然带有神话色彩，但汉字的发明确实是中华文明开天辟地的大事件。与西方字母文字有着最大不同，它的造字原理和画卦原理一样，都是"观物取象"，即人的内在直觉与宇宙精神相互作用。在造字之时，也是生命境界的呈现。汉字的这种独特性也是中国哲学的一种特色，也只有在训诂哲学中体现得最明显。从训诂哲学角度考察"道"，首先要面对作为文字符号的道，如何从一个普通名词变成专有名词呢？又再一变成中国哲学的核心概念呢？中国目前发现的岩画、玉器、陶器等近似文字的符号，都说明在正式出现文字之前存在漫长的酝酿期。20 世纪初，河南安阳殷墟的甲骨文出土改写了中国文字史。在当今存世的甲骨文中还未发现"道"字，但是有"首"字。根据文字学知识，在秦代以前，独体称文，合体称字。在殷周之时，文字多为独体字，后来合体字大量出现。战国时期，六国文字各不同，秦始皇统一文字，之后文和字不再单独区分。因此，"首"是独体字，属于"文"，具有独特的含义。

甲骨文：首　　　　金文：首　　　　小篆：首 ①

"首"的甲骨文、金文字形较多，这里只略举几例说明。第一个"首"是甲骨文，明显是禽兽的头部象形，如牛羊猪一类祭祀用的牺牲品。第二个是金文，字形来自师酉簋，簋是殷周之际盛食物的用具，也是祭祀的礼器。这个"首"相对抽象，有些像眼睛和头发的符号组合，不太像动物的头部，有点像人的面部，可能指巫师，上半部分像是作法通灵的王冠。至今道士、和尚、萨满作法时头上还是要戴一种特殊的帽子，这说明"首"的符号创造还有其他来源，须单独考察。第三个"首"是篆书，更具有装饰特征，为秦统一六国文字以后的写法，像是一个精美的面具。汉代隶书则把上部简略为草字头，下面的作为头部特征的眼睛"目"，是为今天楷体"首"的写法。下面这一组"首"为甲骨文，都来源于商代，全部是人头的象形。古

---

① 汉典网：https://www.zdic.net/zd/zx/jg/首，2022 年 5 月 11 日。

人都是长发，为什么以短竖指代呢？是不是有所暗示通天的功能？而且耳朵明显夸张化了。"首"还有其他写法，如"𦣻"，仍然保留了最古老的写法，现在归为异体字，实际上是正体字。

甲骨文：首

如果把"首"仅仅理解为"头"，很难说明它的多义性。后世的"首"主要含义是"开始"或第一，现代汉语还说"首先""元首"等。杜光庭注释《道德经》时就提到这一含义："首者，元也，始也。《尔雅》云：初哉首基，始也。"② 在中国文化中，元、基、始都带有文明创生的意义，"首"字何以具有这些意涵？詹石窗先生有一个讲法值得注意："'道'这个字是'首'与'辶'的结合，这很值得玩味。上古时期，部落之间打仗，一方首领被砍头，另一方将其埋于十字路口，遂有了'道'字。战胜的一方之所以把对方首领的头埋于路口，是因为他们相信人是有灵魂的，死了要再生，否则就会危害活着的人。这样一来'道'就衍生出'再生'和'开始'的意义。"③ "首"在甲骨文、金文中本来就指人头，引申为元首可能是早期的巫文化遗存。人的生命在头部，如果人的五脏六腑或四肢缺一个还能活，但斩首之后必死无疑。俗话说"擒贼先擒王"，灭其国先灭其元首。在人类文明的早期，部落或邦国往往政教合一，君师一体。巫师或祭司通常是最高统治者，他们垄断着通天的法术与政治教化权力。首也有可能就是巫师作法的面具，象征着至高无上的神权和政权。元首也就是"道"的象征，是国家道路的开路人或领路人。换言之，首即是道，这从音韵学可以得到旁证。

《说文解字》的道在辵部，并列出另外一个古文从"寸"的"道"（参见下图）。段玉裁注释中谓："首者，行所达也。首亦声。"换言之，行所达谓"首"，首即是道。道为形声字，音韵学研究认为远古无舌上音，"首"与"道"发音近同。从文字史与发生学来看，越是原始的符号就越具有本源性。进一步推测，在远古时期，首作为独体字有可能长期是道的本字，后来才另造出合体字的"道"。这有待更多的考古发现和文献支撑，但这种材料属于非物质文化，非常不容易发现。古文"道"的写法

---

① 汉典网：https://www.zdic.net/zd/zx/jg/ 首，2022 年 5 月 11 日。

② 杜光庭：《道德真经广圣义》卷 6，《道藏》，文物出版社、上海书店、天津古籍出版社，1988 年影印本，第 14 册，第 342 页。

③ 许地山：《道教史》，詹石窗讲评，南京：凤凰出版社，2010 年，第 1 页。

是左首右寸，右边的寸属于指事，指事字在汉字中数量最少，它往往用于抽象难以表达的概念；寸的原义表达尺寸度量，也可能表示手下有物或手持器物；左右合起来就像左表示面具，右面表示手持法器在敲打或舞蹈。

古文：道 　　小篆：道 ①

《康熙字典》收录了一个《说文》没有的古文字道字：衜。笔者推测这可能源自后来出土文物的铭文，其写法就是上文"首"埋在十字路口的意象，它就不是形声字，而是会意。因为由象形不太好表达抽象的意义，行和首都是意符，用"圣人立象以尽意"来解释也非常得当。由繁体字的衛和未简化的衜，来分析衜、衛、衕同源，都是在行字中间加上另外的部首，组成合体字。这一类的"行"字更多表示方位或范围，不表示行为动作。有意思的是甲骨文的步字也有这种写法（如下图甲骨文"步"）：

甲骨文：步 　②

其实，行字的另一半并不是"双立人"，而是象形的"行"左半边，即十字路口的左半边。如小篆的"道"，其实左半边是篆书写法的走之旁，已经失去了象形。金文的道左右两边，就保留了行字的特征，最下面的"止"象征一只脚在走路。简言之，这个"行"字的方位意义主要是"十字路口"，它可能是非常古老的宗教仪式地点，今天的清明节或中元节，民间仍有在十字路口烧纸的习俗。任达华曾经演过一部鬼片，其中招鬼的仪式即是在十字路口摆上一只空碗，在半夜子时的时候敲碗。"行"也有可能是作法时的舞蹈，后来指向道路。上述分析说明，道字的形成有一个复杂的过程，后来它的本义后世理解为与行走相关，

徐复观论述中国思想之特点时说："假定希腊语中的'Logos'和中国语中的'道'，其分位约略相等，但在希腊则是由语言发展出来的，在中国则是由道路上行走发展出来的。"③徐先生只说对了一半，中国语的道固然由行走而来，但也是由语言

---

① 汉典网：https：//www.zdic.net/hans/道，2022年5月11日。
② 汉典网 https：//www.zdic.net/zd/zx/jg/步，2022年5月11日。
③ 徐复观：《中国思想史论集续编》，上海：上海书店出版社，2004年，第283页。

文字而来，语言不是逻辑概念的推演，而是涉及存在本身或关于存在思维结构或语言结构的区分。中国的语言哲学反映在文字，是古人洞察宇宙精神的思维反映——观物取象。这个物含义非常丰富，可以表示哲学上的物质，即认识对象。言不尽意，圣人立象以尽意。《说文解字·序》说："盖文字者，经义之本，王政之始。"文字就是经学释义的根本，是王道政治的源头，组成了中国经典的意义世界。Logos 表声音，道表形象，作为人类创造的两大文明符号，可谓"同工异曲"。从当今的文字考古发现来看，"道"字符号意义转换经历了第二次重构，它的本字即是"首"。

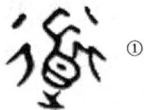①

　　西周晚期周厉王时的《散氏盘》出现的大量的"道"，作为划分东西南北的方位或范围，如："……奉于单道，奉于原道，奉于周道。以东，奉于棹东强。右还，奉于履道。以南，奉于仇道。以西，至于莫。履井邑田。自根木道……"全文共九个道字，这一段共出现六个。此文的道字（见上图），有三个独体字组成，除了"行"，还有止，是个复杂的合体"道"字。首字上面的"毛发"有简化的倾向。

　　从西周早期周康王的大盂鼎和晚期周厉王的毛公鼎都没有出现"道"字，但行文风格比《尚书》中的虞夏书、商书质朴，后者肯定经过周人润色。早期的大盂鼎，行文多为单音词、单句，但毛公鼎有大量复合词出现，句式也复杂得多。从周康王至周宣王两百多年的时间，文字词汇发生了非常大的飞跃。在大盂鼎中"命"还未出现，以"令"通"命"，多单独使用；但已经出现命的复合词，如"大令"即"大命"。毛公鼎则直接用"大命"，命的复合词大命、厥命、配命也比大盂鼎频繁。大盂鼎中，"天"多单独使用，仅出现"天威"一处，毛公鼎多复合词"皇天"。商代卜辞中也用"天"，但多用"帝"代表最高范畴。周人用"天"的观念代替殷商的帝，然后人格化，发展出皇天、天命、畏天、敬天的思想。

　　《周易》的卦辞更近商代甲骨文的文体风格，或者可以划分到殷商时代，当时周还是商的诸侯国。该书爻辞中出了"道"字，《周易·随第十七》："随有获，贞凶。有孚在道，以明何咎。"爻辞无论是文王还是孔子所作，时间范围一般认为在西周或东周，"有孚在道"中的"道"的含义表示道路，但已经开始抽象化，由具象的道路发展成抽象的道路。再如《诗·小雅》："周道如砥，其直如矢，君子所履，小人所

---

① 汉典网：https://www.zdic.net/hans/ 道，2022 年 5 月 11 日。

视。"周道有双重含义，首先指道路，其次指周的政治模式，即王道。周道是君子和小人都要践履的，但是态度不同。天命与道相连，形成天道的观念，跟易学的观物取象传统有关系。《周易·系辞》曰："立天之道，曰阴与阳。立地之道，曰柔与刚。立人之道，曰仁与义。""形而上者谓之道，形而下者谓之器。"从此，"道"成为一个哲学观念，分为天道、地道、人道三个范畴，后来多以天道与人道并称。

许地山也曾经指出："一切名辞都有它底原本意义和以后发展底解释意义。道底原本意义只是道路，是人们所行底道路，到春秋以后道字才附上玄学底意味，因而产生出许多解释。"[①]"道"在春秋以后成为一种哲学范畴，这没有错，但恐怕不能用"附上"这个说法。因为除了文字文献传统之外，还有内在的精神传统。对于"道"不仅是文字符号，它自身还有精神性，黑格尔提出的绝对精神恐怕也受了东方哲学的影响。这部分也是老子说的"非常道"，属于超验性的不可言说的部分。

《尚书》某些篇章真伪有争议，但《周易》争议不大。如果没有后者的经典基础，很难说明为什么老子对道的推崇、体悟，运用得那么娴熟，形成《道德经》那样的哲学体系。老子作为掌管图书文献的史官，如果要划分学派的话应属于史官易。关于这一点，学界已有一些研究，如金景芳认为老子受归藏易的影响，陈鼓应认为易学观、复等卦对老子思想影响较大。本文主要从文字训诂考察其关系，老子对道的描述就是观物取象，用选择了易学中的"道"这一文字符号作为宇宙精神的载体。老子之后的道，先秦诸子分而裂之，派演了后世中国学术的格局。在西方哲学进入中国之后，道就作为中国哲学重要的范畴与概念。金岳霖认为道是中国哲学最高范畴，最先以专著建构道的哲学。杨荣国说："作为哲学沉思的对象，'道'既表现为存在的原理，同时也包含着价值的理想。"[②]

二、老子之"道"的提出

老子其人在西汉司马迁为其作传之时就记载了多个"身份"，加之近代考古发现，学术界依然对其人与作品《道德经》有争议。笔者认为，老子其人就是老聃，与孔子相比是职业、地位不同，老子更像职业学者，其次才是周王室的史官。其作品主要内容可能为老子本人所作，后来经过了汇编或删改。前后篇章的排列，代表了编者的水平，形成了通行本道论在首的面貌。德论在前可能更符合周人尚德的传统。但无论是德论还是道论，其内容排列都有后人编辑整理的因素在内。虽然韩非子很早就诠释了老子之道，但该书的通行本定型在两汉时期，河上公注本形成了道家经学，张道陵注本形成了道教经学。现在甚至有学者认为通行本不足再为研究老子思

---

① 许地山：《道教史》，第1页。
② 杨荣国：《道论》，北京：北京大学出版社，2011年，第306页。

想的文本根据，排开河上公注、王弼注，而主张"以汉简本为基础，结合郭店本、帛书两本和通行本来作出综合判断"。①由此可见，对老子之"道"的理解仍在演变之中。

老子对"道"阐发很思想渊源很可能源于《易经》，或和易学有共同的思维方式。老子之道的主要特色是以天道明人道，天道就是"非常道"，人道就是"常道"。他的"道"从"天道"的观念中独立出来，形成一个更完善的体系，并且以此展开论述。据统计，老子之"道"在《道德经》中出现了七十三次，其字形相同而意义有别，限于文章篇幅，本文主要以第一章的"道"的训释为例，统摄其他。为什么老子首先提出"道可道，非常道；名可名，非常名"？既然"不可道，不可名"，为何又说出五千言？这是该书训诂注疏研究史上的大问题。

汉代河上公是第一位系统注释《道德经》的学者，他把"道可道"第一个"道"直接理解为"谓经术政教之道也"，这非常符合汉代学术观念，经术政教四字是河上公解老的"正法眼藏"。汉初的经学主要指道家经学，黄老之经书，老子《道德经》当居第一，后来出土《黄帝四经》弥补了黄学经籍之缺。所谓"术"亦指道术，广义上泛指一切学术，包括政治、经济、科学技术，狭义上为帝王术。后来汉武帝独尊"儒术"，设立五经博士，经术的内容才由道家转向儒家。政，今言政治，教，今言教育。凡"……谓……之……也"，是秦汉之际常见的义训句式。"章句"这种名称就是汉代经学体例，汉儒非常注重制度名物的考据，由训诂通义理；"非常道"的"道"也不是神仙家的自然长生之道，而是能够无为、安民："常道，当以无为养神无事，安民含光藏晖。灭迹匿端，不可称道。"②此处可见汉代黄老思想的明显特征，把"道"落实在一个制度实体，没有形而上的哲思。所谓"常道"，对于统治者而言，要以"无为养神"为宗旨，使一般老百姓安居乐业。对于某些避世山林或成仙升天的做法称为"灭迹匿端"，持否定态度。由此可见，河上公对经义的训释近似于一种政治哲学。后汉张道陵的《老子想尔注》一书则朝着河上公批判的那个方向发展，此不赘述。

魏晋之际，王弼受玄学影响，对道的训释为后世开创了一种体用范式。他采用一种反向义训的方式理解道，即"指事造形，非其常也。故不可道"③。指事是造字的一种方法，凡是能用文字表达名词概念都是非常之物，不会永恒存在。楼宇烈校释引用《说文解字》六书、《周易·系辞上》"在天成象，在地成形"进行说明，把"指事"训为"可识可见之具体事物"。楼氏虽然采用"校释"，这里的体例接近"疏"，

①　郑开、曹峰、丁四新：《〈老子〉新知——从文本到思想》，《中原文化研究》2021第3期。
②　转引自詹石窗编著：《道德经通解》，北京：宗教文化出版社，2017年，第13页。
③　王弼：《老子道德经注校释》，楼宇烈校释，北京：中华书局，2008年，第3页。

它是对注的再解释，传统经学训诂讲究"疏不破注"。王弼主张"得意忘象"，但还得借助文字。"指事"就是"视而可识，察而见意"，通过文字之名准确地理解事物。老子采取观物取象的方式，借用"道"字表达生养万物的总根源、总依据，王弼则以有无对立之际训释"道"，认为有之前为无，有生于无，他在义理上对老子之道进行了重构，"凡有皆始于无，故未形无名时，则为万物之始"。① 王弼在注老子第四十章"天下万物有生于有，有生于无"时提出"有之所始，以无为本"。② 在其后的《老子指略》直接把老子之书的宗旨归纳为"崇本息末"，他所谓的本即是"无"，而末为有。换言之，无为本体，有形的名相世界皆为其用。这样老子由"道"本体就转向了以"无"为本体了，用纯哲学思维建构了一套本体论。道与非常道并非截然对立，无与有也是，前者要依赖后者之用来显现。对于体用关系，杜光庭在第一章的训释中则有更多的发展。

唐代基本沿着王弼的路数，不过直接把道训释为虚极。虚极也出自老子"致虚极，守静笃"，汉魏以来将之本体化，作为修身的进阶。李隆基把"可道之道"训释为"道者，虚极之妙用。名者，物得之所称。用可于物，故云可道"。③ 李氏并没有展开论述，杜光庭的《道德真经广义》则注释得较为详细，他首先对第一章下了按语，即疏为"此章明妙本之由起，万化之宗源"。④ 他还对唐玄宗的注进行了疏解和广义："首标虚极之强名，将名众妙之归趣。……虚极，妙本也。强名，道也。此章先标可道为体，可名为用。末篇归众妙之门，摄迹归本。趣，向也，复归向于大道之本也。就此门中分为七别。"一曰可道可名者，明体用也。义云：体用者，相资之义也，体无常体，用无常用，无用则体不彰，无体则用不立。或无或有，或实或根，或色或空，或名或象；互为体用，转以相明，是知体用是相明之义也。体者形也，肤也；用者资也，以也。二曰无名有名者，明本迹也。"⑤ 这里有几层意思，首先"可道"训释为本体，"可名"为用；其次，体用相资，体用双遣；最后，摄迹归本。可以看出，这里借用了重玄学的方法。一般而言疏是对注的疏通，在杜光庭这里还有一种特殊用法，即是对整个篇章大义进行概括，相当于今天的按语、提要。"道可道，非常道。疏：道者，虚极妙本之强名也，训通训径。义曰：道者，至虚至极，非形非声，后劫运则不为终，先天地而不为始。圆通澄寂，不始不终，圣人以通生之用可彰，寻迹而本可悟。故以通生之德，强名为道也。疏：可道者，言此妙本通生万

---

① 王弼：《老子道德经注校释》，楼宇烈校释，北京：中华书局，2008 年，第 3 页。。
② 同上，第 110 页。
③ 李隆基：《唐玄宗御注道德真经》，http://www.dadaojiayuan.com/cache/cj_info270-45-1.html，2022 年 1 月 5 日。
④ 杜光庭：《道德真经广圣义》卷 6，第 342 页。
⑤ 同上。

物，是万物由径，可称为道，故云可道。"① 杜光庭把道训为径即是义训，同义为训。在空间上，道由此径而通生万物，具足通生之德；在时间上，道又圆通澄寂，无始无终。这种训释相当现代，道具有超越性，而又创生万物。

宋代对道的训诂则受理学的影响，元明清三代基本没有新的突破。《老子道德经古本集注》则以"道者，自然万物之理也"② 训"道可道"之"道"，这个"理"不过是"道"的同义训诂。对道的理解真正地突破是近代西学东渐以后。陈鼓应认为道有三义"实存意义的道""规律性的道""生活准则的道"。"第一个'道'字是人们习称之道，即今人所谓'道理'，第二个道字是指言说的意思。第三个'道'字是老子哲学上的专有名词，在本章它意指构成宇宙的实体与动力。"③ 实体即是借用了现代哲学的术语，其训释范式也是哲学的。综合来看，道不仅是宇宙的动力，也是人的动力。老子之道最重视整体观，宇宙天地是一整体，自然万物与人也是一整体。

西方现代或后现代哲学解构了形而上学，例如：海德格尔以老子之"道"相印证，破除了西方哲学传统的主客二元对立，开创了存在主义哲学。这对中国学界理解老子之道也有影响。一般观点认为，道作为中国哲学的最高范畴，既是本体存在，又是认识工具，主客不分，即体即用。老子的"常道"与"非常道"之分，前者是非对象化之道（non-objetificatied Tao），后者是对象化之道。非对象化之道不可言说，而对于对象化的"常道"既要借助语言又要超越语言。其实，老子之意重在"常道"，由此展开宇宙论、人生论、治国论。当代老子之道的诠释，需要借助哲学的言说方式，从非对象化走向对象化需要创生。④ 只有把握宇宙的实相才能重构意义的世界，某种程度上也是对源头之道的复归。

三、结语

"道"的哲学思想之形成，不是单线而是多线的进路。道的本字可能是"首"，具有上古君师一体的思想意涵。殷周之际，"道"作为一个合体字使用出现，天命、天道的词汇和观念逐渐形成。在老子的时代，"道"开始作为一个独立的学术概念出现。老子的问题意识先从宇宙整体着眼，对礼崩乐坏的时代提出了解决之道。其书《道德经》包含了丰富的思想内容，诸如哲学、宗教、文学、政治等等。"道可道，非常道；名可名，非常名"，真正的"道"无法言说，正因为缺乏规定性，所以后世解老千人千面。如果紧扣文本，以训诂哲学分析《道德经》，则可以避免不必要的分

① 杜光庭：《道德真经广圣义》卷6，第342页。
② 范应元：《老子道德经古本集注》，上海：华东师范大学出版社，2010年，第1页。
③ 陈鼓应：《老子今注今译》，北京：商务印书馆，2016年，第35页。
④ 参见林光华：《老子之道及其当代诠释》，北京：中国人民大学出版社，2015年，第166页。

歧或误解。其文本形成是在汉代，尤其河上公以经学章句的体例完成全书的训释，为后世老学研究奠定了基础。魏晋之际的王弼则打破经学传注的体例，"以无为本"重构了老子之道，开创了一种新的体用观。唐宋以后，尽管有以理学训释老子之道，终究无大发展。理解老子之道，新的突破是在近代西学东传以后的哲学范式，也有帛书、简书的《道德经》版本、残篇的考古成果。在造字之初，"道"字不仅是由形而上的存在转向主客实践的符号，还是一个工夫与境界的呈现。虽然本文主要在经验范围内讨论，但是如果完全排除老子之道的超验部分也是不完整的。对文本的训释有不同的时代视域，经典的训诂会形成新的意义世界。从中国哲学史来看，它既可以为经典诠释提供新的路向，也能为中国哲学开辟出一条特色之路。老子之"道"也是宇宙精神亘古至今的动态发展，落实在人就是生命境界，一种生命道学。当下而言，如何整合《道德经》的训诂传统，在世界哲学领域焕发"道"的生命力，可能也是新时代的一种使命。

《老子》"民"论

付瑞珣　赵玲玲 *

内容提要:"民"这一政治概念在商代就已出现,商周时期由宗教思想中天(帝)与君主的拟血缘关系衍生出来的君民拟血缘关系,使"民"在君民政治关系中具有了伦理性,民在这一关系中处于从属地位,无主体性可言。老子从万物本源"道"出发,通过宇宙生成论否定了君主的特殊性,瓦解了君民拟血缘关系,认为民具有非伦理性,还原了民之自然性。并以此劝诫治者治国理民要顺应民之自然性,要求治者修养身心,一方面做到无欲无为,即不贪不争,另一方面做到去智巧顺自然。老子"民"论是从民的自然性入手,解构了传统神权之于民的枷锁,呼吁统治者无欲无为,顺应民的自然性,在君主专制思想汇聚的大潮下彰显了独特的历史价值。

关键词:《老子》 民主 虚静无欲 自然无为

"民"是商周时期重要的政治概念,其内涵由血缘氏族社会下的氏族成员逐渐演变为编户齐民,始终是社会的基石,治者及思想家的"敬民""保民""民贵"等观点与举措也多基于御民之术。虽然"重民"是商周政治思想的共识,但《老子》"民"论凸显"民"的自然性,并劝诫治者顺应民的自然性,这在早期政治思想中极具价值,学界对此也多有研讨。[①]本文以通行王弼注本为主,辅以郭店简、马王堆帛书、北大简等各类简帛《老子》,系统论述《老子》"民"之属性和治者该如何对待"民"等问题。不揣谫陋,试以疏析。

---

* 付瑞珣(1990—),辽宁本溪人,历史学博士,青海师范大学历史学院副教授,硕士生导师,研究方向是先秦史、思想史。赵玲玲(1996—),甘肃天水人,历史学硕士,深圳外国语学校博雅高中教师。

① 学界关于《老子》政治思想的论著极为丰富,专著如陈鼓应《老子今注今译》(北京:商务印书馆,2006年),期刊论文如陈霞《屈君伸民:老子政治思想新解》(《哲学研究》2014年第5期),学位论文如周剑林《老子政治思想研究》(湘潭大学2006年硕士学位论文)、王晓峰《老子政治思想研究》(大连理工大学2010年硕士学位论文)、任海涛《中国古代政治法思想萌芽研究》(华东政法大学2011年博士学位论文)等。

一、《老子》"民"之非伦理性

殷商时期，将"神"作为万物之源，"民"乃神之子，"神"与"民"之间构成了拟血缘关系，商王在"帝·子"的拟血缘结构中处于"元子"的地位，因此君民之间同样建构起拟血缘关系，这种拟血缘的关系赋予了商王政治权利以神学和伦理的基础。随着政治局势的变化，殷周之际的伦理思想发生了"损益"之变。周人克商期间，将"天"与"上帝"合一，建立周王与"天帝"的拟血缘关系。随着周王朝分封制和宗法制的确立，周王的权力较之商王更加集中，成为"诸侯之君"，建构了"天·天子·臣民"的新关系。商周时期由宗教思想中天（帝）与君主的拟血缘关系衍生出来的君民拟血缘关系，使"民"在君民政治关系中具有了伦理性，成为忠君思想的理论依据。民在君民关系中处于从属地位，无主体性可言。因此这一时期的"民本"观念更大程度上是君主为了更好地维护统治而做出的妥协之策。

《老子》对"民"非伦理性的探索，在于老子以"道"否定了天帝，否定了天帝与君主的拟血缘，也就否定了君与民的拟血缘，将"民"从必须忠君的伦理关系中解放出来。

老子以"道"从本原上瓦解了"神·君·民"的拟血缘关系。老子认为万物的本源是无形无名之"道"，而民与道不存在血缘伦理关系。所谓"道生一，一生二，二生三，三生万物"（第四十二章），道作为一个形式的概念，一个纯粹的代号，是万事万物所从生者，而非一具体之物，亦非人格化的神。这就从根本上瓦解了商周时期将"神"作为万物的本源与主宰的认知，也就解构了君主政治权力的神学基础。"老子的'天'突出其自然性，因而在他的世界中，便消除了传统的神秘性的天命观"，并"以'道'作为世界的本源及万物运动变化的规律"[①]。老子的此种宇宙生成论和本体论"否定了宇宙是从有意志人格的上帝所创生的，在思想史上有重大的突破性意义"[②]，打破商周以来天与治者之间的拟血缘，削弱了治者维系政权的伦理借口，继而剥去民的伦理性，将民从原有的君民从属关系中解放出来，民不必依附屈从于君主，其本质是独立且自由的，这便在真正意义上提高了民的地位，属于真正意义上的民主思想。

老子以"道"为万物之源，使曾被崇拜为神的天成为自然的一部分，清除了原始宗教文化血缘伦理观念，而是抽象至宇宙论，在此基础上，老子"民"论便不再将民纳入神权范畴，而是自然的范畴。

---

① 陈鼓应：《老子与孔子思想比较研究》，《哲学研究》1989年第8期。
② 陈鼓应：《老子与孔子思想比较研究》，《哲学研究》1989年第8期。

二、《老子》"民"之自然性

《老子》将自然性作为民之核心属性。老子对民之自然性的阐释，则与其思想内核"道"是一致的。

《老子》民论始终关注于民之自然性。一方面，民有生之自然，即是说民能够调节好自身的生存。第三十二章云"道常无名，朴虽小，天下莫能臣也。侯王若能守之，万物将自宾。天地相合，以降甘露，民莫之令而自均。始制有名，名亦既有，夫亦将知止，知止可以不殆。譬道之在天下，犹川谷之于江海。"这说明人民不需要治者的指令，就像天地交互便能降雨一样，其自我调节生存的能力也是自然的。另一方面，民亦有死之自然。"民不畏死，奈何以死惧之？若使民常畏死，而为奇者吾得执而杀之，孰敢？常有司杀者杀，夫代司杀者杀，是谓代大匠斫。夫代大匠斫者，希有不伤其手矣。"（第七十四章）治者不应该以严刑峻法来恐吓人民，屠戮人民，原因在于人民的生死有其自然性，故不可代天杀之。

民之自然性，与天地万物之自然性一样，是源于道之自然性。"天地不仁，以万物为刍狗；圣人不仁，以百姓为刍狗。"（第五章）"天地无所偏爱。即意指天地只是个物理的、自然的存在，并不具有人类般的感情；万物在天地间仅依循着自然的法则运行着。"[1] 这种人性的自然性源于道之自然性。道"生而不有，为而不恃，长而不宰"（第十章），道本具有生化万物却不占有不主宰，而是顺其自然，因此伟大光明。"道德之所以令人尊贵，就在于它任各物自生自长；当'道'生成万物之后，它便内在于万物而成为万物各自的本性""对万物不加干涉而任其自然"。[2] 老子认为："道的创造万物并不含有意识性，也不带有目的性，所以说：'生而不有，为而不恃，长而不宰。''生''为''长'（生育、兴作，长养）都是说明道的创造功能，'不有''不恃''不宰'都是说明道的不具占有意欲。在整个道的创造过程中，完全是自然的，各物成长活动亦完全是自由的。"[3]

既然孕育生化万物的道都具有自然性，从道而生的民自然秉承了这一特性，存在于天地之间，依照其自然性生存和灭亡。因此，在老子"民"论中，他的"人法地，地法天，天法道，道法自然"创造性地提出了自然人性的概念，并将民纳入自然范畴。非伦理性与自然性是老子"民"论的主要特征。

三、统治者应该遵循民的自然性

既然自然性为民的核心属性，老子劝诫治者治国理民要顺应民之自然性。老子

---

[1] 陈鼓应：《老子今注今译》，北京：商务印书馆，2006 年，第 93 页。
[2] 陈鼓应：《老子与孔子思想比较研究》，《哲学研究》1989 年第 8 期。
[3] 陈鼓应：《老子今注今译》，第 263 页。

把这一政治理想和原则的实践和推行，寄托于治者主观的德行修养上，要求治者修养身心，一方面做到无欲无为，即不贪不争，另一方面做到去智巧、顺自然。

（一）治者应该无欲无为

所谓无欲即不贪。"上有所好，下必趋之"，治者的贪欲往往会引起民乱。"不尚贤，使民不争；不贵难得之货，使民不为盗；不见可欲，使民心不乱①。是以圣人之治，虚其心，实其腹；弱其志，强其骨。常使民无知无欲，使夫智者不敢为也。为无为，则无不治。"（第三章）治者个人行为会对人民生活产生深刻影响，如果任其彰显张狂，民将难治困苦。"民之饥，以其上食税之多，是以饥。民之难治，以其上之有为，是以难治。民之轻死，以其求生之厚，是以轻死。夫唯无以生为者，是于贤于贵生。"②（第七十五章）可见，人民生活困苦的主要根源在于治者为满足一己私欲而不顾民之生死，因此要限制治者欲望，约束治者不能执念于一己私利，而应当时刻关注到民之所欲。治者无欲，而民自朴，民性得以舒张，民心才能顺服。

统治者清守不贪，还应该做到虚静。"致虚极，守静笃。万物并作，吾以观复。"（第十六章）"'虚'者无欲，'静'者无为。"③老子反对治者为了一己私欲，任意妄为，对人民实行严刑峻法。"夫代司杀者杀，是谓代木匠斫"。（七十四章）蒋锡昌云："人君不能清净，专赖刑罚，是代天杀。"奚侗云："人君不能以道治天下，而以刑戮代天下之威，犹拙工代大匠斫也。"高明补充道："'代大匠斫'，则方圆不得其理，以喻刑戮不依法律，严刑峻法，使民生不若死。民既死而无畏，人君必祸及己身，故老子曰：'则希不伤其手矣。'"④他们提倡要效法圣人体察百姓之欲。"圣人无常心，以百姓心为心。"（第四十九章）这是劝告统治者不可以师心自用，要客观体察百姓之需求和心意，因势利导，顺应民心。⑤圣人无欲，乃无私欲，一心为民，而己将有所得。"圣人不积，既以为人，己愈有；既以与人，己愈多。"（第八十一章）高明释曰："无积无藏则心虚静，心虚静则无所系，故无所不为人也；心静不系，则无私无虑，故无所不予人也。"⑥徐复观解释老子无欲思想谓："不是否定人生理自然的欲望（本能），

---

① 北大简云"使心不乱"，无"民"字，与河本同。

② 帛书本："人之饥也，以其取食税之多也，是以饥。百姓之不治，以其上之有为，是以不治。民之轻死也，以其求生之厚也，是以轻死。夫唯无以生为者，是贤于贵生。"北大简本："人之饥也，以其取食术之多也，是以饥。百姓之不治也，以上之有以为，是以不治。民之轻死也，以其求生之厚也，是以轻死。夫唯无以生为，是贤贵生也。"高明先生释云："'民'字，唐时避太宗讳多改作'人'，唐后重刻该书，又将讳字改回，此'人'字即误为唐时避讳所该，故改'人'字为'民'，因此而误。当从帛书作'人之饥也'为是。"参看高明：《帛书老子校注》，北京：中华书局，1996年，第193页。

③ 高明：《帛书老子校注》，第299页。

④ 高明：《帛书老子校注》，第192页

⑤ 高明：《帛书老子校注》，第59页。

⑥ 高明：《帛书老子校注》，第157页。

而是反对把心知作用加到自然欲望里面去，因而发生营谋，竞逐的情形。并反对以伎巧来满足欲望。伎巧也有心知作用而来。未把心知作用渗入到自然欲望（本能）里面去，这即是老子的所谓无欲。"①这是值得采纳的论断。

所谓无为即不争。之所以要求治者无为，一方面，治者的政治举措会深刻影响民人，一旦妄为则会破坏民生，另一方面，治者妄为则会失败，执意操持则会丧失民心。就前者而言，老子认为："其政闷闷，其民淳淳；其政察察，其民缺缺。"（第五十八章）所谓"闷闷""淳淳"皆糊涂状，此谓君政无事无为，则民朴实淳厚；君政严苛诈伪，民必狡猾狭诡。老子还说："天下多忌讳，而民弥贫。民多利器，国家滋昏。人多伎巧，奇物滋起。法令滋彰，盗贼多有。"（第五十七章）意思是：天下的禁令越多、法令愈加彰显，人民就越容易犯纪，国家的政事也就越昏乱。故治者应无为虚静，使人们各得其所。对于后者，老子说："为者败之，执者失之。是以圣人无为，故无败；无执，故无失。民之从事，常于几成而败之。慎终如始，则无败事。"（第六十四章）这就要求统治者顺其自然的同时要始终谨慎行事。当治者无为，民将自为，这样治者则无所不为，而民能自化，自正，自富，民心归顺，社稷安定。②

不与民相争，要求治者同善水和圣人一样，对待人民放低姿态，谦恭不争。"上善若水，水利万物而不争，处众人之所恶，故几于道。居善地，心善渊，与善仁言善信，正善治，事善能，动善时，夫唯不争，故无尤。"（第八章）蒋锡昌云："其实老子所谓'动善时'者，非圣人自己有何积极之动作而能随时应变，乃圣人无为无事，自己渊末不动，而一任人民之自作自息也。"③"江海所以能为百谷王者，以其善下之，故能为百谷王。是以欲上民④，必以言下之；欲先民，必以身后之。是以圣人处上而民不重，处前而民不害，是以天下乐推而不厌，以其不争，故天下莫能与之争。"（第六十六章）治者在治理人民时，要像圣人一样，诚心地谦逊而退让，使得人民不觉得受到压迫。这样天下百姓乐于归服他而不厌恶。只有不显示他高过人民，天下就没有谁能超越了他的成就。治者治民，必不可与之争，因为"善为士者不武，善战者不怒，善胜敌者不与，善用人者为之下"（第六十八章）。此"谓人君能谦恭自下，则天下归心。如第六十六章所云：'欲上民，必以言下之'"。⑤只有不与民争，则天下莫能与之争。如果治者任性妄为，"离其清净，行其躁欲，弃其谦后，任其威

①　徐复观：《中国人性论史先秦篇》，上海：上海三联书店，2001年，第302页。
②　陈鼓应：《老子今注今译》，第212页。
③　蒋锡昌：《老子校诂》，《民国丛书》第5集第5005册，上海：上海书店，1996年影印本，第49页。
④　其他版本均曰"圣人之欲上民"，唯北大简本曰"高民"，义同。
⑤　高明：《帛书老子校注》，第166页。

权，则物扰而民僻，威不能复制民"，① 则民人将不再敬重之，"民不畏威，则大威至"（七十二章），届时"上下大溃"，灾祸将至。老子的无为思想，在约束治者的同时，维护民人的自然性。只有治者无欲无为，民性才能得以舒张和发扬，天下才能大治。

（二）统治者应该去智巧、顺自然

老子认为，治者宣扬的智巧礼法，钳制蒙蔽了民之自然本性，民变得诈伪狡黠，多智巧则生乱，因此统治者应该去智巧、顺自然。

老子说："民多利器，国家滋昏；人多伎巧，奇物滋起；法令滋彰，盗贼多有。"（第五十七章）又说："以智治国，国之贼；不以智治国，国之福。知此两者，亦稽式。常知稽式，是谓玄德。玄德深矣，远矣，与物反矣，然后乃至大顺。"②（第六十五章）他认为知识是一切纷争的源泉，要想使得国家安定，必须除智巧，复自然。具体而言，应当"绝圣弃智""绝仁弃义""绝巧弃利"③，这样方能"民利百倍""民复孝慈""盗贼无有"。倡导治者要弃绝智巧和治术、抛弃求利的心态，禁绝诈伪欺骗，这样人民才能更加安定地生活，才能复返于孝慈的本性。

弃智巧本于道之自然性，在政治领域，统治者应该抛弃礼教、顺应民的自然性，所谓："我无为而民自化，我好静而民自正，我无事而民自富，我无欲而民自朴。"（第五十七章）"非其鬼不神，其神不伤人。非其神不伤人，圣人亦不伤人。"（第六十章）高明解释说："所谓'神不害自然'，而无天下自然之灾难，民生得以安定，即神不伤人也。圣人以无为、无事、无欲，而无扰于民，民得自化、自正、自富、自朴，得安居乐业，免受积劳，此知谓圣人不伤人也。"④ 此论极为合适。老子还认为统治者应该法道之自然，法圣人之行，修身养性。他说："载营魄抱一，能无离乎？专气致柔，能婴儿乎？涤除玄览，能无疵乎？爱民治国，能无知乎？天门开阖，能无雌乎？明白四达，能无为乎？生之畜之，生而不有，为而不恃，长而不宰，是谓玄德。"（第十章）统治者修身至此，便能够同天地一样，生长养育而不占有，导引而不主宰，这便是其最大的德。⑤

总之，统治者需遵从道之自然性，遵从民之自然性，同圣人一样"以百姓为刍

---

① 王弼：《老子道德经注校释》，楼宇烈校释，北京：中华书局，2008 年，第 179 页。

② 帛书本："故曰：为道者非以明民也，将以愚之。民之难治，以其智。故以智治邦，邦之贼也；以不智治邦，邦之德也。恒知此两者，亦稽式也。恒知稽式，是谓玄德。玄德深矣，远矣，与物反矣，乃至大顺。"（甲／乙本）帛书本与北大简本文义更为相近，均曰"民之难治，以其智也"和"以不智治"。

③ 该章通行本、帛书本和北大简本与郭店简本文本差异较大。前三者均言"绝圣弃智""绝仁弃义"，郭店简本则言"绝智弃辩""绝伪弃诈"。《老子》全文均赞扬圣人行为，提倡治者要效仿圣人德行，故不可绝"圣"。第八章"与善仁"句可见老子并无弃绝仁义之说，而《庄子·胠箧》有"攘弃仁义"之说，因此通行本等或许是受到庄子后学激烈派思想所致。参看陈鼓应：《老子今注今译》，第 147 页。

④ 高明：《帛书老子校注》，第 120 页。

⑤ 陈鼓应：《老子今注今译》，第 112 页。

狗"。"天地无施，则万物自长；圣人无施，则百姓自养。万物生死势所必然，无生死之迭续，即无万物之亘延。"①治者无欲无为，顺民自然，则能达到治国的理想状态。

四、《老子》"民"论的历史价值

以上，老子"民"论的主要内容是对民之非伦理性和自然性的阐释，以及从自然性角度劝诚统治者要无欲无为，顺应民的自然性。此一观点在商周政治伦理思想嬗变的进程中彰显了独特的历史价值。

在商周政治伦理思想的发展中，"民"始终都是被高度重视的对象。西周及以前的时代，中国历史处于血缘贵族时代，此时的社会以氏族联盟的方式存在，民则是氏族内部的成员，也是整个社会最重要的生产力。统治者为了维护正常的统治便要团结各个氏族，其中也包括作为氏族成员的民，因此，西周时期常见"以德配天""敬德保民"之说。春秋以后，血缘氏族社会遭到了瓦解，民从氏族解放，成了担负国家赋役的编户齐民。此时的民仍旧是社会最重要的生产力，统治者及思想家对民有着复杂的态度，他们既需要维护民以促进社会之发展，又要控制民以防叛乱，由此出现了儒、法二家对民不同的态度。总之，在商周时期民虽然有着重要的政治地位，却始终被统治者和思想家们视为被统御的对象，至秦汉之后此一现象便更为凸显了。

然而，在这样的思想潮流之下，老子"民"论显示出了独特的历史价值。一方面限制君权，要求治者无欲无为，不贪不争，顺民自然，另一方面维护民之本性，倡导民对人格独立和意识自主的自我发掘与培养。

老子从万物之本源道出发，阐述了"道生一、一生二，二生三、三生万物"（第四十二章）的宇宙生成论，否定了君主政治权力的神学与伦理基础，从根本上瓦解了商周时期君民政治关系中的拟血缘。宇宙本源不是众人崇拜的神，而是无形无名之道。道无需代理人，因此治者不再特殊高贵，不再是发号施令的在上位者，而是各种意见的协调者。通过强调天地间万物自然生长的状况，要求治者从道的顺其自然、不恃不宰的特性中体悟出治民的政治理念。"老子对'道'的形而上学的思考落实到社会、人生和政治，就没有设定一个全知、全能、全善的'君'，和只能受人安排、被人计划、接受指令的'民'。"②这就从本源上否定了君高于民的自然和伦理基础。

老子对民进行了伸张，提倡人民挖掘本质的自我，实现个体生命的真正自由。"老子的'伸民'表现在对'民'的生命、财产、选择生活方式等权利的维护上"，"还表现在对'民'的主体性的承认。'民'成为主体，因为'民'有'心'，也即有

---

① 高明：《帛书老子校注》，第 244 页。
② 陈霞：《屈君伸民：老子政治思想新解》，《哲学研究》2014 年第 5 期。

意志。民能够进行自我管理"①。老子要求民自知自胜。"知人者智，自知者明。圣人者有力，自胜者强。知足者富，强行者有志。不失其所者久，死而不亡者寿。"（第三十三章）陈鼓应先生释道："一个能'自知''自胜''自足''强行'的人，要在省视自己，坚定自己，克制自己，并且矢志力行，这样才能进一步地开展他的精神生命与思想生命。在老子看来，知人、胜人固然重要，但自知、自胜尤为重要。"②同时倡导民人复归本性。"夫物芸芸，各复归其根。归根曰静，静曰复命。复命曰常，知常曰明。不知常，妄作凶。知常容，容乃公，公乃王，王乃天，天乃道，道乃久，没身不殆。"（第十六章）"老子复归的思想，乃就人的内在之主体性、实践性这一方向作回省工作。"③只有复归到本性，民人顺道常安，这是老子对民人的保护。

"由道的自然性、自在性、自发性而向下落实到人生政治的层面的这种代表了人民自主性和自由性的要求，建立了道家在中国文化中的一个极其特殊的性格。"④这种特殊性体现在，当其他政治思想争相为君主服务时，老子以其伟大高尚的人格为民人发声，从人道主义的角度出发，主张虚君爱民。老子的思想"消灭了森严的等级差别，否定了君主的至上权威，从而使民人在理论上拥有了和君主一样的权利"⑤。这种"以百姓的意见为意见的政治主张以及'自化''自正'这种尊从民人意愿、维护人民自然性、自由行、自主性的理念，使得道家的学说在诸子中代表着古代自由民主的精神需求"，⑥"可以说是中国古代哲人一种最早、最质朴，也是最彻底的人权思想"。⑦

因此，可以说老子"民"论是对专制主义中央集权逐步汇聚的时代大潮的反动，而值得玩味的是，"反者道之动"也是老子最具哲理的思想之一。

结语

"民"一词在《老子》中反复出现，成为表达老子其人政治思想的重要载体。老子以"道"为万物之源，对民的非伦理性进行一番阐释，彻底瓦解了商周时期由治者一手建构起来的"帝·子"的拟血缘关系，这就在根本上将民从君民从属关系中解放出来。老子基于民之自然性，对统治者所提出了无欲无为、不贪不争和顺应民之自然性的劝导，并倡导民人自知自胜，挖掘本质，以实现自主自由。他从"道"的

---

① 陈霞：《屈君伸民：老子政治思想新解》，《哲学研究》2014年第5期。
② 陈鼓应：《老子今注今译》，第202页。
③ 陈鼓应：《老子今注今译》，第140页。
④ 陈鼓应：《道家在先秦哲学史上的主干地位》（上篇），《中国文化研究》1995年第2期。
⑤ 王保国：《两周民本思想研究》，博士学位论文，郑州大学历史学院，2003年，第156页。
⑥ 陈鼓应：《道家在先秦哲学史上的主干地位》（上篇），《中国文化研究》1995年第2期。
⑦ 孙雍长：《老子注释》，广州：花城出版社，1998年，"前言"，第9页。

自然性出发，反对治者支配主宰人民，所流露出君民平等的思想不仅为春秋时期"忠君"思想之反思提供了一定的依据，亦为整个中国思想史增添了民主主义的光辉。

《老子》"德"的释义研究

闫柏潼*

内容提要:"德"是《老子》哲学体系中的核心范畴之一。"德"之释义主要有以下三种:第一,以"得"训"德"。第二,"德"即"性"。第三,"德"即"美德"。这三种释义存有先后之序,即以"得"为原始含义,所衍生出的"性"以及"美德"之意。首先,"得"与"德"互通,具备"得"之活动与"得"之落实这两种词性。其次,"性"的含义隐藏在"得"之中,作"道"之"得"(性)以及万物之"得"(性)。最后,"德"作为"美德",依属于"道"共同存于"不争"等概念之中。在人类世界,"德畜之"无功无私的生生之"德"被赋予"美德"的含义。

关键词:《老子》 德 得 性 美德

"德"在《老子》哲学体系中是十分重要的哲学范畴。"德"字在西周金文中多数写为"从彳从悳"[①]。根据金文"德"字的写法和含义,"德"基本由三部分构成,即"彳""直""心"。从"德"字的构成来看,从"彳"从"直",具有"动"而"直"的双重特点,即"彳"凸出了其含义具有的行为、活动一面,"直"体现出其含义具有"不偏不倚"的一面。从字体结构的演变来看,"德"字的发展实则经历了从"无心"到"有心"的变化,由此也增加了与"心性"有关的因素。

老子对待"德"仍然予以了很大的改造,"德"作为依属于"道"的形上概念,在随着下落万物的过程中形成并显现出不同的内涵,而这些内涵的实现并非杂乱无章、毫无联系的。老子的德之含义存在先后之分,且具有内部层递的联系。其初始含义即为动词之"德","道生之,德畜之,物形之,势成之"。唯有"德"之动,天下万物才会形成,其根源性与道德性才会显现。通过分析《老子》文本中的"德"可以看出,能够凸显"德"活动过程的释义即为"得"。

---

* 闫柏潼(1997—),女,山东省胶州市人,渤海大学硕士研究生,研究方向为儒道精神修养。
① 叶树勋:《先秦道家"德"观念研究》,清华大学博士学位论文,2016年,第16页。

一、以"得"训"德"

以"德"释"得"的解法，常见于古文献中，其两者用法互通互换。如《礼记·乐记》曰："礼乐皆得，谓之有德。德者，得也。"①《庄子·天地》曰："物得以生，谓之德。"②其中以声训法注"德"之音，可当读为"得"。在《老子》文本中"得""德"字义也常互通使用。"善者，吾善之；不善者，吾亦善之；德善。信者，吾信之；不信者，吾亦信之；德信。"(《老子·第四十九章》)③"德"假借为"得"，景龙本、敦煌本、傅奕本、明太祖本、陆希声本、司马光本等"德善""德信"的"德"均作"得"。④针对"善者，吾善之；不善者，吾亦善之；德善，"王弼注曰："各因其用，则善不失也。"⑤在王弼注解中，"德善"与"不失善"相对应，更为凸出以"德"作"得"的内涵。可见，"德"与"得"在《老子》中确有这种混用现象。

"德"与"失"

在《老子》文中，"德"与"失"常以一对范畴出现。比如"上德不德，是以有德；下德不失德，是以无德"，"故失道而后德，失德而后仁"(《老子·第三十八章》)。林希逸注释曰："不失德者，执而未化也。"⑥"下德""不失德"均是对"德"的执与失，因其未上达于"道"体，必然也只是执于外而已。王弼曰："不德其德，无执无用"，"求而得之，必有失焉"⑦。王弼所注"德者，得也"，强调"得"和"得之用"都离不开"道"本体，"常得"也固然无失、无丧。

对此章句"上德不德，是以有德；下德不失德，是以无德"分析，即以"上德不德"与"下德不失德"相较，"有德"与"无德"仅缺少一个"失"字。老子言："为者败之，执者失之。""无为，故无败；无执，故无失。"(《老子·第六十四章》)"上德"无"失"，故无有对"德"之执，"德"亦无所失；"下德"有"失"，故对"德"有所失、有所执，亦即谓之"无德"。"上德不德""上德无为"合乎"道常无为"，即"无失""无为"；"下德不失德""下德为之"则是有意、有执而为，故而有失。

由此而知，此章"德""得"两者字义可相互通，"上德不德，是以有德：下德不失德，是以无德"亦是以"得"与"失""执""败"角度相对而言，即上德为道之"得"，下德则有执着于"得""失"。

---

① 孙希旦：《十三经清人注疏》，《礼记集解》卷 37，北京：中华书局，1989 年，第 982 页。
② 陈鼓应：《庄子今译今注》，北京：商务印书馆，2007 年，第 363 页。
③ 王弼：《老子道德经注》，楼宇烈校释，北京：中华书局，2011 年，第 134 页。
④ 陈鼓应：《老子注译及评介》，北京：中华书局，1984 年，第 247 页。
⑤ 王弼：《老子道德经注》，第 134 页。
⑥ 陈鼓应：《老子注译及评介》，第 207 页。
⑦ 王弼：《老子道德经注》，第 98 页。

《老子》中"德"作"得"与"失"对应之处，也有"德者同于德，失者同于失"。"同于德者，德亦乐得之，同于失者，失亦乐得之。"（《老子·第二十三章》）老子以"德者同于德"与"失者同于失"相应，"德"与"失"两对范畴相对出现，此两德也应以释"得"之意。王弼注释曰："行得则与得同体，故曰'同于得'也。"① 此句"行得"应作"行德"，且"同于得"也表明"德"与"得"同义。针对此章，王弼也结合上文"少则得，多则惑"对"德者同于德，失者同于失"进行了联系及解释，指出"得，少也"，即因少则得其本，故而称之为"得"，并以"得，少也"与"失，累多也"相对应，把"德"与"失"二者解释为"少"与"多"的关系。

"德"尽管与"得"二者字义互通，但以特定的"少"解读"得"之意实有些狭隘。"'得，少也'义不可通，'德''得'二字古虽通用，而经文自作'德'。"② 老子言"少则得，多则惑"是以秉持着"道"之辩证运动的态度而谈的，也并未直接规定"少"即"得"，"少则得"如同老子所言"物壮则老"，其旨在强调事物运动变化的发展规律以及变化到一定阶段的发展趋势。因此，"得"的含义并不局限于"少"或"多"等这些狭隘的概念，根据上述老子讲"上德"或"不失德"，显然"得"是在"道"与"人"更为宏观、普遍的层面贯穿其中阐述的。

一 "得"两用

"德"之训释，相对于"性"与"美德"，"得"应在老子的逻辑体系中占据初始含义。老子有言："道生之，德畜之，物形之，势成之"，"德"作为内存于"道"的"德"，与"道"同为生养万物终极根源。道生、德畜之"动作"才是一切生命始成的最初基点，并周而复始、绵绵不绝地贯穿于生成毁灭之中，此发育流行之过程不偏不倚，即为"天地不仁，以万物为刍狗"。

在"道""德"之生养以及"万物得一以生"的层面，"德"与"得"意同样互通，即"德畜之"与"物得以生"体现为"得"的"一体两用"。"物得以生"与"德畜之"分别出自："昔之得一者，天得一以清，地得一以宁，神得一以灵，谷得一以盈，万物得一以生，侯王得一以为天下贞。"（《老子·第三十九章》）"道生之，德畜之：长之、育之、亭之、毒之、养之、覆之。"（《老子·第五十一章》）"道生一，一生二，二生三，三生万物。"（《老子·第四十二章》）严灵峰言："一者，道之数。得一，犹言得道也。"③ 老子以道之数来表示万物生成之过程，"得一"就是"得道"。此两句"万物得一以生"与"道""德"之生养万物均是以"道""德"为施动者、"万物"为受动者而言的，表达之含义实则相同，即"道"与"德"为生养万物之本源，

---

① 王弼:《老子道德经注》，第 60 页。
② 王弼:《老子道德经注》，第 61 页。
③ 陈鼓应:《老子注译及评介》，第 212 页。

万物受"道""德"以生养。

"得一"与"德畜"实则是作为一"得"而显现的两种不同之功用。从"万物得一"层面看，"万物得一"之"得"的词性首先作为动词而呈现，强调万物从"道"中所得这一发生与过程。由于"物得以生"之"得"是万物受之于"道"禀赋而有所得，故而，此"得"既是"道之德"向下落实的畜养运动，也是万物"得"的这一动作。其次，万物"得"之活动在自身落实，既是"道之德"畜养运动之落实，亦是万物之有所得在自身之中。在此意义上，"得"在"物"之"落实"，赋予了"得"在"物"中的稳定性，具有了名词含义的"得"（性）。

从"德畜之"的层面看，首先，"德畜之"之"德"的词性作为名词，即作为依附于道本身的属性、本性的"道之德"，其与"道"共同具有了生养万物的根源性特征。此"德"作为属性、本性内含于在道之中，万物所得之"落实"由"道"与"道之德"共同赋予的。其次，从"道"与"道之德"生养万物可知，"德畜"之"德"作为依附于"道"的"道之德"，并非静止不动，而是随着"道"的运动，体现在畜养万物的过程之中。由此，"德"也因而具有了动词"得"之内涵，即"得"既包含了"德"本身潜在、显现的方向性动作，以及万物从"道"所得的这一落实过程。

综上所述，以"得"作"德"具有两层内涵。第一，从"道生之、德畜之"的角度来看，万物皆因得"道"之恩泽而得以生养，故这里的"得"有一层"万物得道而生"的生生之"得"。第二，从"物得一以生""物得"的角度来看，由于形上之道赋予万物"先天之得"，这里的"德"也作为万物因"道"向下落实而有所"得"。根据"物得以生"与"德畜之"，"得"也由此具有两种词性的表达。第一，"得"作动词之"得"，强调万物从道中所得，以及道之"德"生养万物的动作，即发生与过程。第二，"得"作名词之"得"，既可以是"道"本身之"德"，亦可以作为万物受"道"而所得之"德"。在这种情况下，"道之德"作为施动者本身的"德"以及道之德动作结果的"得"，也可以延伸为道之自身本性，以及万物从道中所得到的本性、属性与功用。

二、"德"即"性"

《老子》中没有谈及"性"这个概念，"德"作为"性"的引申含义，主要是根据"德"字在演变的过程中，由组成结构的变化决定的。《广韵·德韵》："德，德性，悳，古文。"《说文》心部："悳，外得于人，内得于己也，从直，从心。""德"在甲骨文中表示为"徝"，发展到西周时期的金文"德"在原有的基础上增加了"心"字符，即从直从心，作"悳"。"古文字形符偏旁的改变，往往表示字义或概念的部分的改变。"① 因此至西周时期开始"德"字逐步具备伦理内涵。现代学者也根据"德"的会意字"悳"，突出"德"字"心"与"直"结构，"德"的含义也与"心性""本性""本心"被密切关联在一起。

"德"的衍生含义"性"

以"德"字"悳"所引申出的"本心"或"本性"，实则并不能够完全的阐释出《老子》中"德"的全部内涵。首先，"性"虽然可以解释"道"与"万物"本身所固有的"道之德"与"万物之德"，但是对"道生之，德畜之"，即万物所得以生、养、长、成的发生及过程是无法解说的。其次，由"悳"引申出"端正心性"这一层含义来解读老子的"德"，也只能在形而下之人类社会层面强调对本性的修养与复归，尽管此"心性"的解释可以凸显出"人"不同于"物"的主动性等卓越条件，但也只能在"不失德"的层面对"德"进行把握，也并未能达到与道同体的"形而上之德"。由此可见，固然"德"字由"彳""直""心"这三种结构组合，但以其结构形式所显示的内涵不足以全然解释老子的"德"。但在《老子》文本中"德"切实具有"性"的含义，其"性"作为原始含义之"得"的名词形式而存在，是"得"的衍生含义，即道之性及万物之性。

以"得"作"德"的基本意，"性"的隐藏含义也包含在"得"之中，在此意义上，"性"即"得"。首先，"得"之"动作"可显示道之得（性）禀赋、施予万物之得（性）的发生与过程，其"性"（得）体现了道的本源性和"生"的功能。其次，"得"之"存在本身"显示道之得（性）与万物之得（性），其"性"为"道"之本身的属性、本性以及"万物"之本性的存在。就其词性来说，"得"既具有动词的形式，也可表示本身之得与动作已经完成的结果，而以"性"表述《老子》之"德"也局限于后者，因此"性"仅作为"德"基本含义"得"之后的延伸意存在。

"性"即属性、本性

在《老子》中训"德"为"性"的解读，其"性"也更多体现在本性、属性的含义。在万物生生层面，"德"是"道"在化生万物的过程中内化于万物的属性。道之德向下落实，万物得之于"道"，禀受道之本性，其本性是自然本性，亦是自然之德。老子言："含德之厚，比于赤子。"（《老子·第五十五章》）郭店楚竹书甲编"德"作"悳"字，帛乙、弼本等作"德"。② 其"含德"更倾向于"德"之于内、得于己的内在规定性。

在形上宇宙之道层，"德"作为道之德，两者互为实体与属性的关系是不可分

---

① 周法高：《金文诂林》，香港：香港中文大学出版社，1974年，第988页。
② 丁四新：《郭店楚竹书〈老子〉校注》，武汉：武汉大学出版社，2010年，第225页。

割独立存在的。老子言："孔德之容，惟道是从。"(《老子·第二十一章》) 朱谦之校释曰："孔得之容，唯道是从"，"孔德犹言盛德，此言盛德之容，惟道体之是从也"。"魏稼孙曰:'孔得'，御注'得'作'德'。"[①] 老子以"孔德之容，惟道是从"明确两者主从关系，这也表明了"德"对"道"的依附性。

"德"作为从属于"道"的属性、本性，"道"赋予了"德"与其自身相同的形上性质。纵观《老子》"德"字出现共 41 次，如："玄德""孔德""常德""上德""下德""后德""广德""建德""积德"等。老子对"德"特征的表述众多，但其对"德"之不同的规定与"道"之形上特点相契合。老子有言："上德若谷，大白若辱，广德若不足，建德若偷。"(《老子·第四十一章》) 从此章即可看出，"德"所用的规定词"上""广""建"皆符合"道"本身所显示的形上特征。

首先，老子以"上德"之"上"形容"德"之至，即合乎至上的"形上之道"。"上"在老子文中也出现多次，如："上善若水。水善利万物而不争，处众人之所恶，故几于道。"(《老子·第八章》) 其中老子以"水"比喻"道"之"善"，"道"之"善"处"下"而"不争"，即为"上善"。老子也言："上德无为，而无以为"(《老子·第三十八章》)，亦有"道常无为，而无不为"《老子·第三十七章》，可见"德""道"之"上"皆以"下"之"无为"处之。

其次，"广德若不足"的"广"与"不足"相对言，合乎于"道"之绵绵不绝、用之不勤之无限的特点。"谷神不死，是谓玄牝。玄牝之门，是谓天地根。绵绵若存，用之不勤。"(《老子·第六章》) "谷神"即"道"本身具有虚空的特点。老子言"道"，其用之既不足，用之亦不盈，且"大道泛兮，其可左右"。皆显示出"道"无穷无尽、广泛深远之"广""不足"的特点。并且，"德"之"上"与"低谷"、"广"与"不足"、"建德"与"揄"先后皆为反义，这与上文对"道"的描述亦相同。"道"之"明"与"昧"，"进"与"退"，"夷"与"纇"前后两者亦为相反含义。可见，老子对待"德"的运动变化态度，亦符合于"道"之对立统一的辩证运动。

从《老子》中关于描述"玄德"之"玄"、"常德"之"常"及"孔德"之"孔"等形容性定语可见，其文章多处与表述"道"的形上的特性保持一致。老子描述道的"常""玄""大"等词语，也同样被使用在对"德"的阐述上。如："道可道，非常道""玄之又玄，众妙之门"(《老子·第一章》)，"谷神不死，是谓玄牝"(《老子·第六章》)，"常德乃足，复归于朴"(《老子·第二十八章》)，"玄德深矣，远矣，与物反矣"(《老子·第六十五章》)，"上德若谷"(《老子·第四十一章》)，"玄""常""上"等表述"德"形上属性的哲学术语，与"道"形上特征的表述相互

---

① 朱谦之:《老子校释》，北京：中华书局，1963 年，第 91 页。

契合。其中最为明显的莫过于："玄德深矣，远矣，与物反矣。"（《老子·第六十五章》）与"吾不知其名，字之曰道，强为之名曰大。大曰逝，逝曰远，远曰反。"（《老子·第二十五章》）老子的"玄德"深远，且与"物"同返于"朴"。可见，"德"同于"道"之广大无边，玄妙深远、生生不息，并处于循环往复周而复始的运动变化中。"德"与"道"作为"形而上"之"德""道"，老子对两者有关形而上特征的表述皆具有一致性。

由此可知，"德"具有与"道"相同的形而上特征。而德"之所以具有与"道"相同的形上特征，即是由于依属于"道"而得以实现的。"德"作为道之属性、本性其恒常的内存于"道"之中，无法脱离主体作为独立的概念存在。在此基础上，万物受"道""德"之生养，同样受"道""德"之禀赋，没有道，万物无所从出；没有德，万物就没有了自己的本性，其所得之性也是与道同体的"道性"。[①]

综上所述，"得"作为"德"的原始含义，其"得"在《老子》文本中，既可作动词之"得"，亦可作名词之"得"。前者的"得"体现为形上之道本身之"得"，落实到形下之万物而所"得"，这一动作的发生及过程。后者的"得"则体现"道"之"得"，以及万物受"道"之禀赋的"得"，换言之，道本身存在之"得"与"道生""德畜"这一动作发生的"得"之结果。在此基础上，也继而由此引申出"德"作为"性"的衍生含义，即道之自得、自性，以及万物从道中所得到的本性、属性。

三、"德"即"美德"

"道""德"非伦理学意义上的"美德"，以"道德之义"概括老子之"德"显然是狭隘的，但在老子哲学中"德"切实含有伦理倾向的意蕴，具有"善""好"的含义。老子讲："上善若水。水善利万物而不争，处众人之所恶，故几于道。"（《老子·第八章》）这里以"水"的特点来形容、描述"上善"，其中"水"具有与"道"相似的特点，道"生而不有、为而不恃、长而不宰"，水则利万物而不争，刚柔并兼、包容万物。与其间接以"水"暗喻何为真正的"上善"，不如直接表明立场："上善若道"。由此，"德"作为内含于"道"本身的属性、本性，"德"也具有了"善"的意蕴。

以"不争之德"为例，上述中"不争"作为"水"的表现形式，同样合乎"道"的内涵，也实有了"善"的含义。但以老子的"不争之德"直接等同于"不争的美德"是仍有待商榷的。"不争之德"出自《老子》第六十八章："善为士者不武；善战者不怒；善胜敌者不与；善用人者为之下。是谓不争之德，是谓用人之力。"

---

① 陈鼓应：《老子注译及评介》，第 255 页。

首先，"不争"即"美德"。王弼认为"不争"之"不"是后人不达其意，臆增的"不"字的。①古者"相当""相敌"皆谓之"与"，当、与、敌、并皆接近"争"的意思。并且，成疏曰："既无喜怒，何所争也"，河上、成疏皆并作"不争"。②从整句语境来看"不争"与前文"不武""不怒"相对应，与后文"不争之德"相照应，"不"字并非后人之臆想、撰改。因此"不争"就是"不相敌"的意思，符合"道"之"和""同""静"等特点。

由此可知，"不争"具备"美德"的含义是由于万物对"道"的遵循与效法，"不争"作为"道"的一种外在表现形式，对"不争"遵循也体现了对"道"之自然而然本性的遵循。在道之生、德之养的层面，"不争"也就具备了"道""德"生生畜养之大德的内涵，由此衍生出自然美德的含义。在此意义上，"不争"概念本身具备了"道"之厚德载物、无私无欲等美德。

其次，"不争之德"既不同于"不争"，也不同于"不争的美德"。"不争"这一概念含有符合于"道"的"大德"，但老子"不争之德"的含义并不指"不争的美德"，"不争之德"实为"不争之得"。"善为士者不武；善战者不怒；善胜敌者不与；善用人者为之下。是谓不争之德，是谓用人之力。"（《老子·第六十八章》）河上注"善胜敌者，不争"为"不与敌争而敌自服"③，此句"不争之德"强调的是"不争"而善胜敌、敌自服这一结果。老子曰："天之道，不争而善胜。"（《老子·第七十三章》）此章也在说明"不争"所得到的"胜""利"。与之相同含义还有："以其不争，故天下莫能与之争。"（《老子·第六十六章》）此章与上述"不争之得"相一致，即不争攘而善于得胜，不争则天下无人能与之相争。

由此可知，"不争之德"强调的是"不争"这一动作所产生的结果。"不争"与"得"之间具有的因果联系的倾向，即因其不争，天下莫能与之争的"不争之得"。因此"不争之德"并不直接等同于"不争的美德"，也与"不争"强调的侧重点不大相同，前者着重于不争之所得，后者则倾向"不争"与"道"之内涵的契合，而具有的"善"之呈现。

综上所述，对"不争之德"≠"不争的美德"的强调，并不旨在说明"德"不具备"美德"的意思。而是"德"在《老子》中并不全然具有"美德"的含义，"美德"作为延伸意，阐述老子之"德"也应以排在"得"与"性"之后。

对于"不争""无为"等具体概念，其所显现的"美德"含义，实则是由于对"道"与"道之德"的遵循与切合，而"德"含有的"善"之意蕴，也是依属于"道"

---

① 王弼：《老子道德经注》，第 179 页。
② 高明：《帛书老子校注》，北京：中华书局，2020 年，第 235 页。
③ 高明：《帛书老子校注》，第 235 页。

共同存于"不争"等概念之中的。比如："不争"这一概念本身具有符合于"道""德"运动变化的特点，其中所显现的"道之德"被赋予了"美德"的含义。

对于"德"这一普遍概念，其体现的"美德"之意是形上的"道之德"落实于人类社会之中的现实功用。"道之德"生养万物，万物得以生长发育、生生不息，其"无功私""无造作"的生化过程被赋予了道德价值。同样的，"道之德"给予了万物自然之本性，由人所认知、发掘。万物所得于"道之性"，生而拥有符合于"道"的本性，顺其自然之性就是对"道"的遵循，其自然之性不论在于内、显于外，在人类社会的层面，均具有了"善""美德"的含义。

四、结语

"德"的释义主要有原始含义"得"，以及由"得"所衍生出的"性"，在此基础上"美德"的含义也由此产生。首先，在《老子》中"德"与"得"几处出现混用现象，并且"德"与"失"这一对范畴的共同出现，也更加进一步证实了以"得"释"德"的可靠性。"德"与"得"的相互通，在"道""德"之生养万物以及万物禀受的层面，"万物得一以生"与"德畜之"之"得"实则为"一得两用"。

从"物得一以生""物得"的角度来看，"得一"与"物得"之"得"的词性是作为动词而呈现，强调的是万物从道中所得的发生与过程。"先天之得""有所得"之"得"的词性作为名词而呈现，强调万物从道中有所得。从"道生之、德畜之"的角度来看，"德畜"之"德"的词性作为名词而呈现，着重于"道"自身所具有的属性、本性，"德"具有与"道"相同的根源性。"德畜"之"德"的词性作为名词而呈现，则强调"德"作为生养万物施动者，其万物生长发育的过程禀受"德"之运动。

因此"得"或"德"具有两种词性的表达。即，"得"作动词之"得"，强调万物从道中所得，以及道之"德"生养万物的动作，即发生与过程。第二，"得"作名词之"得"，既可以是"道"本身之"德"，亦可以作为万物受"道"而所得之"德"。

其次，以"性"释"德"只能作为"得"的延伸含义，"性"在阐释《老子》中"德"的内涵具有一定的局限性，其无法解释万物所得以生、养、长、成的发生及过程，只能侧重于"道"与"万物"本身所固有的道之性与"万物之得"。并且，"性"的含义最初是隐藏在"得"之中的，其"得"之"动作"显现了道的本源性、"自然性"等属性；"得"之"存在本身"既是"道"之"得"（性），亦是万物之"得"（性）。其"性"具有本性、属性的含义，"德"从属于"道"且具有与"道"相同的形上特征与哲学内涵。因此，以"性"释"德"也是继"得"之中所引申出的含义。

最后，"德"具有道德价值的"美德"含义。老子以"上善若水""水故几于道"

隐喻"上善"即"道","德"作为内含于"道"之性，同样也具有"善"的意蕴。以"不争之德"看老子的"德"作为"美德"是何以能成立的，其上述论证可知，在"不争"等具体概念上，《老子》文中的"不争之德"解释为"不争的美德"并不成立。"不争"概念本身才有"善""道德"含义的倾向，"德"之所可以称之为"美德"，须依属于"道"共同存于"不争"等概念之中才有所体现。在"德"这一概念上，老子的"德"释为"美德"，也是由于内存在"道"本身之中，其体现了"道生之、德畜之"的生生之大德，此"美德"的含义，在人类经验社会也是"人"之禀赋。

治国和体道:《老子》"知止"思想的两个维度

贺元鹏*

内容提要:"知止"是老子的重要思想。从语法上说,"知止"是由"知"和"止"组成的动宾短语。在政治哲学语境中,"知止"一词是由"知"和"停止"之"止"组成,即知道行事的限度,是老子治国的重要方略。在形上哲学语境中,"知止"一词是由"知"和"边际"之"止"组成,即知道名、言的界限,是老子体会、理解"道"的关键。可以看出,尽管"知止"有两层不同的含义,实际上却同名异谓,殊途同归。

关键词:知止 治国 体道

"知止"出现于《老子》三十二章和四十四章,传统观点普遍将其理解为"适可而止"[①],然而这种解读尚未说明"知止"的主语和所止的具体对象。目前学界主要从政治哲学的视角来探讨老子的"知止"思想,认为"知止"从属于"无为"这一治国原则,是老子对统治者提出的建议。[②]这些研究成果虽然不乏独到之处,但却有把"知止"直接等同于"无为"的简单化倾向。值得注意的是,"知止"两次出现的同时都伴随着"名"这一概念。一般来说,"名"主要指基本的名称、名号,也能引申至名声、名誉之义。在《老子》中,"名"是理解"道"的关键,故"知止"与"体道"也有着密切的联系。通过对历代注释与学界研究成果的考察,我们发现"知止"不仅包含着丰富的治邦理念,而且蕴含着体会自然之道的形上追求。因此,本文尝试从"治国"与"体道"两个维度来分析《老子》的"知止"思想。

---

* 贺元鹏(1997—)男,湖南怀化人,湖南师范大学公共管理学院硕士研究生,研究方向:道家哲学。

① 如陈鼓应先生认为,"知止"即知道行事的限度,"止"是适可而止的意思。见陈鼓应:《老子今注今译》,北京:中华书局,2020年,第180页。

② 王中江认为,老子中的许多表述说的都是统治者"无为"的统治方式。见王中江:《道与事物的自然:老子"道法自然"实义考论》,《哲学研究》2010年第8期。

一、知止的两层含义

知止一词由"知"和"止"两字组成。首先试对这两个字进行考察。"知"在先秦文献中出现较多，与"智"可以通用，有智慧、聪明之义，作名词使用。如《礼记·中庸》曰："好学近乎知。"《荀子·正名》："故知者之言也"，杨倞注："知读为智"。同时，"知"也可以作动词。《孟子·梁惠王上》曰："王如知此，则无望民之多于邻国也。"在这里，"知"也有知道、明白、认识的意思。

"止"，《说文解字》注："下基也。象草木出有址，故以止为足。"《说文解字》根据字形把"止"理解为足、脚。韩愈《曹成王碑》："刻诗其碑，为示无止。"此处的"止"可以解释为界限、止境。以上两处"止"均作名词。《易·蒙卦》有言："山下有险，险而止。"这里的"止"有停止之意，作动词。从这些注释可以看出，"止"的本义是"脚"，脚是用来走路的重要器官。行走必然有停止的时候，停止决定了行走的范围或界域，由此，"止"又引申出边际、界限的意思。

总之，"知"和"止"都有名词和动词的使用场景。但"知止"合并为一个词组时，同为名词的情况就不符合语法规范了。按照语法，"知止"当作为动宾短语。但这其中又有两种不同的情况。其一，"知"和"止"同为动词。"知止"就是知道停止（know to stop）。其二，"知"为动词，"止"为名词。"知止"也就是要明白边际（know the limit）。那么问题又出现了：在"知止"这一动宾结构中的主语是什么，即谁"知止"？当"止"理解为停止时，所要停止的是什么？作名词理解为止境、界限时，老子又在针对何物或何事呢？要回答这几个问题，必须回到《老子》文本，根据政治哲学和形而上学两层语境具体判断。

二、治国：知止可以不殆

"知止"首见于《老子》三十二章："道常无名，朴虽小，天下莫能臣也。侯王若能守之，万物将自宾。天地相合以降甘露，民莫之令而自均。始制有名，名亦既有，夫亦将知止。知止可以不殆。譬道之在天下，犹川谷之于江海。"[①] 此段的含义分为两层。首先，前段言道的不可命名性及超越性。老子在此指出，道虽精微不可见（朴虽小），但却是超越万物的存在（天下莫能臣）。道的一切行为都是自然而然，真性无为的。后段则说，万物兴作便会产生各种名称。王弼注曰："始制，谓朴散始为官长之时也，始制官长，不可以不立名分以定尊卑。"[②] 这一阶段中，人们确定名分，设立官职，逐渐形成了各种制度。

① 本文所引《老子》原文以王弼本为准，参考帛书本、竹简本、北大汉简本。以下引文均在正文中注明章节。

② 王弼:《老子道德经注校释》，楼宇烈校释，北京：中华书局，第81页。

首先对这一章进行语境分析。老子先是用"朴"来形容道的原始无名的状态，随后说明了名分、制度的建立过程。最后老子提醒"侯王"，治世当守住那质朴而自然的本根之道，学会适可而止，如此，人民将自生自得，安然自居，免除危险和祸患。联系上下文来看，对"知止不殆"的解释首先应该从老子政治哲学的语境出发。但现实情况却大相径庭。《老子》五十七章："天下多忌讳，而民弥贫；人多利器，国家滋昏；人多伎巧，奇物滋起；法令滋彰，盗贼多有。"不难发现老子所生存的时代，权力的横行已经到了很严重的地步。再如三十章曰："师之所处，荆棘生焉。"战况十分惨烈，令人触目惊心。统治者不仅一味增设各种法令政策，甚至发动侵略战争，背离了治理万物的根本原则。

可见，老子提出"知止"乃是对统治者提出的建议和对现实的抨击。"知止"是同为动词的两个字组成，意思是"知道停止"。知止的主语是侯王，那所要停止的是什么呢？二章曰："是以圣人处无为之事，行不言之教。"陈鼓应注"言"为政教号令①。老子将"处无为之事"和"行不言之教"并举，意思是说，统治者应当效法得道的圣人，顺遂万物的自然本性去治理，不造作事端，不施加过多的政令。《老子》中还有其他论述作为政令之"言"的文本，如"多言数穷"（《老子·第五章》），"希言自然"（《老子·第二十三章》）。"多言"和"希言"是对立的。蒋锡昌说："'多言'者，多声教法令之治；'希言'者，少声教法令之治。"②所谓少，不等于无。"不言""希言"都是老子主张统治者减少各种"有为"的政举。由此观之，"无为"不是无所作为，而是不妄为、不干涉、不增施。有学者甚至直接指出老子的"不言之教"堪称"知止"之教。③这也看出，老子并非完全抛弃所有的名物制度和政教法令。他认为名分和制度的出现要求是"朴散为器"的必然结果。"名教既立，'侯王'宜谨慎施用，顺物自然，防止束缚事物的本性。统治者只需按照自然出现的名物制度去治理，就能避免祸患。"④所以，"知止"的真正内涵是要求统治者停止颁布各种多余的、损害自然本性的烦苛政举，是老子无为思想的重要方面。

侯王如何做到"知止"？"知止"复见于四十四章："名与身孰亲？身与货孰多？得与亡孰病？甚爱必大废；多藏必厚亡。故知足不辱，知止不殆，可以长久。"老子提醒不要过分爱"名""货"，只有知道满足才能不受到屈辱，知道停止才不会带来危险。在此，老子将"知足"和"知止"联系起来。河上公章句注："知足之人，绝

---

① 陈鼓应：《老子今注今译》，第 59 页。
② 蒋锡昌：《老子校诂》，上海：商务印书馆，1937 年，第 37 页。
③ 陈洪杏：《守柔·知足·浑心——从价值之维再论老子"不言之教"》，《中共福建省委党校（福建行政学院）学报》2020 年第 6 期。
④ 陈徽：《"悠兮其贵言"——老子的名与名教思想》，《复旦学报（社会科学版）》2021 年第 1 期。

利去欲，不辱于身。"① "知足"就是无欲、去欲，就是放弃心中的种种欲望，顺势自然。四十六章："天下有道，却走马以粪，天下无道，戎马生于郊。祸莫大于不知足；咎莫大于欲得。故知足之足，常足矣。"王弼注："贪欲无厌，不修其内，各求于外，故戎马生于郊也。"② 在老子看来，天下陷入无道的局面，主要是由于统治者的勃勃野心。当权者总是随着自己的心意，擅自制定出各种制度和标准，肆意妄为，强制推行。有的甚至还进行各种战争，侵人国土，带来无穷的灾难。可见，"知止"建立在"知足"的基础之上。"足"是心理上的满足，止是行动上的停止。"以知足为满足的人，其满足是永恒的。"③ 统治者只有在心理上感到满足，不再为名利和财富奋不顾身，才能在政举上"知止"，停止不必要的法令政策和侵略战争。

侯王若能知止，则天下有道，万物自宾。三十七章曰："道常无为而无不为。侯王若能守之，万物将自宾。"王弼注："顺自然也。"④ "自化"是无外力干涉，万物自我生长的理想状态。老子一再强调统治者应当顺任自然而不加以干预，不骚扰人民，不奢靡无度，不随意扩张自己的意志。十七章继续说："太上，下知有之；其次，亲而誉之；其次，畏之；其下，侮之。信不足焉，有不信焉。悠兮其贵言。功成事遂，百姓皆谓我自然。"林希逸注："'悠兮'，慎思、迟疑之貌；'贵'者，慎重之状，犹珍爱而欲不示；'言'者，谓'号令教诏'。"⑤ 所谓"悠兮其贵言"，乃曰"侯王"发号施令时的审慎之状，河上公注："恐离道失自然也。"⑥ 老子认为，最理想的政治，莫过于"贵言"。蒋锡昌说："'贵言'即二十三章'希言'之谊。彼此二'言'，均指声教法令而言。"⑦ 可以说，"悠兮其贵言"正是"知止"的最好注解。一方面，统治者放弃了心中的种种欲望，不再师心自用，肆意妄为，发号施令的每个过程都力求不离其道，此为"悠"；另一方面，统治者顺应自然无为之道来治理人民，不再用严刑峻法镇压人民，停止了一系列的烦苛政举。此为"贵言"。人民与侯王相安无事，甚至不知道侯王是谁（不知有之）。这就是老子设想由"知止"带来的"自宾自化"的理想政治图景。

综上所述，在政治哲学的语境下，"知止"可视作老子治国的具体方略。"知止"体现的是一种对权力的节制与规范，本质上是老子"无为"思想的体现。但我们不能简单把"知止"等同于"无为"。从内容上说，"知止"是体现"无为"思想的，

---

① 河上公：《老子道德经河上公章句》，王卡点校，北京：中华书局，1993 年，第 176 页。
② 王弼：《老子道德经注校释》，第 125 页。
③ 曾勇，杨洁：《〈道德经〉"知足不辱"思想探迹》，《世界宗教研究》2019 年第 2 期。
④ 王弼：《老子道德经注校释》，第 90 页。
⑤ 林希逸：《老子鬳斋口义》，上海：华东师范大学出版社，2010 年，第 19 页。
⑥ 河上公：《老子道德经河上公章句》，第 69 页。
⑦ 蒋锡昌：《老子校诂》，第 112 页。

但却是一种更为具体的策略或方略，而"无为"主要还是一种老子治国思想的根本原则。

三、体道：无欲以观其妙

"止"字可以结合"道"字来考察。"道"在金文中有"止"这个部首。金文从行、从首，"止"在此可能作为义符存在。战国文字从辵、从首。《说文解字》解释"辵"为"乍行乍止"，"首"有兼声的功能。可见，"道"以"辵"为义符，表示与行走有关；从"首"亦为义符，表示行走所向的方向。而"止"与"辵"不仅在字形上有相似之处，而且在内涵上亦有联系，都与人的行动有关。不妨推测，"知止"之"止"一开始就与"道"有着某种关联。因此，对老子"知止"的思想还应当做形而上学的语境分析。

中山王□□□昔□鼎　　　　　　姜□子盉壶
战国晚期集成 2840　　　　　　战国晚期集成 9734

在《老子》三十二章中，"始制"之"始"可以喻指"道"；"制"，有裁割、裁制之意，"始制有名"当可谓"朴散则为器"。此"名"因"器"而有，随着各种形器的制作、发明，"名"越来越多，一切物之后的根本——"道"则在为物命名的繁杂活动中被逐渐遗忘。老子就此劝诲世人："名亦既有，夫亦将知止。"这里涉及了名与道的关系，因此需要对"名"加以考察。

据《说文解字》："名，自命也。从口夕。夕者冥也，冥不相见。故以口自名。"名与口、声音相关。《庄子·齐物论》曰："名者，实之宾也。"《荀子·正名》曰："名定而实辨。"名是根据实而确定的。可以看出，名有自命和命物两个维度。作为自命的名，是用以区分物与物的名称；作为命物的名，是人对外物的命名活动。我们不禁追问，名称的出现和命名的行为对"道"有什么影响？

第一，"名"造成了对"道"的遮蔽，名的出现意味着与道背离的开始。"名"意味着彰显、区分。随着认知活动的开展和深入，万物因命名而相分，物物之间的界限越来越清晰。此即二十八章所谓"朴散则为器"的过程。"朴"即为无名的自然之道，道"散"为各种有形之"器"。由道向器的转变，正是无名无限的自然之道向有名有形的言说之物的转变。十四章曰："视而不见，名曰夷；听之不闻，名曰希；搏之不得，名曰微。此三者不可致诘，故混而为一。"这里说明道不能被我们的感官从任何一个侧面所把握，是浑然一体的存在。又如十二章所言："五色令人目盲；五音令人耳聋；五味令人口爽；驰骋畋猎，令人心发狂。"道转向、落实为万物后，人们出于认识的需要，对颜色、音调、味道等等都进行了区分。世界的范围不断拓大，但人却沉浸于"物"的世界而不自知。在名号不断产生的过程中，不仅"道"逐渐被人遗忘，而且物欲的世界也逐渐形成了。

第二，"名"与"道"并举，提示人们可以由"名"进"道"。"有物混成，先天地生。寂兮寥兮，独立而不改，周行而不殆，可以为天地母。吾不知其名，字之曰道，强为之名曰大。"（《老子·第二十五章》）这一章可以分两段理解。前一段是老子论述"道"的绝对性，天地万物都是由"道"产生的。后一段是老子尝试对道进行描述。命名的行为及名称的出现是不可避免的结果。老子明白这一点，所以他也不得不用现有之名来描述"道"的特性。如"大""玄""夷""希"等。但这些词有一个共同之处——都模棱两可、含混不清。而这正是老子采取的一种特殊的言说方式："使用很多意义模糊、含混不清的'名'（词汇）来描绘道或得道的境界，试图在言说中，通过'名'的模糊含混意义来弱化'名'的区分、辨别功能，从而保存自然之道的浑然一体性。"[1] 老子为道命名的举动看似无奈，实则为常人体道和悟道提供了一个积极的思路，即越过名来达到"道"，这一进路便是老子所说的"无名"。

"无名"的关键在于"无欲"。无欲不是狭义的没有物质欲望或情欲，而应理解为人类对于事物的认知之欲，在这里特指对"道"的认知欲。无欲意味着减少通过命名的方式去认知"道"，放弃对"名"的执着。名虽然可以用来指称事物，但不足以描述道。因此老子才会先赋予"道"一定的名称，再对这些名逐一进行否定，告诉人们这些普通之名、形下之物都不足以描述真正的道。"道"的性质只能从与名相反的方面去描述、理解。《老子》描述"道"时采用了大量"无X"形式的名词，即所谓"正言若反"。陈鼓应认为这是老子惯用的反显的办法，即将经验世界的许多概念用上，然后再一一否定它们，突破经验世界的种种界限，以反显"道"的精妙深微。[2] 可以说，"无欲""无名"正是告诫人们不要执着于用"名"来认识"道"，认清名的有限性，甚至要从与名相反的方面去理解、体会道。如此，人们才能突破名的有限性，达至道的超越性。

---

① 萧无陂：《"道"不可道吗？——从"名""实"之辩重新考察〈老子〉第一章》，《中国文化研究》2014 年第 4 期。

② 陈鼓应：《老子今注今译》，第 55 页。

老子认为在体道前首先要"知止"。《老子》第一章曰："道可道，非常道；名可名，非常名。"王弼注："可道之道，可名之名，指事造形，非其常也。"①意思是说，可以用语言表达的道，就不是常道，可以说得出来的名，就不是常名。《老子》开篇并没有马上告诉人们什么是"道"，反而先告诉人们什么不是"道"。在这里，老子实际上把名和道划清了界限。"可道之道"和"可名之名"就是我们日常使用的名称；而"常道""常名"是不能用一般的名称、名词来描述的。老子从一开始就知道"名"止于"道"，也就是说，老子体道的前提就是"知止"。唯有深明"名"止于"道"的事实，才不会犯用普通名词语言来确认"道"的错误。所以，"知止"就是警示人们不要在寻常名称、语言的层次理解道。只有看到形下之名的有限，才有可能知道在这一切有限的名后，还存在着一个真实的超越之道。

根据以上的语境分析，老子的"知止"是针对名所发。"知止"是作动词的"知"和作名词的"止"组成的短语，是老子对世人的警醒，意即"世人当知名的边际"。名不足以描述道，在名的背后还存在一个形上的本根之道。王弼《老子指略》中有详论："言之者失其常，名之者失其真，为之者败其性，执之者则失其原矣。是以圣人不以言为主，则不违其常；不以名为常，则不离其真；不以为为事，则不败其性，不以执为制，则不失其原矣。然则老子之文，欲辩而诘者，则失其旨也；欲名而责者，则违其义也。"②王弼肯定老子做到了"崇本息末"。"本"是道，"末"是道所生的万物，也包括名。老子深知，名的出现是人类对于事物的认知之欲发展的结果。所以老子强调"无欲以观其妙"，以此告诫人们要减少对道的认识欲，避免以命名的方式去认知"道"。"无欲""无名"是老子体道的关键，但在此之前还需"知止"。"知止"通俗来说，就是知道"名"有界限，不能描述一切，尤其不足以描述道，道才是最根本的。所以，老子明确地表明了自己对"名"的态度——"名亦既有，夫亦将知止。""知止"是老子对名和道的深刻洞见。名是有限的，止于一切物之后的超越之道。

知道名之止于道后，在生活中便应当做到"知者不言"和"言善信"。上文对"名"进行考察的时候有提到，名与口、声有关。人用"口"发"声"说一系列名称，就是言。所以名和言是分不开的，就像词和句子是分不开一样。名的有限性决定了言的有限性。所以《老子》中也有许多文本表达了对言的看法。如五十六章曰："知者不言，言者不知。"由于古代"知""智"同义，所以这里按照字母的解释的是：有智慧的人不多言说，多话的就不是智者。与"行不言之教"同理，"知者不言"不

---

① 王弼:《老子道德经注校释》，第 1 页。
② 王弼:《老子道德经注校释》，第 196 页。

是不要言说，而是少说。老子提醒世人，在生活中首先要少言说。他认为"多言数穷"。在政治语境中，该句意在说明过多的政教法令会导致祸患。但在此形上的语境中，老子描述了社会大众过分滥用语言，使自己迷失于语言功能，远离本根之道的现象。语言本来就是有限的，人们却还要滥用。对此，强昱认为："'数'可能兼指数字语言与必然性双重的含义，'多言'的过分言说遮蔽了指向的真实的对象，违背了万物存在的固有属性。"① 其次，老子希望世人要说真言，如第八章曰："言善信。"河上公注："水内影照无形，不失其情也。"古代"情"有"实"之意，老子此意在表明言说要符合实情，说真话实话。类似表述还可见于八十一章："信言不美，美言不信。"陈鼓应注"'信言'，真话，由衷之言。"② 信实的话由于它的质朴，所以并不华美。但也正因为质朴，所以是符合道的言说。

综上，"知止"在形而上学的语境中应理解为"知道名、言的界限"。老子告诫世人，只有明白语言的局限性，才能进一步体道和悟道。换言之，只有知道"名"止于"道"，才有超越名的可能。其次，从现实的角度分析，名物、名号的泛滥客观上导致了物欲生活的泛滥。所以老子认为"知止"当落实在生活中，少言说，说真言，停止巧言令色、争论不休的行为。故曰"知止可以不殆"。由此可见，"知止"还具有一定的伦理价值。

结语

从政治哲学的语境来看，"知止"是老子对统治者的劝诫，目的是希望统治者"行不言之教"，停止颁布违背自然本性和伤害人民生活的政教法令。更深的层次在于，老子认为只要摆脱欲望对人心的控制，才能在行动上有所观止。如此，便能达到老子设想的"百姓皆谓我自然"的理想政治场景。

就形上哲学的语境来看，"知止"是老子警示世人不能以寻常之名来确定道体。人必须明白"名"是有限的，有限之后还有无限，即超越之道。"知止"也构成了老子体道的重要内容。此外，"知止"的态度也能具体落实生活中。老子认为，知道名的有限性的同时也应当明白言说的有限性，从而自觉做到不言则已，言必信实，不陷入名声所组成的物欲世界中。人若知止，便能停止各执一词的争辩，回到彼此和谐的相处状态中。

总之，老子的"知止"思想有治国和体道的双重维度，但终将统归于老子之自然之道。不论是停止烦苛政举还是知道名之所止，都是对道自然、超越本性的追求。由此可见，老子思想具有前后一贯和殊途同归的特点。

---

① 强昱：《哲学的语言：老子如是观》，《中国哲学史》2019 年第 4 期。
② 陈鼓应：《老子今注今译》，第 333 页。

老子观万物及其史官视角

龙涌霖[*]

内容提要：老子对万物的观察深烙着先秦史官文化的印迹，这对于把握《老子》书的问题意识与哲学旨趣有重要参考价值。其万物有两大特征：首先，万物必经过"作""为""成"的自然历程；进而，万物的自然恒常处于循环中，老子喻之为先秦的政治使命仪式"复命"。这些其实源自早期史官为制历而世代观察四时物候的特定术语，即《尧典·羲和章》所载"东作""南为""西成""朔易"。这进一步揭示老子对"常"的哲学思考有其史官底色。就观象制历的史职而言，老子从万物恒常的自然与循环过程中看到周人关心的长久之道，从而为"无为"之旨提供一种天道论证。

关键词：《老子》 羲和 万物 史官 常

"万物"在《老子》中并不是一个那么起眼的词汇，它经常在"道—物"框架中才被人们注意。此中，万物仅以一切存在者之抽象概括的样子附属于"道"。甚至在某些场合，"万物"与"道"直接落入本体与现象的循环定义之中。然而，细读《老子》中述及万物的段落，其严谨却又充满诗意的语言令人惊叹。这提醒读者，老子眼中的万物形象似乎另有某些经验来源。要追寻这一点，至少不能错过老子思想的史官背景。

"道家者流，盖出于史官"（《汉书·艺文志》）并非空话。按传统理解，老子是"周之征藏史"（《庄子·天道》）。作为先秦文化最主要传承者的史官群体之一员，其思想很难说没有被打上其阶层的文化烙印。[①] 就其观万物而言，倘若不联系史官世代

---

　　[*]　龙涌霖（1991—），哲学博士，中国社会科学院哲学研究所助理研究员。本文初稿曾宣读于2017年湖南大学岳麓书院主办的"全国高校国学论坛"，写作和修改过程得到陈少明、曹峰、李巍等老师的宝贵意见，谨此致谢。
　　①　学界对老子思想的史官渊源已有重要研究成果，请参王博：《老子思想的史官特色》，台北：文津出版社，1993年；高木智见：《先秦社会与思想：试论中国文化的核心》，何晓毅译，上海：上海古籍出版社，2011年。

观象制历的重要职能来看，难以想象，他对万物的律动能有如此深刻的洞察；也难以理解，他缘何将万物此种律动界定为"常"（参《老子》第 16 章，下引该书仅注章名）①。"常"是老子哲学中的关键术语。前辈学者多认为它是宇宙变化之通则，主要内容便是循环反复。②可如果"常"是从史官眼中的万物进一步界定出来的，那么不探究老子观万物的史官视角，恐怕对老子的"常"难以得到全面理解。因此，紧扣老子观万物的史官视角，就是要看他提出"常"这一关键概念的核心关切所在，由此把握老子思想的更多侧面。

一、万物的自然

自然本就是"万物"一词的应有之义。老子所谈"万物之自然"（第 64 章），其最基本形象就如"刍狗"（第 5 章）一样，天地对之无所谓爱憎可言，故能"莫之命而常自然"（第 51 章）。然而，在老子眼中，万物的自然还不能如此简单地一言蔽之。这既是因为他所观察的万物自然乃是透过其独特的史官视角而显示出更多丰富意涵，也是因为他述及万物自然的相关语句存在模糊性而有待我们厘清。

第 2 章就是这样的段落。其前半段铺陈天下万事万物的相待性，如美丑、善恶、有无、难易、长短、高下、音声、前后等范畴，都是为了强调有为之治与无为之治也是须相待而成。鉴于天下人只知道一味有为，老子更要强调无为的根本性，认为"圣人处无为之事，行不言之教"，具体即：

> 万物作焉而不辞，生而不有，为而不恃，功成而弗居。夫唯弗居，是以不去。（王弼本）
> 万物作而弗始也，为而弗志也，成而弗居。夫唯弗居也，是以弗去也。（郭店本）

按此段当以郭店本为据，而王弼本"生而不有""不恃""功成"等字眼，是后人因第 51、77 章所混入，非古本之旧。显然，此"无为"是在圣人与万物的关系层面来展开的，即万物"作"而圣人不加干涉（"弗始"）、万物"为"而圣人不去主导（"弗志"）、万物"成"而圣人不自居功（"弗居"）。"作""为""成"是万物自然历

---

① 本文所依据《老子》版本，以王弼本为主，参以其他简帛版本。见王弼：《老子道德经注校释》，楼宇烈校释，北京：中华书局，2008 年；荆门市博物馆：《郭店楚墓竹简》，北京：文物出版社，1998 年；裘锡圭主编：《长沙马王堆汉墓简帛集成》，北京：中华书局，2014 年。

② 参阅冯友兰：《中国哲学史》，《三松堂全集》第二卷，郑州：河南人民出版社，2001 年，第 409—413 页；张岱年：《中国哲学大纲》，北京：商务印书馆，2015 年，第 186、191 页；劳思光：《新编中国哲学史》第一册，北京：生活·读书·新知三联书店，2015 年，第 177—179 页。

程的三阶段。其中，"作"是万物萌芽的第一阶段。"为"不能理解为圣人作育万物，因为《老子》不存在圣人可以像大道一样负责万物生成的说法；亦不能理解为圣人施惠于百姓，如第77章所云"圣人为而不恃，功成而不处"，因为那是讲圣人效法天道"损有余而补不足"而对人道的"损不足以奉有余"进行纠偏，属于圣人最低限度的必要之"为"，与此章圣人"无为"之主旨实不相关。这里的"为"应训为化，也就是郭店本与帛书本第37章的"万物将自为"的"自为"①，即万物兴作后进一步自己化育的第二阶段。"成"不是指圣人成就功业，这是今本衍入"功"字而产生的误解，实际仍是指万物走向成熟的第三阶段。因此，老子眼中万物的自然至少要经历自作、自为、自成三个阶段。而此章要略，是讲万物自作、自为、自成，而圣人弗始、弗志、弗居以保全其自然，也就是在万物与圣人的关系中阐述"无为之事"。类似结构也存在《老子》其他章节中："道常无为而无不为。侯王若能守之，万物将自化。"（第37章，第32章略同）侯王若能持守无为，万物就会自己化育，这里不存在侯王化育万物的情况。

老子所看到的万物自作、自为、自成的自然过程，并非凭空臆想而来，而是有其史官渊源。史官作为早期中国文化知识的传播者，肩负着解答王朝天命的重任。天命常以天象昭示，故其最重要的职责就是"司天日月星辰之行"（《礼记·月令》）。史官的制历活动最早可以追溯到《尧典》所载的史官远祖羲、和二氏的观象授时活动。《尧典·羲和章》云：

> 分命羲仲，宅嵎夷，曰阳谷。寅宾出日，平秩东作。日中星鸟，以殷仲春。厥民析，鸟兽孳尾。
> 申命羲叔，宅南交。平秩南为，敬致。日永星火，以正仲夏。厥民因，鸟兽希革。
> 分命和仲，宅西，曰昧谷。寅饯纳日，平秩西成。宵中星虚，以殷仲秋。厥民夷，鸟兽毛毨。②

在原始而疏阔的太阳历中，光靠圭表测影（"寅宾出日""寅饯纳日""敬致"）来确定节气是远远不够的，还须细致考察参验每个季节的物候发生的状况，也就是

---

① "为"在郭店简与马王堆帛书中写作"爲心"，廖名春认为是"爲"字之繁化，而"为"与"化"音同通用，文献中多有迹可循。见廖名春：《郭店楚简老子校释》，北京：清华大学出版社，2003年，第142页。"为"作为不及物动词而训为"化"，下文还会提供更多例子，兹不赘。
② 其中"南为"，通行伪古文本作"南讹"，误，据司马贞《史记索隐》改正。文字校正，参阅顾颉刚、刘起釪：《尚书校释译论》，北京：中华书局，2005年，第46—47页。

要将太阳的节气点与当时自然界草木鸟兽的生长状态结合起来参验，划分出这些物候的春天生长次序（"平秩东作"）、夏天化育次序（"平秩南为"）以及秋天成熟次序（"平秩西成"）。①老子所说万物的自作、自为、自成的自然节律，分明源自《羲和章》作者（无疑也是史官）描述羲和二氏所考察的春夏秋三季的物候"东作""南为""西成"。他们对于万物变化都共享着同种术语。在后世典籍中还可看到，这些术语也被具体地用于描述自然界飞潜动植的生长状态，如"薇亦作止"（《诗经·采薇》）的"作"，如"禾不为"（《淮南子·天文训》）、"飞鸟大为"（《春秋繁露·五行顺逆》）的"为"，如"松柏成"（《吕氏春秋·先己》）、"牺牲不成"（《孟子·滕文公下》）的"成"等，都是万物自作、自为、自成历程的具体描述。

至此，我们看到《老子》中的"万物"不仅仅是存在者之抽象概括这一黑白肖像而已，而是处于自作、自为、自成的自然律动的生动图像之中。并且它渊源于先秦史官对物候的世代考察，亦即尧时代羲和描述三季物候的特定术语，即"东作""南为""西成"。

二、万物的循环

现在，我们进一步追问：万物在经过自作、自为、自成的自然历程后，将迎来什么样的阶段呢？依第 16 章，便是"复"的阶段：

> 致虚，极；守静，笃。万物并作，吾以观复。夫物芸芸，各复归其根。归根曰静，是谓复命。

首句的问题容后再谈，我们从第二句"万物并作"开始看。所谓"万物并作"，其实就是前述万物自作、自为、自成之历程的缩略。但老子更强调要观到万物的"复"。他对这个"复"进一步做了形象的比喻：万物就像众多草木繁盛生长（"芸芸"），但最终还是要纷纷归落到根部的泥土里（"各复归其根"），然后重新破土而出，开始新一轮自然历程。因此这个如同草木归根的"复"，就是指万物走过了成熟之后又重新开始，也即循环。

那么，万物是以什么样的方式"复归其根"，开始新一轮循环？这里，老子将"归根"之"复"进一步界定为"静"。这个"静"与上文"守静"的"静"同处一语脉，理应不存在歧义。而"守静"之"静"以往常被理解为"内心的安静"②，是就观复者而言，可以理解；但是，万物就像"刍狗"一样，其归根何尝有内心之安

---

① 参金景芳、吕绍纲：《〈尚书·虞夏书〉新解》，沈阳：辽宁古籍出版社，1996 年，第 33—56 页。
② 见冯友兰：《中国哲学史新编》第二册，《三松堂全集》第八卷，第 294 页。

静可言？这导致历来大部分解释者对此处万物的"归根曰静"语焉而不详。实际上，《老子》对"静"的使用，往往是在"不欲以静"（第37章）、"我无为，而民自化；我好静，而民自正"（第57章）的意义上来谈，也就是"无为""不欲"的另一种表达，实即"作"的反面。而第16章的这两个"静"字，分明是下文"妄作"的对立面，是指万物的不欲作（即"归根曰静"）以及观复者对此种不欲作的持守（即"守静"）。这里，老子主要不是关心内心修养功夫，而明显关心吉凶成败问题（即"妄作"之"凶"）。这种以"静""作"对立来谈吉凶的思维方式，乃是源于巫史传统中占卜政治决策时的一种处理模式，亦即《尚书·洪范》"稽疑"中当鬼谋"共违于人"时所采取的"用静，吉；用作，凶"的应对措施。可见，万物归根之"静"就是对其"作"的否定。具体而言就是对其前面走过的自作、自为、自成的历程的自我否定。而正是通过此种否定，万物才得以完成一圈路程而回到起始点，由此开始新一轮的循环。

但老子还意犹未尽，他进一步将万物的循环复归刻画为"复命"。何谓"复命"？自河上公、王弼将"命"理解为"性命"之后，学者对"复命"的理解，大体上离不开万物得以生之本性的框架来谈。[①] 令人疑惑的是，整部《老子》既没有一"性"字，也不在"性命"的意义上使用"命"一词。《老子》第16章以外唯一谈到"命"之处是第51章的"夫莫之命而常自然"，而这在马王堆帛书中被写作"夫莫之爵也，而恒自然也"，即仅仅在爵命、授命的意义上使用"命"。实际上，第16章"复命"的"命"，仍是授命之义。只要考诸"复命"一语在先秦政治生活中的日常用法，便可知此处的"复命"并不是要对"静"下一个严格定义，而是《老子》这部哲学诗所使用的一个隐喻而已。遍见于先秦典籍的"复命"一词，往往被用来指人臣肩负君主之授命、完成政治任务后回去禀复君命的仪式，如"申叔时使于齐，反，复命而退"（《左传·宣公十一年》）、"季文子如宋致女，复命"（《左传·成公九年》）、"箕之役，先轸不复命"（《国语·晋语六》）以及孔子"宾退，必复命曰，宾不顾矣"（《论语·乡党》）等等。[②] 而且，在尚未复命而君主死去的极端情况下，负命之臣也要在其君灵位前完成这个仪式，如鲁国公孙归父在出使晋国归途中闻其君宣公已死，便在笙地"坛帷，复命于介"（《左传·宣公十八年》）。可见，这是一项具有极其庄重的使命感的仪式。而这项仪式，必然包含两大要素：回归与完成。老子正

---

① 比如，卢育三认为："命是万物得以生的东西，在中国哲学中，命与性内容上基本一致，所不同的是在天曰命，在物曰性。在这里，'命'指作为生生之源的道。"见氏著：《老子释义》，天津：天津古籍出版社，1987年，第91页。

② "复命"在先秦语境中，除了上述的政治仪式以外，还有表达再次下命令的意思，但出现频率不高。据笔者统计，出现"复命"一词频率非常高的《左传》《国语》两部书中，"复命"在《左传》中出现25次，其中有24次指这种政治仪式；在《国语》中出现7次，其中有5次指这种政治仪式。

是此种意义上，将万物的循环历程比喻为人臣的"复命"，也就是万物禀天之授命，在经过自作、自为、自成之后，由"静"回归到起始点，完成一轮庄重的使命。

现在我们看到，老子眼中的万物，不止处于一幅自作、自为、自成的自然律动的生动图像之中，更是处在一幅自肯定（"并作"）到否定（"静"）到回归（"复命"）的循环轨迹的图式之中。因此不难理解，《老子》中的"物"总是飘忽不定，它"或行或随，或歔或吹，或强或羸，或挫或隳"（第29章），又"或损之而益，或益之而损"（第42章）等等。只有抓住老子看万物的循环思维，才能恰当理解于此。因此也不奇怪，今本"夫物芸芸"在郭店竹简中被写成"天道员员"。因为站在"道"的视角俯视，万物的循环往复其实就在遵循"道"的轨迹，所谓"反者道之动"（第40章）。

作为史官的老子，他所看到的万物循环是从哪里得来的？回到《尧典·羲和章》看：

> 申命和叔，宅朔方，曰幽都。平在<u>朔易</u>。日短星昴，以正仲冬。厥民隩，鸟兽氄毛。

羲和二氏在冬季考察到的物候被概括为"朔易"，即万物自生长成熟以后进入了改易阶段，其表征就是如《夏小正》十一月"万物不通"、《逸周书·时训解》"闭塞而成冬"及《礼记·月令》仲冬"天地之闭藏"里的闭藏之象。但《羲和章》不称之为"朔藏"而称"朔易"，是因为万物得以表现出闭藏之象，其根本原因在于"岁"的改易，亦即《诗·七月》"嗟我妇子，曰为改岁，入此室处"中的"改岁"。在古代历法术语中，"岁"指太阳的回归年长度，等于四季的总长度。太阳直射点在南北回归线之间周期性地来回摆动，造成"岁"的运动周而复始。特别是当日躔行至冬至点，也就是直射点落在南回归线上的时候，万物恰好处在往岁之终点同时又是来岁之起点的闭合的循环轨迹之中，即万物在结束上一轮生长成熟的同时，新一轮作育自此发轫。因此，羲和二氏所看到的物候"朔易"（"改岁"），其本质不是别的，就是循环往复。作为同样熟稔历象的史官，老子正是将万物的"朔易"抽象为一"复"字，道破了其循环本质。因此不难看出，天时入冬所显示出来的天地寂寥的闭藏之象，在老子那里就是万物否定其自作、自为、自成之路所显示出来的归根之"静"；而驱使天地闭藏的"改岁"之动，在老子那里，就是万物周而复始的"复命"之旅。

综上，现在能够呈现老子眼中一副完整的万物之图。首先，万物呈现出一副自然之态：它自作、自为、自成，当然，还理应包括自复（"归根"）。其次，万物展现出一副循环之姿：它的自作、自为、自成、自复是处于周而复始的循环轨迹之中的。而这些，都渊源于先秦史官作为历法制定者对四季物候世代观察的历史经验之中，也就是羲和二氏所用到的物候术语："东作""南为""西成""朔易"。然而，老子并非一般史官，他更是其中的佼佼者。这样说，不仅是因为他对万物的洞察堪称出类拔萃，更是因为他在万物自然与循环的变化中看到不变的东西，最终走向"常"的发现。

三、"常"的发现

"天命靡常"（《诗经·文王》）是周人内心深处时常忧患不安的症结所在。在以"小邦周"之力一举击败"大邑商"之后，周统治者渐渐意识到，皇天上帝是不会永久地眷顾任何族裔而使他长有天下的，这得靠自己努力。周公让康叔管理殷余民时便深切叮嘱他"惟命不于常"（《尚书·康诰》），要努力明德慎罚，才能世代享有统治。这种实现血族的永远续存，是中国人民的原始愿望。① 而这也是史官群体作为统治智囊团所要回答的首要问题。但在老子看来，周人的努力恐怕是徒劳的，因为"天下神器，不可为也，为者败之"（第29章）。周人的"疾敬德"（《尚书·召诰》）不是恒常之德（"常德"），并非长久计宜，最终必然走向"为之而莫之应"（第38章）的尴尬境地。那么，究竟什么样才是"常德"呢？

从以上的论述出发，老子对恒常之德的发现，直接得益于他作为史官对万物的观察之中。在第16章中对万物之"复"做一连串的描述之后，他并没有停止思索的脚步，而是进一步界定：

> 复命曰常，知常曰明。不知常，妄作，凶。知常容，容乃公，公乃王，王乃天，天乃道，道乃久，没身不殆。

在老子看来，万物的这种"复命"之旅就是恒常的（"常"）。一旦看到这种恒常，观复者便达到"明"的认识境界。这并不是说"常"的意涵仅有"复命"。"常"当然包含"复命"，但还有更多意涵隐藏在此段文字之中，须进一步发掘。

首先，"常"必然呈现自然的状态。万物本来就"常自然"（第51章），其"复命"也属于其自然历程中的一环。而且下文述及，"知常"便能够包容（"容"），能包容便具有公正的品质（"公"）。李巍的研究指出，"公"指能够包容万物一切价值的品质，它是老子以"大"名"道"的关键面向，其总目的就是最大限度地保全"万物之自然"。② 据此，自然是"常"的必要之义，否则知"常"者无法做到"公"。

其次，"常"也必然呈现循环的状态。作为史官的老子，不可能不在年复一年的

---

① 高木智见：《先秦社会与思想：试论中国文化的核心》，第70—142页。
② 李巍：《〈道德经〉的"大"》，《中山大学学报》（社会科学版）2015年第3期。

四季交替中看到天道循环的恒久性。因此，他才将最能够体现万物循环的"复命"界定为"常"。而且，循环是"常"的意涵中最被看重的方面。老子云：

> 天下有始，以为天下母。既得其母，以知其子。既知其子，复守其母。没身不殆。（第52章）
> 用其光，复归其明。无遗身殃。是为习常。（同上）

此章中的"母"与"子"，历来被认为是指"道"与"万物"的生成关系。但倘若重视母—子比喻的形式结构，似乎更有理由认为，老子此章仍是在谈循环：将天下之始设定（"得"）为"母"，有母必有子，由此可以逻辑必然地推出（"知"）其"子"；既推出其"子"，但还是要回到（"守"）其"母"。这分明就是一个循环。同理，下面的光—明比喻也是这种循环句式：由"明"射出"光"，但还要"复归其明"。把握到这种循环，也就是承袭（"习"）到了"常"。可见，循环状态是"常"最重要的面向。

再玩味上述"复守""复归"的辞气，会看到老子对循环中一往一复的两个交替方面，还是会有所偏重的。也就是说，对于一往一复的循环之"常"，老子更加重视其中"复归"的一方面。这在第28章中看得很清晰：

> 知其雄，守其雌，为天下溪。为天下溪，常德不离，复归于婴儿。

事物皆有其循环转化的两面。圣人懂得其强势的一面（"雄"），却守在其弱势的一面（"雌"），保持谦卑的姿态（"为天下溪"）。在老子看来，这种人就具备了"常德"，他就像回归到柔弱的婴儿一样。显然，这种"复归于婴儿"的状态，亦即万物归根之"静"的状态，才是老子言"常"的最终核心所在。因为从天道循环的角度看，万物正是通过否定其自作、自为、自成之路而归于闭藏状态（即"静"即"复命"），才能长久维持下去。也是在此意义上，老子在第16章直截地将"复命"界定为"常"。

现在，让我们缕一缕老子言"常"的层次。作为史官，老子从万物的节律中发现了"常"，它呈现出两种状态——自然与循环，而老子更加重视后者；其中，循环之"常"又包含了一作一静的两种交替状态，而老子更加重视后者。由是，"静"（即"复命""不欲"）才是老子言"常"的核心所在。

明于此，再看老子如何回答周人关心的长久问题。回到第16章首句来看，"致虚，极；守静，笃"恐怕不是在谈精神修炼的功夫。在这个互文句式中，"虚"实如

"虚其心……常使民无知无欲"（第3章）的"虚"，与"静"一样，都是从"不欲"的意义上讲，是"作"的反面；"极"（据郭店简当是"恒"之误），与"笃"一样，都应训为长久。①此句意思即：做到不欲，才能长久。但需注意的是，从整部《老子》看，他并没有完全否定一切"有为"，而是保留最低限度作为以维持"万物之自然"。但鉴于天下侯王一味只知有所作为（"妄作"），老子在此章更要强调"虚静"。由是而知，"知常"者能够包容万物的一切价值（"容"），做到公正的品质（"公"），关键就在于"致虚""守静"，也就是效法万物归根之"静"而不肆意以外力干扰其自然。用老子另一种表达，就是"无为"。无为者才能切入法王、法天、法道的轨辙，最终达到"道乃久""没身不殆"。这个"致虚守静"之方，就是作为史官的老子从其观察万物的视角，以"推天道以明人事"的方式为周人的"唯命不于常"的困境所提供的方案。

当然，老子对"致虚守静"、对无为的推举不仅仅是基于对天道万物的观察，也有来自他对历史上各种祸福相转情形的洞悉，这也是史官的基本职责，即《汉书·艺文志》所谓"历记成败存亡祸福古今之道"。笔者曾撰文专门探讨这一方面，并认为这种基于历史祸福相转的人道论证在老子思想中更为核心，由此才导致老子对于天道"有见于屈，无见于伸"（《荀子·天论》）的"贵柔"（《吕氏春秋·不二》）特色。②如第16章所示，老子更看重万物一作一静的循环历程中的静的一面，并直接将"归根曰静"界定为"常"，这正是"贵柔"的思维。而回过头看，老子对于"无为"的两种论证——基于万物循环的天道论证、基于历史祸福的人道论证，都能归根于先秦史官观象制历、记载史事的两种职能。可见，史官的历史经验背景对于理解老子哲学的核心十分重要。由此会看到，老子的问题意识仍然深受作为周统治者智囊团的史官群体的影响，即一个政权如何才能长久不殆？这一点，无疑也是中国古代政治思想史中的元问题。

① 廖名春：《郭店楚简老子校释》，第244—250页。
② 龙涌霖：《正反循环与利害抉择：〈老子〉是如何证成"无为"的？》，《现代哲学》2021年第2期。

《老子》书中柔雌思想之检讨

汪登伟*

内容提要：现今通行的《老子》文本，是集老子及其后学之言与他家之言而成。其文本中，除所论道德外，最多的是贵柔弱、守雌辱之术和与之相反却同质的弃绝法的思想，以至于人们将"贵柔守雌"思想当成老子的重要思想内容。本文通过道德主旨与柔雌思想的对照，以为柔雌思想之守柔、之守雌、之清虚卑弱而"柔弱胜刚强"等说法并非道德原旨，而是老子后学对老子柔和生机、谦下柔顺、至柔无有而"驰骋天下之至坚"的别解与发挥。其说雌静，也与老子"归根曰静"不同。它实际上是道家的旁支，并不能代表道家的学问。

关键词：道 德 柔雌术 弃绝法

我们知道，《老子》一书，以虚无大道为根本，以修身进德为功用，道德二字是其主旨所在，因此后人即以"道德经"尊称之。现今通行的《老子》文本，是集老子及其后学之言与他家之言而成，大致成型于战国时期。所以我们能够看到"以奇用兵"（57章）①的兵家思想，"复结绳而用之"（80章）的复古思想，和"将欲弱之，必固强之"（36章）的纵横权谋之论，"古之善为道者，非以明民，将以愚之"（65章）的法家愚民手段，还有大致在汉初加入的"周行而不殆"（25章）的易学思想等。其文本中，除所论道德外，最多的是贵柔弱、守雌辱之术和与之相反却同质的弃绝法的思想，以至于人们将"贵柔守雌"思想当成老子的重要思想内容。事实如何呢？本文通过道德主旨与柔雌思想的对照，以为柔雌思想之守柔、之守雌、之清虚卑弱而"柔弱胜刚强"（36章）等说法并非道德原旨，而是老子后学对老子柔和生机、谦下柔顺、至柔无有而"驰骋天下之至坚"（43章）的别解与发挥。其说雌静，也与老

---

* 汪登伟（1969—），现供职于中国道教协会，主要从事丹道研究。
① 陈鼓应：《老子注译及评介》，北京：中华书局，2015年，第264页。以下所引《老子》文句，没有说明的，则出于陈鼓应本。

子"归根曰静"不同。

一、道德主旨

（一）道

依《道德经》说，道是宇宙最原始最基础的存在，是事物变化最根本的动力。其不仅是宇宙的本原，也是万物的最终归宿，还是最简明最深邃的事物规律。[①]下面阐述一下道的具体特征。

1. 寂寥杳冥，混而为一

就大道可"观"的一面说，在无欲无作之中而观，则见大道之妙，杳冥寂寥，恍恍惚惚；在寻求其用之中而观，则见大道之徼，所谓杳冥中有精，其精逝则化生万物，返则混凝为一，但不论杳冥还是精一，不是肉身可以眼见耳闻、肤触心计的，故称之为"玄"。玄原为幽微之意，指深暗黑红之色，喻为"无光"之处，也就是说大道只可以体证，而不是感官可以观测得到的。这就是大道的无状之状、无物之象。[②]

可观的杳冥寂寥、混凝精一或称为混沌，或名浑沦。《列子》谓"万物相浑沦而未相离也"，即是说它是尚未化成形质之物的初始状态，是现有宇宙万物的胚胎，包含了生成万物的种子。《列子》又说"太初者，气之始也；太始者，形之始也；太素者，质之始也。气、形、质具而未相离，故曰浑沦"，是说它具有神奇的能量（气）与微妙的形态（形）和精微的质量（质），能够化生出有形有质的物质世界与有形无质的灵神世界（灵神世界即如庄子所说"上神乘光"的世界），即如老子说大道为"万物之母"（1章）、说大道"象帝之先"（4章）。

道更有不可观的一面，连体证都无法体证，仅可从其作用来推论，是为"玄之又玄"，或可用否定宇宙万物、否定无物之象的概念"虚无"来帮助理解。玄还可描述，玄之又玄实在难以表述，所以道经中多说大道可观可证的这一面。

虚无因动而呈现出混沌状态，所以虚无并非什么都没有，只是相对眼前的宇宙万物来说。它确实难以来形容，只好强加给它一个"道"的名字以便立论。

2. 万物作焉而弗为始，万物归焉而不为主

大道虚而不屈，动而愈出，从而化生宇宙万物。大道不仅是万物之母，也是万物的最终归宿，所以作成万物，导归万物。道虽为万物之本之宅，但它并不主宰万

---

① 吴筠《宗玄先生玄纲论》说："道者何也？虚无之系，造化之根，神明之本，天地之源"（《道藏》，1988年，第23册，第674页），归纳出道的虚无属性和其作为万物演化的根本动力，作为宇宙（以神明、天地为作表）的本源存在诸特性。笔者除增加作为万物的归宿和规律这两点外，认识与之相同。

② 本段参考《老子》第1、14、21章。

物，而是生而不有，为而不恃，长而不宰。所以万物就像自生自化自亡一样，故"百姓皆谓'我自然'"（17 章），而《亘先》也说"炁是自生自作"。

逻辑上说，道生万物、万物归道，道与万物也是相互关联相互作用的，好象鸡生蛋，蛋生鸡一样。但万物不会自动归入道，只有道的最原始动力才能将万物融化（"反者道之动"），所以道才作为最终根据。

3. 独立不改

相对宇宙万物来说，大道即使化生万物，也还是凝然虚寂，不减半分；即使万物都化归于道，大道亦然杳冥精一，不增一毫；大道即使与万物并行，却也未见损益，它本身就像从未变动一样，故谓"独立不改"（25 章）。这些都是它不同于有形有质世界、有形无质世界的特质所决定的。

（二）德

由上我们还可以推论出大道具有自在自足、冲虚精微、博大长久、生生不息等特点。大道的诸多特点体现在万物中，就称之为德。德者，得也，所得于道也。这里仅从进修德业的三个重点来说。

1. 修身进德，济世化物

老子提出修身济物的崇高理想，谓："修之于身，其德乃真；修之于家，其德乃余；修之于乡，其德乃长；修之于邦，其德乃丰；修之于天下，其德乃普。"（54 章）而其实现此理想的修养之说，则集中体现于"载营魄抱一"一章中，其说："载营魄抱一，能无离乎？专气致柔，能婴儿乎？明白四达，能无疵乎？涤除玄览，能无知乎？爱民治国，能无为乎？天门开阖，能无始乎？生之畜之，生而不有，为而不恃，长而不宰，是谓玄德。"[1] 故能"常善救人，故无弃人；常善救物，故无弃物"（27 章）。

此进修德业之说，庄子后学在《庄子·天下》称其为"内圣外王"之事。其说内圣，指"与天地精神往来"；其说外王，指在事业中居于领导地位。其后学在《庄子·让王》则谓"道之真以治身，其绪余以为国家，其土苴以治天下"。黄老道家也承袭其说，如《管子》四篇以精气为道[2]，内以治身，令心虚静，令身坚固，令神长明，外则因俗施事，"治言出于口，治事加于人，然则天下治矣"。被儒家奉为根本经典的《易传》，其《坤·文言》说"黄中通理，正位居体，美在其中，而畅于四支，发于事业"，也是这种理想的发挥。融合了方仙道的黄老道经典《太平经》有"内以

---

① 此章文本的订正与解释，见拙文：《道解〈载营魄抱一〉章》，《中华老学》第四辑，第 329—340 页。

② 《管子》说："凡道，无根无茎，无叶无荣，万物以生，万物以成，命之曰道。"又："道在天地之间也，其大无外，其小无内。故曰不远而难极也。"又："道者，所以充形也。"又："灵气在心，一来一逝，其细无内，其大无外。"又："气者，身之充也。"又："精也者，气之精者也。"又"凡人之生也，天出其精，地出其形，合此以为人"等等，其"道"就是精气。（黎翔凤：《管子校注》，梁运华整理，北京：中华书局，2004 年，第 937、767、932、950、778、937、945 页。）

致寿，外以致理"的口号，还是这种理想的发挥。

2. 从微至著，功遂身退

内外德业，不能一蹴而就，当从细小容易处入手，所谓"图难于其易，为大于其细。天下难事，必作于易；天下大事，必作于细"（63章），所谓"其安易持，其未兆易谋。其脆易泮，其微易散。为之于未有，治之于未乱。合抱之木，生于毫末；九层之台，起于累土；千里之行，始于足下"（64章），体现了"见小曰明，守柔曰强"（52章）的智慧。

德业有成，所保深厚，守柔葆朴，虽然能够"长生久视"（59章），但也是相较"不终其天年而中道夭"（《庄子·人间世》）者而论。与其费尽心机物力欲不死不亡，不如效法大道，知其所止而功成身退、而善生善死，故云"持而盈之，不如其已；揣而锐之，不可长保。金玉满堂，莫之能守；富贵而骄，自遗其咎。功遂身退，天之道也"（9章）。

3. 致虚守中，自然两行

天下物事"有无相生，难易相成，长短相形，高下相盈，音声相和，前后相随"（2章），诸物"或行或随，或呴或吹，或强或羸，或载或隳"（河上公本29章），如果只执其一端而用，只会囿于一隅，乃至"一叶蔽目，不见泰山"。因此，学修道德者宜抱守冲虚，所谓"致虚，极也。守中，笃也"（郭店楚简本。中，同冲），遵循"以身观身，以家观家，以邦观观，以天下观天下"（54章）的以物事之情实为基础的因事制宜的原则，即依物事内在的规定性（包括其组成之结构性、其动力之层次性、其变化之方向性和结果之可能性——不能改变的可能性即是必然性）——"自然"，如老子说"道法自然"（25章）"辅万物之自然"（64章），并从其外在关系网络中形成的两端来观察、来运用，如老子说"有之以为利，无之以为用"（11章），"高者抑之，下者举之；有余者损之，不足者与之"（77章）。老子又说"圣人常善救人，故无弃人；常善救物，故无弃物。是谓袭明。故善人者，不善人之师；不善人者，善人之资。不贵其师，不爱其资，虽智大迷，是谓要妙"（27章），强调此种圣人所用的双边要妙智慧。孔子所说"空空如也。我叩其两端而竭焉"的智慧，庄子说"圣人和之以是非，而休乎天均，是之谓两行"的智慧，都与此相类。

二、《老子》文本中的柔雌思想

本文所说柔雌思想，指在相生相成、或载或隳的物事中，以柔雌术、弃绝法为代表的单用一边从而达成其目的理论。这种思想在《老子》文本中占了几近一半的文本①，让我们不得不认为现今《老子》的文本即是此柔雌派所集成。其所说柔雌，实际上与老子基于道德而论所说的柔弱虚静并没有多大的干系。约说如下：

其一，至柔。至柔几道，其德若水。老子说："上善若水。水善利万物而不争，处众人之所恶，故几于道。居善地，心善渊，与善仁，言善信，政善治，事善能，动善时。夫惟不争，故无尤。"（8章）是说如水的至柔，依地而行，顺时而动，渊而能应，因事成能，既能利益万物，又能甘处谦下。所以居于上而天下乐推而不厌，处于下而天下乐归而如流。以其几于道，故冲虚无有，因而能够"无有入无间"（庄子庖丁解牛寓言所说"以无厚入有间"同此意），能够"驰骋天下之至坚"。

老子后学脱离至柔的道德背景而论，说"天下柔弱莫过于水，而攻坚强者莫之能胜，以其无以易之。柔胜刚，弱胜强，天下莫不知，莫能行"（78章），无条件的以为"柔弱胜刚强"，并欲将之推行天下。殊不知天下在"物竞天择，适者生存"的丛林法则中弱肉强食，几乎都是刚强胜柔弱，而不是柔弱胜刚强。试问：鸡蛋碰石头，柔弱胜？刚强胜？后人常用滴水穿石来解读柔弱胜刚强，却不理会要用多少水滴、多少时间，也不理会起到多大的作用。

其二，谦柔。道高德厚者，不仅能够"驰骋天下之至坚"，起到引领民众的功效。也因其德怀天下，故而能够善下如海而负载天下。不过他"衣养万物而不为主"（34章），以其德业富有而又谦下，故称为谦柔。

老子后学脱离谦柔而论，说"曲则全，枉则直，洼则盈，弊则新，少则得，多则惑。是以圣人执一为天下式。不自见，故明；不自是，故彰；不自伐，故有功；不自矜，故能长。夫惟不争，故天下莫能与之争"（22章），以为执取卑弱的一端，保守不争的现状，就能取得智慧与功业等。殊不知这样的话，更多情况下只会自愚自昏、积贫积弱。又说"知其雄，守其雌，为天下溪。为天下溪，常德不离，复归于婴儿。知其白，守其辱，为天下谷。为天下谷，常德乃足，复归于朴。朴散则为器，圣人用之，则为官长，故大制不割"（28章），以为避雄守雌、远白守辱就能充足其德业，而成为官长。殊不知此种行径，借用禅家所说，正是"黑山背后鬼窟里，冷水泡石头"的境界，亦是《汉书》所讥"独任清虚可以为治"之论。其不知"守柔曰强"为何事，亦不知老子所说之婴儿、之朴为含德之厚的比喻，故将柔弱雌静附会而成其说。

其三，生机柔和。生物初生时充满生机，其体柔和，所谓如婴儿般"骨弱筋柔

---

① 柔雌术见于通行本的有第7、13、22、24、26、28、31、38、39、44、46、48、50、53、58、60、61、66、67、68、69、70、71、72、74、75、76、78诸章，和42章后段，及还有杂在其他章中的语句。弃绝法见于通行本的有第3、12、18、19、57诸章和20章"绝学无忧"一句、29章之"三去"。其分量之重，甚是惊人。

而握固"（55章）。此柔和生机，实即老子所说的德的具体表现之一，故谓"含德之厚，比于赤子"（55章）。老子说"专气致柔，能如婴儿乎"（10章），意指抟聚、调和冲虚之气，使其生机益然如柔和的婴儿一般，这不是守雌为溪者所能。

老子后学不明此道，谓"人之生也柔弱，其死也坚强。草木之生也柔脆，其死也枯槁。故坚强者死之徒，柔弱者生之徒。是以兵强者则灭，木强则折。坚强处下，柔弱处上"（76章），以为柔弱是保生之术，坚强是趋死之法，故柔弱应该居于坚强之上。殊不知没有道德作支撑的柔弱，是真的虚弱，真的弱势，不但难以保生，还容易夭折，反不如坚强后盛极而亡。

其四，归根曰静。老子说"致虚，极也。守中，笃也。万物并作，吾以观复。夫物芸芸，各复归其根。归根曰静，静曰复命。复命曰常，知常曰明。不知常，妄作凶"（16章。首句依郭店楚简本），说致虚守冲，而观见万物化流入于大道。当万物归入根本后，才称作静定。一旦得静，万物自然来宾，所谓"道之在天下，犹川谷之于江海"（32章）。如果不能通晓归复智慧而妄加作为者，必定招来凶险。

老子后学并不在意归根之旨，而以雌静议论，说"大邦者下流，天下之交，天下之牝。牝常以静胜牡，以静为下"（61章）。也不关注体何为"无为之事"（2章。无为之事，即法道体德之虚而生养，静而归复），而强调去除诸欲、无所作为之"无为无事"之利，说"不欲以静，天下将自定"（37章。按简本"不欲"作"知足"，强调守德知足，与此意思不同），说"取天下常以无事，及其有事，不足以取天下"（48章）。雌静、不欲，当然能够在大多情况下自我净化、休养生息，这是万物自身本有的功能。但是，其自我净化的能力有限，在休养生息中各种冲突的种子也在萌芽。即使依其术取得一时之效，也难得长生久视之功。

至于弃绝法，如说"不尚贤，使民不争；不贵难得之货，使民不为盗；不见可欲，使民心不乱。是以圣人之治，虚其心，实其腹，弱其志，强其骨。常使民无知无欲。使夫智者不敢为也。为无为，则无不治"（3章），这种使人们不重能力、轻视财物、降低欲望，只是方便统治者统治而已，与道德无关。又如说"绝智弃辩，民利百倍；绝伪弃诈，民复孝慈；绝巧弃利，盗贼无有。此三者以为文，不足。故令有所属：见素抱朴，少私寡欲"（19章）；再如说"天下多忌讳，而民弥贫；民多利器，国家滋昏；人多伎巧，奇物滋起；法令滋彰，盗贼多有。故圣人云：我无为，而民自化；我好静，而民自正；我无事，而民自富；我无欲，而民自朴"（57章），以为当弃智辩、伪诈、巧利、利器、伎巧、法令等，也不过是为了让人们听话、愚朴、拙笨，而宣扬的方便统治的言论而已。其所说抱朴寡欲、无为无事，则将弃绝法与柔雌术合而为一了。

具有刚性的弃绝法从形式来看，好像针对着曲全自身的柔雌术，其实，它们的本质相同，都是为了保存自身、保全统治而有的言论。可见，弃绝法不过是柔雌术的反面运用而已。其去彼取此、弱人强己之术，似乎还显示它与法家有着姻亲关系。

三、道德与柔雌

老子以道德立论，司马谈说道家"以虚无为本，以因循为用"。此虚无之本，即指抱守大道。此因循之用，与德业之功侧重有所不同。因循，侧重于顺应物事自身的规定性和物事关系网络中在既定条件下形成的必然性，即如老子说"道法自然""辅万物之自然"，如庄子说"依乎天理""因其固然"。德业，则强调内有所得，外成事业，并强调找到物事关系网络中在既定条件下形成的两端，从而加以运用。天下物事，其自身规定性和其在关系网络形成的必然性显然并不能截然分开。不过，这种以大道为根本的学问与在物事中利用两端之一端而立论的柔雌术、弃绝法显然不同。

柔雌术、弃绝法显然达不到道德的高度，它是道家的旁支，即使西汉初年因为特殊情况运用柔雌术让社会达到休养生息的效果，但也不能说明此术代表了道家的学问。或许有人会问：进德修业者是否可以利用柔雌术、弃绝法呢？我们的意见是，柔雌之术不是说不能用，但不是道德的本怀，只是在特定情况下"不得已而用之"。比如我们道教，本身就处于弱势地位，现在不得不守柔守雌，以期积蓄力量；不得不强调弃绝商业化、世俗化的诱惑，以期保守元气。

至于柔雌术是如何进入《老子》文本中的，我们没有答案。或许是将老莱子舌柔的故事（如《孔丛子·抗志篇》载：老莱子曰"齿坚易敝，舌柔常存"）当作老子的故事（如《淮南子·缪称训》称"老子学商容，见舌而知守柔矣"），而大量引入柔雌之论。

最后，我们说点题外话。道家立足于自己的根本，而善于消化吸纳百家之长，即使秦帝国以吏为师，即使秦始皇痴迷方仙，也阻碍不了其成为战国秦汉间的文化主流。可惜的是，由道家、方仙合流演变而成的道教，虽然承袭了道家以虚无为本、且吸纳百家之长的基因，但吐故纳新的消化机能实在有限，在吸纳过多后，就成了"杂而多端"的大杂烩，甚至让其信徒迷失在方仙、科仪、术数中。这是无法用柔雌术解决的问题。现今我们应该大力阐扬实践道德，正本清源，或许以此为契机，可以让道教摆脱一些不必要的包袱，从而变革发展。

刍议老子知无用无大智慧

王建中 *

内容提要：无，是《道德经》的核心概念。知无识无用无，是老子的大智慧。知无——揭示出无的价值在于无之用；识无——显示了无的三个基本含义；用无——倡导无为无不为理念。以此为中华民族铸就了优秀文化基因，奠定了智慧根柢。用无，因时因地因对象不同而变化无穷、其妙无穷，源远流长，可分别概括为用隐、用间、用常、用智，总揽于用无。论计谋三十六计走为上，论智慧万千变化无为上。

关键词：老子 无 无之用 无为 用无 无为上

哲学，天然地与智慧结有不解之缘。英文哲学"philosophy"，即是由动词 philo（爱，追求）和名词 sophia（智慧）组合而成，源自古希腊智者哲辨沉思的爱（好，追求）智慧行为。而追根溯源，堪称哲学智慧之奠基性经典大作，当是在相当于古希腊早期的古代中国，老子所著的《道德经》。

《道德经》，自古即尊为万经之王。无，是《道德经》的核心概念。无，看之似虚，似空，无形无象、无声无色，却绝不是子虚乌有，而是如同数学中的"零"一样的神奇。认知无，推崇无，善用无，是老子哲学的大智慧。这一智慧集中体现为三：一是知无，揭示出无的价值在于无之用、无可用；二是识无，显示了无所具有的三个基本含义；三是善用无，挥洒天地之间，娴熟地运用无，倡导无为而无不为理念。

一、独具慧眼知无识无——关于无的价值和含义

《道德经》[①]第十一章："三十辐共一毂，当其无，有车之用。埏埴以为器，当其

---

* 王建中（1947—），安徽肥东人，安徽广播电视大学滁州分校原校长，副教授，研究方向：老子思想的形成、主旨和价值。

① 楼宇烈：《老子道德经注校释》，北京：中华书局，2008 年。文中凡注明第某章的，皆引自此著。

无，有器之用。凿户牖以为室，当其无，有室之用。故有之以为利，无之以为用。"

车子、器皿、房屋，这些日常生活中再普通不过的事物，人们司空见惯，老子却运用极高哲商的抽象思维，点石成金，抽象出有与无这一对立性哲学概念，了悟出作为条件的无与作为根据的有，二者构成相反相成相辅相成的对立统一关系，揭示出有之以为利、无之以为用的辩证思维大智慧。此章句中的有，是对辐毂、瓷泥、建造房屋的原材料等有形实物的抽象；而无，则是对车辐之间的虚空、器皿的中空、房屋内的空间与内外可通的门窗之无形的虚、空的抽象。简而言之，有，指有形的实物、实体；无，指无形的虚、空。正因为二者一实一虚、一有一无，彼此虽相对立，一经结合却可统一而成器。这就是事物的客观辩证法。其中，无之用极为重要，但是有之利却万不可或缺。无之用与有之利，用无与利有不可割裂。舍去有之利，无就什么也不是，无以发挥无的可用价值；舍去无之用，则也成就不了有的应有功利。二者相反相成而又相辅相成。

有鉴于世人眼中常常只注重有、忽视无，知无者老子却偏能独具慧眼，在肯定有之以为利基础上，进而发掘出无的价值在于用，在于可与有相结合，发挥用于利有的价值。一部《道德经》，皇皇五千言，无的运用，竟有上百次之多，以此不难明白，老子确实颇为突出无推崇无。尤其是将无之用转识成智，淋漓尽致地发挥了用无（利有）的大智慧。

《道德经》中频繁地出现无，究其含义，大体可归纳为三。除了上例所言其虚、空外，更为精彩的是另一例："无名天地之始。有名万物之母。"（第一章）其义是：取名为无，是对天地形成之初，混沌未开、天地未分，尚在孕育而隐形、潜在状态的抽象；取名为有，是对天地已分，万物的本源混成化育出万物而显形、有形状态的抽象。必须指出，这里的无，不是神秘莫测的任何别的什么地方的无，而是和天地已分万物显形、有形的那个有相对应的无。无是隐，有是显，一无一有、一隐一显，两相对应。如此，无是无、有是有，彼此泾渭分明。但是，无与有又并非决然两立毫不相干，而是同出异名——同出于混沌之物，两相联系且又由此及彼地转化的两种不同状态（隐与显），所抽象出的不同名称。即是说无与有既具有同一性，无中有有，有孕于无，亦无亦有、亦有亦无，无即是有、有即是无；但又具有差异性，惚兮恍兮、恍兮惚兮是为无，其中有物、有象、有精是为（孕育中的）有（第二十一章）。正如玄学家王弼所指："欲言无耶！而物由以成。欲言有耶，而不见其形。"[①]可见道既不单等同于无，也不等单同于有，而是无与有的差异性同一、对立的统一（相互对立又相互联结、相互依存又相互转化），一无一有之谓道也。这段文字思辨

---

① 张松辉：《老子研究》，北京：人民出版社，2009 年，第 88 页。

性强，理解起来有点难，有些玄（可不妨联想一下鸡蛋孵化小鸡的过程）。但重要的是，这里的无，其含义明确地是指与显性、有形的有相对应的隐性、隐形。

无的第三个含义，是在否定性的意义上作不、没有而使用。例如，与"天地不仁"（第五章）相对仗的"天地无亲"（第七十九章），无亲即没有亲疏，或不分亲疏地平等相待。又如"善行，无辙迹……"（第二十七章），这里的无，无论是理解为隐去，还是理解成不（要）留（下），都包含有否定的意谓。

厘清和把握老子关于无的诸多含义，是必要的、重要的。这对于领悟下文中老子如何转识成智，从心所欲地用无的智慧，或许可以另开思路，柳暗而花明。

二、转识成智善用无——倡导无为无不为理念

知无识无是用无的前提和基础。老子知无识无，自当会用无、善用无，知行而合一。诸如和光同尘（第四章）、无私成私（第二、七章）、被褐怀玉（第五章）、功成身退（第九章）、虚怀若谷（第十五章）、大智若愚（第十五章）、治之于未乱（第六十四章）、利而不害为而不争（第八十一章），等等。老子如此之用无，虽散见于各章中，却形散而神不散，其主旨则在于倡导无为而无不为理念——"道常无为而无不为"（第三十七章），"为无为，事无事，味无味"（第六十三章），"我无为而民自化"（第五十七章），"圣人无为，则无败"（第六十四章），"上德无为而无以为"（第三十八章，无以为，不刻意而为）……并统摄于无为。

无为，绝不是"恭己正南面而已"那么简单，不是什么事也不（用）做、不作为，其要义在于用无与有相结合，要用无而为，或用无利有而为，以合于一无一有之谓道。据《和生论》所述：为与违音同而义通，故汉朝以前的人理解无为，都毋庸置疑地解作无违，即是循理而举事，按道理而不违反道理行事。《文子·自然》明确记载："老子曰：所谓无为者……谓其私志不入公道……循理而举事……事成而身不伐（不自高自大），功立而不言有。"又言："老子曰：无为者非谓其不动也，言其莫从己出也。"[1] 文子是老子的嫡传弟子，其言的可信度应是比较高。依据此段文字，无为的含涵义可归纳为三：一是私志不入公道，循理举事；二是事成身不伐、功立不言有；三是非谓其不动（不作为），言其莫从己出（不主观，不自作主张，不自以为是）。对于无为（违），若循此等释义，结合《道德经》文本和上文厘清无的三个含义，似还可做出进一步的概括——

1. 无私而为——"圣人无常心，以百姓心为心"（第四十九章）；"爱民治国"（第十章）；"少私寡欲"（第十九章）。私志不入公道，事成而身不伐（夸耀、炫耀，自高

---

① 罗尚贤：《和生论》，广州：广东人民出版社，2012年，第123页。

自大），功立而不言有（不据为己有）；"功成而弗居"（第二章），"功遂身退"（第九章）；"生而不有，为而不恃，长而不宰"（第十章）。

2. 无亲而为——"天地不仁，以万物为刍狗"（第五章），天地无所谓仁还是不仁，视万物如同祭祀所用草扎的狗一样，用进废退，自然而然；"天道无亲，常与善人"（第七十九章），天道是不分亲疏的，一视同仁，一律平等，但又因天之道损余补弱而常常合于善人。

3. 不自为——莫从己出，即不主观、一言堂，不自以为是、自作主张，而要面向客观，或兼听则明、从谏如流，或集思广益、实事求是，或明于下情、审时度势，从客观实际出发，视客观情势而为。

4. 知常而为，不妄作（第十六章）——知常而为，即认识客观规律，按客观规律而为；不妄作，即不妄为、乱为、瞎为，不瞎折腾、瞎指挥，不做违反客观规律的蠢事。

5. 顺应自然、顺势而为——"道法自然"（第二十五章），道以自然为法则（自然，即自然而然、自在自为）；"我无为而民自化，我好静而民自正，我无事而民自富，我无欲而民自朴"（第五十七章），意思是不以主观意志强加于民、号令于民，而是要合民心、顺民意、集民智，因势利导而为，形成自治自序之势，而致民自化自正自富自朴；"道生之，德畜之，物形之，势成之"（第五十一章）。

6. 知反用反而为——"反者，道之动。"（第四十章）反，一可解为相反、反面，二可解为返。两种解读都包含否定性转化，即由无（此）转化为有（彼），或由有（彼）转化为无（此）之义。知反用反的实质，是要辩证而为。如"将欲歙之，必固张之；将欲弱之，必固强之；将欲废之，必先兴之；将欲夺之，必固与之"（第三十六章）；"治国以正，用兵以奇"（第五十七章）；"正言若反"（第七十八章）；"天之道，其犹张弓与？高者抑之，下者举之……"（第七十七章）；"有无相生，难易相成，长短相较，高下相倾，音声相和，前后相随"（第二章）；"祸兮福之所倚，福兮祸之所伏"（第五十八章）；"图难于其易，为大于其细。天下难事必作于易，天下大事必作于细"（第六十三章）；"合抱之木，生于毫末；九层之台，起于累土，千里之行，始于足下……慎终如始……"（第六十四章）。

7. 贵柔守雌知静而为——老子贵柔守雌，"知其雄，守其雌"（第二十八章），"以天下之至柔驰骋天下之至坚"（第四十三章）。雌柔而为，外圆内方、绵里藏针，终能克刚。"静为躁君"（第二十六章），"致虚极，守静笃"（第十六章）。静，可胜躁、可致远、可知常。清静而为，"可为天下正"（第四十五章）。

8. 善下不争而为——若水不争（第八章），"江海所以能为百谷王者，以其善下之……欲上民，必以言下之；欲先民，必以身后之……处上而民不重，处前而民不害……以其不争，故天下莫能与之争"（第六十六章）。不争，不是不要斗争，而是若水一样善地（善于选择适合自身的低下之地）、善渊（沉静深沉）、善仁（仁爱真诚）、善信（恪守信用，适时而发）、善治（治理、调理）、善能（发挥所长）、善时（把握时机），恭己谦下，不争名、争利、争位，不争强恃强，以此之七善，"不争而善胜"（第七十三章）。

9. 寂兮寥兮而为——寂兮寥兮，出自《道德经》第二十五章，所言有物混成之道无声无形也。寂兮寥兮而为，即所谓"圣人处无为之事，行不言之教，万物作焉而不辞。生而不有，为而不恃，功成而弗居"（第二章），即是说要不动声色、不为作秀、不张扬于形（不自见、不自伐、不自恃，第二十二章）地作为，循理而举事。即使作为了也应视为职责所系、应尽义务，是出于人道、合于天道之德性的本心所为、自觉而为，不应也不值得刻意宣扬。并适时地清零、归零，做到不有、不恃、功成弗居。如此之为，直如"春风不语千山绿，冬雪无言遍地白"，又忽如知时节之春雨，"随风潜入夜，润物细无声"。如此，则诚如老子所愿，"太上，不知有之……功成事遂，百姓皆谓我自然"（第十七章），意思是，高明的领导，人民意识不到他的存在。他很少发号施令，事情办成了，老百姓会说这是我们自己这样干的……

《道德经》中，老子的用无智慧和无为理念，广泛地运用于宇宙观、人生观、社会历史观，涵盖天文地理、治国修身、社会民生，政治、经济、军事、外交、法理、伦常、艺术、宗教……构建了包罗万象唯物辩证的天人合一思想体系，影响后世源远流长，铸就了中华优秀文化基因，奠定了中华民族智慧根底。

君可知——火要空心、人要虚心？沉默是金、吃亏是福？大智若愚、难得糊涂；小隐隐于市、大隐隐于朝？经济学的"看不见的手"（价值规律），法学的疑罪从无，美学的距离产生美，兵家的兵不厌诈、声东击西、上兵伐谋、不战而屈人之兵……此等之用无，其不妙哉？

君不见——国画的留白气势，书法的枯笔气韵，音乐的此时无声胜有声，魔术的戏法，相声的包袱，文学的伏笔隐喻，建筑的隔断，园林的透窗，乃至大自然的山有谷伴、有水邻，更有那被老子指喻犹如风箱的天地间之虚空……此等之用无，能不妙哉？

无之用与用无，真个是因时因地因对象不同而变化无穷、其妙无穷，无不闪现着道学的智慧之光、智慧之德。

三、用无的智慧源远流长

无之用其妙无穷，妙在会用无、善用无。古往今来，用无之广、用无之巧，用无之奇，用无之术，层出不穷，难以胜数。笔者不才，试做概括，挂一漏万，点到为止。

1. 用隐

（1）隐其名——见义勇为者（不留名不留姓，功成身退）；匿名资助者（爱心济困，不图回报）；默默奉献者（如中国"两弹一星"元勋们，为国打造尖端利器，隐姓埋名无私奋斗几十年）……

（2）隐其身——隐居（出于某种目的或隐身份或隐身世于山野、江湖、寒窑……）；蛰居（某些动物适应冬季气候本能地蛰伏冬眠）；深居简出（因某种原因有意避开他人视线，或自我保护的一种措施）微服私访；灯下黑（隐避潜伏躲藏的一种较安全方式）；某种武器的特殊技术（如隐身飞机、潜艇等）……

（3）隐其容——蒙面（乔装打扮）；整容（出于隐瞒身份而整形换容）；不苟言笑（不显表情不露心声）……

（4）隐其形——伏击战、地雷战、地道战……

（5）隐其言——暗语、暗号、代号、密码、旗语、哑语、谜语、歇后语、肢体语、藏头藏尾诗、比喻（明喻、暗喻、隐喻等）、寓言……

（6）隐其意——隐藏心意、意图，或寓心意、意图于假象中：卧薪尝胆（越王勾践的故事）；鱼腹藏剑（专诸刺僚的故事）；项庄舞剑（鸿门宴的故事）；顾左右而言他（岔开话题，语塞掩饰）；又或如醉翁之意、增兵减灶、减兵增灶、明修栈道暗度陈仓，以及无字碑（武则天之碑），诗言志歌咏言……

（7）隐其迹——声东击西、南辕北辙，四渡赤水用兵如神、化整为零藏兵于民……

2. 用间

（1）间，空间。老子有云"以无有入无间"（第四十三章）。用间即用空用无间。庖丁解牛，刀锋入间，迎刃而解，游刃有余。三国孔明，空城一计，扭转危局，千古流传。延安撤离一空，毛泽东运筹帷幄，转危为机；胡宗南占领延安得意一时，终致蒙羞受辱，沦为笑谈。

王安石，北宋时期著名政治家、思想家、改革家，著有《老子注》。难能可贵的是，他居然将老子的"无"与社会底层民众的生存空间相联系，依靠宋神宗的支持，"不畏浮云遮望眼，自缘身在最高层"，制定和推行"青苗法""免役法""农田水利法""方田均税法"等一系列强国利民的改革措施，大大地拓展了民众和社会的生存与活动空间。虽然宋神宗一去世，改革很快中断失败，但是，王安石用"无"（用间）的智慧和胆识，却是独特而颇具启迪意义的。

邓小平以敏锐的眼光和非凡的胆识，坚持毛泽东实事求是思想精髓和路线，领导和支持真理标准大讨论，大力支持和推动农村改革，推进以城市为中心的全面改革，对外开放十四个沿海城市，倡导社会主义市场经济，极大地开拓了社会主义国家从国内到国外的巨大发展空间。四十年改革开放成功实践，翻天覆地、成就巨大，我们正阔步迈向中华民族伟大复兴、倡导构建人类命运共同体更广更大的空间。用"无"的智慧，再次佑我中华。

（2）间，亦可指时间。史上运用时间的智慧亦比比皆是。

运用时差，打慢而后发制人：古有曹刿论战，一而再、再而衰、三而竭之说；打快而抢占先机：现代排球比赛有快抹一招。

军事上或用时间换空间，或用空间换时间；抢占先机，时间就是胜利；抢抓速度，时间就是金钱；急救医学，时间就是生命。民俗方面，所谓一年之计在于春、一天之计在于晨，人误地一时，地误人一年……更有那"明日歌"——明日复明日，明日何其多？我生待明日，万事成蹉跎；"一万年太久，只争朝夕"。用（时）间的智慧，不就贯穿于这些贵时惜时催时之中吗？

3. 用常

常，复命曰常，知常曰明（第十六章），即从循环往复动态性的常规、常态中明白和认知规律。用常即运用规律。规律本身无形无声，视若虚无。用常即用虚、用无。

人类，在人猿相揖别后的很长一段时期，仍如同动物一样地消极适应自然，未能将自身与外部的自然相区别，处于天人未分的天人合一状态。人类的文明，既是在逐渐区别于自然，仰天察地，从观复中知常用常，感知、探索和利用规律，积极主动地利用和改造自然中，即天人相分过程中诞生的，又是人类进步以追求自在自为的天人合一高度文明的伟大标志。

文明的成长和发展由来已久——日出日落，让人类明白和形成昼出夜伏、劳逸结合的规律；四季变换，让人类懂得和形成春播夏耘秋收冬藏的耕作经验。

人类发明和运用数——数学和数学规律，时至今日，已成功构建起网络虚拟的大数据数字世界，造福于人类功莫大焉。

人类区别和认识声音和颜色，从古代的五音——宫商角徵羽，到如今的简谱；从古代的五色——青赤黄白黑，到如今的赤橙黄绿青蓝紫白黑，声乐世界在抑扬顿挫中越来越丰富，色调世界在五光十色的变幻中越来越神奇。

人类认识和运用物理规律、化学规律、生物规律、社会规律（经济、教育、政治、法学、军事、历史、艺术、宗教等）、医学规律、心理学规律……极大地提升人类认识和征服自然的能力，创造出一个又一个人间奇迹，可上九天揽月，可下五洋捉鳖。千里眼、顺风耳的神话早已变为现实——从耳机到手机，从望远镜、显微镜到高倍天文望远镜、天眼……人类对于宏观、宇观世界的外探，可达上亿、上百亿光年的大尺度空间，越来越远；对于微观世界的认识和研究，亦早已突破原子核，深入于基本粒子——中子、强子、质子、光子，乃至于夸克。科学的发展和规律的运用，还表现于人的机器化——从机械手、机械脚、机械身等人体各器官的机械化，直到机器人的问世，不仅能把人从各种繁杂、沉重、危险的劳作中解放出来，而且展现出人的全面发展、人自身彻底解放的宏伟愿景。

这一切似乎足以证明，两千多年前我国战国时期著名思想家荀子充满自信的发声——人定胜天！然而，人类知常用常（运用规律）的历史并非一路过五关斩六将，而是有过一次次败走麦城的诸多教训。马克思的战友恩格斯在《自然辩证法》中就提醒和告诫过：人类对自然界的每一次胜利，几乎都会遭受自然界随之而来的报复。

人定胜天诚可贵，天人合一犹张弓。早在荀子之前，春秋末期老子就主张天人合一、道法自然，明言忠告过："复命曰常，知常曰明。不知常，妄作，凶。知常容，容乃公，公乃王，王乃天，天乃道，道乃久，没身不殆"（第十六章），意思是，周而复始于再生即合乎规律，认知规律即开悟澄明。不知按规律行事，盲目胡乱作为，会出乱子和凶灾。客观规律会包罗一切。包罗一切才全面、周全，才能把握住整体，才合于自然合于道，才能持久、恒久，可终生受用。知常用常，使人类获得人定胜天的勇气和自信，却也让人类深谙天人合一辩证统一起来的智慧和长生久视之道，必须扬弃人定胜天的概念，从而不断地从必然王国走向自由王国（顺其自然，达于天人不分基础上更广更深更高的天人合一）。

4. 用智

老子主张不争而善胜。善胜，即当以智取胜。智，智谋、智慧。谋也好，慧也罢，无形无象、无声无色，此亦为虚。用智亦即用无。

管仲重金买鹿——管仲，春秋时期著名的齐国相卿，谋略过人，襄助齐桓公称霸中原。为了削弱一统中原障碍的强楚（国）使其臣服，管仲向齐桓公献计：利用楚国特产鹿，不惜花重金高价收买，致使楚国连老百姓都放下农活，漫山遍野捕捉活鹿而荒废粮食生产。与此同时，派人在楚国境周边大肆购粮囤居。这一荒一囤，造就了齐国进攻楚国迫其臣服的有利条件。楚国在齐大兵压境围困三年后，终于臣服于齐国。管仲之用智，其智慧在于，认准粮草是战争重要的战略支撑，是战争胜负至关重要的制约因素、战略资源，弱其国弱其军先弱其粮草。如此盘算并如愿实施后，齐国终于实现大兵压境下未战而屈人之国。

晏婴二桃杀三士——晏婴，春秋时期稍后于管仲的齐国大夫。为了除掉三位恃功气傲而会留下隐患的猛士，晏婴向齐景王献上二桃杀三士之计。在宣称为齐王所赐、功高者可得一桃的两个桃子面前，头脑简单的三位猛士，终因争显功高以争一桃，致使先后了结了性命。晏婴用智设局，其智慧在于，利用对方弱点、短处以制造矛盾，不费吹灰之力而达到目的。

田忌赛马——田忌，战国时期齐国大将。田忌赛马的故事，为人们所熟知。田忌按照孙膑的主意，终于在屡次败给齐王的情况下反败为胜。其智慧在于，改变以己方上中下的马对阵彼方上中下之马的惯例、惯性思维（上对上、中对中、下对下），先以己方下等马对阵彼方上等马，然后以己方上等马对阵彼方中等马、己方中等马对阵彼方下等马，结果必然是三局两胜而稳操胜券。

用智的历史源远流长。合纵连横，四面楚歌，草船借箭，火烧赤壁，智取生辰纲，智取威虎山……用智的故事不绝于史，不绝于书。

用隐、用间、用常、用智，总揽于用无。用无，是文化、是精神、是智慧，是一门学问，一门大学问。论计谋，三十六计走为上；论智慧，万千变化无为上！

老学与中外哲学比较研究

老子"无为"思想内在理路探微——兼与孔子"无为"思想比较

张祖龙*

内容提要："无为"思想是包含了探索宇宙、社会、人生的道家理论体系，它是老子哲学思想的重要组成部分。《老子》中提出："无，乃是万物之根源"，这深刻影响了无数后人的处世之道。综合分析老子的道学理论，从"无为"思想的产生原因、内涵、与孔子的"无为而治"的比较中去解读"无为"思想的内涵，对研究"无为"思想提供了一种新途径。"无为"是力量和知识的源泉，是人类世界本该有的自然状态，是我们人类命运的起点与归宿。今天，对"无为"思想的感悟，会开阔人的胸怀，会提升人的境界，会延长人的生命。

关键词：老子 无为 《道德经》道学

从宏观看，老子的哲学体系是从"无为"出发到宇宙论再到人生论，最后延伸到政治论的思想体系。老子在《道德经》中写道："道可道，非常道；名可名，非常名。""无名，天地之始；有名，万物之母。"① 这里的"无"是宇宙的本源，人生的立足点，是治国之道；"道"的内涵是万物发生、存在的根据和运行的基本规律，是万物必然回归的终极状态，其核心在于尊重自然规律。正所谓："道生一，一生二，二生三，三生万物。""天下万物，万物生于有，有生于无"，阐明了"道与有、无"的辩证哲学关系——"道"即"无"，由无生成有，即一，从而二而三而多，成为万物的起点。

---

* 张祖龙（1994—），西安建筑科技大学哲学硕士研究生，主要研究方向：马克思主义哲学与中国哲学比较研究、马克思主义哲学中国化等。指导老师：张永超，上海师范大学哲学院教授、博导。

① 老子：《道德经》，北京：北京联合出版社，2015年，第2页。

一、老子哲学中"无为"思想的提出

"道"是老子思想的一个基础性的概念，老子的"无为"是在其"道法自然"的辩证思想基础上发展起来的。老子曰："人法地，地法天，天法道，道法自然。"自然在这里的意思是"自然而然"或"本然"，是形容事物本该有的属性的一种状态。

庞朴先生曾经指出："'无'被选定为道学的哲学范畴，有其深远的思想渊源。"[①]在甲骨文里，"无"字是一个舞蹈者的形象，"无"和"舞"本是一个字。舞蹈是侍奉神灵的一种动作，但是神灵却是看不见摸不着的，人们通常在舞蹈的时候想象它的存在，并且只有利用舞蹈的动作或者叫舞蹈的语言去与之交谈。后来以舞蹈侍奉神的工作，慢慢分工到一些专业的人身上，他们就是"巫"。"巫"在原始人看来，他们与事神的"舞"以及"舞"所事的"無"（无）是浑然一体的。这些"巫"心目中的"無"（无），不仅不是虚空或没有，而恰恰是主宰万物、支配一切神圣的"有"。于是，"无"成了以后道家思想的源头。"无"的原始意义是"似无而实有"，因而就其本意而言，"无为"并非不作为或无所作为，而是一种"似无而实有"的有为。

老子主张的"无为"主要针对的是侯王等统治者的"有为"。战国时期，各个诸侯国争城掠地，贵族骄奢淫逸，苛政猛于虎，法令多如牛毛，人民怨声载道，暴动此起彼伏，这些都是统治者的"有为"所致。因此，老子曰："民之饥，以其上食税之多，是以饥；民之难治，以其上之有为，是以难治；民之轻死，以其上之求生之厚，是以轻死。"（七十五章）进而可知，在此说的"有为"与今天我们所理解的"有所作为"的含义在性质上是不同的。《道德经》中的"有为"是指统治者从自己和本阶级的利益出发而违背人民的根本利益、愿望和要求，依仗权力和势力集团的强行所为、肆意妄为等等。

老子提出"无为"的概念，旨在告诫侯王等统治者不要违逆人民的利益、愿望和要求而强行所为和肆意妄为，期望他们能够效法道的无为和圣人的"以辅万物之自然而弗敢为"，从而为人民的自主、自化、自成和社会自治的实现创造良好的社会环境和条件。"我（指贤明的君王）无为而民自化，我好静而民自正，我无事而民自富，我无欲而民自朴。"（五十七章）这里强调圣人的"好静""无事""无欲"正是"无为"的意思，老子这里突出的主张顺其自然而不去刻意地强行干预的"无为"之道。"有物混成，先天地生。寂兮廖兮，独立而不改，周行而不殆，可以为天地母。吾不知其名，字之曰道，强为之名曰大。大曰逝，逝曰远，远曰反。故道大，天大，地大，人亦大。域中有四大，而人居其一。人法地，地法天，天法道，道法自然。"[②]

①　庞朴：《道家辩证法论纲（上）》，《学术月刊》1987年第1期。
②　老子：《道德经》，北京：北京联合出版社，2015年，第50页。

君主应该效法自然，无为而治，减轻百姓的负担与苦难，贤明的君主懂得道法自然的道理。

老子认为，凡事不能做得太过，否则会有大灾难来临。"民不畏威，泽大威至"（七十二章）、"民不畏死，奈何以死惧之"（七十四章），老子的话表明了这层意思，也积极地主张为政要行"无为"之道。"无为"这个词在《道德经》里一共出现了七次，每次的内涵是完全不相同的。"无"字在《道德经》一书中有两种解释，一种是否定词，即不的意思；第二种是依照自然规律，不外施妄为的意思。

二、"无为"思想的文本依据

《道德经》中第一次出现"无为"是在第二章中的"是以圣人处无为之事，行不言之教"，这里的"无为"即依道而为，绝不是不为，句中也有"处、行"二字，怎么可以说是不为呢？实际上，老子主张的"无为"本质上是有为，是依道而有为。在此意义上讲，"无为"并非消极的，而是从更高的思想智慧出发的顺应天道而为之。

《道德经》中第二次出现"无为"是在第三章的"为无为，则无不治"，这个句子里有两个"无"字，第一个"无"是自然规律，另一个"无"是不的意思。就是讲按照道和自然规律而为，则没有不能治理的。"无为"的思想内涵是它要与自然规律相结合而又自我约束。遵循自然规律体现出"无为"之道的精神。

《道德经》中第三次出现"无为"是在第三十八章"上德无为无以为"，意为品德高尚的人无所作为，无心去作为，这里的"以"是用的意思，"无以为"即无所为，没有企图。老子第一次提出了"无为无以为"的观点，说明了"无为"是依道而为，没有人为的企图，这表明了道法自然的内涵，遵循自然规律。像帝王君临天下，常施德于民，实际上是使民歌功颂德受其爱戴而已，是利用之求，交易之道，非真德也。只有"无为无以为"才是上德，才是天道，正所谓"天道无为无以为"。因此，"无为无以为"是老子无为哲学思想的进一步深化。

《道德经》中第四次出现"无为"是在第四十三章"君是以知无为之有益。不言之教，无为之益，天下希及之"。水和空气都是至柔之物，然而却能穿石运物，化铁蚀金，这就是"无为之有益"，老子用无为之有益，阐述了柔能克刚，守柔才是常胜之道。

《道德经》中第五次出现"无为"是在第四十八章中的"无为而无不为"，是老子无为哲学辩证思想的再次深化。汉代淮南王刘安曾说："所谓无为者，不先物为也；所谓无不为者，因物之所为。"[①]"上行无为，则民亦自正，亦各安其业，故无不为也，

---

① 许慎：《淮南鸿烈解》，《道藏》，第 28 册第 5 页。

'无为'者，言其因，'无不为'者，言其果。"①老子又一次揭示了"无为"与"无不为"的因果关系，指出了"无不为"的效果正是由于"无为"产生的。

《道德经》里第六次出现"无为"是在第五十七章里的"我无为而民自化，我好静而民自正，我无事而民自富，我无欲而民自朴"，本句中的"无为、好静、无事、无欲"都是体现了"无为"的核心及其本质，即道法自然的精神。

《道德经》中第七次出现"无为"是在第六十三章中的"为无为，事无事，味无味"。古人注：以"无为"为居，以不言为教，以恬淡为味，治之极也。故圣人不妄为，常为于无为；不生事，而常事于无事；不耽味，而常味于无味也。第三章"为无为，则无不治"即此"为无为"的意思，体现出老子丰富的自然辩证法的高超智慧，无为而无不为的真谛。

三、老子"无为"思想的内涵及其特质

（一）"道无为"和"人无为"

老子说："道常无为而无不为。"（第三十七章）按老子的说法，天地万物皆为道所生化。在第五十一章里说："道生之，德畜之。"从这种意义上说，道是"无不为"的。道是无意识、无目的的，它生化万物是在为其提供内在的根本依据的，而且道并非游离于万物之外，而是内在于万物之中的，因此道的这种"无不为"并非表现为外在的力量，而是在万物内部发挥作用的。所以是不露痕迹的，表现出来的却是天地万物的自为、自化、自成，而不是看起来好像是无所作为的样子。

"道法自然"是老子哲学的一个核心的命题，即道的无为。它既可以用来帮助理解"道"的内涵，也在道与万物之间建立起联系，所以他成了老子宇宙论的关键的部分。

人的"无为"又是不同的。"无为"并非"迫而不应，感而不动"。在人的作为之中，凡遵循事物的规律，依凭事物的资质，顺应事物（含人）的自然本性和发展趋势，并且其行为公正无私者，皆属于"无为"。哲学家庄子说过人的"无为"是"游心于淡，合气于漠，顺物自然而无容私焉"。

老子主张"治大国，若烹小鲜"，即治理国家要像煎小鱼一样，要"无为"，不要"有为"，但这里的无为并不是什么事情都不干，"无为"是针对"有为"而言的。老子认为，行动是必须有的，问题在于怎样行动。正如煎鱼，过于频繁的翻动，容易把鱼身翻烂，难以享受到鱼之美味；不加翻动，粘锅而烧焦，更难以尝其味。

老子说，我有三个"法宝"，分别是慈柔、俭约、不敢自居于天下之先。因为慈

---

① 陈鼓应：《老子今注今译》，北京：商务印书馆，216年，第251页。

柔，所以能够勇武；因为俭约，所以能够广大；正因为不敢自居于天下之先，所以能够统领生命世界，顺应万物的生长。老子针对当时的舍弃慈柔而取尚勇猛、舍弃尚俭约而取尚广大、舍弃退让而取向争先的现实，老子痛切启迪我们不要自居为圣，因为这是一条行不通的死路。老子的"无为"是生活的态度，是人生的至高境界。

（二）"无为"是甘于处下，为而不争

老子提出"柔弱胜刚强"的道理，大力提倡甘于处下的不争之德。他喜欢用水做比喻，"上善若水"，"水善利万物不争，处众人之所恶，故几于道，居善地，心善渊，与善仁，言善信，政善治，事善能，动善时。夫惟不争，故无尤"。老子认为水具有处下、不争、利万物的特点，希望统治者也应像水一样，甘于处下，才能容纳万物，才能亲民近民，才能自然解决争端，才能行无为之治。

我们必须清醒地认识到：老子主张"处下"，提倡"不争"，并不是一种自我放弃，实际上是鼓励人们去"有为"的，顺应事物的本性去"有为"。在当时的时代背景下，他深深感到，统治者高高在上，即使是仁义治国，予百姓恩惠，百姓因而赞誉，但还是有了统治的迹象，还是破坏了其自然性。所以，老子提倡统治者应甘于处下，不自见，不自是，不自伐，以"不争"达到"天下莫能与之争"，以"无为"达到"无不为"之良好效果。

老子细心观察水的变化与不变，用"水"本质去比喻为"道"的特质。水最显著的特征主要有三个：一是柔弱，二是往低处流，三是滋润万物。老子以"水"比喻"玄德"和"上善"，老子认为"水"的性质与功能最接近于"道"，故曰："几于道。"苏辙曾说："避高趋下，未尝有所逆，善地也；空虚静默，深不可穷，善渊也；利泽万物，施而不求报，善仁也。"[1] 由此可见，老子哲学实在是一种水性之哲学，也是一个圆通的智慧系统，给人们清净、淡泊、理智而又深刻。所以，"无为"之道进一步提炼为甘于处下，为而不争的自然心境。

四、比较视阈探究老子"无为"思想之特质

道家的"无为"思想在政治上突出表现为"无为而治"的治国要领。"无为而治"作为施政的指导思想，在中国的几个历史时期，特别是在西汉的文帝、景帝时代曾形成了史称"文景之治"的繁荣昌盛的局面。在《汉书》中记载："汉兴，扫除烦苛，与民休息。至于孝文，加之以恭俭，孝景遵业，五六十载之间，至于移风易俗，黎民醇厚。周云成康，汉言文景，美矣！"[2]

"天下既定，民亡盖藏，自天子不能具醇驷，而将相或承牛车。至武帝之初七十

---

① 苏辙：《道德真经注》，上海：华东师范大学出版，2010年，第5页。
② 班固：《汉书》，北京：中华书局，2007年，第422页。

年间，国家亡事，非遇水旱，则民人给家足，都鄙廪庾尽满，而府库余财。京师之钱累百巨万，贯朽而不可校。太仓之粟陈陈相因，充溢露积于外，腐败不可食。众庶街巷有马，阡陌之间成群，乘牸牝者摈不得会聚。"[1] 可见，"无为而治"能够使国家昌盛繁荣，社会稳定有序，人民幸福安定。

　　孔子与老子的"无为而治"思想，其共同的理想目标是统治者"无为"就可以达到天下大治的那种境界，区别在于通向共同的"无为而治"的道路是不一样的。

　　孔子主张通过统治者，即主体的"为"来治理客体"无为"的方式；老子则主张通过统治者主体顺应自然的"无为"治理客体的"有为"。孔子"无为而治"的路径是通过治的主体"有为"，最主要的是"为政以德"。孔子倡导统治者重德和为官者修德，推行德政，以德治国，讲"道之以德"（《论语·为政》），讲要从道德教化的角度为人们提供行为导向，通过"修己以安百姓"（《论语·宪问》）。作为统治者，要把自己修炼为完美道德的表率，以身作则，去感化臣民，最后达到天下大治。

　　孔子与老子"无为而治"的"有为"和"无为"是不同的治国理政的方法。孔子是让君主"有为"，而让民众"无为"；老子是让君主"无为"，而让民众"有为"。老子的"无为而治"的思想要求君主只需遵循自然规则，充分发挥民众的能动性，自始至终让民众自治、"有为"，以达到天下大治；而孔子的"无为而治"的思想则要求君主"有为"，不断努力进行自我完善，使其道德水准达到一定境界，去影响民众、感化民众，使民众培养道德自觉，进行自治，以达到天下大治。

　　在处理国家关系上老子提出"大者宜为下"的原则。老子说："大国者下流，天下之交，天下之牝，牝常以静胜牡，以静为下。故大邦以下小邦，则取小邦；小邦以下大邦，则取大邦。故或下以取，或下而取。大邦不过欲兼畜人，小邦不过欲入事人。夫两者各得所欲，大者宜为下。"（第六十一章）在老子看来，天下交向归往的总是天下雌柔的地方。雌柔常以虚静胜过雄刚，这正是谦下虚静的缘故。这是老子主张的一种政治外交方式。老子的思想不仅对春秋战国争霸的局面发挥了积极意义，更是对今天世界上的国际矛盾与大国外交等问题提供了中国特色的现实性参考价值。

　　结语

　　"无为"是一种更高的境界，更富有的智慧。有之以为利，无之以为用。有，固然是好的，但是"无"也是有用的。"有"会成为自己的利，因为不以有为利，而是以"无"为用。有不会成为负担，"无"不会成为损失，"有"便有了大利，"无"便

---

[1]　班固:《汉书》，第 422 页。

有了大用。大利民生，安居乐业，幸福美满；大用平天下，风调雨顺，国泰民安，天下和谐。

尽管老子的辩证哲学思想在历史的发展潮流中存在着局限性，古往今来很多学者褒贬也不一。比如像他提出的"民至老死不相往来"的小国寡民思想、提出的尊崇周朝礼制，实际上是维护等级封建制度，具有历史局限性。但是，本文的研究分析势必会为读者提供一种新的研究途径与方法，让我们离老子的源头越来越近。

老子的"无为"思想不仅规劝诸侯王们休战，更是希望统治者推行无为而治。如果我们仅仅以现代人的眼光去思考当时历史下的情况则难免有点说不通。如果人们仅仅是从字面上理解"无为"，认为老子思想是消极避世的思想，这种理解显然是有误导性的。因此，在理解老子的"无为"思想时应该从"道"入手，只有深刻、全面地理解了《道德经》中"法自然"的真正内涵，才能在真正意义上去把握老子哲学的现实意义，这样老子的"无为"思想能够更好地服务于我国现代化建设中的各个方面。

老子主张"反者道之动，弱者道之用"的辩证思维。如果"无"是未知的，那么向着"无"的敞开，也为人的思想和行动提供了无限的可能性。

老学与梵学比较研究的场域及特征

张思齐 [*]

内容提要：老学是中国当今时代的显学。梵学长期以来都是印度的显学。老学的核心内容是道学。道学是一个上级范畴，道教是一个次级范畴，道学涵盖道教。老学的具体研究围绕道教而展开而又不局限于道教本身。梵学，或曰印度学，其核心内容是印度教，它是一包罗万象的体系。既要做研究，就要有场域。场域的建立，不是简单地划一个范围，还必须确立一套与之相适应的范式，即一整套的规范。唯有遵循规范，才能获得正确的研究结果。在场域内做研究，最基本的规范是比较。道教与印度教的比较研究，其可能性存在于五个方面：一、民间信仰的场域，其特征是宽泛性。二、制度宗教的场域，其特征是实践性。三、经典文献的场域，其特征是朴拙性。四、世界宗教的场域，其特征是通约性。五、比较研究的场域，其特征是跨越性。

关键词：老学 梵学 比较研究 场域特征

老学（the Lao studies），在当今时代已然是一门显学。在老学兴起之前，有黄老之学，亦称黄老学。《陆象山全集》卷三五《语录》："汲黯秉彝厚，黄老学不能泪。" [①] 黄老之学被简缩为黄老学，这是较早的出处。陆九渊（1139—1193），南宋抚州金溪（今属江西）人，字子静，为著名哲学家、教育家，曾结茅讲学于象山，故世称象山先生。汲黯（？—前112）是西汉名臣，他性好清静，不苟细，有治绩。汲黯遵守常规，为人厚重，由此而观之，黄老学绝不可湮灭。黄，指黄帝。老，指老子。黄老学的出现，与黄老道密切相关。从道教的发展史看，黄老道是太平道的前身，它是假托黄帝和老子的思想而成就的一种具有明显的阶段性特征的宗教。从术语发展史

---

* 张思齐（1950—），武汉大学文学院教授、博士生导师，现任四川大学老子研究院客座教授、中华续道藏监修委员。

① 陆九渊：《陆象山全集》，北京：中国书店，1992 年，第 293 页。

看，有老庄之学。一个术语，在刚出现的时候，往往较长。术语的逐渐趋于简要反映了人们认识能力的提高。将老学从黄老学和老庄之学中独立出来而加以研究，这反映了学术的进步。今天，人们对老学的认识早已达成了共识。老学是老子为中心的一整套学问。老学包括对老子其人的研究，对《老子》一书的研究，以及历代以来对《老子》的研究。《老子》章句注疏、老子哲学思想、老子美学思想、涉老文献的注疏、老子的政治观、老子的军事观、老子与外国学说的比较研究等，都属于老学的大范畴。老子所著《道德经》为道教的根本经典，道教将老子其人奉为教主。道教还将老子神格化，奉为道德天尊。道德天尊，即太上老君。因为太上老君居于大赤天之太清境，故称太清，为三清之一。三清是玉清、上清和太清的合称。三清，既指最高尊神，又指最高仙境。毫无疑问，老学的研究，离不开道教。

梵学（the Sanskrit studies），这是大家感兴趣的一个话题。梵，这是一个音译词。梵，又是一个省称，其全称为"梵摩"或"婆罗贺摩"。这是 brahma 这个词的两种汉语表记。梵，其本身为古代印度语言梵语（Sanskrit）中的一个单词。梵语，又称梵文，它是古代印度的一种高雅的语言，主要用于宫廷交际、王朝文书、经文咏颂和文学创作之中。所谓 brahma，其含义为清净、寂静。由此而观之，远古时期的印度人，在思想追求方面与道家是相当接近的。梵，本来指一种思想境界。早在远古时期，梵就被神格化了，因而又称为梵天、大梵天。《广弘明集》卷五《均圣论》："娑婆南界，是曰阎浮；葱岭以西，经涂密迩。缘运未开，自与理隔。何以言之？夏殷已前，书传简寡。周室受命，经典备存。象寄狄鞮，随方受职；重译入贡，总括要荒。而八蛮五狄，莫不愚鄙。文字靡识，训义不通，咸纳贽王府，登乐清庙。西国密涂，厥路非远。虽叶书横字，华梵不同，而深义妙理，于焉自出。"① 沈约（441—513），南朝梁吴兴武康（今浙江德清西）人，字休文。他历事宋、齐、梁三朝，可谓名副其实的三朝元老。沈约撰《均圣论》，本意在于阐明这样一个道理：中国固有的学说，与当时流行的佛教，具有均等价值。佛教自外国传入中土，却受到当时统治阶级的大力提倡。沈约说，佛教之价值不过与中国原有的学说均等罢了。这就在实际上肯定了中国固有学说的价值。沈约《均圣论》还透露出一个信息，早在周朝时期，中国与印度之间的文化交流就已经具有一定的规模了。梵语文献，不仅已经翻译成汉语了，而且还得到了深入的研究，中国人已经明白了其中的深意妙理。

印度，旧译身毒、天竺，其东、西、南、北、中各个部分，在民众语言、书写文字、风俗习惯、思想传统、宗教信仰诸方面差异甚大，故而有五天竺之说。印度、身毒、天竺等语词，在古代仅仅指位于南亚次大陆的一片广袤的区域。在南亚次大

---

① 僧祐、道宣：《弘明集广弘明集》，上海：上海古籍出版社，1991 年，第 126 页。

陆，古代有许多国家。出现在那里的几大王朝诸如孔雀帝国（Maurya Empire）、笈多帝国（Gupta Empire）和曷沙利帝国（Harsha's Empire）等，其统治仅仅及于南亚次大陆的大部，而并非全境。印度至今语言复杂，在印度钞票上印行的文字多达十五种，它们所书写的都是印度的官方语言。印度古代，其语言情形比今日更加繁复。不过，各个封建王国，在交往的时候均使用梵语和梵文，故而其间仍然可以交通。由于梵文在古代印度通用，故而梵也就成了印度的代称。梵语是古代印度的雅语，又是其普通话。今日印度提倡使用印地语，欲以之为通行印度全境的各民族共同语，大凡创造新词，均以梵文为词根来组词。印度的中央级广播电台每日晚间有十五分钟的梵语广播，犹如我们的新闻联播，旨在推行印地语，旨在复兴其古老的文化传统。由此而观之，梵之影响力至今依然十分巨大。

梵学这一名称，属于旧的术语体系。梵学的内容，今日称为印度学（the Indian studies）。印度学的范围固然是十分广大的，不过，要而言之，印度学的核心部分还是印度教。印度有世界民族博物馆之称，生活在那里的有许多民族。印度的每个民族，都有自己的语言，也有自己的宗教。而且，有的印度民族，其宗教还不止一种。印度教只是其中的一种。印度教，其正式名称是 Hindu Dharma，它来自印地语的拉丁字母撰写。印度教，也作 Hinduism，这是一般的称谓，它来自英语。就历史的情形而论，印度有许多宗教。不过，就现实情况而论，自印度独立以来历届印度政府大力提倡和扶持的宗教毕竟还是印度教。从信徒人数上看，印度教是仅次于基督教和伊斯兰教的世界上第三大宗教。据《1990 年大不列颠统计年鉴》，全世界共有印度教信徒 6.89 亿人。印度教徒们主要生活在南亚和东南亚各国。由于在这两个地区人口一直处于增长的态势，而且印度的人口增长极为迅猛，因而至 1993 年，据称印度教徒的数量已经达到 10.3 亿人。印度这个国家以人口增长而自豪，其目标非常明确，那就是超过中国。

梵学，或曰印度学，其核心内容是印度教。大家一定会问，为什么不把佛教作为道教的对偶之一极而加以比较研究呢？这是因为，在印度本土印度教早已消失。目前，印度境内的佛教是近代以来复兴的结果，其势力非常微弱，寺庙少，其信众尤其少。"佛教在其诞生地衰落乃至据说已经消失的原因，是一个自从它成为科学研究探讨的对象时起就是许多历史学家感到困惑不解的问题。解决这个问题的关键在于，它与现在一般所说的印度教有宗教关系。"[①] 笔者认为，佛教在印度本土消失，有以下三个原因。其一，佛教的教义不符合印度的社会现实。众生平等，这是佛教的

---

① A.L. 巴沙姆：《印度文化史》，闵光沛、陶笑红、庄万友、周柏青等译，涂厚善校，北京：商务印书馆，1997 年，第 144 页。

基本教义。然而现实的状况却不是这样。印度社会是一个严格的等级社会，它存在种姓制度。种姓出现于奴隶制国家形成的过程中。在印度有四大种姓，它们是婆罗门、刹帝利、吠舍和首陀罗。随着生产和社会分工的发展，种姓制度日趋复杂，衍生出了许多亚种姓。在种姓之外还出现了大批的不可接触者，即贱民。"印度的种姓制度也是发源于印度教，在这一教派的教义中，种姓是神定下来的，是不可改变的。"① 广大的印度人，即使自己身为贱民，也深信这一套学说。其二，佛教反对婆罗门。婆罗门是古代印度的僧侣贵族，处于四大种姓之首，世世代代以祭祀、诵经和传教为职业。婆罗门掌握教权，垄断知识，享受种种特权，自古以来就是社会精神生活的统治者。印度教是以婆罗门教为哲学基础再加上民间信仰而形成的宗教。婆罗门教主张，婆罗门之上，祭祀万能。佛教，尤其是大乘佛教，却是一种特殊的无神论。它与印度民众的信仰格格不入。在印度教兴起之后，佛教失去了群众基础，于是只有消亡。其三，民众的力量决定了宗教的成败。佛教的仪轨简单，印度教的仪轨繁复。印度教承袭了婆罗门教的祭祀制度。在祭祀的过程中，有许多表演极强的操作。民众喜欢热闹，在印度教做祭祀的时候，民众往往争先恐后前去观看。民众喜欢看印度教的仪轨，他们不认为繁复的仪轨是迷信，反而对之情有独钟、津津乐道。民众希望有神，而印度教是典型的多神教。大乘佛教主张唯我思考、自行禅定。这一套只有高级知识分子感性兴趣，普通民众并不喜欢。

老学的核心内容是道学。有关道教的一整套具有系统特征的学问称为道学（the Dao studies）。道学是一个上级范畴，道学涵盖道教。道教是一个次级范畴，道教属于道学研究的内容之一。道教是世界上主要的宗教之一。全世界道教徒的总数一直没有准确的统计，估计在五百万人左右。道教徒主要生活在我国境内。道教的神职人员称为道士，大约有 15 万人。他们一部分居住在宫观里，称为丛林道士，即出家道士。丛林（pindavana），这是一个借自佛教的词，其语源为梵文。另一部分生活在自己的家里，有妻室儿女，称为火居道士，他们以做道场为职业。我国现存的两个主要的道派为全真道和正一道。全真道有严格的清规戒律，奉道者皆须出家，居住宫观，禁止嫁娶。正一道，其组织松懈，其戒律不严，奉道者不住宫观，且多有家室。历史上道教派别甚多，其他非全真道的道派，后来统统都融入正一道了。不过，各宗派仍然可以保留原有的仪轨和其他特色。以此之故，正一道实际上是除了全真道以外的所有道教派别的联合体。我国的五大宗教是佛教、道教、天主教、基督教和伊斯兰教。其中，只有道教是我国土生土长的宗教。道教虽然信徒不多，但是其影响却十分广大。在我国，练太极拳的人数高达两千万人，而太极拳不过是道教诸

---

① 卢莉：《印度常识》，哈尔滨：哈尔滨出版社，2016 年，第 90 页。

多养生方式中交易操作的一种罢了。在我国，有关公信仰的人数高达三亿人，而关公信仰不过是囊括于道教信仰的诸多民间信仰中的一种罢了。道教的信仰实际上早就贯穿到中国人的日常生活之中了。苏轼《题西林壁》诗："横看成岭侧成峰，远近高低各不同。不识庐山真面目，只缘身在此山中。"[1]苏轼称东坡居士之前，早有一个道号"铁观道人"。笔者曾有过统计，亦发表过论文，苏轼的涉道诗篇，比其涉佛诗篇，在数量上要多出不少（《宋代的民族政策和诗学繁荣》，载《伊犁师范学院学报》2006年，第1期。）中国人的思维方式、言谈举止，无不与道教或多或少有着某种关联，只是我们不易察觉罢了。鲁迅《致许寿裳书》："中国根底全在道教。"[2]这是对道教与中国文化关系的科学定位，也是道教与世界文明发展史的科学定位，它是我们进行印度教与道教比较研究的总纲。

既要做研究，就要有场域（field）。那么，研究的场域，究竟是什么呢？这是任何严肃的研究都必须解决的首要的问题。场，其原始含义即场所，引申为范围。任何研究都必须首先确定其范围，而不能漫无边际地泛泛而论。从"场"到"场域"表明了学术的进步。场域，不是普通的范围。场域，它指的是一个可资比较和融通的广阔领域。在场域中，既有西方哲学的丰富智慧，又有中国传统哲学的场有理论。场有（field being），其含义是以场为有。场域，其本身就是一种存在。场有，其含义又是以场为本。场域，其本身就是研究的对象。场，它是事物的相对性和相关性。世间一切事物都不可能外在于某个场而成其为有。世间一切事物皆是依据某个场而成为有的场有者（the field being agent）。某一事物的意义，只有放在与其他事物的比较之中，才看得明白。某一事物的价值，只有放在与其他事物的类比之中，才见得真切。仔细而分辨之，场有可以区分为两种，一是内场有（internal field being），一是外场有（external field being）。内场有，即内在的相关相对的有。外场有，即外在的相关相对的有。尽管场有可以做如此的分别，然而其分别毕竟是相对的。内常有与外常有可以互通，亦即相互转化。

场域的建立，不是简单地划一个范围，还必须确立一套与之相适应的范式（paradigm）。所谓范式，就是一整套的规范。一个研究者，唯有遵循规范，才能够得到正确的研究结果。在场域研究中，最基本的规范不是别的，就是比较。比较是场域研究的最基本操作。比较，这是人类认识世界的最古老的方法之一。

先看《周礼》的记载。《周礼》亦名《周官》，相传为周公所作。周公姬旦，西周初人。《周官》一书，后人有所增益，不过其成书年代不晚于战国时期。《周礼·天

[1] 金性尧：《宋史三百首》，上海：上海古籍出版社，1986年，第151页。
[2] 鲁迅：《鲁迅书信集》上卷，北京：人民文学出版社，1976年，第18页。

官总宰第一·内宰》："佐后而受献功者，比其小大，与其粗良，而赏罚之。"① 内宰的职责之一是辅佐王后，代替王后接待女御等官员，收下她们奉献上来的布帛等物品。这些物品是用来表明她们的丝枲之功的。内宰在收到这些物品之后，就"比其大小，比其粗良"。在这里，比，就是比较的意思。唐·贾公彦疏："云'比其小大与其粗良'者，布帛之等，缕小者则细良，缕大者则粗恶。今言粗不云恶，言良不云细者，互见为义也。"② 唯有比较，才能互见。在这里，"互见"一语尤其值得注意，它告诉我们，比较何以成为一种重要的研究方法。互见，发现被比较的各方作为存在体而体现在其存在状态上的契合性与差异性。

再看《周易》的记载。《周礼》亦称《易经》。相传伏羲画卦，实际上萌芽于殷周之际，《周礼》一书大体在西周时期就已经形成。在《周易》中，比卦为六十四卦之一，它位列篇中第八卦。比卦的卦辞说："比：吉。原筮，元永贞，无咎。不宁方来，后夫凶。"③ 比是吉道。在原情筮意的基础上，来决定亲比的对象，就能够得到元、永、贞，即君长之道、长久之道、和正道。这样，就不会有什么咎害了。如果不获安宁者纷至沓来，那么就必然有凶险。比卦的比，本义亲近。比卦讲的是上下之间、彼此之间当须"亲密比辅"的道理。亲密比辅，简称亲比。要做到亲比，就得慎重选择那些意欲亲近而辅之的对象。这样的选择实际上是一个比较的过程。比，又有比邻的意思。邻居有往来，邻国有邦交。与此相类，在一卦之中相邻的两爻存在着比的关系，如初与二比，二与三比，三与四比，四与五比，五与上比。比卦中的比，既是原则，又是方法。两方既然相比邻，那么就要考察对方，庶几交往得宜，实现双赢。比邻加考察，就是比较。这是汉语语境中比较一语的原初含义。

比较，英文作 compare，其语源为拉丁语。其中，par 意为等同物，com 意为将两个大致的等同物放在一起，而观察期间的契合与差异。在一定的场域中进行比较，这一方法较早在史学中得到运用，并取得了突出的成就。古希腊史学家普鲁塔克（Plutarch，46？—120？）著《希腊罗马名人传》，该书的《编译者说明》："原书全名 *The Parallel Lives of Grecians and Romans*（希腊罗马人物平行列传）。"④ 汉代司马迁（前 145 或前 135 —？）著《史记》，其列传部分有两种情形。其一，一人立一传，即独传。其二，数人合为一传，即合传。数人合为一传，并非随意罗列数人，而是经过了司马迁仔细的考量之后，才撰写的。司马迁采用合传这一著作体式，已经将

① 陈戍国：《周礼·仪礼·礼记》，长沙：岳麓书社，1989 年，第 19 页。
② 李学勤：《十三经注疏·周礼注疏》上册，北京：北京大学出版社，1999 年，第 185 页。
③ 唐明邦：《周易评注》，北京：中华书局，1995 年，第 22 页。
④ 古希腊·普鲁塔克：《希腊罗马名人传》，黄宏煦主编、陆永康、吴彭鹏等译，北京：商务印书馆，1990，第 1 页。

比较研究法运用得很熟练了。比较可以在多方中进行。多方，可以是三方、五方、十方、十数方、数十方。王夫之（1619—1692）特别擅长多方的比较研究。王夫之著《读通鉴论》和《宋论》，都采取了多方比较研究的方法。王夫之《宋论》卷一《太祖》一有云："微论汉、唐底定之鸿烈，即以曹操之扫黄巾，诛董卓，出献帝于阽危，夷二袁之僭逆，刘裕之俘姚泓、馘慕容超、诛桓玄、走死卢循以定江介者，百不逮一。乃乘如狂之乱卒控扶以起，弋获大宝，终以保世滋大，而天下胥蒙其安。"①在这里，进入参与比较的多达十余方。由于比较的对象多，议论的空间也就得到了增大。空间大，则可以供思维的骏马飞奔驰骋。王夫之论史，纵横开阖，恣情排闼，左右逢源，原因就在这里。然而，王夫之曾经指出，比较研究的对象，不管多少方，最终还是区划为两大方。这是进行比较研究的基本的操作，在场域的研究中进行比较，尤其有一个化多方为两大方的操作过程。人文社会科学中的场理论，毕竟是从自然科学中借用过来的。物理场，即相互作用场，它是物质存在的两种基本形态之一，存在于空间区域，如引力场、电磁场等。场其本身具有能量、动量和质量，而且在一定的条件之下，场还可以和实物相互转化。相互作用、相互关系、相互转化，都启迪我们：参与比较的众多方，最后必须化简为两大方。固然已经有学人用场域的理论对中国哲学进行了研究，然而他们的研究毕竟还有很大的拓展的空间。过去那些以场立论的研究，大多属于解构性的（destructive）研究，研究者们所着眼的主要是中国传统学说之不足。

具体说来，印度教与道教比较研究的可能性存在于以下五个方面。

（一）民间信仰的场域：宽泛性。

道教是在民间信仰的基础之上发展起来的，因而道教具有宽泛性的特点。马端临《文献通考》卷二二五卷末按语："道家之术，杂而多端，先儒之论备矣。盖清净一说也，炼养一说也，服食又一说也，符箓又一说也，经典科教又一说也。"②这既是道教思想来源上的特点，也是道教文献的文本特色。道教典籍涵盖了中国文学的一切体裁，其中有不少民间文学的体裁，也保存了一些源自外国的文学体式。今日中国的社会生活几乎难以与道教割舍。大家都知道苏东坡好佛。我曾经做过统计，苏东坡的全部诗篇，其中涉及道教的作品，其百分比高于涉及佛教的作品。大家习惯说东坡居士，从而把他和佛教联系在一起。然而，苏东坡还有另一个称呼"铁观道人"，这是他的自称。据苏东坡自述，他八岁时入小学，拜眉山道士张易简为师，成为一个正式的道徒。道教的典籍非常多，人们所说的道藏，包括《正统道藏》与《万

① 王夫之：《宋论》，北京：中华书局，1964年，第1页。
② 马端临：《文献通考》，文渊阁四库全书本，卷二二五。

历续道藏》，它们得名于编修的时代。我国现在开展的《中华续道藏》的探查、搜集、鉴别、整理、标点、出版、发行等工作，就是对道教典籍的进一步搜索和整理。诚然，儒教也可与印度教进行比较研究。然而，儒教不是严格意义上的宗教，它缺少宗教所必需的基本的形态特征。所谓儒教，其实只是一套伦理学说，其涵盖面不宽广。孔子和孟子本人的论著，其篇幅都不大。今人也有编纂"儒藏"的，但是"儒藏"并非宗教文献。据《史记》卷六三《老子韩非列传》的记载，老子和孔子这两个历史人物曾经相遇过，孔子自叹不如老子。他惊呼："吾今日见老子，其犹龙邪！"[①]故而，在道教典籍中有《犹龙传》数种。各个版本的《犹龙传》均含有较多的民间信仰的成分。

印度教也是在民间信仰的基础上发展起来的，因而印度教也有宽泛性的特点。印度教又称新婆罗门教。四世纪前后，婆罗门教吸收佛教、耆那教的宗教教义，以及各种民间信仰，统而合之，熔而铸之，最终形成了最富于印度特色的新的宗教——新婆罗门教。在公元八九世纪间，印度思想家商羯罗（Sankara，788—820）对新婆罗门教进行了改革，使新婆罗门教逐渐具备了现代的雏形，于是印度教得以正式诞生。印度教的经典主要有吠陀经、奥义书、森林书、往世书，还包括《摩诃婆罗多》《薄伽梵歌》和《罗摩衍那》。印度教的经典涉及人类精神活动的各个领域，涵盖了哲学、历史、医学和文学等众多的知识学门类。在印度思想家看来，佛教仅仅是印度教发展过程中的一个分支，印度教是滔滔主流，而佛教只是其旁支侧流。目前，印度最大的宗教是印度教，它实际上是新婆罗门教的当代化。当代印度教高度重视民众的参与性，其与时俱进的特征十分突出。

（二）制度宗教的场域：实践性。

道教在东汉顺、桓之际正式诞生。从此以后，道教成了一种制度性的宗教。道教有完备的经典，有广大的信众，有众多的宫观，有组织严密的僧团，有学养深厚的教士，有泾渭分明的教阶，有专业性极强的繁复的仪轨，有严格的载诸典册的经戒。作为制度性的宗教，道教的实践性非常突出。在古代，道教的实践性突出地表现在各种炼丹活动和养生活动之中。在当代，道教的实践性表现在各种养生活动以及对生命逆向运动的探索之中。外丹起源早，大约在先秦时代就有外丹了。所谓外丹，就是利用朱砂等矿物质经烧结而成的丹药。外丹的依据是氧化还原反应。人之所以老，就是生命体在不断的氧化中逐渐消损殆尽。由于外丹的副作用太大，所以从北宋起，奉道的人们转变了炼丹的方向，他们开始修炼内丹。修炼内丹，其本质是一种养生术，与体操没有质的差别，因而是一种安全的锻炼身体的方法。

---

① 司马迁:《史记》，北京：中华书局，2006年，第394页。

　　实践性是印度教的最大特色，诸如莲花座、金刚杵、林伽、性力论等，均直接关系到民众的日常。印度教是印度人民喜欢的宗教，它具有很高的亲和力，它不以道貌岸然的态度说教，而是融入印度民众的生活之中。印度戏剧和影视有载歌载舞的传统，有许多作品，其故事情节只起串连各种歌舞表演的作用。情节并不重要，歌舞表演才是大头，它往往占到作品三分之二的时长。印度教的一大优点在于它的教义不回避人的正常需求，我们甚至可以说，印度教是一种高度世俗化的宗教。在印度，佛教衰亡了。原因在哪里呢？佛教的许多主张，普通人办不到。佛教要求不娶妻，称性爱为淫。佛教要求不杀生，不吃荤腥，否则便犯了杀戒。这些都是普通人难于做到的。印度教的世俗化恰好为宗教与当代社会的结合提供了范例。我国的宗教要适应当今社会，为新时代中国特色社会主义做出贡献，在这方面，印度教有值得借鉴之处。

　　（三）经典文献的场域：朴拙性。

　　道教和印度教都拥有丰富的文献。在涉及道教的文献中难免鱼龙混杂，真本和伪本共存。在文献研究中强调朴拙性，其目的在于将实事求是的思想路线贯彻到文本考据之中，庶几求得文献的本来面目。道教的形成与发展经历了三个阶段，每个阶段的宗教形态各有特色，且前后有明显的传承性。其一，原初道教，肇始于五千年前，以黄帝拜师崆峒山为标志。距今五千年，即公元前 30 世纪。那个时期的道教思想，其朴拙性不亚于吠陀时期的印度教。其二，古典道教，形成于春秋时期，以老子《道德经》的问世为标志。春秋时期相当于吠陀文献产生时代的下限。其三，制度道教，兴盛于两汉时期，以张道陵创立"正一盟威之道"为标志。两汉时期，相当于最晚的一批奥义书产生于印度的时期。这是因为，较早的奥义书产生于公元前 9 世纪，而较晚的一批奥义书产生于公元后。如果我们从文献的实际出发，而仔细地加以考察，那么就会明白，吠陀文献与道教的早期文献，不仅仅是产生的时代相近，而且其中颇多相同、相通、相似的思想。

　　印度教最古老的经典是吠陀（Veda）。产生吠陀文献的时期称为吠陀时期。吠陀时期大致为公元前 16 世纪至公元前 9 世纪。在吠陀时期，印度处于原始公社开始瓦解、阶级社会逐步形成的社会发展阶段。广义的吠陀是一大类文献的统称，它包括吠陀本集、梵书、森林书和奥义书。狭义的吠陀指吠陀本集，它由《梨俱吠陀》《娑摩吠陀》《耶柔吠陀》和《阿达婆吠陀》四部分组成。其中，《梨俱吠陀》文学性最强，研究者较多，而在我国其他三种吠陀本集的研究还有待于进一步展开。由于吠陀是印度教最古老的文献，所以它带有原始思维的特征。原始思维具有明显的朴拙性。在轴心时期，在世界上互不关联的地方，兴起了人类最早的一批成体系的思想学说。记录这些学说的典籍，其突出是特征就是朴拙性。其中，以印度教的吠陀经和道教的早期经典，在朴拙性方面最为突出。正是这样的朴拙性，凸显了人类在早期发展阶段的宛然可爱的面目。原始思维对当代人来说，其益处是巨大的。原始思维反映了人类的集体初心，它可以促进全人类返璞归真。

（四）世界宗教的场域：通约性。

宗教是信仰的系统化，每一种宗教都是一个庞大的系统。无论是道教，抑或印度教，它们与世界上的其他宗教之间，都具有可通约性。这是因为，道教反映了人类的本真，印度教也反映了人类的本真。这是在印度教与道教之间可以展开比较研究的根本的理由。数千年来，中印两国的友好相处与友好交往是主流，但是进入现代社会以来，印度和中国之间的国家关系逐渐产生了问题，直至爆发武装冲突。国与国之间产生矛盾的原因固然有许多，然而相互不了解，或者了解得不深入，这是导致矛盾的根源。马克思说过，印度是一个无历史的民族，印度的历史仅仅以口耳相传的方式存在于民间。中国人、希腊人和犹太人是世界上最重视历史的民族。中国的历史典籍卷帙浩繁，除了官修的二十五史，还有许多经由其他渠道编修的历史书籍。中国人前往印度取经，我们的史籍记载得清楚。印度的物产和技术如何传播到中国，中国的史籍也记载得很清楚。然而，中国文明如何传播到印度？中国的物种有哪些传播到印度？中国的技术有哪些引起过印度的社会进步？这些在印度方面都没有记载。我相信，随着道教与印度教比较研究的深入展开，我们就能够更多地认识印度人，印度人也能够更好地了解我们。这样，在中印之间的那些时而误解、时而闹僵、时而冲突的局面，就会改观。

（五）比较研究的场域：跨越性。

跨越性是比较研究在场域上的特殊规定性。在这一点上我们可以借鉴比较文学的做法。比较文学的研究，讲究的是四个跨越，即跨民族、跨语言、跨学科、跨文化。比较文学所讲的四个跨越也可以运用到其他学科的比较研究之上。一般说来，各个学科都可以进行比较研究。除了比较文学之外，已经取得巨大成绩的有比较史学、比较哲学、比较宗教学、比较心理学、比较经济学、比较语言学等。研究一国的学术，如果不能娴熟地掌握和运用该国的语言和文字，那么任随怎么努力，也难于深入其骨髓。肤浅的摆弄，达不到探求真知的目的。一个民族的思维特征深刻地体现在其语言之上，这就是语言哲学的魅力。跨学科的研究，其优越性是令人惊异的。在学术研究中往往有这样的情形：在某一学科中极其艰深的问题，在另一学科里简直就是常识！文化是一个含义宽泛的概念，比较研究所重视的是跨越文化体系。那么什么是文化体系呢？季羡林《东方文学研究的范围和特点》云："一个民族或若干民族发展的文化延续时间长、有没有中断、影响比较大、基础比较统一而稳固、色彩比较鲜明、能形成独立的体系，就叫做文化体系。拿这个标准来衡量，在五光十色的、错综复杂的世界文化中，共有四个'文化体系'。一、中国文化体系。二、印度文化体系。三、波斯、阿拉伯伊斯兰文化体系。四、欧洲文化体系。"①以上关于文化体系的界定，已经为学术界多数人所接受。在研究中努力跨越文化体系，这既是必须做的，也是最难做的。令人欣慰的是，跨越文化体系这一点，在印度教与道教的比较研究中，却可以得到充分的贯彻。道教与印度教的比较研究，显然跨越了两大文化体系，它们是中国文化体系和印度文化体系。在跨越文化体系这一比较研究的宏大框架之下，道教与印度教的比较研究还跨越了民族，跨越了语言，跨越了学科。

跨越意味着跨界，而跨界是当今时代学术发展的必然要求。比较研究要求不断地跨界，不断地发现新的材料，不断地追求方法论上的突破。跨界，最重要的是跨越学科的边界。就学科门类而言，道教与印度教的比较研究可谓最充分地跨越了学科的边界。道教的典籍也可以细分为几十个学科门类。目前一般划分为二十类左右，它们是道家研究、道教流派研究、道教经籍研究、道教教义学说研究、易学研究、道教宗教仪式（斋醮科仪和戒律研究）、道教符箓法术研究、道教占验研究、道教医学研究、道教药学研究、道教养生功法（含武术）研究、道教生理学（内丹学）研究、道教性学（房中术）研究、道教化学（外丹黄白）研究、道教神仙体系研究、道教民俗信仰研究、道教文学研究、道教艺术研究、道教地理学（洞天福地及宫观研究）、道教学术史研究、民间宗教研究（我国各地的各种民间宗教大都与道教有关联），以及涉及道教的碑刻研究等。印度教的典籍包罗广大，它可以细分为几十个学科门类。其中，印度的逻辑学和印度医学在我国得到了一些研究，也取得了不错的成绩，而剩下的几十个学科门类还有待于我们大力加以开拓。

詹石窗主撰的《中国宗教思想通论·绪论》有云："当今社会，科学技术迅猛发展，但宗教的氛围依然笼罩着世界。就社会整体状况而言，宗教不但是信仰问题，而且影响着人类文化的发展。事实上，宗教本身也是一种历史文化现象，是人类把握世界过程中的一种精神产物。"②当今时代正处于百年未有的大变局之中。在变局中开新局，这是中国学人义不容辞的责任。时代呼唤我们做一番建设性的融通中外的比较研究。融通，就是参同。中国先贤在研究《周易》的时候，把场域的理论运用得滚瓜烂熟。融通，就是会通。中国先贤在处理繁难的中外交通事宜的时候，把场域的理论发挥到了极致。时代赋予我们当今时代的中国学人以伟大的历史使命，我们有责任把道学与梵学的融通、通约、比参和参同的各项工作做好。

① 季羡林：《比较文学与民间文学》，北京：北京大学出版社，1991年，第296页。
② 詹石窗：《中国宗教思想通论》，北京：人民出版社，2011年，第1页。

海外老学研究

五味与道家思想：老子《道德经》第十二章

［美］S.K.沃茨著*　何莹译**

内容提要： 在《道德经》第12章中，老子就"五味"提出了一个奇怪的说法：即"五味令人口爽"。这五味指的是：甘、酸、咸、苦和辛。在西方人看来，"五味令人口爽"的说法是违反直觉的。相反，在一道菜或一顿饭中出现这五味会扩大或增强感官和味觉，也就是说，"五味"可以增加口感。那么道家说法的合理意义是什么呢？为了回答这个问题，我简要地回顾了"五味"说的历史和中国烹饪的历史。老子在提出这一说法时，脑子里可能想到了儒家的盛宴，但也讨论了其他的解释。

关键词： 五味　道教　《道德经》　老子

在《道德经》第12章中，老子对"五味"提出了一个奇怪的说法：即"五味令人口爽"。这五味是指：甘、酸、咸、苦（这四味是西方味觉科学已认可的味觉的基本元素）[②] 和辛或辣（或辛辣，不是火辣）（在引进辣椒之前，是黑胡椒和生姜提供辣味[③]）。

《道德经》第12章全文如下：

1. 五色令人目盲；
2. 五音令人耳聋；
3. 五味令人口爽；
4. 驰骋田猎，令人心发狂；
5. 难得之货，令人行妨。

---

* S. K. Wertz. "The Five Flavors and Taoism: Lao Tzu's Verse Twelve". *Asian Philosophy*, Vol.17, No.3, 2007, pp. 251–261.

** 何莹（1998—），女，重庆沙坪坝人，重庆三峡学院外国语学院硕士研究生，主要从事文学翻译。

② C. Korsmeyer. *Making Sense of Taste: Food and Philosophy*. Ithaca: Cornell University Press, 1999, pp.68-102.

③ B. Cost. *Asian Ingredients: A Guide to the Foodstuffs of China, Japan, Korea, Thailand, and Vietnam*. New York: HarperCollins, 2000, p.7.

6. 是以圣人

7. 为腹不为目，

8. 故去彼取此。[1]

在西方人看来，第 3 行（"五味令人口爽"）的说法是违反直觉的。相反，如果一道菜或一顿饭中有五味，则会使人的感官和味觉都得到扩大或增强。也就是说，五味可以增加口感。那么，这首神秘的诗背后的原因是什么呢？

"五味"的起源是什么呢？雷·坦纳希尔（Raey Tannahill）指出，从事收集古代传统的学者"听说过一位圣人，据说他生活在（可能是传说中的）夏朝（公元前 21 至公元前 18 世纪），名叫伊尹，而且他说过'五味'的重要性"[2]。到公元前 4 世纪，"五味"的概念似乎在中国烹饪中相对较早地就被确立了。[3] 并且这时候，"五味"已经根深蒂固，成了哲学辩论中的一个元素。老子在上文中谈到，"五味"实际上破坏了味觉——因为充分使用任何感官最终都会使味觉变得迟钝[4]。这一原因意味着，在老子时代，菜肴中的五味一定很浓。换句话说，这些菜很甜，很辣，很咸，很苦或很酸。但这个结果肯定是不正确的。例如，K. C. Chang 报道说："羹汤构成了一位周姓哲学政治家的隐喻性论述的基础，这应该发生在公元前 521 年，正如《左传》中所记载的：'和如羹焉，水、火、醋、酱、盐、梅，以烹鱼肉，燀之以薪。宰夫和之，齐之以味，济其不及，以泄其过。君子食之，以平其心。'"[5] 换句话说，"五味"以这样一种方式融合在一道菜或一顿饭中，可以达到平衡与和谐。

《晏婴论和与同》中说："先王之济五味。和五声也，以平其心，成其政也。"[6] 因此，个人和政治融洽的经验来自烹饪和谐。但不止于此，因为这五味与基于五行的宇宙学理论有关——土（甘、谷、果），木（酸），火（苦），金（辛或"辣"），水

---

①　此为原文注释 1：括号内为直译英文：五（five）味（flavor）令（cause）人（man）口（mouth）爽（deviate：伤，错失目标，或犯错误，或损害速度）。参阅 R. L. Wing. *The Power of Tao: A New Translation of the Tao Te Ching.* New York: Doubleday, 1986. 在其翻译中，第 3 行是 "*The five flavors will jade one's taste*"（五味会使人的味觉变得迟钝）。Wing 的评论被贴上"控制感官"的标签，部分原因是："遵循道的人小心地控制感官输入，以精炼自己的洞察力，保持对世界的准确看法。杂音、风景和味道，以及加速的、以物质为导向的生活，将会阻碍性格的发展和内心的清晰。进化的个体（大师或圣人）知道思想独立和社会自由均来自于对感官的控制。"有趣的是，这些评论中没有关于烹饪的参考。

②　R. Tannahill. *Food in History.* New York: Stein and Day, 1973, p.40.

③　此为原文注释 2：这发生在周朝（公元前 12 世纪至公元前 221 年）。

④　此为原文注释 3：在西方，烹饪的格言是：如果你不使用它（味觉），你就会失去它。让·罗伯特·皮特（Jean-Robert Pitte）写道："烹饪学是一种审美主义的形式，通过不断的、强烈的感官培养而获得，在这种情况下，最重要的是味觉。"J.-R. Pitte. *French Gastronomy: The History and Geography of a Passion,* J. Gladding trans. New York: Columbia University Press, 2002, p.5.

⑤　K. C. Chang. *Ancient China* In K. C. Chang ed. *Food in Chinese Culture: Anthropological and Historical Perspectives.* New Haven: Yale University Press, 1977, p.5.

⑥　同上，第 5 页。

（咸）①。食物确定的秩序包括：宇宙秩序和仪式／政治秩序②。此外说到顺序和"五"，中国菜则可以用"五加五"的方法来描述，也就是说除了"五味"，还可以用五种常见的"调料"（提取物、酱料、卤汁、蘸酱和配菜）来帮助平衡"五味"③。现在，让我们回到第 12 章，然后再进一步探讨"五味"这个概念。

第 3 行中"五味"的"味"指的是什么呢？是一般的中国菜吗？还是老子心中的地方菜系之一呢？抑或战国时期贵族和国王的精致菜肴？这可能是最后一种情况，因为前两种选择被简单的时序排除了。中国菜系是一种高级菜系，它和地方菜系是在老子时代之后才发展起来的。在宋朝（公元 960—1279 年），地方菜系得以发展。第 5 行提到了"难得之货"，因此很有可能用于生产"五味"中的一种或多种的调味品和香料是稀缺且昂贵的。第 4 行和第 5 行也暗示了对当时精英宴会的普遍做法的批评，并且老子可能对这种做法感到厌恶。莫斯·罗伯茨（Moss Roberts）评论道："从第 1—5 行提到的追求来看，这一节是写给一个精英的，可能是一名统治精英，警告他们（如第 3 行）放纵会破坏大众道德。老子呼吁统治者通过对仪式奢华特权的克制来约束自己的性格。"④

在这一点上，罗伯茨可能是正确的，因为节俭粮食是中国人生活方式的核心之一，也是中华民族精神的一部分。"俭"被认为是"三宝"之一。⑤ 人们通常不认可奢侈的宴会和对食物的浪费：只有上层阶级才能负担得起过度放纵。老子宣称，王公们"如享太牢"。坦纳希尔（R. Tannahill）说："异域风情的食物和优雅平衡的口味是为富人准备的，但现在被西方认为是'典型的中国菜'的烹饪风格可能是在农民的厨房里进化而来的。"⑥ 中国人是世界上最专注于食物和饮食的民族之一，所以在《道德经》中发现其他几个有关食物的典故也就不足为奇了。让我们来看看其中的一些。

---

① F. W. Mote. *Yuan and Ming* In K. C. Chang ed. *Food in Chinese Culture: Anthropological and Historical Perspectives*. Ibid., p.228.

② 此为原文注释 4：弗里曼继续说道："人们对食物的态度也有一个类似的关注：将人类经验的这一方面整合到一个可理解的整体中"。这种整合是中国人思维的基本哲学冲动之一。M. Freeman. *Sung* In K. C. Chang ed. *Food in Chinese Culture: Anthropological and Historical Perspectives*. New Haven: Yale University Press, 1977, p.170.

③ 此为原文注释 5："这种'五加五'的做法从中国传播开来，受到地域和食材本土化的影响，在整个亚洲都取得了进展，逐渐发展成一种更接近于特定菜肴的类型，而不是我们通常在西方使用的盐、胡椒、番茄酱和芥末。"C. Trang. *Essentials of Asian Culture: Fundamentals and Favorite Recipes*. New York: Simon & Schuster, 2003, p.64.

④ M. Roberts trans. *Dao De Jing: The Book of the Way*. Berkeley: University of California Press, 2001, p.53.

⑤ 此为原文注释 6：斯蒂芬·米切尔也有一本带注释的译本：Stephen Mitchell. *Tao Te Ching: A New English Version (pocket edition)*, with foreword and notes. New York: Harper Collins Publishers, Inc., 1988.

⑥ R. Tannahill. *Food in History*. New York: Stein and Day, 1973, p.145.

倒数第 2 章即第 80 章第 8—10 行，谈到小国寡民（第 1 行）以及：

8. 使人复，

9. 结绳而用之，

10. 甘美食。

文中提及的"美食"是怎样的呢？也许正如坦纳希尔所猜测的那样，它源自农民，但不是我们今天所说的中国菜。农民吃的东西与儒家学者或精英们吃的东西完全不同。作为一项饮食规则，儒家学者或精英们不得吃任何煮得过熟或不熟的食物，也不得吃任何过季的食物以及任何缺乏适当调味料的食物。[1] 道家对这一格言多半表示赞同，但它以简单、普通和自然作为指导原则，而不是五味学说。从烹饪的角度来说，决定一道菜是否合适不是习俗问题，而是自然问题。然而，儒家学者或精英们与道家饮食的共同之处在于准备食物的过程，分为饭（谷物和其他淀粉）和菜（蔬菜和肉类）[2]。这就是中国人的饭—菜原则，它被视为菜肴或菜单之间寻求平衡或和谐的基础。

对道家来说，食物中的"五味"是一种基于欲望而非需求的感官习得行为。它们能吸引视觉、嗅觉和味觉。如果一个人用这"五味"烹饪，那么他就会想要更多，因此除了欲望被点燃之外，还会违反适度消费的准则。阿尔奇·巴姆（Archie Bahm）对第 12 章有一个有趣的解读，它符合欲望而非需求的观点："对各种口味的享受的欲望影响了食欲，使其无法寻找真正有营养的食物。"[3] 换句话说，促使人们使用调味品比调味品本身更令人反感，因为这些调味品是天然的、常见的。什么是真正有营养的天然的、美味的食物呢？除了第 12 章反对某些用途（即儒家学者或精英们对"五味"的使用）之外，这一章还谈到了某些食物及其烹饪。

第 35 章提出了另一种解释："乐与饵，过客止。道之出口，淡乎其无味。"或将其译为："音乐和美好的食物，使过路的人都为之停步。用言语来表述道，是平淡而无味的。"[4] 换句话说，道之语言不会像音乐和美食那样，让人分心去感知事物或吸引

---

① 此为原文注释 7："适当"的调味品应符合"五味"原则。同上，第 142 页。

② 此为原文注释 8：在《亚洲美食精要》（*Essentials of Asian Cuisine*）一书中，Corinne Trang 写道："在这两种食物中，饭是基本的、不可或缺的，并且被认为是最重要的。菜是次要的。没有饭，就没有营养；没有菜，这顿饭就没那么好吃了。过度饮食被认为是不平衡、不健康的，所以并不鼓励。浪费是令人厌恶的。正如中国父母几千年来对孩子们说的那样，适度的消费应该是七分饱或'百分之七十'。中国民间传说中有许多给孩子们讲的关于浪费的负面后果的故事。" K. C. Chang. *Ancient China* In K. C. Chang ed. *Food in Chinese Culture: Anthropological and Historical Perspectives*. Op. cit., pp.7-8.

③ Archie Bahm. *Tao Teh King by Lao Tzu Interpreted as Nature and Intelligence*, 2nd edition. Albuquerque: World Books, 1986, p.19.

④ Stephen Mitchell. *Tao Te Ching: A New English Version (pocket edition)*, with foreword and notes. Op. cit., p.35.

他们的注意力。道之语言是平淡无奇的，以至于它是无味的，或者是不会分散人的注意力的。因此，与其在第 12 章中提到的大量、过度地使用这"五味"，倒不如根本不用它们。烹饪食物的自然方式就是靠它们自己，即，用水、蒸汽、烟或复杂一点，添加辣来调味。大米就是一个很好的例子。Xiang 和 Lin 宣布："如果有人质疑食物的真正味道，那就让他吃白饭好了。"[①] 他们的解释说：

> 大米有其天然的甜味。其鲜隐于米粒中，而分出点点余味。味觉的双重性（即时和回味）使得它不可能被复制。这也很难描述，只能引起人们的注意。袁枚提到了"米汁"。如果你把煮得很熟的米饭嚼一嚼，就能尝到这些味道。水会稀释"汁液"，浸泡会去除它们，因此，在煮米饭时，不能加入过多的水。[②]
>
> 像米饭、鸡粥或其他粥之类的清淡味道，也许是老子在第 12 章中想到的，因为"五味"会掩盖这些清淡的味道。这种思想的一个变体来自第 60 章："治大国，若烹小鲜。"你干预得越少就会越好——无论是小鱼还是大国。无论是执政还是烹饪，最好的建议是少干预。这给了"天然食品"一个全新的含义。对于这种平淡无奇的解释，有一种极端的观点认为，在烹饪过程中不要人为干预，即不要香料和任何添加剂。如果"道"是平淡的，那么我们期待在虔诚的道家食物中发现这一点。正如老子自相矛盾地说："味无味。"[③]

而且在这一点上，似乎中国景观中的一切都是以"五"的形式出现的。[④] 我们有中国的五种香料（肉桂、八角、茴香、丁香、姜、甘草、花椒和白胡椒，所以实际上是八味），与"五味"有关。事实上，五香粉包含了五味，但它们并不相同，因为"五味"的口味范围要广得多，所以将"五香粉"和"五味"等同起来就太狭隘了，因为这样的等式会将口味限制在物质上。事实上，中国的"五香粉"更接近于五种香味而不是口味。今天人们所熟知的中国菜源于五味的经典组合，但"五香"这个

---

① H. J. Lin & T. Lin. *Chinese Gastronomy*. New York: Pyramid Publications. 1969/1972, p.48.

② 此为原文注释 9：他们还补充了李立翁（李渔）的评论："米用几何，则水用几何，宜有一定之度数。如医人用药，水一盅或盅半，煎至七分或八分，皆有定例。若以意为增减，则非药味不出，即药性不存，而服之无效矣。"可参见李渔：《闲情偶寄·颐养部·饭粥》，呼和浩特：内蒙古人民出版社，2009 年，第 68 页。

③ 可参见《道德经》第 63 章。。

④ 此为原文注释 10："这五个阶段是当时（周、秦和汉）与一切可以想象到的事物相联系的：五种颜色，五种味道，五种气味（臭、焦、香、烂、腐），五个较大的身体器官，五个较小的身体器官，身体的五肢以及其他任何可以被强迫成一套大约这个大小的东西。"E. N. Anderson. *The Food of China*. New Haven: Yale University Press, 1988, p.231.

词汇远远不足以描述中国菜的所有种类。因此，如果查阅中国的烹饪书①，你就会发现很少有人提到"五味"。

今天中国烹饪中保留下来的"五味"说与它在优雅的儒家盛宴上的使用（我们对其了解不多）相比少得多②。我发现了一些当代食谱，如马丁·严(Martin Yan)的"五味蜂蜜鸡翅"（开胃菜），它由蚝油、玉米淀粉、食用油、葱片、大蒜、干红辣椒片、鸡汤、老抽、中国米酒或干雪利酒、中国五香粉、蜂蜜和鸡翅组成③。还有 Ng Heong Gai 的"五味鸡"（广东菜），里面有花生油、盐、八角胡椒粉、八角茴香粉、葱末、姜末、生抽、雪利酒、海鲜酱和炸鸡或乳鸽④。这些用鸡肉做成的菜凸显出了成分的平衡，马丁·严做的鸡翅有一种甜味，Ng Heong Gai 做的五味鸡有一种独特的茴香味——姜味，但仍然是一道典型的广东菜，以其温和著称。道家不会反对这些口味本身，除非它们是受精英追求（强调稀缺性和消费）的启发。

我想详细了解的第一个配方据说来自唐朝，大约公元 800 年。

五味烤猪肉

1 勺糖

1 个中等大小的蒜瓣，切碎

半杯酱油

1 个生姜，磨碎

1 杯红酒

①　此为原文注释 11：除了这些注释中引用的资料外，还可以参阅杰奎琳·纽曼（1987 年）的《中国烹饪书：带注释的英语语言纲要、参考书目》，以及她最近的著作（2004 年）《中国的饮食与文化》。1.J. M. Newman. *Chinese Cookbooks: An Annotated English Language Compendium, Bibliography.* New York & London: Garland Publishing, Inc., 1987; 2. J. M. Newman. *Food and Culture in China.* Westport: Greenwood Press, 2004.。

②　此为原文注释 12：18 世纪最后一位开明的皇帝乾隆让我们对王室的饮食习惯有了一些了解："乾隆非常喜欢鸭肉，但他也喜欢鸡肉和猪肉。他不喜欢鱼或任何其他海鲜。他经常在东北和其他地方微服私巡时收到大量干海鲜和新鲜海鲜这样的贡品，但很快就把几乎所有的海鲜都送走了。像所有优秀的满族人一样，他不吃牛肉。宫廷现存的菜单上根本没有与牛肉相关的菜。他喜欢燕窝汤，喜欢吃传统的满族小吃和糕点饽饽。除此之外，他还喜欢中国中部苏州的精致的汉族菜肴。他一直为自己点苏州菜，即使在正式宴会上，人们会认为满族菜是更合适的选择。" C. Ho and B. Bronson. *Splendors of China's Forbidden City: The glorious reign of Emperor Qianlong.* London: Merrell, 2004, p.195.。

③　此为原文注释 13：马丁·严的"五香无骨猪排"食谱（包括酱油、干雪利酒、玉米淀粉、五香粉、植物油、生姜、大蒜、芹菜、洋葱、新鲜的泰式辣椒和猪排）融含在炒锅的气息中：通过食谱和知识来传扬中国炒锅烹饪的精神。G. Young & A. Richardson. *The Breath of a Wok: Unlocking the Spirit of Chinese Wok Cooking through Recipes and Lore.* New York: Simon & Schuster, 2004, p.188.。

④　W. W. Chang et al. *An Encyclopedia of Chinese Food and Cooking.* New York: Crown Publishers, 1970, p.231.

半勺五香粉

1勺四川胡椒粉，磨碎

3磅去骨猪里脊

将前七种原料混合成腌汁

加入猪里脊，腌制过夜

烤箱预热至300华氏度

将猪肉放入腌料中烤1.5小时。常涂油

你也可以在腌料中加入增稠剂（玉米淀粉或竹芋粉）制成酱汁。[1]

请注意，这道菜不含盐，所以钠含量高的普通酱油比生抽更好。除此之外，这"五味"在配料中也都有体现。这个食谱很特别，因为在中国菜中很少有关于大块肉的食谱。肉类主要被用作增味剂，而不是主菜，但这里有一个例外（北京烤鸭）。这是第二个不同烹饪技巧的食谱。

五味鸡

3.75至4磅鸡肉片

1（1.25英寸）片新鲜老姜，去皮并切碎，或1勺半生姜末

2瓣大蒜，切碎

半杯酱油

半杯蜂蜜

3勺甜米酒（甜清酒）、干雪利酒或杜松子酒

2勺玉米淀粉

1杯米饭

把鸡翅的尖端剪掉，并去掉其余鸡肉的皮

使姜、大蒜、酱油、蜂蜜和烈酒混合

把每块鸡肉都蘸上酱汁

将鸡肉放入炖锅中，并将剩下的酱汁倒在上面

盖上盖子，用小火煮。鸡翅将在5到5.5小时内煮好，鸡的其余部位则需要6个小时

（用大火煮，鸡翅需要2.5小时，鸡的其余部位则需要3个小时）

---

[1] 此为原文注释14：该配方于2004年10月1日从以下网站检索：http://www.geocities.com/NapaValley/4317/5pork.html

把鸡肉放到温热的盘子里

将汤汁倒入锅中。将玉米淀粉和少许冷却的汤汁混合，然后倒入锅中

用小火煮至粘稠。加入调味料盐和胡椒

将少许酱汁浇在鸡肉和米饭上，然后将剩下的酱汁倒入罐中，即可上桌。①

　　这四个使用"五味"的菜谱是我们在中国烹饪中所能找到的全部菜谱，这有力地表明了，"五味"并不是一道菜的重点，而是分散在几道菜或整个菜单中。因此，一顿饭的饭—菜原则可以被看作"五味"的组成部分：一些口味在饭（谷物和其他淀粉）中，另一些在菜（蔬菜和肉类）中。如果是这样的话，那么这"五味"就可以很容易地以各种各样的方式实现。有关各种水果、蔬菜、香料和食品（如酱汁）是如何体现特定风味的，请参阅下面的附录。因此，从这次讨论中可以推断出，这"五味"并不像老子所说的那样令人反感。它们的作用是平衡或协调菜肴或一餐饭，以便将它们的协调传递给个人或美食家。当然，这样的平衡是老子自己试图与大自然达成的，那么为什么不能体现在一顿饭里呢？尽管有这个论点，但这一章节仍然不清楚，特别是它所指的方面。我们没有足够的关于老子时代中国烹饪的历史信息，所以我们不知道具体的参考资料，甚至不知道老子对烹饪评论的参考资料是什么。我在这里提出了一些猜想，当我们详细介绍我们对"五味"的了解时，老子的反对意见似乎相当微弱。

　　在某些方面，"五味"无法自我平衡——它们需要其他东西来协调，比如茶。五色五味菜肴的运用也证明了这一点。所以这里提出的问题是充分性与不充分性的问题。大多数关于"五味"的讨论似乎都认为它们本身就足以协调或平衡一道菜或一顿饭。与这"五味"相辅相成的是五色——它们是相互平行的：辛白、甘黄、酸绿、苦红、咸黑。因此，如果一种特定的味道是微妙的，那么它相应的颜色可以在展示中使用，以助于向用餐者暗示这种味道。当然，老子是反对"五色"的（见第12章的第1行和第7行），所以这种平行不被道家所选择。

　　或者，正如老子所说的那样，"五味"在烹饪和饮食中被视为是无关的或不必要的。王弼的评论（公元3世纪）在这里很有启发性："不以顺性命，反以伤自然，故曰盲聋爽狂也。"②换句话说，"五味"伤了口（或上颚）的自然本性。再说一次，因为我们遵循的是常规而非自然本性。这是个好的论点吗？我不这么认为。正如我上

　　① 此为原文注释15：该配方也于2004年10月1日从以下网站检索：http://www.recipegoldmine.com/crockpotpoul/crockpot694.html.

　　② Laozi. *The Classic of the Way and Virtue: A New Translation of the Tao-te Ching of Laozi as Interpreted by* Wang Bi, R. J. Lynn trans. New York: Columbia University Press,1999, p.70.

面所说的，"五味"都是天然的，即自然而常见的，所以它们应该与口之性相适应。"五味"的搭配决定了它们是天然的还是传统的。

这里值得一提的是它与"五"之用法的隐喻联系。也就是说，第12章中的形容词"五"可能不仅是指"五味"，还指"多种"口味，或者指过多（或混淆）的口味。反复使用"五"或其他数字（如"三"或"七"），通常也是中国散文中的一种文学手法。对老子来说，这是一种因口味过多或者实际上是无味而产生的困惑。"道"无味，因为它包含了所有的味，所以区分程度较低。"道"之本源是"无"，虚无或没有，因此，即使是个体化或表现都是次等的。大米（正如我之前讨论的）就是一个很好的例子。《庄子·内篇》（第四部分：原始主义者的散文和与之相关的情节）与这一观点相近，庄子在书中提到，"五味"是一种使个体失去本性的方式，因为它们"令人口爽"。换句话说，它们对生命是有害的。[①]

老子站在美食学的对立面。皮特（J.-R. Pitte）描述道："对于美食家来说，他实践得越多，就越难完全满足［达到］更高的精致程度。"[②]这正是老子在《道德经》中反对的。但这种反对并非老子所独有。在18世纪的欧洲，尤其是法国，我们可以在卢梭的著作中发现一个新兴的高级烹饪及其受到法国上层阶级热烈欢迎的类似观点。事实上，他甚至想放弃品味！关于朱莉，卢梭写道："她的味觉几乎没有被使用。她从不需要过度地去恢复它，我经常看到她高兴地品尝着一种对其他人来说毫无味道的儿童食品。"[③]这听起来很像《道德经》中的圣人或大师，把孩子当作最接近"道"的人，在无趣的事物中寻找趣味。这是一个有趣的想法——在无味中寻找真味。在某些方面，这需要一个精致的味觉才能察觉出这种情况，或者正如卢梭所描述的那样——一个根本没尝过、第一次尝或很少尝过的人？对这个短语的另一种解读可能是"无五味"，意思是"无味的"。无论如何，有趣的是，中法两国对新兴的高级烹饪的哲学批评都围绕着"口爽"这一概念展开。

---

① 此为原文注释16："属其性于五味，……非吾所谓臧也……吾所谓臧者，非所谓仁义之谓也，任其性命之情而已矣。"庄子的解释与王弼的非常相似。A. C. Graham. *Chuang Tzu*: The Inner Chapters. Indianapolis: Hackett, 2001, pp.202-203. 应为《庄子·外篇·骈拇》。译者注。

② J.-R. Pitte. *French Gastronomy: The History and Geography of a Passion*. Op. cit., p.8.

③ 此为原文注释17："……她的口味并不平淡。她从不需要通过过度的味道来恢复这种快乐。我经常看到她如孩子般快乐，而这对其他任何人来说却是平淡无奇的。"第五部分，给爱德华爵士的第二封信。关于这个话题的更多细节，请参阅我即将发表的论文《卢梭的〈朱莉或新爱洛伊丝〉中的味与食物》。J.-J. Rousseau. *The Collected Writings*, Vol. 6, P. Stewart & J. Vache trans. Hanover: University Press of. New England, 1997, p.443.

附录

辛	甘	酸	苦	咸
姜	糖	苦瓜（鲜）	苦瓜（熟）	盐
黑胡椒	蜂蜜	米醋	酸橙	酱油
辣椒	椰子	柠檬	酱油（淡）	酱
四川胡椒	甜椒	青柠	大蒜（生）	
桂皮	苹果	干葡萄酒	八角茴香	
肉豆蔻种衣	葡萄	蔓越莓	干芥末	
肉豆蔻	葡萄干	野樱桃	萝卜	
小萝卜	海桑酱		芥菜	
豆蔻	雪利酒		莴苣菜	
	大蒜（熟）			
	枣子			
	洋葱（熟）			
	米饭（熟）			
	樱桃			

注意：这些"味"之间有重叠。

《道德经》一书中的语言怀疑论

[美] 陈汉生著* 兰浩铭译**

内容提要：道家思想是一种产生于几千年前的哲学观点。在其开创性著作——老子的《道德经》一书基本成型后的数千年里，各个学派的学者都在努力阐释道家思想。而本文作者，美国著名汉学家陈汉生（Chad Hansen，1942—）却认为，古往今来的学者们在阐释道家学说时所采用的思想主线却使得人们无法理解道家思想有趣的哲学核心，这是一种失败。因此，本文从"'知'的问题"和"语言对比理论"两个方面出发，站在批判的哲学层面对道家思想的"核心"进行了阐释，并阐述了其与道家思想在目的性和形而上学层面之间的关系。

关键词：道家思想《道德经》文本 语言阐释 批判哲学

在一个离我们现实世界尽可能遥远的地点和时间，出现了两个文本，表达了一种被后世称之为道家思想的哲学观点。在道家思想的开创性著作基本成型后的数千年里，各个学派的学者都在努力阐释这种哲学观点。在我看来，在阐释道家学说时所采用的思想主线使人们无法理解道家思想有趣的哲学核心，这应该被视为一种失败。简单地说，失败的原因在于，学者们通过佛教、迷信的道教、儒教，以及最后通过基督教神秘主义的意识形态的过滤器来看待道家思想。他们坚持认为，道家思想的主题是形而上学的"道"——一种神秘的一元论绝对。这一假设使得所有的阐释都陷入了赤裸裸的矛盾之中，而阐释者们却傲慢地无视这些矛盾，他们声称道家的哲学家们是赞成矛盾的。当然，对于这种大胆的主张，除了阐释者自己的理论是矛盾的这一事实之外，并没有提供任何证据。

---

* Chad Hansen, an Associate Professor of Philosophy at the University of Vermont. Chad Hansen. "Linguistic Skepticism in the Lao Tzu". *Philosophy East and West*, Vol.31, No.3, 1981, pp.321—336.

** 兰浩铭（1988—）女，重庆涪陵人，长江师范学院教师，主要研究方向：典籍外译，文学翻译。

近年来，学者们开始怀疑中国人的非逻辑性主张，并尝试运用各种策略来阐明对道家思想的理解。最流行的阐释策略是将道家思想分"层"。然后人们对一个层给出一个连贯的解释，然后试图显示出其与其他层更加普遍的联系。

基本的分层是在哲学的道家思想与宗教的道家思想之间进行的。哲学的道家思想层面又进一步被分为"沉思的"和"目的的"两个组成部分①。我建议进一步将"沉思的"分为推测的（神秘的—形而上学的）和批判的（语义的—认识论的）两个层面。我将对作为道家思想"核心"的批判的哲学层面进行阐释，并阐述其与道家思想的目的性和形而上学层面之间的关系。

《道德经》的批判哲学很少是阐释者关注的焦点。然而，从强调认识论和语义学的哲学文化角度来理解道家思想则是一个重要而又自然的切入点。对文言文里认识论语境的分析表明了"知"和"信"在概念上的差异，从而使得《道德经》一书中的道家思想的批判哲学理论变得连贯而颇有见地。

"知"的问题

从传统来说，人们认为道家对"知"的批判态度源自"最初的道家学者"慎到、田骈和彭蒙。我们对这三位早期道家思想家学说的主要信息源自《庄子·天下篇》②。据书中记载，慎到主张："弃（即丢弃）、知（即知识）、去（即摒弃）、己（即自我）。"

在《道德经》一书与慎到的"知"这个概念相同的范围内③，"知"这个概念与印度模式或者是西方概念之间有一个直接的对比④。也就是说，在道家思想中，"知"不仅被质疑或驳斥，而且被认为是没有价值的。"知"是应该"丢弃"的东西。与其说"知"被质疑，不如说它被否定。换句话说，我们可能会假设我们的确拥有"知"，但是出于某种原因，我们没有"知"会过得更好。此外，我们在《道德经》中也找不到任何与"信仰"有关的内容，就连"单纯的观点"或者是任何与之对应的"知"都没有。"信"和"知"之间的对比是印欧认识论和怀疑论背后的核心的、激励性的

---

① 此为原文注释1：顾丽雅（Herrlee G. Creel）：《什么是道家思想？》，芝加哥：芝加哥大学出版社，1970年，第5页。

② 此为原文注释2：冯友兰：《庄子》，北京：外文出版社，1989年。

③ 此为原文注释3：几乎所有"弃知"的口号出现的章节和语境似乎都是目的层面的一部分。因此，它们看起来非常像使人容易操控的政治技巧，而不是认识论学说。但在其他更具哲学性的章节（第10、47、71章）里也有许多"反知"的主张，老子也赞许地谈到愚、拙、惑，或者"知"的其他对立面，例如："我愚人之心也哉！沌沌兮！众人昭昭，我独昏昏。众人察察，我独闷闷。"（见《道德经》第20章。本文译者注）

④ 此为原文注释4：甚至是"知"这种非贬义的用法，也具有明显的非西方色彩，即，作为命令："知男性""知何时停下来""知足"等等。在英语中，用"知道"作为祈使语气是不符合语法的，也就是说，我们通常不会说"知道国王峰正对着阿尔塔蒙特的北面"。这些命令式的用法也暗示了"知"是一个关于"技能"的概念。

区别。

这些对比强有力地说明了汉语词汇"知（即知道）"与英语动词"知道"之间存在着差异。本文认为的假设是，西方或印度对"知"的分析集中在命题性的"知"（即知道）上，而中国，尤其是道家思想的批判理论则集中于实用性的知识和技能（即知道做什么或知道怎么做）。我们通常认为的命题性的"知"可以被看作一种语言技能或智力技能。智力认知是知道（或知道如何）使用一种语言形式作为对某些情况的行为反应的一部分。使用语言形式是为了符合社会习俗。知道名就是知道如何按照惯例去使用它们。因此，"知"在本质上是一种传统的技能。

这两种传统都有关于"知"这个概念的第三部分，即感悟到的"知"或了解到的"知"。这两种传统中的批判或质疑的论点都倾向于强调其他不同种类的知识在"意识"中占了多大的比重。例如，西方的怀疑论通常允许我们确实意识到某些东西，但是它也发现几乎任何关于该"知识"的陈述都受到对命题性的知识的怀疑论攻击。另一方面，道家认为，所有的"普通"意识都涉及我们每个人所习得的共有能力，那就是依照我们传统的语言实践来区分事物。

这个假设的论据有两部分。首先，假设知识被看作一种技能。这一假设有助于说明、解释和理解文本。其次，中国思想家对"知"的看法也可以反过来用汉语的句法来解释。也就是说，我们可以理解为什么使用像文言文这种语言的人可能会关注"信"与"知"这两个不同的概念。

传统的西方思想关注命题性的知识，而产生命题性的知识问题（怀疑论）的载体就是"知"与"信"的对比。"信"与"知"相似的语法结构使得这种对比自然形成。比如，英语有两种基本的、在语法上平行的认知结构，即"X知道……"和"X相信……"。这两种结构都是通过在语法结构中插入一些普通的陈述句来完成的。"X知道P"指的是"X相信P"，但反之则不成立。"X知道P"指的是"P是真的"，但"X相信P"则不能指"P是真的"。

因此，西方的怀疑论是从信仰作为一种精神状态的图景出发的，是在某些精神或心理媒介中的命题性内容的实例化。那些信仰都跟在表达"相信"或者"知道"后面的句子中。这就使得我们将命题性的内容当作信念（思想或观点）来谈论。也就是说，只有当内容，即信念，符合某一事物的客观状态时，它才是真实的（并且是通过可靠的程序产生的），人们才会拥有这一内容的知识。

从表征主义的图像中，很多熟悉的论点都应该表明，我们只有在坚持信念主张时才是合理的。因此，西方怀疑论认为，以语法所暗示的图像来看，"知"是不可能的①。认为"我们的信仰是真的"也只不过是另一个不可避免的主观主义循环中的信念而已。因此，一切表面上的"知"都只是信念。我们无法突破主观的认知循环，因为我们的信念都是我们已经接触到的东西。

这种"信"和"知"之间的对比可能会在感官经验的阐释中进一步被复制。感官怀疑论源自对两种"视觉"进行平行对比的反思。从"看见"的一种意义上来说，我看到我面前的复活节的百合花。在这里，"看见"的意义更像是"相信"我"看到"复活节的百合花一样的心理状态——一种表象。在印度和西方，这种对比都产生了人们熟悉的对感官的怀疑主义理论。当我声称我看见一只犰狳时，怀疑论者纠正我说，"你看到的是一个类似犰狳的心理表征"（意象、感觉等等）。这种修正相当于把一种"你只相信你看见了一只犰狳——你不知道有一只犰狳跑到了那里"的说法转化成了"看得见理论"。感官怀疑论中的这种新的看见的感觉可能是由梦和幻觉的故事所激发的。设计这些故事的目的是为了得出一个至关重要的前提，那就是"你不知道……因为有可能你是在做梦或是在幻觉中"。

从梦和幻觉到主观精神状态的看见或相信理论的论据，都不是道家（或者任何先汉时期的）怀疑论的基础②。现象论是一种经由印度佛教传入中国的哲学理论，它认为这些状况就是现实界的基本形式，是通过印度佛教传入中国的。甚至是在现象论传入中国的时候，人们也没有多么强烈地感受到现象论者的论据的力量——但却见证了唯识学的快速消亡。反佛教作家喜欢抨击一种对他们来说是荒谬的佛教态度，认为世界是一个幻觉。

汉语的语法解释了这些熟悉的怀疑论者的论据缺乏吸引力的原因。文言文的"信念"语境的语法暗示了一个认知活动而非认知状态的概念。文言文中没有一个表示"相信"的动词③。相反，文言文中有许多传统地被翻译成英语的"信念"语境的动词和副动词结构。有一个特别有趣的结构采用了一元谓词（不及物动词、形容词或名词），并将其用作二元谓词（及物动词），即"x F y"。"大其"按惯例被翻译为"使

---

① 此为原文注释5：鉴于这种对比，西方怀疑论的动机很大程度上是观察到"X 知道 P"这个表达中包含 P，而"X 相信 P"这个表达中却不包含 P。然后，对"信"做出解释似乎很容易，而对"知"做出解释则显得不可能——通常是通过诉诸一个隐式模态错误，即，从"如果 X 知道 P，那么 P 就是真的"得出结论"如果 X 知道 P"，那么 P 必然是真的。

② 此为原文注释6：这一主张最具诱惑力的反例可以在《庄子》一书中关于梦的故事中找到。我不会在这里对其他的解释进行详细的阐述，但在其语境中，似乎很明显，它们并没有被当作一种特殊的区分表象，即现实的理由。它们是被用来说明观点发生转变的现象，并削弱任何认为梦与现实的区别是自然的而不是传统的主张。只有这样，才能使这些段落符合庄子的哲学立场。

③ 此为原文注释7：我提请注意这些语法点，并不是说中国人受到其语言的限制，无法设想或阐明"信"与"知"的区别。重点是，哲学问题提出的形式确实影响了我们设想答案的模式。我只是想指出，汉语语法不会让其默认一种"信"与"知"的代表性叙述，虽然这种情况在印度和西方是非常自然的。

它增大"或者"把它当成大的"（即所谓的使役阅读和推测阅读）。推测阅读能够证明行为主义者对"相信它是大的"的翻译是正确的，也就是说，把修饰词"大的"附加到表示宾语的名词上。把一元谓词"大的"与指示宾语（或者在宾语的呈现中作为一个独立的表达等等）的单个常量一起使用。以语言学界用"大的"这个词的使用方式来回应这个宾语是合适的等等。

在汉语中还有一个更加冗长的认知模式也按照传统被翻译成了类似于行为主义者的"信念"语境，也就是说，"X以Y为F"（在这里，如果F形式简单的话，那它也是一个一元谓词——一个形容词或名词；如果F形式复杂的话，那它就是一个二元谓词加项）。这种结构通常是直接翻译成"相信Y是F"的形式，但人们普遍认为，从语法上来说，把这个结构翻译成"X认为（相信/结束为）Y是F"的形式更为准确。在此，我们可以再一次使用"信念"的意向性概念来解释这个结构。那就是，X以这样或那样的方式来对待（为/做）Y，使用宾语Y的术语"F"等等。"以/用Y为/做F"这一结构符合一些语言学和相关的传统做法。因此，在汉语的语义理论中，重点不在于这个表达是真还是假，而在于这个表达是否是可断言的，即可接受的。某些表达是否是可断言的取决于语言习惯和实际情况。道家的语言怀疑论不是对它它描述不可描述的事物时的准确性的怀疑，而是怀疑除了社会习俗之外还有什么东西是对的或错的。

"知"可以以一些类似的方式来理解。在汉语中，"知"后面通常要么跟名词（或者名词短语），要么跟谓语（形容词或动词短语）。例如，"X知我"和"X知仁"。因此，在西方语言关于"知"的三个概念中，有两个在语法上是密切相关的："……的知识"或"关于……的知识"和"知道"或"知道怎样做"，即认识和技能。

新墨家认识论的定义反映了"知"的这些语法特点。它有几种不同的定义。基本的定义是"知且也"和"知才也"。这些定义似乎相当于"知"后面跟一个名词和"知"后面跟一个动词的用法。新墨家还将"知"的对象划分为：名、事、合、为。这些都可以被解释为知道怎么做的形式。在一个众所周知的例子中，《墨子》一书的主要文本用一个盲人的例子来解释"知名"和"知事"的区别。盲人可以用"白"和"黑"来构建所有合适的句子，但他不能将放在他面前的黑色物体和白色物体区分开。这个例子把盲人对"名"的认知看作使用单词"黑"和"白"来构建标准句子的能力。盲人对黑—白之物的认知的缺乏随后就从他无法选择或者区分它们的行为中表露了出来。对"名"的认知即一种能够在符合公认的社会实践法则中使用该"名"来构造表达方式的能力。对事物的认知即一种符合社会对事物的区分的实践能力。这两种能力被任何语言群体的大多数成员结合起来。这些语言技能随后导致能够"为"的技能：按照与该社团的"名"和区分的相关方式行事。一个完全理解一个"名"的人也"要知道"在特定的情况下以特定的方式行事。正如我们之前提到的那样，所有这些行为似乎都与"白色的某物 / 黑色的某物"的含义有关——在其存在时使用这个"名"，从背景色中区分出白色，以我们通常认为合适的方式对待白色物体。例如，理解"白色"包括知道把它理解成一种纯洁的象征。理解"白的"包括知道将其视为一种残忍的象征并做出反应。

就像行为的"信念"语境一样，有一种语法形式把一个句子转换并嵌入到"知"的宾语中。嵌入句中的主语项（跟在主语项后面的是定语助词"之"）修饰的是谓词①。其语法形式是"X 知 Y 之 F 也"。当原句是一个方程式，即一个句子仅由名词加表断定的虚词"也"组成的时候，如"XY 也"这样的形式。（或者是使用方程式的否定形式式"非"）然后嵌入的句子常常将"Y"转换成"为 Y"的形式，它在这个公式中充当谓词（F）的角色。"也"的形式是非强制性的，但似乎可以防止把"命题性的"阅读与可能的了解阅读搞混淆，例如，"知其白也"与"知其白"之间的对比。

如果我们再次寻找一个对汉语"知"这个概念的语法非常敏感的翻译传统，我们可以使用"X 知 Y 是 F"或"X 知 Y 的 F"，这会以通过认识而获得"知识"这种形式，把后面跟着一个句子的"知"的同化。我们含蓄地把"Y 知 F"也看成一个名词短语。

但我们也可以沿着先前讨论过的各种"信念"语境所显示出的行为线来表达出这个结构，这样也许甚至更准确。这种结构可以很自然地被当作"知道"或"知道怎样做"的一个版本。比如，X 知道在与 Y 相关的情形下说出"F"，以随着像 F 一样的传统行为线来辨别 Y，以及在适当的共同体中以与"F"相关的方式对 Y 做出回应和反馈等等。这一解释也使表示断定的虚词"也"的功能具有了自然的意义。基本上，X 知道要如何宣称 Y 的 F。知道去做这些事情就是掌握了一组与语言实践相关的重要方面的社会实践，那就是"道"。"知"的对象就是"道"，一种回应或互动的方式。

这就是我建议如何在汉语中普遍地理解"知"这个概念，在道教中又该如何对"知"这个概念加以特别的理解。重要的是，我们应该看到，如果把我们最熟悉的"知"这个概念作为理解中国哲学中"知"的一种方式，就可能会被误导。特别是，它会使得"弃知"这种说法显得荒谬而又自相矛盾，而在传统技巧的阐释上，它又是道家普遍公认的反传统主义的自然反映。

---

① 此为原文注释 8：但这也有例外，即当主语为代词时，可以使用代词所有格，例如："吾"或"其"。在没有给出主语的情况下（这在文言文中是很常见的），嵌入的句子就像一个普通的动词句子，除了助词"也"。

汉语的认知语境（"知"和"信"）结构没有提到的是西方的唯我论中把"信"作为一种私人的精神内容——一个命题、一个想法等等。一般来说，认知问题的关键不是个体主体性的反映和客观现实。相反，关键问题的症结将是共同体的区分方案和与之相关的"适当的"态度和行动。与共同体评价和歧视相关的行为是"持续"可靠的行动指南吗？（这个问题代替了我们的自然的问题：它们是"正确的"还是"真实的"）

认知活动应该被看作"接受其"、诠释其、对待其，也就是说，将其看成人按照惯例产生和形成的反应。我们可以假设"知"和英语动词"知道"一样，也有一个组成部分"成功"。只有当一个人理解正确时，他才能"知"。道家的批评是基于这样一个观点："技能"的正确性与其说在于对现实的映射，不如说在于它与传统实践的一致性①，最终，道家思想中的"知"这个概念（像《弃知》这样的口号中有争议的）是一种辨别、评价和采取由社会习俗所决定的行动的能力②。

因此，《道德经》将这些传统知识描述成聪明、技巧或者口齿伶俐的一种类型③。与"知"相关的行为包含了一套实践体系，本文对其进行了批判。这个体系将词汇和语言、学习、区分、欲望和行动联系起来④。以下对于这些元素之间的关系的解释表明：去"知"就是按照区别的体系的语言去拥有一个习得的或学到的技能来区分（和命名）事，并获得会导致令人赞赏的行为的恰当的欲望和态度⑤。

"知"是一种后天习得的反应技巧——即知道如何在特定的环境下根据一套传统的做法（道）在语言、情感和身体上做出反应。因此，学习或教育并不仅仅是数据、

---

① 此为原文注释9：道家并没有因为在区分中把"知"这个概念作为技巧来使用而变得出色。正如我们所看到的，墨家的"知"这个概念也是非常相似的。孟子是最早反对语言的神秘主义的，他认为"智"源于一种天生就能做出"是非"判断的情感，并常说"智"是一种行为情感，例如，一个孩子知爱其父母。

② 此为原文注释10：道家批判的激进本质在于，就像柏拉图《克拉底鲁篇》中的赫莫杰尼斯一样，道家认为，不仅"名"是恒常的，而且他们声称其所代表和反映的区别也是同一语言惯例的一部分。不仅是声音，还有与之相关的社会传统的划分体系。道家进一步反映了中国人对语言调节功能的普遍关注，将名和分与行为联系起来——引导也是习俗之创造物的态度（欲望）。目前尚不清楚道家思想的关键部分是否包括（a）现实中的分全都是其他在语言中标记出来的分，或者（b）根本没有自然的（即非常规的）分。

③ 此为原文注释11：注意"智"偶尔被刘殿爵翻译成"聪明"。

④ 此为原文注释12：把道家理论的这些方面联系起来的最具暗示性的单一形象是未雕琢的"朴"，它以各种方式与"分""名"和"欲"联系在一起。特别是第19、32、37和57章。

⑤ 此为原文注释13：体现在"弃智"口号中的批判哲学的指定部分并不是这些元素相互关联的任何观察结果。传统上，人们认为老子出于和平主义的原因想要"弃智"的整个机制，也就是说，因"名"而产生的"不自然的"欲是人们"不知足"的原因。欲的增加导致了对稀缺物品争夺。法家有一个更加"善于操纵别人的"解释，那就是如果没有这些想要的欲望和行为，国民就更容易被统治者的意志所左右。这个神秘的解释是，这些"分"扭曲了"道"。道在本质上是一个整体，也没有这些分别。

规则和理论的获取，而是对适当反应的训练。甚至儒家的绝对主义者也认为教育更多的是道德训练，而不是"科学"或包含真正的信仰。道家永远不会把学习与西方意义上的纯正规教育相混淆。伴随着语言的习得，一个人的学习从出生就开始了，并在其生命中的每一天中得以持续[①]。学习一种语言就是学会分辨其他语言使用者的语言，并学会识别和回应他人的语言使用。语言是一种规范的、传统的活动，它承担了我们在"社会化"过程中的大部分的负担，这些负担在我们身上产生并强化了态度和行为模式。

语言对比理论

《道德经》假定语言本身具有一种固有的形式，以一套社会实践的规范核心的形式出现。事实上，老子引用的所有术语和区别的例子都是评价二分法[②]，例如，美—丑、好—坏、高—低、长—短、前—后。这些语言上的对立面是"相生的"，也是相互依存的。也就是说，名、分、对立的态度等都是成对地引入传统实践的。即使对立面没有专门的名，我们所习得的对于任何术语的使用都要进行必要的区分的这种能力，会"创造出"一种通过否定来区分和回应对方的能力。

对于语言中每一对这样的反义词，只有一个区别。两者都产生于相同的能力。这些评价性的对立物之间的差异在于评价性的态度或由名和分所引起的欲望。学习"美"和"恶"这两个术语涉及学习它们之间的分别，然后偏好用其中一个而不是用另一个来对物体进行描述（如果每个活着的中国人都遵循反之道，喜欢所谓的"恶"，我们将不得不得出这样一个结论："丑"应该被译成"美"，这无疑给我们留下了如何欣赏这种不正常的审美判断的问题）。

传统的形而上学对这些关于对立面一起产生的说法的解释是，这种说法在某种程度上符合现代科学中夸克与反夸克或者与之相类似的观点。形而上学的解释在语法上可能是因为，在文言文里，当一个术语被用来指代世界上的某个东西，以及被用来指代其本身的时候，即被使用和被提及的时候，是没有使用引号来作为区分的。术语的提及经常被译者和加了标点的文本注意到和标注上。但元语言阅读（即将术语视为提及）在语法上是恰当的，其情况远比通常情况下认知到的要多。道家学说是一种关注语言和术语本质的哲学。考虑到道家学说的优雅，在经典语录中进行翻译比假设道家在做类似于亚原子粒子物理学的事情要恰当得多。

---

① 此为原文注释 14：见第 48 章"为学日益"。

② 此为原文注释 15：见第 2、21、22、26 章。上下文清楚地表明，即使是我们认为的描述性的差别也有调节情绪的影响。传统文本中的另一种句读标示（第 1 章第 3—6 行）阐明了甚至"有—无"二分法是怎样拥有情绪感染且行动指导的关联的，也就是说，我们专注于"无"，希望能以此领悟到细微之处。

在任何情况下，在讨论这些短文的批判性的而非形而上学的解释时，我们将集中于文本中语言、知识、欲望和行为理论的讨论。我认为，那个核心理论足以解释文本的总体理论——那就是，形而上学的阅读在解释道家思想文本中的信仰网络时，并不是预设的，甚至也没有帮助。对于"什么样的东西是一起产生的"这个问题，最有意义的答案（也是在文本和语法上最有意义的答案）是二分法术语和对比的欲望。从文化上来说，它们成对地起源，成对地被学习，在每一个使用实例中相互暗示。没有理由说我不能在创造美好事物的同时也创造丑陋的事物，或者不能在创造高雅事物的同时也创造低俗的事物，或者甚至不能在创造好的事物的同时也创造坏的事物。尽管在道家学说和粒子物理学之间寻找相似之处极具诱惑力，但形而上学的解释并没有多少合理性①。

考虑到中国思想和道家思想中对"知"这个概念的假设，我们可以解释中国和印欧国家在怀疑论形式上的根本差异。《道德经》并不反映任何对感官的直接怀疑，也就是说，怀疑感官可能给了我们一个错误的画面。但它确实表明，我们对可感觉到的品质的传统分类限制了我们的普通感官能力的范围。"五色盲眼"是将认知的"传统技能"分析应用于感官的最清晰的表达方式。如果不是因为后天习得的对五种已知颜色的辨别和反应，我们可能会无拘无束地"欣赏"无限多种色彩和色调。除了通过语言对引入我们经验中的这些限制进行抨击外，《道德经》并没有表现出对感官本身的直接的不信任。

《道德经》的关键部分将语言对比的讨论与其他关于我们如何看待世界的讨论联系起来。但在这些情况下，随着我们语言焦点的改变，改变的不是所呈现的感官材料，而是概念目的。我们也许可以在既定的二分法中把两个术语中的任意一个"当作常数"，并创建一个特定的"观点"，即，我们把这个术语作为这一对术语中的常数项，这一行为反映了一种在一个强调某些概念性目标来观察世界的体系中使用这个术语的欲望。举个例子，把"无"作为"有—无"二分法中的常数项，就是希望在探索"妙"的体系中使用这个术语——它的开端、未解之谜、起源等等。以"有"为"常数"术语这一行为反映了我们对"徼"这一现象过程进行探索和观察的欲

---

① 此为原文注释 16：见弗里乔夫·卡普拉《物理学之道》（*The Tao of Physics*）一书。传统宇宙观的一个原因是，来自一个 20 岁的孔子崇拜者王弼的最早评论是由一种将《道德经》一书与《易经》中哲学上粗俗的宇宙观同化的愿望所驱动的。王弼之后是同样笨拙和令人困惑的佛教评论家，他们将"道"这个概念与形而上学的佛教本质融为一体。对"道"的本体论意义的解释从来没有以一种连贯的甚至是内在一致的方式呈现过。阐释者的这种失败通常被归因于他们的研究对象，而且它已经成为一种公认的智，那就是，是道家自己故意不一致的。一个学派反而应该考虑另一种阐释的可能性。任何一个道家都有一种有意识的反逻辑偏见的暗示，在我看来，除了这些其他学派阐释文本的方式的不一致之外，似乎没有任何基础。

望①。

与"五色"评论背后的暗示不同的是，这种对于观点的观察不一定需要只有负面的含义。文本中讨论的口吻表明，要么我们可以庆祝，把其中一种或另一种观点作为"常数"，让我们观察到世界的这一方面。要么我们可以哀叹，它只把我们限制在这一方面，而没有限制在相反的方面。拥有一个观点确实会限制我们欣赏它忽略的东西的能力，但它的确会让我们关注那些除此之外会被忽视的东西。

从语言学的角度出发，最基本的观点——这个观点几乎是所有其他观点的基础——是"有—无"二分法。正如前面的讨论所表明的那样，当我们想要研究神秘的、微妙的、矛盾的主题或想要研究临床表现、实际过程甚至其他更多内容的时候，我们也许会专注于这个二分法中的不同术语。传统的阐释将《道德经》一书中评价二分法中所有的"消极"因素都归类为"无"这一方面（或者叫"阴"这一方面——用后来的"阴—阳"二分法作为基本的二分法）。但该传统中最常见的错误是假设文本暗示消极项应视为常数，而积极项则不是常数。然而，道家思想立场的逻辑必须同等对待任何二分法中的两个部分。如果没有常数项，那么消极的或者"阴"的项不可能比积极的项更恒定。这两种态度中的任一态度都能带来一些好处，但也都会导致观点的局限性。与一般的阐释相反，文本在这一点上是相当一致的。

隐晦地受到批判性攻击的传统知识体系，都是当时中国已经明确成型的政治哲学：儒家思想、墨家思想、法家思想，甚至最初的道家学说（杨朱的自私）。从逻辑上讲，这种批判主要适用于传统的儒家思想，而不适用于孟子的反语言的天赋论。传统的儒家思想包括一套语言体系（《礼》、诗歌、历史等，甚至其他更多内容）。学生们通过勤奋的学习和实践，直到将术语表达出来的"道"内化，也就是说，他们可以遵循自己的内心愿望，同时也是符合儒家之"道"的。《道德经》经常谴责这种通过学习词语和语言来限制自我调节的行为。然而，这种抨击远比对儒家思想的批判更广泛。它适用于任何学派的教义，只要这种教义同样也是建立在某种区分和评价它们的方式的基础上的。关键的目标实际上都是学习的、传统的，是用来名、分、评估和行动的划分体系。从某种意义上说，这种抨击是针对文化本身的，即，所有可以通过语言来习得和传递的社会实践。我们把对这些习俗的掌握称为"知"（仍然遵循传统的社会实践）。

在阐释道家哲学理论时，另一个常见的错误是，将这一理论视为对所有赞同"自

---

① 此为原文注释17：对《道德经》一书第1章的解读依赖于一种句读标示。这种句读标示在这部著作传统的版本中是可能存在的，但在马王堆出土的帛书本中却是不可能存在的。许多学者得出结论，因为汉代的版本有这样的句读标示，对使用不同句读标示的传统文本的阐释就不会再有任何似是而非的假设。我还没有听到任何令人信服的论据来支撑这种观点。

由"的道德戒律的批判。这种"自由",在西方的观点里就是个人主义者,即"做你自己的事"。但是文本中并没有任何明确与原子有关的、自给自足的个人主义的理论。最初的口号(虽然这个口号在《庄子》一书中更加前后连贯,但它也在《道德经》一书中被不断重复)包含"去己"的禁令。这反映了一种意识,而个人主义者的阐释却忽略了这一点。自私本身就是一种基于二分法的价值体系——自我与他人的区别。基于我们习得(也与文化相关)区分"自我"与其对立面("他者")的方法,我们可以衍生出一个同等复杂完整的、同等受限的有关欲望、价值和隐含行为的体系。考虑到儒家的传统主义,这种自私的体系受制于同样的分析。最初口号中的"去己"这一部分似乎是一个与"弃知"这个出发点相当一致的推论[①]。

这种对《道德经》批判哲学的阐释与它神秘的对手在文本中有潜在的冲突。在老子自己看来,《道德经》一书中包含了大量可以被称作旨在启迪"萌发知道"的教义的章节。也就是说,文本中所谓的实际或政治部分似乎是一种对名称、区别和语言态度诱导式的使用,其目的似乎是为了让读者(特别是如果他是一个政治统治者)做出评价,并以与这些评价表达相关的方式行事[②]。

最常见的阐释实践是将这种在语言学上可表述的积极的"道"作为哲学理论的结果。这肯定是一个错误。当然,所有这些直接针对儒家思想的相同的分析也适用于一个形式上的完全相同的替代体系。此外,这种对道家政治思想的简单阐释,是对当时教义的一种简单替代,忽略或轻视了这个学派的根本见解——可以用语言表述出来的所有社会实践的最终常规性(非恒常性)。因为一旦我们可以确切地表达它们,我们就可以修正和改变它们。所有通过"知"来实现社会控制的形式——所有形式的社会互动——都是通过语言来改变的。它们不是恒定的。也就是说,它们可以被有意识的文化过程改变。任何一种可以通过刻意使用语言来解释或指导的做事方式,都不会受到这种蓄意改变的影响。"道可道,非常道。"

《道德经》中怀疑的—神秘的与实践的之间潜在的不一致早已臭名昭著。一方面,文本提出了一个公理,任何可以言说的"道"都不是恒定不变的,并暗示我们应该弃名、分和知等等。另一方面,它又为我们提供了自己关于名、分、评估甚至相关动作和政策的那套体系。这是一个相当稳定的"道"。

这种实用的道家思想所提出的问题比传统儒家对"阴谋"[③]的指责要广泛得多。

---

① 此为原文注释 18:也可见第 19 章。人们通常认为,《道德经》比在《庄子》中可发现的更复杂和成熟的道家思想版本对"自我保护"表现出更多的兴趣。我同意这个观点。

② 此为原文注释 19:可参见《道德经》第 2 章和第 43 章。

③ 此为原文注释 20:关于对"阴谋"批判的有趣讨论及其反驳,见刘殿爵《老子〈道德经〉》一书第 38—41 页(企鹅出版集团,1963 年版)。

根据新儒家对老子的批评，他提倡"阴"的策略，即通过假装软弱和顺从来寻求统治和力量（毫无疑问，这是战国时期公认的治国之道）。但更基本的问题是，他提出了一种可表述的国家治理之道——使用与对手之道相同的二分法。这里所提倡的行动是万能的，即以普遍的规范政治理论为指导。仅仅篡改这个理论的一些细节（例如，循环运动的意象）并不能避免这个问题①。

总的来说，这部著作的大部分是实用的政治建议。一个口译员可能会选择坚持他的分层，然后说，实际上这篇文本的两个方面不可能达成任何和谐②。抑或他可能会选择强调（作为常量？）其中一部分作为核心，而用一种使其尽可能与建议的"核心"保持一致和连贯的方式来阅读另一部分。这个策略需要一些标准来决定什么是核心。一个诱人但并不是特别富有想象力的规则是，以文本的大部分作为核心。我将其称之为"绝对规模"法则（sheer-bulk rule）。如果我们遵循这个法则，那么我们就会成为那一半（包括法家）当中的一员。那一半说这是一本关于政治的书，与另一半的观点相反。另一半说这是一本关于神秘主义的书。

当然，我会拒绝"绝对规模"法则——不是为了恢复这部著作的神秘核心，而是为了作品里更有趣的批判的、语义的和相对论层面的东西。这一主张将使我们认同之前讨论过的观点，即实践部分只是另一种可替代的政治理论，而不是对所有这些"道"的批判。

一个重要的观点是，从字面上来理解实践主义使得矛盾得不到解决。这相当于说："是的，有一些段落暗示了虚无主义和相对主义，但这部著作基本上是对政治的一种接地气的讨论。"这种不一致性并不能通过这一阐释而得到解决。它只是被忽略和淹没了。

所以，道家思想的实践层面历来被认为是道家哲学的核心也就不足为奇了。这种解释非常符合法家的利益，他们认真地提倡一些实用法则。它也符合儒家（如最具影响力的评论家王弼）的利益。如果道家思想仅仅成为一种国家的反传统的对立之道，那对儒家和法家的攻击要比对所有稳定之道的攻击小得多。

一个一致的解释是有可能的，它不需要把文本的批判层面和政治层面完全分离开，而且也解释了许多其他传统上被认为是因道家的理论而产生的后果。

这种道家之道完全等同于在儒家思想、墨家思想和法家思想中以相同的语言差

---

① 此为原文注释 21：同样，关于"道"之循环运动的观点的一个有趣的讨论也在刘殿爵的作品中（第 25—30 页）。他用过山车观点取代了传统的循环运动观点。然而，"道"的运动似乎遵循着一种可知又可陈述的模式，老子的建议也是有目的的，还预设了"欲"和"分"。

② 此为原文注释 22：见顾丽雅：《什么是道家思想？》，芝加哥：芝加哥大学出版社，1970 年，第 45 页。

异来陈述的术语。我们如何使理论一致呢？答案真的与批判理论非常吻合。文本所述之道与现存的教义用的是相同的区分，但却始终建议我们应该转变赞成和反对的态度。比如，不要仁慈，不要功利，绝圣，甚至去己。这是这个实用建议的真正重要特征之所在，但是它却因为被视为儒家思想的另一种替代性的政治策略而被掩盖了。实用性的教义实际上只是一组异质的论点，推翻了各种传统的评估和行事方式。政府贬低了所有传统上被认为应该是其角色的活动——它不为（这与儒家和法家的经济干预是相对立的）。它不寻求灌输价值观或"知"等等。《道德经》一书的"目的性"层面是一种启发式，旨在让我们拒绝每一种现存的传统态度，而非拒绝对一种不可描述之道的陈述。

以批判哲学为核心。我们假设（这里与传统保持一致）一些普通的或传统的社会实践主体（主要是儒家）为批判的直接对象。从理论上讲，这种抨击吸收了所有这些"知"。批判的关键点在于，就像"知""欲""名"等概念一样，相对主义的阐释集中在一种语言形式的理论上——术语的对比理论。所有用来给不同的政治观点编码相对应的术语在某种意义上都是相同的。也就是说，每一对术语都有一个区别。使得这一对术语区分开的是我们习惯将不同的情感与对比的词汇联系起来。如果道家思想能够证明态度的直接转变就像普通的评价态度一样，是一种看似合理的行动指南，那么它就已经尽其所能地证明，现存的二分法并不是绝对的（恒定的）行动指南①。所以《道德经》一书可以被认为主要是由语言的普遍批判学说的阐释组成的。它阐明了这种完全转变是如何可信的。因此，《道德经》一书中实用的"治国的艺术"部分可以被解释为一种从道家的批判性哲学中产生的有效的启发式的例证。这是对传统之道进行抨击的一部分。这种抨击通过简单地颠倒我们通常将其与对立面联系起来的评价来阐明道之合理性。

这种"否定之道"的合理性体现在以下几个方面。为了支持反常规的评价，诉诸自我保存、认为不变会不可预见地变化、谚语和警句的使用、更多的"常识"或乡村老者的传说、对神秘态度的模糊提及，以及诗歌意象的纯粹力量。没有一个单一的动机或观点需要被用于所有的消极主张。它们是消极政治理论特别陈述的相对特殊基础。这些启发式说明的特殊基础都不是道家思想的理论基础，甚至都不是中心主题。因此，我们拒绝这样一个概念，即，任何利用政治学说的任何可陈述的、深思熟虑的、有目的的、欲望假设的和名称区分的行为，都被视为《道德经》一书

① 此为原文注释23：对于这一阐释，老子在阐述其哲学时喜欢用否定的术语，并不是因为这些词语的限制性更少（与刘殿爵《老子〈道德经〉》一书第21页上的引文相反），因为实际上它们有相同的限制，即它们之间"分"的界限。相反，这个焦点是由我们"通常"重视"有"的术语来解释的，例如，"好""美""高""生命"等。通过展示"分"消极方面的同等价值，他希望我们可以完全摒弃这些"分"。

中批判体系的哲学观点。

因此，文本中对"无"和其他与"无"有关的术语（更低的、顺从的、黑暗的、落后的等等）的表面强调，并不意味着常道必然基于常无。在正文中强调要平衡普遍的或传统的偏见以利于"有"。就像儒家批判经常说的那样，老子"知道""无"，但是却不知道"有"。这恰恰是一种误导，因为它忽视了批判哲学的逻辑和作为例证的消极之道的作用。

当然，这可能是《道德经》一书的一位或几位作者或者编辑在心理上有意更倾向于文本中所述的政治政策，而不是当时中国所遵循的政策。例如，儒家或墨家的"干预"。但这与评估理论中表面上建议的逻辑作用是完全不相干的。没有一个特定的公式，甚至政治层面的一般推力，可以始终如一地被解释为一个常量，即，不可道之道。

这种对道家思想实践层面的启发式解读的直接优势在于，它为老子对"阴谋"的指责提供了一个一致而又令人满意的辩护。我们用这种间接的控制目的来对待这一段落，只是把它当作另一种例子，以特别的方式来呈现我们为什么要彻底改变我们对"名"之通常的情感态度。关键点在于，在某些情况下，我们似乎应该转变我们对统治的惯常偏好。它们只是启发式的方法中的一种，用来说明我们可能会如何赞成把价值较低的东西估价得比价值较高的东西更高。文本使用了它们，但不是作为一种绝对的、持续的行动指南的实例。

因此，隐含在老子身上的教学技巧在中国是很常见的，那就是，因材施教。第一步是让学生们看到价值观的可逆性。这种返知（知如何返）是可陈述的，并且很自然地构成了文本的主体。这就是老子所能一直教导我们的。

可以想象，对此文本的阐释可以在道家思想的理论中假设有三个层次的"知"的操作：

（一）传统的"知"，比如说，儒家思想。

（二）可逆性的"知"，也就是说，从任何既定的传统知识体系中，转变所有的态度和行动指南所产生的体系。如《道德经》一书中政治建议的主体。

（三）怀疑论的—神秘主义的"知"，即不是"知"。据说，掌握"二"应该会导致某种程度的"飞跃"而达到这一知识水平。

我主要把（三）当成对《道德经》的神秘传统阐释的一种让步。老子有时确实有"深刻的"洞见，并将圣人的普通观点描述为"不明""拙""愚"，且无所区分。但是，除了更符合怀疑论而不是神秘主义的阅读之外，作为从神秘主义的深刻见解中所获得的观点，这样的段落也可能会被归入（二）中，以激励目标受众"转变"他们关于清晰、确定性、机智、才智等的价值观。在（一）和（二）是"知"的相同意义上，这第三个层次很难说是"知"。对于那些处于传统模式中的人来说，我们似乎多半会用非知识的术语来描述这种状态，例如，"玄""拙""愚"等等。在那种状态下，人们无一例外，都没有由社会塑造的欲望（无欲），还会采取没有社会制约的行动（无为）。换句话说，一个人不是处于"知"的状态。

因为，正如我们前面所提到的，文本不能一直陈述、描述或提倡这样一件事，我们可以始终把所有这些神秘的谈话视为启发式的特别装置的一部分，以说明评价术语的可逆性。这给了我们以"不曒""昧"和"愚"为特征来进行肯定回应的一个理由。道家理论的根本性的批判哲学不假设或限定任何神秘实体的存在，也不认为有任何常道。老子的任何主要的结论都可以纯粹地用批判哲学来解释。神秘主义认为有一种不可道之道，它不仅是内在的、前后不一致的，而且对于文本理论的理解也是不必要的。

批判理论既不允许我们说有玄道，也不允许我们说没有玄道。如果说前者，就是说关于道，"有"是恒常的；如果说后者，就意味着"无"是恒常的。根据第一章的假设，我们可以说这两个都不是恒常的。

道家思想的观点产生于对《道德经》一书的批判哲学中"知"这个概念的研究，可以完全不带任何形而上的假设来理解。所有的结论都是仅仅从相对论者和对"言""名"和"分"的怀疑的分析中得出的，并都是从把"知"作为一种技能的观点出发的。实践的部分被渲染成前后一致的、易于理解的。根据其自己的法则，文本无法在对一个神秘的、不可道的实体的承诺和对其怀疑之间做出选择。从怀疑论和神秘主义中那些是可说、可写、可解释的角度来看，二者实为一！老子不可道之事，评论家也未必能释之。

国家守柔主义：对《道德经》无政府主义解读的再思考

[英] 萨拉·弗拉维尔　布拉德·霍尔著　熊春花译*

内容提要：本文回顾了西方关于道家与无政府主义政治理论之间的关系，尤其是安乐哲教授对《道德经》中无政府主义的解读以及亚历克斯·费尔特反对将道家的观点解读为无政府主义这一最新论述。基于《道德经》，本文指出，老子的政治思想既不能轻易地与安乐哲的无政府主义理论相融合，又不同于费尔特的观点，老子的圣人之治需在必要时加以强权。本文与两位学者的观点相反，认为老子的"圣君"最好描述为守柔的监护人，并且不同于其他更侧重家长式统治的道家思想，如《韩非子》。本文将老子的思想解读为国家守柔主义，致力于挖掘早期道家政治思想的细微区别，给出更独特的观点。

关键词：无政府主义 老子政治思想 道家政治思想 家长式统治 守柔主义

一、引言

立足于道家政治思想，我们收集了有关强权形式和与之相对的"无为而治"的不同评价。这些论点为比较道家政治思想和无政府主义奠定了基础。在某种程度上，无政府主义可以通过对国家强权的客观评价在其众多形式多样的建议中找到恰当的定义。我们可以看到道家和无政府主义无论是在政治理论上还是在人民与国家的关系上，都存在明显的相同性。一些学者甚至认为道家的政治思想是无政府主义思想中最发达、最连贯的思想之一。约翰·克拉克（John Clarke）强调："《道德经》是最伟大的无政府主义经典著作之一。事实上，有充分的理由表明，无论是东方还是西方，都未曾有任何重要的哲学著作被无政府主义精神如此彻底地渗透，西方政治思

---

* 熊春花（1995—），四川省三台县芦溪中学，主要研究方向：英语教学、英语翻译、文学和科技翻译。Sarah Flavel and Brad Hall. "State Maternalism: rethinking Anarchist Readings of the Daodejing". *Dao: A Journal of Comparative Philosophy*, No.19, 2020, pp.353-369.

想家中的主要无政府主义理论家，比如戈德温、蒲鲁东、施蒂纳、巴枯宁和克鲁泡特金，几乎没有哪一人在阐述无政府主义观点时得出一致的结论。"[1]

是否可以将道家思想概括为无政府主义，这一提议因各种基本道家文献对"无为"这一共同主题的不同解读而变得复杂。从这个意义上说，这些文本本身绝不能被笼统地视为是对该问题的直接回答。"无为"这一概念最先出现在道家思想的开山之作《道德经》（亦被称作《老子》）中，是一种理想的统治策略。为了对道家思想与无政府主义之间的联系提供更精准的答案，本文将讨论范畴限制在《道德经》所倡导的政治愿景中。本文的研究方法与约翰·拉普（John A. Rapp）在他的著作《道教与无政府主义》（Daoism and Anarchism: Critiques of State Autonomy in Ancient and Modern China）中使用的方法亦不相同。拉普指出："一些道家学者和实践者会争辩说，不存在明确的道家思想流派，而只关注那些在道家经典著作中提出无政府主义主题的少数思想家，可能会因过于激进而扭曲道家思想的本质。"[2]

然而，我们无须说明不存在明确的道家学派，以此说明《道德经》描绘了一种独特的政治愿景，这种政治愿景可以按照自身的条件得以实现。尽管文中的某些段落与"无政府主义精神"相吻合[3]，本文认为，将《道德经》笼统地贴上"无政府主义"这个标签，缩减了《道德经》整体治理思想的内涵。拉普在解读《道德经》时，并不是在字面意义上直接阐述，而是通过魏晋时期思想家那种更容易被理解成无政府主义的视角进行研究。他认为无政府主义早就在《道德经》里面体现得淋漓尽致，后期的这些思想家不过是对这一要义进行强化罢了。

魏晋时期的思想家以道家经典范本为依据，让无政府主义发展壮大。魏晋后期的思想家只是再次对"无政府主义"进行强化，并未偏离这一主题[4]。

然而，鉴于《道德经》本质上是否是无政府主义的意见不统一，魏晋时期对《道德经》解读的权威性值得怀疑。拉普后来又提出，要探索无政府主义的道家思想的本质与特性，应该先从战国以及魏晋时期明确的道家思想开始，再一直追溯到后来郭店楚墓出土的《道德经》竹简本时期[5]。

即使后来的思想家提出了非常深刻的见解，正如我们所看到的那样，《道德经》本身仍有许多地方与激进的无政府主义阐述相矛盾。

① John P. Clark. "On Taoism and Politics". *Journal of Chinese Philosophy*, No.10, 1983, p.65.

② John A. Rapp. *Daoism and Anarchism: Critiques of State Autonomy in Ancient and Modern China*. London and New York: Continuum International Publishing Group, 2012, p.7.

③ Ibid., p.25.

④ Ibid., p.7.

⑤ Ibid., p.76.

二、亚历克斯·费尔特：反对将道家思想当作无政府主义

基于"无为"这一基本概念，尽管道家思想和无政府主义存在相似性，但有充分论据证明二者之间存在巨大差异甚至不相关联。首先，《道德经》缺乏"国家"这一外延概念。其次，统治并非由单一的统治者完成，而这一点在大多数无政府主义理论中是显而易见的。确实，人们可以说《道德经》直接阐述了统治者如何实现圣治，甚至如何从其百姓那里获得权力[1]。其次，这本书明确提出，一个国家的治理应以中央集权为基石。在第 11 章中，老子使用经常被引用的比喻"毂"与"辐"来描述"道"与万物之间的关系。这一章善用比喻，圣君是这种关系的缩影，在本国所有百姓中和社会的各个方面都处于中心位置。费尔特（Alex Feldt）后来总结道："《道德经》接受了无政府主义者反对的事物，即中央集权政治体系。"[2]

或许我们能够在一些无政府主义支系中认识到，政府机构的一些部门最终会在人类社会化发展的进程中自然而然地出现，这种政府机构是等级制还是中央集权制始终存在悬疑。这样一来就很有趣了，因为《道德经》似乎在向侯王建议，采取措施来巩固中央集权。正如费尔特后来阐释的那样，如果《道德经》推演出无政府主义的论断，而不是对政府采取的最小化干预经常提出争议，那么《道德经》可能只是简单地指出国家或者统治者的非法性，甚至认为它们不应该存在。然而，这样的论点并没有得到证实。原文自始至终假定政治秩序由单一君主统治是合法的[3]。

然而，《道德经》中关于中央集权观点的矛盾之处在于，这种权力巩固的效果只能通过外部反对中央集权的方式来实现。因此，只要不滥用权力，道家先贤就能获得对国家的掌控权。"取天下常以无事，及其有事，不足以取天下。"[4] 我们能以此为依据，断定圣君确实拥有"德"，有掌控国家的权力，毕竟"是以圣人抱一为天下式"。但由于侯王拒绝干涉百姓，其权力仅限于此范围。从这个意义上说，费尔特不赞成无政府主义者对《道德经》的解读，因为他们忽略了代表道家的统治者在巩固政权时，反对侵略性或强制性的治理手段。"故圣人云：我无为，而民自化；我好静，

① When referring to the character of the sage or sage-ruler, we use male pronouns hereafter. This is not anormative choice but merely reflects the general assumption of male rulership in pre-QinChina.

② Alex Feldt. "Governing Through the Dao: A Non-Anarchistic Interpretation of the Laozi". *Dao: A Journal of Comparative Philosophy*, No.9, 2010, p.329.

③ Alex Feldt. "Governing Through the Dao: A Non-Anarchistic Interpretation of the *Laozi*". Op. cit., p.328.

④ We have used both the Ames and Hall translation as well has the Moeller translation of the *Daodejing*, preferring one or other translation for different passages of the text.Roger T.Amesand David L. Hall trans. *Daodejing: "Making This Life Significant"*, *A Philosophical Translation*. New York: Ballantine Books, 2003, p.151.; Hans-Georg Moeller trans.*Daodejing: The New, Highly Readable Translation of the Life-Changing Ancient Scripture Formerly Known as the Tao Te Ching*. Peru: Carus Publishing Company, 2007.

而民自正……"①

费尔特提出，由于《道德经》描绘了理想的统治模式，因此也提到了统治者与被统治者之间的关系。反过来说，从定义上讲，这就意味着侯王至少拥有权力，拥有管理其百姓的政策体系和机构措施，即便他从来不加以使用②。

我认为，一些强权措施是统治关系中的必要方面。"统治者"在概念意义上来说，就意味着至少有一个被统治的人存在。个人被统治的唯一途径就是统治者有权要求被统治者在必要时听命令行动。这种命令他人行动的能力需要强权来维护。如果必要时刻没有强制、命令的能力，统治与被统治的关系就不复存在③。

以《道德经》提到侯王为根据，费尔特后来证明了他看似矛盾的观点，即"无为"可以调和强权。他还提出，侯王提供了一种行为模式，即可以通过第三方来干预百姓的活动，而他自己却能通过命令得到拥护，保证自身的清誉。

从"无为"这个角度来说，统治者在个体上是被动的。但他仍然能够利用大臣来积极地管理国家，并且放权让这些大臣做日常管理，同时拥有对整个国家的最终掌控权，以此实现专制。君子"无为"而无不为，能远观万物，使之符合道④。

费尔特引用《慎子》，并从中总结出细微联系，以此证明他的上述观点："'无为'是一种很有优势的措施，侯王任命大臣执行他的实际命令，这样一来，他自己就能免于监督事情，从繁杂琐事中抽身，同时还能掌控全局。"⑤

尽管费尔特认为，这种解读文本的方式与《道德经》的内容并不矛盾，但奇怪之处在于，《道德经》中实际上没有哪一处出现过这种借助大臣之手来进行强权统治的机制。拉普也补充说明过，费尔特对该机制的理解归咎于某些错误推论，即《道德经》与中国古代其他政论性文本一样，都描绘了独裁专制统治结构⑥。

与费尔特提出的统治关系必然包含强权的分析性论点相反，《道德经》提出了更宽泛的含义，强制力不是统治的必要方面。甚至可以这样说，《道德经》正好是一本反对强权统治的专著。费尔特的观点似乎基于没有强权的统治者毫无意义这一视角，而《道德经》只是在表面上描述这种自相矛盾的概念。许多章节都有映射，比如在

---

① Roger T.Amesand David L. Hall trans. *Daodejing: "Making This Life Significant"*, A PhilosophicalTranslation. Op. cit., p.166.

② Alex Feldt. "Governing Through the Dao: A Non-Anarchistic Interpretation of the *Laozi*". Op. cit., p.330.

③ Ibid., pp.329-330.

④ Ibid., pp.333-334.

⑤ Alex Feldt. "Governing Through the Dao: A Non-Anarchistic Interpretation of the *Laozi*". Op. cit., p.333.

⑥ John A. Rapp. *Daoism and Anarchism: Critiques of State Autonomy in Ancient and Modern China*. Op. cit., p.47.

第 10 章出现的雄雌意象："生之畜之，生而不有，为而不恃，长而不宰，是谓玄德。"

由此可以看出，统治与被统治的关系并不意味着强权。《道德经》在许多章节里都阐述了这种不带强权的统治关系。道家统治者的实权，也叫"德"，其主要手段就是老子独一无二的"无为而治"。因此可以说，费尔特对君权关系定义的阐释恰恰与老子的观点一样，"无为"意味着统治与被统治相斥。文中提倡的"无为而治"看似矛盾，其实具有实在意义，能让人心领神会，"无为而无不为"①。

我们可以找到一些依据证明这个观点，圣君的"无为而治"可能是以强权为依靠的。在第 80 章，老子提出理想的国家贮备着从不用于参战的各种武器。"虽有甲兵，无所陈之。"②然而，这一章也可以解读为，并不是强调武器的存在是非暴力统治的后盾，而是强调理想的国家没有暴力冲突的发生，因而也就不需要使用这些武器。这些武器是否存在是一个无关紧要的问题。主要在于，即使有武器，也会因疏于使用而被闲置。更重要的是，文中并没有涉及强权的主体，比如武器等器物，是否是出于国家内部管控需要而设计的。这一点尤为突出，因为第 80 章似乎更关注国家与邻国之间的关系，而不是统治者与其百姓之间的关系。该观点在第 46 章有更深入的论证，一个国家无道，才会持有武器。如原文所述："天下有道，却走马以粪；天下无道，戎马生于郊。"③在第 30 章也有同样的论述："以道佐人主者，不以兵强天下。"④

总而言之，费尔特关于《道德经》提倡的政治思想与无政府主义政治理论难以融合的观点是正确的。因为该书并不否认国家通过唯一的中央集权机构来进行治理的合法性。然而，费尔特忽略了这个层面，即代表道家思想的君主在巩固政权时，体现了对强权专制统治政府的批判。费尔特依赖于统治关系本质上就包含"强制力"这一概念。然而，《道德经》所推崇的正是君主"无为而治"的矛盾执政理念。

三、《道德经》中的无政府主义和家长式管理特征

安乐哲（Roger T. Ames）之前曾主张从完全不同的角度将道家思想解读为一种无政府主义的思维形式。他对"道家政治思想基于无政府主义的四个条件"这一观点进行判定之后，继而提出："道家政治思想就是一种无政府主义。"⑤安乐哲评价道

① Hans-Georg Moeller trans. *Daodejing: The New, Highly Readable Translation of the Life-Changing Ancient Scripture Formerly Known as the Tao Te Ching*. Op. cit., p.115.
② Roger T. Ames and David L. Hall trans. *Daodejing: "Making This Life Significant", A Philosophical Translation*. Op. cit., p.201.
③ Hans-Georg Moeller trans. *Daodejing: The New, Highly Readable Translation of the Life-Changing Ancient Scripture Formerly Known as the Tao Te Ching*. Op. cit., p.111.
④ Ibid., p.75.
⑤ Roger T. Ames. "Is Political Taoism Anarchism？" *Journal of Chinese Philosophy*, No. 10, 1983, p.43.

家政治思想所依据的西方无政府主义理论的四个普遍特征是：（1）基于"个人自由主义"的"形而上学成见"；（2）反对强权政府，并将之视为不利于人类发展的障碍物；（3）无强权、无政府的社会可在未来实现；（4）从目前的专制现实向非专制理想模式转变的方法或机制。安乐哲受一些条件所限，认为道家思想满足所有这四个条件①。

安乐哲表示，将道家思想解释为无政府主义的是利用对道家政治思想的解读，找到方法补充甚至解决西方无政府主义理论中普遍存在的问题。因此，在比较道家思想和无政府主义政治理论时，安乐哲不再强调二者间融合的可能性。

而重要的是，这种比较可能对西方无政府主义理论带来深刻意义。无政府主义的许多缺陷和变量可以通过道家政治思想得到解决②。

比如说，安乐哲认为，从第一个和第三个特征来看，存在于道家政治思想之中的人格本体论可以为构筑国家奠定更好的理论基础。在这个国家中，各种形式的政府机构从无到有，是人民与国家之间相互作用的纽带。"存在是个有机统一概念，允许局部与整体相互作用，比如个人和社会之间的关系，这种有机统一关系就是非强制性的。"③厘清个人与国家之间的关联，侯王就不会企图强迫个人遵守明文规范和行为准则。相反，贤能的君王为每一个人或组织创造合适的环境来展现他们的独特才能，以此造福整个国家。统治者的作用是组织，而非专制，仅仅是协调百姓的自然需要，强化其集体意识④。为了证明这一观点，安乐哲引用了《道德经》第49章的内容："圣人常无心，以百姓心为心。"⑤

虽然道家的政治思想可以用来批判、强化和改进西方的无政府主义理论，但这并不意味着道家思想本身就是一种无政府主义。对比无政府主义和道家思想能够发现二者在一些方面具有相同性，但将道家思想解读为"无政府主义"也可能会扭曲《道德经》描绘的独特政治愿景。正如安乐哲自己所说的那样，厘清并阐明无政府主义和道家政治思想的本质特征会形成对比，既能展现二者的相同点，又能突出其重大差异。

在主张道家思想是一种无政府主义时，安乐哲将关注点扩大，涵盖了《淮南子》和《庄子》等典籍。例如，安乐哲说："如果将《淮南子》纳入道家文学的语料库中，

---

① Ibid., pp.30-31.

② Ibid., p.29. Similarly, Rapp claims that "the Daoist anarchists' focus on the state ruling for itself, while they noted atthe same time that other political ideologies only disguise this fact, may have much to teach Western anarchists about internal consistency and may aid in a revival of anarchist themes in the contemporary world." John A. Rapp. *Daoism and Anarchism: Critiques of State Autonomy in Ancient and Modern China*. Op. cit., p.5.

③ Roger T. Ames. "Is Political Taoism Anarchism？". Op. cit., p.32.

④ Ibid., p.40.

⑤ Ibid., p.40.

就可以说道家政治思想朝着一种切实可行的无政府主义方向发展。在这个过程中，它愿意为理想转变成现实采取具体措施。"[1]

从这个更广泛的角度来看，我们很可能会找到更好的材料对无政府主义的理论和道家思想进行融合。然而，就《道德经》而言，这种方式不能让人信服。安乐哲声称："人们必须意识到，《道德经》是一部多主题的韵文集，在对其研究的过程中，被赋予了丰富的内涵，并迸发出新的灵感。"[2] 尽管书中出现模棱两可的说法，还涌现出多重解读，但这并不意味着《道德经》本身不能为我们提供一个连贯通畅、解释清楚的政治立场，明确指出不同统治模式的优缺点。甚至可以说，从某些无政府主义特征的角度看，《道德经》的政治思想与后期一些道家文献的主要特征是不一致的。比如，《庄子》鲜少涉及对贤能君王的培养，有时甚至总体上表现出对一些政治观点不屑，而这些观点是我们在早期道家文本中没有发现的。这并不是要破坏庞大的道家思想体系中任何特定文本的合法性，只是为了突出其多样性。

我们的评价仅限于《道德经》，基于此，有人会提出，《道德经》难以与安乐哲所说的无政府主义相融合，更难以与那些在老子圣治下具有家长管理式特征相关的例子相融合。虽然我们同意安乐哲的观点，即圣君并不是专制的，但他仍然保留着中央集权领导者的地位，为了百姓的利益而维持权威机构，并且这些机构也是非专制的。因此，在某种意义上来说，《道德经》中提出的圣治思想，仍然以一种不易调和的方式，直接批判反对中央集权的无政府主义观点。安乐哲证明了自己的观点，道家提出的治理形式具有根基，百姓与国家之间是相互作用的关系。然而，这种解释建立在能与道家后期文献中提出的有机统一的社会秩序概念相调和的基础上。安乐哲引用《淮南子》"个人价值的实现"的例子并提出，道家政治组织的这种特殊模式是其整个政治纲领的决定性特征。个人价值的实现本质上是有机的，从个人到组织，都是政治机构的统一整体[3]。

然而，《道德经》中没有这样明显的侧重点。《道德经》中提及的个人价值的实现，更强调统治者自身的个人价值的实现是有序社会加速形成的基础，而不是要求百姓达成其个人价值的实现。

四、《道德经》和家长式管理

尽管《道德经》所突出的统治方式是非强制性的，也就是无为而治，但书中倾向于呈现圣君为百姓提供最优的服务，无论百姓是否同意或是否知道。事实上，该

---

① Roger T. Ames. "Is Political Taoism Anarchism？". Op. cit., p.43.

② Ibid., pp.40-41.

③ Ibid., p.40.

书也展现了百姓不便对君王以及君王的言行有通透的了解。因此，君王也经常被认为是在百姓不知情的情况下对其实施控制或管理。

> 太上，不知有之；其次，亲而誉之，其次，畏之；其次，侮之；信不足焉。犹兮其贵言。功成事遂，百姓皆谓：我自然。[1]（《道德经》第 17 章）

从这个层面来看，《道德经》似乎推崇这种家长式监督和等级统治的管理模式，尽管这种模式在文中只是轻描淡写地一笔带过，或者以委婉的形式进行含蓄表达。关于圣君与百姓的关系，第 20 章如此说道，"我独异于人。"[2] 在《道德经》中，百姓能够自由自在、不受阻碍地发挥各自的职能，是以统治者践行"无为"这一特定行为方式为前提的。反过来说，这种能力似乎要依靠君王某种形式的隐藏和掩盖，"不自见，故明；不自是，故彰"[3]。

有趣的是，葛瑞汉（Angus C. Graham）在其论著《论道者：中国古代哲学论辩》（*Disputers of the Dao: Philosophical Argument in Ancient China*）中表达"家长式无政府主义"想法时提到了《道德经》。他指出，将家长制和无政府主义结合起来是近乎自相矛盾的[4]。《道德经》第 49 章进一步讲述了这种家长制的特征："百姓皆注其耳目，圣人皆孩之。"[5]

当然，对于统治者视百姓为孩子的观点有多种理解方式，其中最明显的就是将其解释为一种自谕的家长式作风。换句话说，统治者像对待孩子一样对待百姓，这是不成熟的，并且缺乏认知，不知道什么东西对他们来说是最好的。因此，统治者要对百姓负责，满足其需要，控制其欲望。《道德经》第 3 章说："是以圣人治，虚其心，实其腹，弱其志，强其骨。"[6] 该段话表明，圣君的价值在于其地位至尊，一统天下，造福万民，不管百姓是否意识到这种统治机制。

安乐哲认为第 49 章能证明统治者非控制性、非强权性的特征。然而，我们还想强调"无为而治"突出了带有一定程度的权威统治和强权专制统治模式之间的重要

[1] Hans-Georg Moeller trans. *Daodejing: The New, Highly Readable Translation of the Life-Changing Ancient Scripture Formerly Known as the Tao Te Ching*. Op. cit., p.45.

[2] Hans-Georg Moeller trans. *Daodejing: The New, Highly Readable Translation of the Life-Changing Ancient Scripture Formerly Known as the Tao Te Ching*. Op. cit., p.51.

[3] Ibid., p.55.

[4] Angus C. Graham. *Disputers of the Dao: Philosophical Argument in Ancient China*. Chicago and LaSalle: Open Court Publishing Company, 1989, p.303.

[5] Roger T. Ames and David L. Hall trans. *Daodejing: "Making This Life Significant", A Philosophical Translation*. Op. cit., p.153.

[6] Ibid., p.81.

区别。如果《道德经》里所说的有效的领导策略是正确的，那么维持权威就不需要专制。事实上，这本书认为专制行为是稳固政权的障碍。

安乐哲对道家政治思想的解读表明，在将政治有机体视为一个整体时，统治者与百姓并没有真正地分离开来。二者相辅相成，因此某些方面是相互统一的。他提出，正是在此基础上，道家思想可以与自下而上出现的有机政治凝聚力的观点相协调。那这种观点也能解释安乐哲淡化了《道德经》中的家长式和等级制特征。安乐哲论证个体与整体（或公民与国家）之间的关系本体论时，提到了"有机统一存在观"。他借用《庄子》中用身体做比喻的文章来探讨统治者在社会中的角色，他认为统治者只是名义上占据着独特地位。安乐哲从《庄子》得出的主要观点之一是"身体的各个部分是共生的，是相互依存的。由此一来，尽管约定俗成地确定了一个'统治者'，但唯一真正的统治者是整个有机体本身。"[1] 拉普在其他地方也引用了这句话并提出了类似的观点。他认为无政府主义者对传统道家的观点侧重于生命控制论，老子自己认为，既然没有哪一个身体部位可以支配其他部位，因此宇宙中存在一种自然的或自发的秩序，不受人类干预或影响[2]。然而，在《道德经》中，圣君虽"以百姓心为心"[3]，但这即不是说统治者在根本上与百姓并未脱离或分别，也不是说其统治者地位只是名义上的。实际上，别处提出了各种各样的主张，认为统治者与其百姓不一样，其视角是虚无缥缈的。这表明统治者很难真正地与其百姓同心，或在同一水平上。虽然君—臣相互依存，但君王的地位特殊，有着本质区别，其性格和喜好常被看成与其百姓的性格喜好相反。文中多处阐述了君王与百姓的区别。例如第 20 章指出："众人熙熙，如享太牢，如春登台；我独泊兮，其未兆。沌沌兮，如婴儿之未孩；傫傫兮，若无所归。众人皆有余，而我独若遗。我愚人之心也哉！俗人昭昭，我独昏昏；俗人察察，我独闷闷。众人皆有以，而我独顽似鄙。我独异于人，而贵食母。"[4]

第 66 章还讲述了君王与百姓的脱离，并再次强化了国家等级结构。原文如下："是以圣人欲上民，必以言下之；欲先民，必以身后之。"[5]

君王与百姓在一定程度上的脱离并不排除他们之间可能存在非强制性的关系和

---

① Roger T. Ames. "Is Political Taoism Anarchism？". Op. cit., p.37.

② Much of Rapp's book is devoted to the purported utopianism of the *Daodejing* and "the positive view of the stateless society expressed" in the text. John A. Rapp. *Daoism and Anarchism: Critiques of State Autonomy in Ancient and Modern China*. Op. cit., p.25.

③ Roger T. Ames. "Is Political Taoism Anarchism？". Op. cit., p.40.

④ Roger T. Ames and David L. Hall trans. *Daodejing: "Making This Life Significant", A Philosophical Translation*. Op. cit., p.106.

⑤ Ibid., p.181.

整体上相互依存的关系。然而，这种关系能够通过特别形式的"家长式管理"这个概念得到充分解释。统治者不偏袒，不存有私心，不为自己的利益而行事，所以他"以百姓心为心"。从这个角度说，统治者不强迫百姓做不符合其自身利益的事情。即便如此，等级模式仍然意味着统治者从根本上与百姓是相脱离的，即便他们共生，但并不能削弱这种等级区分。

五、《道德经》与守柔主义

专制主义有助于解释《道德经》中如何存在一种非强制但等级森严的治理结构，统治者掌控权力，以符合百姓最大利益的方式维持秩序。然而有趣的是，基于强调统治者的"无为而治"，《道德经》中的专制特征明显与其他形式的专制不同。通常，专制主义与强制形式、有效立法和亲自监督相关联，如果这些行为符合被统治者的最大利益，那么它们就具有合理性。正如杰拉尔德·德沃金（Gerald Dworkin）所说："家长式管理是一个国家或个人违背他人意愿而干涉他人的行为，并声称被干涉的人会因此变得更好或免受伤害，通过这些言论来捍卫统治者的话语权并煽动大众。"① 显然，《道德经》拒绝这种控制和干涉机制，这并非为了捍卫个人统治或无权干涉，而是因为《道德经》认为这种机制对于稳定统治来说是无效的："天下多忌讳，而民弥贫；人多利器，国家滋昏；人多伎巧，奇物滋起；法令滋彰，盗贼多有。"②（《道德经》第 57 章）

因此，将《道德经》的政治模式描述成"家长式管理"需要高度谨慎。出于这个原因，我们认为将圣君对百姓的统治关系描述成"守柔主义"（maternalism）更恰当。当然，本文提及的"家长式管理"与"守柔主义"并不影射任何形式的性别实质。然而，它们确实能够让我们有效利用与母性和父性实际相关的典型特征，并形成一个不同于《道德经》的家长式政治理论支系。

《道德经》所呈现的是一种管理策略，旨在为整个国家的最佳利益服务。在这样的框架中，百姓被视为孩子，这是有效统治的必要条件，百姓对统治者施政的看法也被隐匿起来。然而，与此同时，老子坚决反对包括干预在内的管控机制。因此，需要一个术语来充分概括君—臣之间的关系。在这种关系中，君王公正无私地关注臣民的利益，君王的统治方法直接促进臣民的繁荣。然而，君王无须借助明显的直

---

① Gerald Dworkin. "Paternalism" *In Stanford Encyclopedia of Philosophy Archive*, Winter 2017 edition, edited by Edward N. Zalta, https://plato.stanford.edu/archives/win2017/entries/paternalism/（last accessedon October 8, 2018）.

② Roger T. Ames and David L. Hall trans. *Daodejing: "Making This Life Significant"*, *A Philosophical Translation*. Op. cit., pp.165-166.

接干预或公开管理机制就能促成发展和繁荣。本文使用的"守柔主义"能精准地实现术语选用的目的。基于女性能够在一些活动中展现独有的女性特质，西方背景下的母性主义（守柔主义）这个概念最初是在允许女性担任特定工作角色，主张女性发挥其价值的运动中发展起来的。在 20 世纪 90 年代，学者把"母性主义""作为一种分析工具，用来解释美国和西欧国家现代福利状态的出现"①。菲茹泽赫·卡沙尼·沙贝特（Firoozeh Kashani-Sabet）将"母性主义"定义为"一种意识形态，它不局限于促进家庭范围内的母婴、儿童保育等女性福祉，还涉及民族主义问题（国家层面的女性福利）"②。赛斯·科文（Seth Koven）和索尼娅·米歇尔（Sonya Michel）说："母性主义涵盖两个层面，它颂扬家庭生活的美德，同时使女性的政治、国家、社区、工作场所、市场等公共关系合法化。"③

显然，用与老子政治思想相关的"母性主义（守柔主义）"这个术语来表达一种特别的政治家长主义形式，已经彻底脱离了原始语境。尽管如此，该术语仍具有说服力。家长式管理与前面提到的强制和严格立法有关，相比之下，"守柔主义"则对统治者的监督方法做出了更为自由的描述，允许人们自由地开展日常活动，不加以干涉，但同时保持统治者的地位并对百姓监督。这样一来，统治者体现了与百姓相关的母性角色，"实其腹"④，对于养育者，"生而不有，为而不恃，长而不宰"⑤，《道德经》里的君主经常在幕后操作，暗中运行，为人民的繁荣昌盛营造最好的环境，但他对人口的控制一直是隐形的。书中经常提到，君主与臣民相处时处于某种自我牺牲的情境，与百姓的欲望和需求不同（例子可参照《道德经》第 19 和 57 章）。"不贵难得之货，不见可欲"（《道德经》第 3 章），做到清静无为，"犹兮其贵言"（《道德经》第 17 章）。财不外露，权不显摆，将自己置于百姓之下，愿意身处别人不愿待的地方："水善利万物而不争，处众人之所恶，故几于道。"⑥（《道德经》第 8 章）

除此之外，《道德经》中提到一条有效统治的关键策略，就是希望君主在国家关

① Rebecca J. Plant and Marian Van der Klein. "Introduction: A New Generation of Scholars on Maternalism" In Marian Van der Klein et al eds. *Maternalism Reconsidered: Motherhood, Welfare and Social Policy in the Twentieth Century*. New York and Oxford: Berghahn Books, 2012, p.1.

② Firoozeh Kashani-Sabet. "The Politics of Reproduction: Maternalism and Women's Hygiene in Iran, 1896–1941". *International Journal of Middle East Studies*, Vol.38, No.1, 2006, p.2.

③ Seth Kovenand Sonya Michel. "Womanly Duties: Maternalist Politics and the Origins of Welfare States in France, Germany, Great Britain, and the United States, 1880–1920".*The American Historical Review*, Vol.95, No.4, 1990, p.1079.

④ Hans-Georg Moeller trans. *Daodejing: The New, Highly Readable Translation of the Life-Changing Ancient Scripture Formerly Known as the Tao Te Ching*. Op. cit., p.9.

⑤ Ibid., p.25.

⑥ Roger T. Ames and David L. Hall trans. *Daodejing: "Making This Life Significant", A Philosophical Translation*. Op. cit., p.87.

系中表现出更广泛的"道"的特征。书中许多段落用雌性意象来指代"道"。"可以为天地母。"（《道德经》第25章）"无名，天地之始。"（《道德经》第1章）第51章还对第10章描述的内容进行了复述再现，理想的君主充分扮演好母亲的角色，这一次直接提到了"道"。"道生之，德畜之；长之育之，成之孰之，养之覆之。"[1]

有趣的是，这种通过"母性主义"这个概念解读文本的方式，也特别适合《道德经》里多次将女性比喻成圣君的各种实际特征和有效策略。比如，第28章指引君主："知其雄，守其雌，为天下溪。为天下溪，常德不离。"[2]

安乐哲和郝大维对这段文字评论时指出："女性是孕育世界的河谷，而这样的意象遍布整本《道德经》。"[3] 在第10章还能找到另一个例子，君主被问："爱民治国，能无为乎？天门开阖，能为雌乎？"[4]

还有其他例句将理想的国家描述成女性。"大邦者下流，天下之牝，天下之交也。牝常以静胜牡，以静为下。"（《道德经》第61章）最终，"我独异于人，而贵食母"（《道德经》第20章）。而第59章告诫君主："有国之母，可以长久。"

尝试将《道德经》的政治观点解释为母性主义具有很多复杂性。至少，某些段落中用母性主义视角描述的精确例子应该与更广泛的女性主题相关，这些例子通常被认为是本书的核心[5]。母性主义视角与《道德经》中所强调的女性力量看似偶然，实际上并非如此。我们认为"守柔主义"的解读视角不会以任何形式支持女性主义观点解释本书，达成女性主义的目的。否则，这会具有荒谬的时代局限性，也过于强化不同性别的刻板印象，割裂了与实际性别之间的联系，这与《道德经》的内涵是背道而驰的。然而，我们也不愿质疑这些通过各种方法运用到《道德经》中的女性隐喻。

相反，母性主义视角很符合《道德经》的观点，即提倡平衡男女力量，以便在任何特定情况下获得最佳成效。这种平衡原则是《道德经》与"阴阳思想"深度联系的自然结果。正如德安博（Paul D'Ambrosio）、申丽娟说的那样："并没有倾向于专门强调'阴'，《道德经》提出了更加平衡的观点，这也能解释为什么'阴'能用作有关女性的比喻，但其实质并非女权主义。"[6]

---

[1] Ibid., pp.156-157.

[2] Ibid., p.120.

[3] Ibid., p.121.

[4] Ibid., p.90.

[5] Wing-tsit Chan. *A Sourcebook in Chinese Philosophy*. Princeton: Princeton University Press, 1963, p.143.

[6] Paul J. D'Ambrosio and ShenLijuan. "Gender in Chinese Philosophy" In Bradley Dowden and James Fiesereds. *Internet Encyclopedia of Philosophy*. https: //www.iep.utm.edu/gender-c/（lastaccessed on July 1, 2019）.

　　《道德经》政治理论中特别有趣的是这些例子，例子中体现了对那些经常与"柔弱"相关的"女性"品质的重新评价，而不是将它们看成权力形式或权力手段。因此，总的来说，并不是要完全避免权力的巩固或行使，也不是强调那些通常与粗暴、外向和权势等"男性"力量相关联的因素。除此之外，还有其他形式的力量。事实证明，《道德经》中，这些更微妙的"女性"力量，通常在特定战略情境下比与之相对的、不轻易屈服的男性力量更有效。这是真实的，尤其是在统治关系中。比如："天下莫柔弱于水，而攻坚强者莫之能胜，以其无以易之。"[①]（《道德经》第 78 章）

　　正如 Robin R. Wang 在讨论阴阳思想时直接提出的那样："就算在《道德经》中，男性也与权力、控制和支配相联系，而女性则与屈服、柔弱和顺从有关。"但更重要的是："《道德经》颠覆了这些观念，指出了女性的力量……"[②]

　　在母性主义（这里被定义为父权主义政治的一个特殊支系）的背景下，《道德经》并非利用典型的女性特征形式广泛地平衡性别力量，相反，《道德经》似乎建议使用一些微妙的政治说服技巧，以实现更广泛的社会和谐目标。众所周知，该书表面上说，过度干预百姓的生活会造成混乱。但反过来说，如果没有中央集权机构的具体行动，或缺乏行动，国家并不会轻松自如地迈入和谐道路。再一次说明，《道德经》是关于在极端之间获得平衡。也许有人会说，利用诸如男性力量与女性力量这类反向事物之间的张力来实现特定目标，如有效的治理和百姓的繁荣。

六、母性主义（守柔主义）的优点

　　总而言之，当我们将《道德经》视为一部在政治治理方面提供独特观点的文本时，无政府主义的解读就会出现问题。安乐哲从典籍中引用的许多文本表明，道家政治思想可以用作工具，修正无政府主义政治理论特有的一些问题。我们不反对这种比较方法，但我们认为试图根据道家自身的术语来定义道家的政治愿景，是一个独立的事项。在将《道德经》中的政治纲领概念化时尤其要注意，要认识到该书只是广泛而多样的传统典籍中的其中一本。为实现这一目的，安乐哲的多文本解读方法以及拉普等人的类似方法扭曲了《道德经》对理想国家和圣君统治的独特愿景。

　　然而，正如费尔特所说，反对无政府主义对《道德经》的解读并不意味着需要将"无为而治"与一定程度的强权进行融合。试图进行这样的融合就违背了《道德经》在书中多处明确提出反对强权管理措施的意图。因此，需要一个术语来概括统

---

　　① Roger T. Ames and David L. Hall trans. *Daodejing: "Making This Life Significant", A Philosophical Translation.* Op. cit., p.197.

　　② Robin R. Wang. *Yinyang: The Way of Heaven and Earth in Chinese Thought and Culture.* New York: Cambridge University Press, 2012, p.105.

治者或国家与其百姓之间的关系，其中包含"非强权统治"（无为而治）这个概念，但非强权统治也承认统治者确实对人民施加了某种看不见的权威，尤其是在滋养、培育、照顾人民等其他方面创造基本条件，以此实现人民的繁荣发展。

研究《道德经》中用来描述道、圣人、理想国家、圣君与其人民之间的关系等特征的雌性和女性意象时，我们主张将该书的政治思想解读为一种守柔主义（守雌主义或母性主义）。圣君供养百姓，关心百姓，指引百姓的所求所需。把百姓当作孩子，统治者像妈妈一般保护百姓，支撑百姓走向成熟，但并不能保证他们获得成功。重要的是，百姓仍然能够自发地、自然而然地开展活动。统治者不会为了让百姓遵守特定的行为规范和法律而使用干涉性或强制性的政策来强迫百姓。

相反的是，君主掩盖了他的幕后行动，这些活动有助于他调整百姓的性情，并提供一个稳定的环境，让百姓可以在没有冲突或干涉的情况下各行其是，各司其职。君主不偏不倚地关心他的所有孩子，并站在自我牺牲的立场上与其相处。有趣的是，以无政府主义的视角来解读《道德经》，以及那些以强制和等级为核心的对比解读，在对人性的看法上也存在差异。一方面，无政府主义的解读表明，道家对人性持积极的看法，比如说，如果人们从专制统治中获得自由，就会自然而然地在百姓中形成一种具有凝聚力的社会结构。另一方面，以法家思想家韩非子为代表的强制性和等级性解读，认为人性本恶，腐败且自私，因此不可相信百姓能自我管理。强权视角要求统治者积极干预并在必要时迫使百姓服从。相比之下，以守柔主义观点解读《道德经》则处于这两个极端之间，它对人性的描述既不乐观也不悲观。母性主义视角解读更符合《道德经》明确反对将对立事物从实质上一分为二地孤立看待，也能更好地捕捉到无为统治的矛盾精髓。

战略圣人与宇宙将领：道家视角下《道德经》与《孙子兵法》之间的互文性

[美]托马斯·迈克尔著[*]　杨玉英译^{**}

内容提要：本研究探讨了《道德经》和《孙子兵法》之间的互文性，探索了一种可能的、可以阐明两者早期流传的知识语境的视野。第一部分通过将后来被认为是道家和法家的早期教义运动与后来被认为是儒家的早期教义运动进行三角剖分，对前者进行了考察。随后，至少通过偶遇、对话和辩论的方式，考查了早期的《道德经》和《孙子兵法》的"作者"在早期其文字仍然比较流畅的时候磨炼各自思想体系的可能方式。最后几节对《道德经》和《孙子兵法》中共有的内容如"奇""正"以及宇宙的"混沌"和"作战"等进行了文本分析。

关键词：老子 《道德经》《孙子兵法》早期道家 早期法家

一、《道德经》和《孙子兵法》简介

《道德经》和《孙子兵法》是中国早期的神秘著作，不断引起读者的反应，迷惑与困惑交织在一起。长期以来，一直被《道德经》和《孙子兵法》认为是神秘人物老子和孙子所著，历代有许多自相矛盾的传记的主题，但在传统上，他们都被视为比孔子更年长的同时代人，现代学术对传统上被认为是这些简短著作的大部分观点都提出了质疑。尽管如此，现代几代学者的共同努力尚未得出令人满意的记载，说明是谁写在何时写了《道德经》和《孙子兵法》。就《道德经》而言，还涉及它是关于什么的问题。

考古学帮助解决了这些问题中的一部分，但不是全部。汉墓马王堆出土了两本或多或少完整的《道德经》，让我们可以确定一个它已经成为我们今天拥有的文本的

---

　　* Thomas Michael. "Strategic Sages and Cosmic Generals: A Daoist Perspective on the Intertextuality of the Daodejing and the Sunzi". *Tao: A Journal of Comparative Philosophy*, Vol. 19, No.1, 2020, pp.11-31.

　　** 杨玉英（1969—）女，四川井研人，文学博士，长江师范学院外国语学院教授，主要从事"中国经典在英语世界的传播与接受"研究。

时间（大约公元前 3 世纪初），给予或采取一些后续的修补 ①。战国时期，郭店楚墓出土了三本《道德经》手稿，加起来约占马王堆《道德经》版本的 60%②。郭店楚墓的证明时间尚有争议，但差不多是公元前 4 世纪末。

这些手稿的意义尚不清楚 ③。它们要么代表一组随意的尚未完全成形的想法，在接下来的 200 年里，与其他各种随意的想法融合在一起，最终形成了《道德经》④，要么代表了一个由三个更完整、更复杂的一套思想组成的文本，其已经作为口头文本流传开来，直到公元前 3 世纪中叶，才被中国早期的文人们广泛熟悉 ⑤。梅维恒（Victor Mair）对于自己在这个问题上的立场非常直率：

> 1993 年，湖北郭店《道德经》竹简本的考古"令人吃惊地"证实，公元前 4 世纪下半叶确实是《道德经》从口头流传的格言转变成书面文字的时期。这些

---

① 此为原文注释 3: Two different English-language translations of these versions are D. C. Lau trans. *Tao Te Ching: A Bilingual Edition*. Hong Kong: The Chinese University Press, 1982 and Robert G. Henricks. *Lao-Tzu Te-Tao Ching: A New Translation Based on the Recently Discovered Ma-wang-tui Texts*. New York: Ballantine Books, 1989.

② 此为原文注释 4: Two different English-language translations of these versions are Robert G. Henricks. *Lao Tzu's Tao Te Ching: A Translation of the Startling Documents Found at Guodian*. New York: Columbia University Press, 2000 and Scott Cook. *The Bamboo Texts of Guodian: A Study and Complete Translation*. New York: Cornell University Press, 2012.

③ 此为原文注释 5: The now classic collection of papers on this debate is Sarah Allan and Crispin Williams eds. *The Guodian Laozi: Preceedings of the International Conference, Dartmouth College, May 1998*. Early China Special Monograph Series, Society for the Study of Early China, 2000. The most thorough English-language study of the Guodian documents is Scott Cook. *The Bamboo Texts of Guodian: A Study and Complete Translation*. Op. cit.

④ 此为原文注释 6: This represents the current mainstream view, from A. C. Graham. "The Origins of the Legend of Lao Tan" In *Studies in Chinese Philosophy and Philosophical Literature*. Singapore: Institute of East Asian Philosophies, 1986 to WiebkeDenecke. *The Dynamics of Masters Literatures: Early Chinese Thought from Confucius to Han Feizi*. Cambridge, MA: Harvard University Press, 2011 and Hyongkyung Kim. *The Old Master: A Syncretic Reading of the Laozi from the Mawangdui Text A Onward*. New York: State University of New York Press, 2013, that intends to push forward the dates of the earliest circulations of the *Daodejing* to the middle or the end of the 3rd century BCE.

⑤ 此为原文注释 7: This represents the minority view maintained by Michael LaFargue. *The Tao of the Tao-te-ching*. New York: State University of New York Press, 1992; Michael LaFargue. *Tao and Method: A Reasoned Approach to the Tao-Te-Ching*. New York: State University of New York Press, 1994; Kristofer Schipper. *The Taoist Body*, translated by Karen C. Duval. Berkeley: University of California Press, 1993; William H. Baxter. "Situating the Language of the Lao-tzu: The Probable Date of the *Tao-te-ching*" In Livia Kohn and Michael LaFargue eds. *Lao-tzu and the Tao-te-ching*. New York: State University of New York Press, 1998; Harold Roth. *Original Tao: Inward Training (Nei-Yeh) and the Foundations of Taoist Mysticism*. New York: Columbia University Press, 1999; David Schaberg. "On the Range and Performance of Laozi-Style Tetra-syllables" In Joachim Gentz and Dirk Meyer eds. *Literary Forms of Argument in Early China*. Leiden: Brill, 2015 and Thomas Michael. *In the Shadows of the Dao: Laozi, the Sage, and the Daodejing*. New York: State University of New York Press, 2015.

可追溯到公元前 300 年左右并于 1988 年出版的令人惊讶的手稿揭示了《道德经》的形成过程。长期以来，严厉的、爱挑剔的学者们以各种理由怀疑，郭店出土的《道德经》手稿提供了令人信服的证据，证明《道德经》是多个作者和编辑在相当长一段时间内的产物，而不是春秋后期一个作者的作品（传统观点）。《孙子兵法》的形成条件与《道德经》完全相同。[①]

《孙子兵法》最早见于《韩非子》《荀子》和《史记》，但最早的文献证据来自公元前 134—118 年间西汉银雀山墓出土的军事手稿。在这些手稿中，发现了两部独立的文本，《孙子兵法》和《孙膑兵法》。《孙膑兵法》被视为对《孙子兵法》思想在多方面的扩展，两者都可以是早些时候被称为《孙子兵法》的文本。出土的《孙子兵法》的内容约占被认为是标准的《孙子兵法》的 30%[②]。

本研究不打算重新研究有关《道德经》或《孙子兵法》的出土版本这些核心问题。目前，我只建议，正如在最近的学术研究中越来越清楚的那样，两篇文本都显示了在其以书面文本的形式稳定之前有限的口传的早期历史（我将在下一节中回到为什么这很重要）。

因此，该研究探讨了《道德经》与《孙子兵法》间互文性的可能性。研究尤其注重传播与相互影响的阐释法则，首先考察了梅维恒所规划的历史环境，然后仔细分析和评价了何炳棣对两部作品的比较训诂。为了更好地把这两项任务放在适当的位置，第一部分通过将后来被认为是道家和兵法的早期教义运动与后来被认为是儒家的早期教义运动进行三角剖分，对前者进行了考察。总而言之，该研究至少通过

---

① 此为原文注释 8: Victor Mair. "*Soldierly Methods*: Vade Mecum for an Iconoclastic Translation of *Sun Zi Bingfa*". *Sino-Platonic Papers*, No.178, 2008, pp.36-37. The *Lunyu* (《论语》) can also be mentioned here, for which the two earliest known manuscripts are dated to around 50 BCE, the first called the *DingzhouLunyu* (《定州论语》, *Dingzhou Analects*) and the second the *Pyongyang Lunyu* (《平壤论语》, *Pyongyang Analects*), named after their respective sites. For more on these manuscripts, see Paul van Els. "Confucius's Sayings Entombed: On Two Han Dynasty Bamboo Lunyu Manuscripts" In Michael Hunter and Martin Kern eds. *Confucius and the Analects Revisited: New Perspectives on Composition, Dating, and Authorship*. Leiden: Brill, 2018.

② 此为原文注释 9: For more on these excavated documents, see Krzysztof Gawlikowski and Michael Loewe. "*Sun Tzu Ping Fa*, 孙子兵法" In Michael Loewe ed. *Early Chinese Texts: A Bibliographical Guide*. Berkeley: Society for the Study of Early China, Institute of East Asian Studies, University of California, Berkeley, 1993, p.455; Robin Yates. "The Yin-Yang Texts from Yinqueshan: An Introduction and Partial Reconstruction, with Notes on Their Significance in Relation to Huang-Lao Daoism". *Early China*, No.19, 1994, pp.75-144 and D. C. Lau and Roger Ames trans. *Sun Bin: The Art of Warfare, A Translation of the Classic Chinese Work of Philosophy and Strategy*. New York: State University of New York Press, 2003.

偶遇、对话和辩论的方式，考查了早期的《道德经》和《孙子兵法》的"作者们"①在早期其文字还比较流畅的时候磨炼各自思想体系的可能方式②。

不过，在开始探索之前，有必要再多介绍《道德经》与《孙子兵法》这个比较研究几句。《孙子兵法》是一部与军事思想直接相关的相对直截了当的著作（不失其对中国早期哲学思想的深远贡献），而《道德经》的思想则比较神秘，读者对它们的第一反应，不太可能首先将其认定为军事著作。但它是一种什么类型的写作呢？又根据什么与《孙子兵法》进行比较研究是有道理的呢？

我相信最初口传《道德经》的起源最好将其置于修身的语境中③而非政治哲学领域。主流解释，无论是关于其起源还是内容的，大都将其置于政治哲学语境中④。然而，处理《道德经》有许多不同但又合理的其他方式，因为我们所拥有的文本极其简明、扼要、多义，因而神秘莫测。一个可以明智的、主要关于修身或政治哲学的文本，它也可以被合理地争论，并且通常主要是关于理想统治、形而上学、道德哲学、宇宙起源和宇宙学、用否定方法获得的关于上帝的神秘主义，以及有时甚至是

---

　　① 此为原文注释 10: I use this term to refer to those groups who, at some point in time, came to be known as Daoists and Militarists. This study assumes that neither text was composed by a single author at a single sitting but were, rather, accretional and came to represent, again at some point in time, the foundational ideas of Daoism and Militarism. Because this is predominantly a philosophical and textual study, I for the most part leave aside current debate about the applicability of the various "school" (*jia*, 家) labels, which would more appropriately fall into the provenance of a sinologically-oriented social history of early China.

　　② 此为原文注释 11: Although I do not completely endorse Denecke's hermeneutical realignment of a "history of philosophy" to one based on Masters Literature (Wiebke Denecke. *The Dynamics of Masters Literatures: Early Chinese Thought from Confucius to Han Feizi*. Op. cit.), primarily because it continues long-standing mischaracterizations of the *Daodejing*, Meyer is certainly correct to point out that such a Masters discourse, as Denecke and others pursue it, is deficient in its refusal to incorporate the early military writings into its purview. He writes, "Where other Warring States sources are frequently juxtaposed with one another for intertextual analysis, the military texts are rarely mined for insights into the interpretation of non-military writings, or enlisted as evidence for research questions not pertaining narrowly to military affairs···. The writings attributed to Sunzi were both a product of, and contributor to, the same discourse that included the material found in *the Analects, Mozi, Daodejing, Xunzi*, and all the most conventionally exemplary sources for the early Masters." Andrew Meyer. "Reading 'Sunzi' as Master". *Asia Major*, Vol. 30, No.1, 2017, pp.1-24.

　　③ 此为原文注释 12: These are the views of, for example, Kristofer Schipper. *The Taoist Body*, translated by Karen C. Duval. Berkeley: University of California Press, 1993; Harold Roth. *Original Tao: Inward Training* (*Nei-Yeh*) *and the Foundations of Taoist Mysticism*. Op. cit.; Zhang Rongming. *Ancient Chinese Qigong and Pre-Qin Philosophy*. Taipei: GuiguanTushuGufenYouxiangongsi, 2003 and Thomas Michael. *In the Shadows of the Dao: Laozi, the Sage, and the Daodejing*. New York: State University of New York Press, 2015.

　　④ 此为原文注释 13: Outstanding among them are David Hall and Roger Ames. Tao Te Ching: *A Philosophical Translation*. New York: Ballantine, 2003 and Philip J. Ivanhoe trans. *The Daodejing of Laozi*. New York: Hackett, 2003.

最简单的关于如何过好的作品①。然而，尽管在很大程度上取决于读者的阐释学兴趣，但文本本身总是存在的，它来自某个地方（就像《孙子兵法》），但是那个地方还不清楚。

虽然对《道德经》如此有深刻见解的解释足以支持他们各自的解读，但贯穿全文的脉络却是完全不同的，读者也很早就认识到了这一脉络，即，充分给予其军事思想的迷人魅力，但一直没有引起人们的持续关注②。事实上，其思想与中国早期兵法传统的许多中心思想有着巨大的重叠，尤其是与其最著名和最有影响力的著作《孙子兵法》。其次的一部早期道家作品集《庄子》中的文本，几乎没有表现出与军事思想的亲和性，而第三部道家作品集《淮南子》则用了相对较长的一整章（即《淮南子》卷十五《兵略训》）来论述它，但是将其设置在一个有形的道家而非军事框架内③。因此，探讨《道德经》是否有道家思想与军事思想的交融的迹象，并非没有道理④。

该研究并非第一个看出《道德经》和《孙子兵法》之间的密切思想关系，正如 Ellen Zhang 所证明的：

---

① 此为原文注释 14: On the wide variety of ways of reading the *Daodejing*, Kim writes that "like other Chinese classic texts, it demonstrated the political concerns of that time⋯. The political ideas in *Daodejing* can easily veer to a theory of self-cultivation if they bear upon individuals as well as states. Instillation of the metaphysics of the Way into *Daodejing*'s teachings is also available if its discussion of the Way is augmented. Following that, expansion of this metaphysical view into mysticism may occur with highlighting of the mysterious union between human spirituality and the Way. Then, the Daoist hygiene practices for longevity or immortality would loom⋯. If one integrates the ideas of the early alchemists from the states of Yan and Qi with these practices, *Daodejing* will become an alchemical text." Hyongkyung Kim. *The Old Master: A Syncretic Reading of the Laozi from the Mawangdui Text A Onward*. Op. cit., p.5.

② 此为原文注释 15: Ellen Zhang writes, "There have been many Western studies of the *Daodejing* over the past 100 years either from a philosophical or religious point of view which offer a wide range of interpretations due to the laconic and polysemic nature of the text, as well as the hermeneutical interests of contemporary readers. There are, though, no substantive works dealing exclusively with the *Daodejing*'s views about military ethics. All that we have are isolated comments on some specific chapters." Ellen Y. Zhang. "'Weapons are Nothing but Ominous Instruments': The *Daodejing*'s View on War and Peace" In Lo Ping-cheung and Sumner B. Twiss eds. *Chinese Just War Ethics: Origin, Development, and Dissent*. New York: Routledge, 2015, p.181.

③ 此为原文注释 16: For a translation of this chapter, see Major et al eds. and trans. *The Huainanzi: Liu An, King of Huainan*. New York: Columbia University Press, 2010. For its direct connections with Daoist thought, see Harold Roth. "Daoist Inner Cultivation Thought and the Textual Structure of the Huainanzi" In Sarah Queen and Michael Puett eds. *The Huainanzi and Textual Production in Early China*. Leiden: Brill, 2014.

④ 此为原文注释 17: Reinforcing the general approach of this study, Sawyer writes, "Daoist and military thought were closely intertwined and obviously influenced each other during the formative Warring State period in China, even though their exact relationship remains unclear." Ralph D. Sawyer. *The Tao of War: The Martial Tao Te Ching*. Cambridge: Westview Press, 1999, p.211.

纵观中国历史，其中一个重要的阐释传统是将《道德经》作为军事典籍，或至少作为言兵之书（如《隋书经籍志》中有一卷题为《老子兵书》）。唐代王真在其《道德经论兵要义》中说，《道德经》每一章都有军事的取向和要点。宋代郑樵（1104—1162）在其《通志略》中明确将《道德经》归入军事体裁。王夫之（1619—1692），一个清代儒家学者，也将《道德经》的作者看成"军事论文之父'，是'所有写战争主题的作者的教学指南"。①

二、跨越时间的三个基本教义运动

这种对《道德经》中可识别的、反映在《孙子兵法》中的军事思想脉络的探索，需要简短地探讨许多人认为（但并非没有争议）其最早的口传时期大约是公元前 4 世纪中期到公元前 4 世纪早期。这一时期正值春秋末战国初，是见证了许多社会和政治动荡的时期，包括被马克·刘易斯（Mark Edward Lewis）生动描述的最引人注目的军事计划的惊人升级：

> 虽然没有确切的数字，但 7 世纪的军队也不会超过一万人，即使是 6 世纪的第三个 25 年大幅度扩张的战车军队也只有大约五万人。然而，战国时期的文献记载的军队人数多达 60 万人。虽然这个数字并不绝对可靠，但战场上的军队规模增加了大约十倍似乎是有道理的。这种巨大的增长意味着任何希望幸存的国家或世系都必须从更大的基地招募士兵，而这只能通过继续在社会上将兵役延伸到人口的较低层次并在地理上将其扩展到人口的更广的腹地范围这个过程来实现。②

在这种情况下，出现了三个根本性的教义运动，至少部分是出于对这种新军事化的世界秩序的反应。它们中的每一个都可以在某种程度上被视为"哲学的"，因为它们受到自己独特的基本概念的推动，即在一个被认为已经失去道并被颠倒的世界中确保和平与秩序的可能的方式。一场教义运动为后来逐渐被承认为儒家奠定了基础。在其理想人物"王"的领导下，以基于礼仪和道德的、以家庭为导向的秩序的

---

① Ellen Y. Zhang. "'Weapons are Nothing but Ominous Instruments': *The Daodejing*'s View on War and Peace" In Lo Ping-cheung and Sumner B. Twiss eds. *Chinese Just War Ethics: Origin, Development, and Dissent*. Op. cit., p.181.

② 此为原文注释 18: Mark Edward Lewis. *Sanctioned Violence in Early China*. New York: State University of New York Press, 1990, pp.60-61. The best substantive study of early Chinese military history remains Joseph Needham and Robin Yates. *Science and Civilization in China*, Vol. 5: *Chemistry and Chemical Technology*: Part 6, Military Technology: Missiles and Sieges. Cambridge: Cambridge University Press, 1994.

愿景得到强化，其突出特点是，具有令人信服的魅力的领导（德）[1] 被用来管理一个统一的帝国。《论语》子路第十三曰："有王者，必而后仁。"

这个教义运动在靠近另一个密切相关但仍然独立的、将被称为墨家的运动中变得活跃[2]。两者似乎都是在相对较早的某个时间点形成了独立的群体身份并主导了主流哲学思想，直到公元前 3 世纪上半叶，当时一种不太统一的、从未获得独立的群体身份或在任何接近形成学校的地方和有时被称为杂家的地方出现的哲学探究趋势从公元前 4 世纪晚期建立稷下学宫开始变得可以识别。这所学宫为战国时期"诸子百家"的蓬勃发展奠定了基础[3]。

另外两个基础性教义运动的公众曝光率较低，它们在早期中文资料中的呈现受到更多限制。其一为后来逐渐被公认的兵家奠定了基础，它试图通过强大且深思熟虑的战略军事部署来为世界带来秩序。其理想的人物是"将"，在军事行动中有丰富的经验，其突出特征是能向其心直觉预知[4] 所有的最终结果，他可以借此操纵以获得最佳的战略优势。《孙子兵法》云："故知兵之将，民之司命，国家安危之主也。"[5]

另一基本的教义运动为后来逐渐被公认的道家奠定了基础。其理想的形象，远比国王或将军更处于暗处，是圣人。圣人是修身秘传的大师，他富有同情心地存在于世界众生中，负责通过以道为生命源泉的体现而彻底地为世界带来秩序。《道德经》第三章指出，"是以圣人治，虚其心，实其腹，弱其志，强其骨……为无为，则无不治。"

这三个根本性的教义运动是作为肆虐战国时期的文明景观的权力饥渴的军阀所

① 此为原文注释 19: This is a strictly "Confucian" use of the term *de*（德）best explored by David Nivison. *The Ways of Confucianism: Investigations in Chinese Philosophy*. La Salle: Open Court, 1996 and Yuri Pines. *Foundations of Confucian Thought: Intellectual Life in the Chunqiu Period*, 722–453 BCE. Honolulu: University of Hawaii 'Press, 2002.

② 此为原文注释 20: A more thoughtful examination of the *Mo*（墨）teachings would start from Carine Defoort and Nicolas Standaert eds. *The Mozi as an Evolving Text: Different Voices in Early Chinese Thought*. New York: State University of New York Press, 2013.

③ 此为原文注释 21: For a sound but somewhat brief history of these events, see Hyongkyung Kim. *The Old Master: A Syncretic Reading of the Laozi from the Mawangdui Text A Onward*. Op. cit. For a deeper analysis of the social history of Jixia, see Andrew Meyer. "The Altars of Soil and Grain are Closer than Kin: The Qi Model of Intellectual Participation and the Jixia Patronage Academy." *Early China*, 2011, pp.34-35 and pp.37-99.

④ 此为原文注释22: Allen writes that this knowledge of the General "may be called foresight or foreknowledge, provided there is no connotation of prognostication…. The idea is not to possess the facts of the future and calculate; rather, one masters the future by knowing where it is birthing and pliable. One must be good at discerning the *ji*（机）, pivot-points, minute changes that can produce great movements, like the trigger on a crossbow." Barry Allen. "War as a Problem of Knowledge: Theory of Knowledge in China's Military Philosophy". *Philosophy East and West*, Vol. 65, No.1, 2015, pp.1-17.

⑤ 可参见《孙子兵法》作篇第二。本书作者注。

造成的文化混乱的具体回应而出现的①。然而，在它们最早的形成过程中，这些初期的运动（还）不应该被视为独立的、自知的和自我封闭的学派或传统。然而，他们在其时代是独一无二的②。因为，作为对混乱的教义反应，他们每个人都可以通过其最初的口传教义的独立文本来识别。经过漫长的传承、积累、抄录、编纂、修订，这些在其基本的文本中固定下来，给后世思想家或拥抱或批判提供了动力，直到秦代开始，使"百家学派"的兴盛戛然而止。尽管如此，这三个基本的教义运动最直接地与被认为是独立创始人（无论是传说的还是基于史实的）的权威人物分别被视为《论语》《孙子兵法》和《道德经》的"作者"。

　　这些初期的教义运动为实际传统（儒家、法家和道家）的最终形成提供了灵感，尽管正如许多人争论的那样，直到汉代的司马谈，他们才被赋予这种（传记性的）地位。但是，这些仍然是在中国传统历史中持续存在的仅有的三个与社会相关的本土（仅次于佛教）传统，它们继续存在于当代世界中，具有强烈的社会相关性③。如果我们依靠西方模式简单地将它们指定为哲学流派，即使它们最初只是汉代传记性的分类，我们也会对它们嗤之以鼻。尽管如此，传统认为这三位与其作品同名的创始人生活在很近的时代。通常认为老子和孙子比孔子要早一代，而且在后人眼中，这三人都生卒于春秋末期（公元前 476 年）。

---

① 此为原文注释 23: Given its rough manifestation throughout much of Chinese imperial history, the ideal Confucian political order (a unified empire centered on the Son of Heaven) is familiar, but much less attention has been paid to the ideal Daoist and Militarist political orders. Meyer provides an excellent comparison: "The *Daodejing* pictures a world settling into a multi-polar homeostasis in which the military becomes inactive, while *the Sunzi* envisions a future in which the military remains active until it is no longer needed. Put into other words, where *Sunzi* is made to envision (even advocate) a military solution for the larger strategic crisis of the Warring States, the *Daodejing* urges a political solution." Andrew Meyer. "Reading 'Sunzi' as Master". Op. cit., p.3.

② 此为原文注释 24: My earlier situating of these foundational doctrinal movements was "across time", but here I situate them "in their time". Although I prefer to locate the origins of these doctrinal movements in the middle to late 4th century BCE, my suggestion should not be taken as a strictly historical claim, social or otherwise, nor as advocacy for resuscitating a Warring States "school" (jia) classification, at least not as those arguments are typically received (and rejected) in formulations such as put forward by Sima Tan (司马谈). I am arguing for a recognition of the foundational nature of these incipient doctrinal movements that would later be classified (by Sima Tan first of all) in terms of "schools". While the current academic trend is to accept the Spring and Autumn period as the actual time during which Confucius lived and transmitted his teachings, the transmitters of the Lao (老) teachings are consistently pulled forward even to the very end of the Warring States to have them fit into the parameters of the Masters Literature methodology.

③ 此为原文注释 25: It might seem odd to recognize a tradition of Militarism still active today, but see Ping-cheung Lo. "The Art of War Corpus and Chinese Just War Ethics Past and Present" In Ping-cheung Lo and Sumner B. Twiss eds. *Chinese Just War Ethics: Origin, Development, and Dissent.* New York: Routledge, 2015 and Ping-cheung Lo. "Warfare Ethics in Sunzi's Art of War？ Historical Controversies and Contemporary Perspectives" In Ping-cheung Lo and Sumner B. Twiss eds. *Chinese Just War Ethics: Origin, Development, and Dissent.* Op. cit.

尽管现代学者仅接受孔子确有其人其事，但有充分的理由认为，早在 4 世纪中叶，与三个教义运动中的每一个相一致的口传教义就形成了其基本轮廓，每一个都有各自的文本，无论其在最初的口头传播中多么原始还是复杂。当梅维恒说"'孙子'是所有军事圣人的集体人格，其思想汇集在《孙子兵法》中"时 [1]，我们可以很容易地将其替换为《论语》是"礼仪圣人"的思想汇集，而《道德经》是"修身圣人"的思想汇集。其各自的名字都被认为是指"一个集体的而非个体的人格"，后来的思想家们以此来识别这三部经文。

这三种口传教义的文本在其早期的流传中有着密切的联系，尽管这些文本被接受的标准版本一旦关闭，就几乎没有明显的证据来表明这一点。《道德经》几乎没有提到武将和儒王，《孙子兵法》几乎没有提到儒王和道家圣人，《论语》几乎没有提到道家圣人和武将 [2]。它们之间的联系被阅读和重建，就像在被接受的标准文本的行文之间一样，虽然这三个口传教义中的每一个都有自己的故事要讲，但它们也将另外两个保留在其后视镜中。分开来看，没有必要对老子、孙子或孔子的教义按发生的时间顺序或先后顺序排列。它们或多或少是通过相互影响的过程形成的，并且，在某种程度上，都是问答体。然而，作为一个整体，这三个基本的教义运动是所有后来中国早期哲学思想的本源（fons et origo），而且，墨子教义在这方面也发挥了重要但非实质性的作用。

这张图对我们重新设想关于本杰明·史华慈（Benjamin Schwarz）的"早期中国的思想世界"大有帮助 [3]。未来对这三个基本教义运动的比较研究必须考虑到每个运动的核心概念，或者甚至更具体地说，在每个开篇的行文中，即道，并检查每个运动如何在其特定的秩序概念中应用不同的理解。由此，《论语·学而》第一第二段指出："其为人也孝弟，而好犯上者，鲜矣；不好犯上，而好作乱者，未之有也。君子务本，本立而道生。"《孙子兵法》始计第一开篇第一句即指出："兵者，国之大事，死生之地，存亡之道，不可不察也。"《道德经》第一章始句指出："道可道，非常道。名可名，非常名。"

已经非常简要地将这三个基本教义运动的核心内容置于彼此的三角关系中，现在准备更深入地探索我认为是《道德经》和《孙子兵法》的"作者"之间的偶遇、

---

① Victor Mair. "Soldierly Methods: Vade Mecum for an Iconoclastic Translation of Sun Zi Bingfa". *Sino-Platonic Papers*, No.178, 2008, p.7.

② 此为原文注释 26: I have previously pursued in far greater detail this triangulation of the Sage, the King, and the General, and I rely on some of those findings here. See Thomas Michael. *In the Shadows of the Dao: Laozi, the Sage, and the Daodejing*. Op. cit., pp.139-146.

③ Benjamin Schwartz. *The World of Thought in Early China*. Cambridge: The Belknap Press of Harvard University Press, 1985.

对话和辩论的东西。

三、梅维恒的《老》《孙》关系：历史取向

虽然对《道德经》—《孙子兵法》—《论语》之间的三角关系的研究为探索提供了丰富的范围，但目前的研究更为有限，且仅涉及《道德经》和《孙子兵法》中的一小部分共同思想。虽然几乎所有用英语对《孙子兵法》的研究或翻译都提到其某些思想与《道德经》的某种相似[①]，但反之却不亦然[②]。有两项研究因其学术深度和严谨而引人注目，我在这里先关注他们最重要的发现，然后再提供我自己的一些发现。一是梅维恒的，二是何炳棣的。由于梅维恒的更基于史料，而何炳棣的更基于文本，所以我从梅维恒的说起。

梅维恒和我本人都深受布白牧之（E. Bruce Brooks）和白妙之（A. Taeko Brooks）著作中所用的增长方法论的影响[③]（E. Brooks 1994，E. Brooks 和 A. Brooks 1998），它为我们每一个人提供了最初进入孙子—老子比较的方法。对于传世的战国语料库中的大多数成员来说更普遍，尽管出于明显的原因，挖掘出的单个手稿远不那么受增长方法的影响。

拒绝学者试图为传世的著作的最初"出版"（通常与"集体人格"归属相结合）给出单一的日期的常见方法，白牧之和白妙之夫妇应用他们的增长方法论来理解诸如《孙子兵法》《论语》和《道德经》等文本从最初的口传教义逐渐积累并转化为传世版本的过程。它们的发现尤其适用于这三个文本（但也适用于《墨子》），首先是因为它们相对于战国语料库的起源和流传相对较早，其次是因为它们在基本知识上的崇高地位要高于随后的早期中国思想。在其对《孙子兵法》的研究中，通过将其注意力转移到他认为是《道德经》所起的作用上，梅维恒试图更密切地解释从 4 世

---

① 此为原文注释 27: Wawrytko offers an interesting example of this because she goes deeper into the interrelationship of shared ideas between the *Daodejing* and the *Sunzi* than most studies, although hers is not historical but rather attempts to show the relevance of Sunzi's Militarism for today's world. She writes, "Although interpreters in Europe and America commonly assume that *Sunzi* is a promoter of war, I will argue in favor of the view that he is actually advocating peace. More specifically, the *Sunzi* can be read as offering suggestions for viable alternatives to warfare that resonate with the profound wisdom of Laozi's Daoist philosophy. Hence, Sunzi resembles a virtuoso of life more than a merchant of death." Sandra A. Wawrytko. "Winning Ways: The Viability (*Dao*) and Virtuosity (*De*) of Sunzi's Methods of Warfare (Bingfa)". *Journal of Chinese Philosophy*, Vol. 34, No.4, 2007, p.561.

② 此为原文注释 28: The primary exception to this is found in Sawyer's translation and study of Wang Zhen's (王真) commentary to the *Daodejing*. Ralph D. Sawyer. *The Tao of War: The Martial Tao Te Ching*. Op. cit., but note that Wang was a military commander, not a Daoist.

③ E. Bruce Brooks. "The Present State and Future Prospects of Pre-Han Text Studies". *Sino-Platonic Papers*, No.46, 1994, pp.1-74 and E. Bruce Brooks and A. Taeko Brooks. *The Original Analects: Sayings of Confucius and His Successors*. New York: Columbia University Press, 1998.

纪中叶开始的中国早期"国家间语境"的文本化。他写道：

> 尽管《孙子兵法》可能不属于儒家思想，但它似乎与公元前 4 世纪中后期的《道德经》一起出现。这两个文本都被及时地投射到非历史作者身上，他们被认为生活在大约两个世纪前的春秋末期。《孙子兵法》由归因于一个模糊的、传奇的人物的军事格言组成，就像《道德经》是由一个模糊的、半神圣的创始人的神秘格言所汇集而成的一样。①

梅维恒在郭店出土的《道德经》中看到了"从口头流传的格言到书面文本"的转变②，他或多或少将其与《孙子兵法》同时放置（但请注意，这个 4 世纪中叶的日期也与围绕《论语》和《墨子》的形成的同类事件重合）。除了《诗经》《书经》《易经》等公认的古代经典之外，这三部著作（或算上《墨子》共四部，但不包括《管子》，因为前面所述的原因）代表了仅传世的"哲学"文本，其最早作为口传教义的流传可以可靠地追溯到公元 4 世纪，然后才转化为书面文本。在这种观点看来，在其最初的转录之后，理所当然地还会经历进一步的传播和发展以及删减过程，并编辑、插入外部编译的材料，直到进入汉代③。

梅维恒关于老孙关系的最终想法涉及"无为"的立场，或自发的和非故意的行动，他声称要告知每一种教义：

> 《道德经》与《孙子兵法》的主要区别在于，前者着眼于如何以无为之道治国，而后者则着眼于以类似的态度对待战争。上将，就是让敌人不战而降的人。所以，《道德经》是为有着无为之思的君王而写的手册，而《孙子兵法》则是为有着无为之思的将军而写的手册。④

关于公元前 4 世纪时最初口传的《道德经》与最初口传的《孙子兵法》间的对话，梅维恒与我持相同的立场。我们对《道德经》的一般看法不同：他认为《道德

---

① Victor Mair. "Soldierly Methods: Vade Mecum for an Iconoclastic Translation of *Sun Zi Bingfa*". Op. cit., p.36.

② Ibid.

③ 此为原文注释 29: Establishing final redacted versions for many of these texts was in fact the responsibility of the Han period librarian Liu Xin（刘歆）. See, for example, Mark Edward Lewis. *Sanctioned Violence in Early China*. New York: State University of New York Press, 1990, pp.325-360.

④ Victor Mair. "Soldierly Methods: Vade Mecum for an Iconoclastic Translation of Sun Zi Bingfa". Op. cit., p.37.

经》是为开明国王而写的手册，他将通过应用"无为"自上而下地治理世界。而我则认为它是为将成为圣人的人而写的，他也将通过应用"无为"从内而外地治理世界，而不必登上宝座。然而，这种分歧在中国后期尤其是唐代的《道德经》解经传统看来可能是没有实际意义的，可以说这标志着法家对《道德经》的关注达到了顶峰。其时，将修身或"治身"与政治哲学或"治国"统一起来，是一种颇为流行的观点①。尽管如此，《孙子兵法》《道德经》和《论语》中分别所指的将军、圣人或君王所采用的基本策略是非常相似的，因为他们都基于其对"无为"的特殊应用②。

四、何炳棣的《老》《孙》关系：奇与正

本研究采纳了梅维恒的核心见解，这些见解为《孙子兵法》和《道德经》之间思想的惊人重叠提供了历史解释，至少可以部分说明贯穿《道德经》的军事思想脉络。这里，我转向何炳棣对两部著作的一些共同思想内容进行更侧重文本的比较，以便更深入地分析它们之间的互文性，加强我们对其相互影响的理解。

何炳棣的这种比较方法有两个特点。一是他对将其看成《道德经》的两个核心组成部分的总体理解，这些组成部分是围绕着文本构建的，即，它对开明统治者的关注及其以早期道家养生技巧为基础，尽管事实上他给出了政治优先于物质③。何炳棣写道："《老子》一书的重心在'君人南面之术'当无再可疑。养生甚至雏形的神仙之术，也在书中数度出现。"④尽管如此，何炳棣将政治置于物质之上，丝毫不影响他对《孙子兵法》与《道德经》军事思想互文性的探索。我之所以提到这一点，是因

---

① 此为原文注释 30: One need not wait for the Tang dynasty to see this relation between body and state (and cosmos), as demonstrated most clearly by Nathan Sivin. "State, Cosmos, and Body in the Last Three Centuries B. C." *Harvard Journal of Asiatic Studies*, Vol.55, No.1, 1995, pp.5-37.

② 此为原文注释 31: Next to Allen, Mair is somewhat unusual in attributing a central position to *wuwei* in the *Sunzi*, particularly because this exact phrase is nowhere to be found in it, and in his magisterial study of the concept, even Slingerland never mentions the *Sunzi*. See Barry Allen. "War as a Problem of Knowledge: Theory of Knowledge in China's Military Philosophy." Philosophy East and West, Vol.65, No.1, 2015, pp.1-17; Victor Mair. The Art of War: Sun Zi's Military Methods. New York: Columbia University Press, 2007 and Edward Slingerland. *Effortless Action: Wu-wei as Conceptual Metaphor and Spiritual Ideal in Early China*. Oxford: Oxford University Press, 2003. In his The Art of War, Mair argues that the concept "is plentifully evident throughout the text." Victor Mair. *The Art of War: Sun Zi's Military Methods*. Op. cit., p.74 and p.86.

③ 此为原文注释 32: His affirmation of this dual emphasis is much in keeping with the Han dynasty Heshang Gong (河上公) commentary to the Daodejing, but different from the Wei (魏) dynasty Wang Bi (王弼) commentary that dismissed the central role of yangsheng in its exclusive focus on the enlightened ruler. See Alan Chan. *Two Visions of the Way: A Study of the Wang Pi and the Ho-shang Kung Commentaries on the Lao-Tzu*. New York: State University of New York Press, 1991 and Thomas Michael. *In the Shadows of the Dao: Laozi, the Sage, and the Daodejing*. Op. cit., pp.47–66.

④ He Bingdi. *Three Studies on the Sunzi and the Laozi*. Taipei: Zhongyang YanjiuyuanJindaishiYanjiusuo, 2002, p.27.

为从道家和兵法的角度来看，实际上军事思想与修身之间的共鸣比军事思想与治理之间的共鸣更深（尽管违反直觉），我将在下面回到这个问题。

何炳棣处理《道德经》和《孙子兵法》之间互文性的第二个特点是他认为《道德经》是在《孙子兵法》之后的形成的、他的"《孙》为《老》祖"[1] 的最后感叹以及他用"亲缘关系"一词来表达它[2]。然而，他的方法论与梅维恒和我自己的方法有很大不同：我们看到《道德经》和《孙子兵法》之间同时双向的对话式的影响，而何炳棣只看到了《孙子》的单向决定性的影响。尽管如此，他的见解对于理解《道德经》中体现其军事思想的那些部分仍然是无价的，并且排斥他基于"祖先—后代"模型的方法论并不需要简单地拒绝他的发现，但这确实需要一定程度的语境化，使他们符合本研究中保持的相互影响的"兄弟"模式。

在他看来，蕴含在《孙子兵法》中的军事思想是源自实际军事行动和实战经验的理论战略向上渗透的产物，而蕴含在《道德经》中的军事思想则表现为以哲学的、诗意的抽象形式从这些军事战略、作战行动、实战经验中提取出来的东西。何炳棣写道：

> 显而易见，《孙子》词组大多数皆有关军事，比较详细周密。而《老子》对《孙子》词组有所损益，有关军事的比较概略，而词组涉及的思想范畴却较《孙子》为广。……《老子》谈兵部分确有不少处可认为是《孙子兵法》的延伸和概括，但《老子》之所以富原创性，正是因为它能把《孙子》的军事辩证法提升到政治和形上哲学的辩证层次。[3]

上述说法不应让人觉得何炳棣的比较研究主要是推测性的，事实上，他最有见地的发现来自他对中国早期战争的技术术语和历史现实的密切文本分析。这在他对"奇"（surprise attack）和"正"（straightforward attack）的讨论中清楚地得到了证明[4]。何炳棣指出，《孙子兵法》五次使用奇正组合，均见于其创意的第五章中。《孙子兵法》兵势篇第五指出："三军之众，可使必受敌而无败者，奇正是也。……凡战

---

① He Bingdi. Three Studies on the Sunzi and the Laozi. Op. cit., p.35.

② Ibid., p.28.

③ Ibid., pp.4-5.

④ 此为原文注释 33: Mair writes: "Zheng is used with qi to signify contrasting types of warfare…. In purely military applications, qi may be thought of as 'special operations' or 'unconventional warfare,' whereas zheng are main force deployments and maneuvers." See Victor Mair. "Soldierly Methods: Vade Mecum for an Iconoclastic Translation of *Sun Zi Bingfa*". Op. cit., p.xv. Ames, for another example, translates them as simply "surprise" and "straightforward". See Roger Ames. *Sun-tzu: The Art of Warfare*. New York: Ballantine, 1993.

者，以正合，以奇胜。……战事不过奇正。奇正之变，不可胜穷也。奇正相生。"

《道德经》连续在两章中使用"奇正"，即第 57 章和第 58 章各一次。但注意，何炳棣只讨论了其在第 57 章中的使用。虽然其语境只是可能部分或抽象地与军事行动相关，但它们与在《孙子兵法》中使用的严格的军事语境保持着明确的联系。不过，除了用在战场上之外，对"奇正"的翻译会稍有变动。第一次使用"奇正"是在《道德经》第 57 章的开篇："以正治国，以奇用兵。"《道德经》第 58 章指出："祸兮福之所倚，福兮祸之所伏。孰知其极？其无正也。正复为奇。"

在《道德经》第 57 章中，"正"似乎不是用来表示任何直接的攻击或军事打击的。它似乎更笼统地指在社会和政治语境中而不是军事背景下什么是或应该是直截了当的，而且，在这种情况下，我们可以将"正"的基本的、非军事的含义理解为"直截了当的标准"（straightforward standards）。这对中国后来所有关于文与武之间关系的思考产生了巨大的影响。儒家思想家认为，这些思想在"文"（civil society）和"武"（the military）方面被系统地分离，似乎是故意拒绝"奇正"组合之法家和道家内涵的宇宙含义，同时拒绝带有欺骗性的"奇"的单独的、附加的内涵。

刘易斯解释了《孙子兵法》和《道德经》中"奇正"（他分别将其翻译为"extraordinary"and"normative"）的不同用法之间的微妙差异："'奇'既指指挥官所采用的奇袭术和欺骗手段，引申开来又指一般的军事行动。'正'指的是符合普遍法则的，因而是直截了当的，在道德上是正确的。作为相关联的一对，它们没有确定的内容，而是相当概括或抽象……《道德经》和《孙子兵法》都讲到以'正'治国或统一军队，以'奇'用兵……《道德经》又把'奇'称为任何可判处死刑的犯罪行为。"①

这些明确的观点也体现在王真 9 世纪对这些行文的评论中，他将"正"（"直率的"或"正统的"）解读为"政"（"政府"），将"奇"解读为"非正统的"而不是"突袭"。其中，"非正统的"在总体上指的是军队而非公民社会："以政治国……以奇用兵。"②（Sawyer 1999：210）。索耶尔写道："从历史上看，这些行文本质上界定了公民政府、正统（直率的同义词）与军队本身（用孙子的话说，是'欺诈之道'，是操纵、剥削和使用狡猾、诡诈的手段）之间的对比。"③然而，《道德经》第 57 章中的"奇"仍保留其特定的军事的意义，这体现在它与"用兵"的联系，而不是泛指"武"，以区别于"文"。

---

① 　此为原文注释 34: Mark Edward Lewis. *Sanctioned Violence in Early China*. New York: State University of New York Press, 1990, pp.122-125.

② 　Ralph D. Sawyer. *The Tao of War: The Martial Tao Te Ching*. Cambridge: Westview Press, 1999, p.210.

③ 　此为原文注释 35: Ibid., p.211.

可以说，《道德经》第58章中"奇正"的语境，如果不首先理解其在《孙子兵法》中严格的军事应用，就不能轻易地与战场语境相一致。总的来说，《道德经》的读者传统上是从存在的变幻莫测的角度来理解它的。甚至王真，要么自己不将两者相关联，要么选择不将其带出来。他写道："在灾难中，人们总是想着好运。但在享受好运时，却没有人防患于未然。"①军事失败，无论是对军队还是对整个国家及其所有公民来说，难道不是最极端的祸吗？在《道德经》中，"祸"是通过被置于"奇正"组合的语境中来解释的，仍然保留着其看似原初的军事语境。

关于这些"奇正"的共同的和几乎独特的用法，何炳棣写道："此即一端已可见《孙》《老》关系之密切。更有意义的是：《孙子》奇正之论虽如神龙变化无穷，其应用要不出兵事范畴；而《老子》（五十七章）：'以正治国，以奇用兵'，已由'用兵'扩展而包括'治国'了。"②

在这种情况下，何炳棣的"《孙》为《老》祖"的论点其实颇具说服力，虽然他因某些原因没有将《道德经》第58章的一段话带入其讨论中，在我看来这样反而会加强他的论点。与大多数"先有鸡还是先有蛋"的两难困境一样，这是否意味着我们现在必须阅读《道德经》呢？或者至少是阅读其中所蕴含的如《孙子兵法》中出现的军事思想呢？或者是否有可能《孙子兵法》是从《道德经》中继承了"奇正"的用法，并将其应用于战争的具体细节中呢？或者是不是这两个文本，在仍处于其形成性的口传阶段时，同时发展并彼此接近，且其间存在一些可能的、实质性的对话呢③？

让我们简单回到军事的"奇正"来重新审视这个问题。虽然"奇""正"相互分开使用在早期的中国著作中并不少见，但上面讨论的一些论点声称它们不一定在所有情况下都严格地指战争。尽管何炳棣声称"'奇正'一词出于《孙子》"④。正如他注意到在《道德经》中的段落中也发现它们成对使用时含义稍有不同，他在其他早期著作中忽略了"奇正"的几个重要用法。

何炳棣正确地指出了在《荀子·正名》篇中发现"奇正"严格的非军事使用，文

① Ibid., p.214.

② He Bingdi. *Three Studies on the Sunzi and the Laozi.* Op. cit., p.8.

③ 此为原文注释36: Although Meyer also explores the intertextuality between theSunziand the *Daodejing*, for him it is mostly unidirectional from the former to the latter. Given this caveat, one of his interesting claims is that the *Daodejing* "evinces a profound discursive engagement with the teachings of the *Sunzi*. Establishing the relevant date of the relevant sources is difficult, thus it is not possible to establish a clear chronological 'dialogue'. Such an exercise is not necessary, however, (since) the *Daodejing* and the *Sunzi* were addressed to common questions and overlapping areas of concern." See Andrew Meyer. "Reading 'Sunzi' as Master". Op. cit., p.20. This underscores the difficulty involved with any effort to give chronological priority to one or the other.

④ He Bingdi. *Three Studies on the Sunzi and the Laozi.* Op. cit., p.8.

中，"奇正"一词在讨论用"奇辞以乱正名"的人时被使用。然而，《荀子》致力于美德胜于武力①，极力否定军事话语中表达的军国主义的冲动，甚至以截然不同的情感重新投入其代表与观众互动的术语，正如梅耶尔巧妙地指出的那样②。尽管有儒家的反例，其中例外可能证明了法则，但"奇正"在比何炳棣所认可的范围更广的著作中被发现，并且它们永远不会失去其主要的在军事领域的应用。

"奇正"除在《孙子兵法》和《道德经》中被使用外，还出现在另外两部军事著作中。其中，《尉缭子》用了两次，第二次见于《尉缭子·勒卒令第十八》称"正兵贵先，奇兵贵后"。《六韬》军势篇第二十六用了一次。武王问太公"攻伐之道"，太公答曰："奇正发于无穷之源。""奇正"也见于两部道家著作中，其中《鬼谷子》谋篇第十中的"正不如奇，奇流而不止者也"在《淮南子·兵略训》一章中至少出现了三遍，其中一个例子见于讨论"善用兵者"的时候："奇正之相，应若水火金木之代为雌雄也。"

基于这个文本证据，我强烈警告不要阅读"奇正"的任何用法，除了其在严格的军事领域的应用，尽管有《荀子》这个反例。如果我在这方面是正确的，那么《孙子兵法》很可能是从《道德经》教义的原初使用中获得了使用"奇正"的灵感，并继续将其转化为强大的军事效果。这有助于使相互影响与这两个文本之间的互文性这个问题变得更加清晰。

五、何炳棣的《老》《孙》关系：宇宙观

无论我们是否将《道德经》作为战国早期或晚期的文本，它一直被认为是中国早期关于世界的宇宙起源的成熟观念的第一个书面证据③。其宇宙起源的基本结构有两个主要组成部分，即道在最初始于混沌状态的过程中生万物，且万物的存在通过循环而发生发展。这些体现在《道德经》第 25 章对原始之道的讨论中："有物混成，先天地生。寂兮寥兮，独立而不改，周行而不殆。"

紧接着，《道德经》第 21 章继续将起源时间描述为一个宇宙混沌的场域，在那里，所有生命都没有区别地来自丰饶肥沃的本质中："道之为物，惟恍惟惚。忽兮恍

---

① 此为原文注释37: For more on the question of the Xunzi's moralized attitude to war, see Aaron Stalnaker. "Xunzi's Moral Analysis of War and Some of Its Contemporary Implications". Op. cit.

② Andrew Meyer. "Reading 'Sunzi' as Master". Op. cit., pp.17-20.

③ 此为原文注释38: Representative studies include Mark Edward Lewis. *The Flood Myths of Early China*. New York: State University of New York Press, 2006; Paul Rakita Goldin. "The Myth that China Has No Creation Myth." *Monumenta Serica*, No.56, 2008, pp.1-22; Wang, Zhongjian. *Daoism Excavated: Cosmos and Humanity in Early Manuscripts*, translated by Livia Kohn. St. Petersburg: Three Pines Press, 2015 and Thomas Michael. *The Pristine Dao: Metaphysics in Early Daoist Discourse*. New York: State University of New York Press, 2005.

兮，其中有像；恍兮忽兮，其中有物。窈兮冥兮，其中有精。"

随着连续不断的宇宙演化过程中的每个连续循环，万物都接受本体定义，直到世界及其中的万物都按原样存在。然而，危及生命的人类活动影响了自然循环，释放出一种非宇宙起源的混乱（主要是战争的破坏），威胁着世界的维系生命的和谐。《道德经》承认只有圣人能够恢复秩序与和谐。圣人之所以有此能力，是因为他体现道，并分享其赋予生命的品质，正如《道德经》第2章所说："生而不有。"

我们将如何理解这一点呢？通过其修身的技巧，圣人与道融为一体，这意味着其与不断进行的宇宙循环融为一体："为天下，浑其心。"

虽然《孙子兵法》并没有表现出任何接近于对世界的宇宙起源的持续冥想的相同水平，但它确实将宇宙循环的概念从宇宙起源转移到了战场上，而且是用的"奇正"这一术语。在上述对何炳棣在《孙子兵法》兵势第五的评述的分析和拓展中，我故意漏掉了最后一段的后半部分，正如他所做的那样，因为它把讨论带入了一个有点不同的、更深层次的宇宙起源中。后半部分写道："奇正相生，如循环之无端，孰能穷之？"

正如何炳棣正确认识到的那样，连续不断的宇宙循环的特定框架强化了《孙子兵法》兵势第五后半部分以及《孙子兵法》虚实第六的后半部分中对战场变化的看法。《孙子兵法》兵势第五指出："纷纷纭纭，斗乱而不可乱也；浑浑沌沌，形圆而不可败也。"①《孙子兵法》虚实第六进一步指出："微乎微乎，至于无形；神乎神乎，至于无声。"

针对《孙子兵法》和《道德经》中的这些观点，何炳棣从《道德经》第25章"周行而不殆"和《孙子兵法》势篇第五"循环之无端"中提到了两点，即它们使用了"词异义同"和"意义完全相同"的文句②。将其关注点放在《道德经》第25章第一行所言上："有物混成"，何炳棣写道：

> "混成"一般皆释为"浑然而成"，也就是说"道"是在"浑浑沌沌"的状态下出现的宇宙总规律。根据《老子道德经河上公章句》，"寂者，无声音；寥者，空无形"。而《孙子·势篇》早已有"纷纷纭纭""浑浑沌沌"；《虚实篇》早已有"微乎微乎，至于无形；神乎神乎，至于无声"等绝妙的副词语句。传世《老子》本以炼字炼句独步千古，词及义汲取《孙子》中神来之笔而加以改造，岂是偶然？笔者甚至相信"周行而不殆"句中的"不殆"和今本《老子》他篇

① 此为原文注释39: Note that *Laozi* 20 also uses the term "murky"（*dun*, 沌）to describe the mind of the Sage: "My ignorant mind! So murky murky（*dun dun*, 沌沌）."

② He Bingdi. *Three Studies on the Sunzi and the Laozi*. Op. cit., pp.11-12.

中的"不殆"，也都可能是受《孙子》"百战不殆"名句的影响。①

《道德经》和《孙子兵法》中的这两段话不能准确地重叠，因为它们被置于截然不同的密码上：前者是世界的翻腾的起源，而后者是战场的波动的变化。然而，在严格的文本层面上，很难误解炳棣所说的"文句"之间的深刻共鸣，而且，也很难在其他早期著作中找到这方面的类似物。而当我们这样做时，这些著作毫不奇怪是被归类为法家的或道家的。而且，它们依赖于先前存在的《道德经》或《孙子兵法》的表述，或同时依赖两者。

内森·席文（Nathan Sivin）的有创意的文章《公元前最后三个世纪的国家、宇宙和身体》（State, Cosmos, and Body in the Last Three Centuries B.C.）是对战国时期这三部作品（即《道德经》《孙子兵法》和《论语》）之间的关联的考察，他写道：

> 宏观和微观变成了一个单一的流形……这种联系不仅仅是简单的因果关系。宇宙观不仅仅是政治的反映。宇宙、身体和国家是在一个单一的过程中形成的，是新思想反过来被塑造的不断变化的环境的结果。②

我之所以提到这一点，是因为在探讨《道德经》与《孙子兵法》的互文性时，很容易说先有国家，然后再有宇宙，或者就《孙子兵法》而言，先有战场，然后再有宇宙。这是上文提到的何炳棣和其他人所赞同的方法，将《孙子兵法》按时序排在最先，从而保持现代偏见，将《道德经》定为是中国早期思想史中很晚才出现的著作。梅维恒，与白牧之和白妙之一样，持不同意见，对老子思想的"作者"的早期起源提出了自己的想法，而且实际上，他将他们置于与孙子思想的同时代"作者"共享对话的舞台上。

然而，重新定义不是基于我们可以从那个时代获得的文本证据，也不是基于这些著作及其"作者"是否在早期来源中得到证实的时序的优先问题是有一定价值的。如果是以其为基础的，那是以什么频率呢？如果我们想局限于这些论证，还有郭店出土的《道德经》，早于《孙子兵法》和《论语》的第一个已知文本证据。问题可能不是基于这些以及相关的考虑，而是基于席文提出的一种不同的互文性，即一种思想的互文性。换句话说，如果没有事先了解《道德经》的"作者"所提供的那种宇宙观，《孙子兵法》的"作者"怎么可能从宇宙的角度看待战场呢？从其他的角度看，

① Ibid., pp.12-13.
② Nathan Sivin. "State, Cosmos, and Body in the Last Three Centuries B. C." *Harvard Journal of Asiatic Studies*, Vol. 55, No.1, 1995, p.7.

是否有可能从战场的角度来构想世界的第一个形态呢？当然是这样的。但《道德经》并没有沿着这些线来框定它的宇宙观，而是选择了生的意象和隐喻。即使我倾向于允许《道德经》教义在时间上先于《孙子兵法》教义的可能性很大，但无视何炳棣所谓的它们之间有着"亲缘关系"仍将是错误的。

何炳棣对《道德经》和《孙子兵法》之间共有的军事思想的分析还有其他特点①，但不如我注意到的"奇正"和宇宙观在战场上的应用那么有说服力（或宇宙观的战场，视情况而定）。虽然我被说服《孙子兵法》吸收了《道德经》的"奇正"这一概念，但我同样认为《孙子兵法》吸收了《道德经》的连续不断的宇宙循环观并将其应用到战场上②。

六、对《道德经》军事思想的最后思考

如果我们要问该研究分析的材料与《道德经》的战争观有什么关系，我会回答：完全没有关系。它从属于一个主题，这个主题超出了对浸入其大部分的军事思想的描述这一挑战③。此外，这篇简短的研究只是触及了《道德经》和《孙子兵法》军事思想之间许多进一步交汇点的表面，而且，我愿意花一点时间来为这个话题开辟一个方向。

如果认为《孙子兵法》的军事思想与《道德经》的修身思想之间的关系比与《论语》的伦理—政治思想之间的关系更密切，可能会被认为是违反直觉的。但当时《论语》很少提到战争的问题，一旦提及，就带着明显的反感④。另一方面，中国军事思想与道家修身传统之间的理论联系和历史契合，在中国历史上有着非常悠久的渊源，直到今天仍在有规律地跳动。张良，刘邦最重要的将领之一，是法家弟子［其军事思想是以中国早期的《武经七书》之一的《太公兵法》（即《六韬》）为基础的⑤］，

① 此为原文注释40: He also includes in his examination the shared topics of dialectical thinking, enumerations in fives, deception, keeping either soldiers or people ignorant, and the use of official titles.

② 此为原文注释41: Wawrytko can be counted among a very small minority in support of this reframing. She writers: "In a sense, Sunzi's 'philosophy' constitutes a form of applied Daoism. His observations echo many points made by the Daoist philosopher Laozi in the *Daodejing*." Sandra A. Wawrytko. "Winning Ways: The Viability (*Dao*) and Virtuosity (*De*) of Sunzi's Methods of Warfare (Bingfa)". *Journal of Chinese Philosophy*, Vol.34, No.4, 2007, p.568.

③ 此为原文注释42: See, for example, Ellen Zhang's chapter exclusively limited to the military thought of the *Daodejing*. See Ellen Zhang. "'Weapons are Nothing but Ominous Instruments': The *Daodejing's* View on War and Peace". Op. cit.

④ 此为原文注释43: For a study on early Confucian views of war, see Sumner Twiss and Jonathan K. L. Chan. "The Classical Confucian Position on the Legitimate Use of Military Force". Op. cit.

⑤ 此为原文注释44: For more on this writing, see Ralph D. Sawyer. *The Six Secret Teachings on the Way of Strategy*. Op. cit.

也是道家弟子，而且他被认为已经得道成仙。这个列表可以继续列举更多关于中国早期的传统历史名人的例子，他们认为对法家的奉献与对道家的奉献（在唐代尤为明显）之间并不相悖，从诸葛亮到孙悟空再到李小龙（Bruce Lee），其间还有很多。道家和法家一直是最亲近的兄弟。

老子之道——"柔"的应用

[新加坡] 帕特里克*著　张路萍**译

内容提要：道家学说是中国道教创始人老子的教义。本文作者作为道教的实践者兼学者，通过研究道家学说探讨了"柔"的各种起源、形式和应用。关于这些形式和应用，其含义发生了新的转变，仅举几例，它们包括朴、谦逊、以他人为中心，赋予他人权力及赋予或允许人们拥有权力等等。——事实上，这些方式赋予了给予者和领导者权力。

关键词：柔 道 朴 和 谦逊

一、引言

在繁体中文中，后缀"Tzu"或者"Zi"（子），在古代中国是一个尊称，通常用来称呼智者。这些智者因走南闯北，见多识广而得到人们的爱戴。中国人通常会说，他们吃过的米饭和盐比常人更多。这些古代智者学富五车，感受过更多的幸福，也遭受过更多的苦难。曾经的经历本身就是一种力量，因为当他们说话时，字里行间充满了力量和感染力。因此，他们的话很有权威性。

二、目标与宗旨

"柔"在中国道教创始人老子的教义和哲学思想中得到体现。本文试图论证柔的起源、用途和方式。道教的概念并不像看上去那么深奥。让我们来看看。

三、谁是老子？

根据中国传统，老子（Lao Tzu, Lao Zi）据说生活在公元前 6 世纪。老子作为中

---

　　*　Patrick Low Kim Cheng. "Applying Soft Power, the Lao Tzu（the Tao）'s Way". *Conflict Resolution & Negotiation*, Vol.2012, No.3, 2012, pp.80-95.
　　**　张路萍（1993—）女，四川眉山人，翻译硕士，眉山职业技术学院教师。研究方向：翻译理论与实践。

国道教（Taoism，Daoism）的创始人和重要人物，是古代中国一位神秘而著名的哲学家，因《道德经》而广为人知。他与《道德经》的渊源使他久负盛名，并成为道教的奠基人。

老子的教义看似抽象，但他专注于人类在"自然"环境中的感知方式，并提倡人要与周围的环境或事物和谐相处。他鼓励人类去了解自然，并与自然和谐共处。他认为大自然作为一个整体，由天、地、人组成。由于天包含虚、空和能量或气，因此，他提出了用来理解"天"（非实体的或空虚）的运作方式的"阴阳"理论和用来理解地球（实体的）的运作方式的"刚柔"理论。基于这些在《道德经》中提及的理论，若一个人了解自然的运作方式，他通过自我修养就能获得美德。美德实际指的是思考和做正确的事，避免做错事，同时它也意味着人在接近自然时表现出的良好品质或生活方式。与此研究者交流的一位道教支持者对此表示赞同，他坚持认为："《道德经》直译就是'人生道路上获得美德的教义'。因此，简言之，道是以老子的教义为基础的。事实上，它都是关于人类以自然的方式生活的事。老子提出了"无为。"总的来说，作为人类，我们只是活着，需要"没有任何人类欲望地按照自然之道行事"。

四、"柔"的定义

道是一种力量。道"为天下贵"（《道德经》第 62 章）。柔是一种呼吁、一种间接说服、一种对他人的吸引、哄骗或鼓励。做一个有美德的人本身就是力量。它赋予拥有美德的人一种间接却强大的力量。

"以道佐人主者，不以兵强天下。""是以圣人终不为大，故能成其大。"老子提倡"无为"。这里，"无为"真正的意思是"适可而止"，若矫枉过正就违背了目的。

"柔"可以被定义为基于无形或间接影响的力量，如一个组织的（国家的）文化、核心价值观、哲学或信仰。然而，按照老子的意思，它本质上是自我修养，培养美德，并在美德的基础上实践个人价值。

西方国家通过征战、硬实力和对其文化的统治，在某种程度上更是通过软实力来传播自己的影响力。须谨记这个事实，那就是，历史和记录大多数时候都是由胜利者来撰写的。还应当记住，在殖民统治时期，由于害怕引发他们的自决权和民族主义精神，东方或亚洲的思想并没有得到重视。

说完这些之后，我们接下来在下文中逐一说明"柔"的来源及其应用。

（一）言出必行，信守承诺！

牙齿虽已掉落或坏死，但舌头仍然存在。硬的（牙齿）坏死了，但柔软的舌头还活着；软实力比硬实力更强。这就是道。

应该言出必行，信守承诺。一个人的言行应该付诸行动。一个人的美德需要付诸实践。对老子来说，"轻诺必寡信，多易必多难"。常言，没有经过"深思熟虑"，产生的影响或效果就比较微弱。

《道德经》第58章写道："祸兮福之所倚，福兮祸之所伏。"是以圣人"方而不割，廉而不刿，直而不肆，光而不耀"。

（二）慈

"慈"是一种力量。理解了它就会很容易处理问题，就像利用阳光融化冰一样容易。"慈"这种品质有助于构建一个人的领导力和组织能力[①]。大自然简单但强大。作为领导，要简单质朴，只需要为其民做好事、做正确的事。

"慈"[②]，老子"三宝"中的第一宝，经常受到赞赏（《道德经》第67章第2节）。与他人沟通时，"慈"就是能更好地理解他人，就是领导者和被领导者之间没有分歧或障碍。其民感到心安自在。

在米切尔1995年《道德经》译本 *Tao Te Ching: In Seven Languages*[③] 的第57章中，老子说："天下多忌讳，而民弥贫；人多利器，国家滋昏；人多伎巧，奇物滋起。"

因此，老子说："我无为，而民自化；我无事，而民自富；我好静，而民自正；我无欲，而民自朴。"从本质上讲："我没有欲望，人民就会简单。"[④] 总之，没有或很少正式的法令，百姓自我监督，他们就会幸福。

（三）与自然和谐相处就是力量

与自然和谐相处是有益的。老子说："有物混成，先天地生。寂兮廖兮，独立而不改。周行而不殆，可以为天地母。"[⑤]

与道合一，世界会充满绿色。节约能源，与自然、世间万物和谐相处，不污染或弄脏环境，不让地球母亲生病，这是好事。

对企业来说，与其不滥用资源，不如爱护环境保护环境。实际上，环境能给企业带来力量。环境肩负着责任，企业也肩负着自己的社会责任。大自然很简单，与自然相处就是力量。大自然不会过度活动、过度破坏或杀戮，而是保持一种平衡。人类也不要过度捕捞、过度捕猎或过度活动。

---

① Low K. C. P. "Lao Tzu's Three Treasures, Leadership & Organizational Growth". *Leadership & Organizational Management Journal*, No. 3, 2009, pp.27-36.

② 作者将"Simplicity"理解为"慈"，值得商榷。译者注。

③ Stephen Mitchell et al trans. *Tao Te Ching: In Seven Languages*. Budspest: Farkas LorincImre Pub., 1995.

④ Fung Yu-lan. *A Short History of Chinese Philosophy*. New York: The Free Press, 1948, pp.102-103.

⑤ Thomas Cleary translated and presented. *The Essential Tao: An Initiation into the Heart of Taoism through the Authentic Tao Te Ching and the Inner Teachings of Chuang Tzu*. New York: Harper Collins Pub., 1991. Chapter 25, Verse 1.

另外，大自然需要进化。自然和时间是盟友。事物必须不断向前发展。以新加坡岛国民族服饰或服装为例，笔者记得，在 20 世纪 80 年代，关于这种服饰，有许多讨论，但这种民族服饰是人工合成的，质地较硬。而且，因其融合了许多民族的服装特点，比如中国传统旗袍、印度纱丽、马来西亚的卡巴亚服饰和套装，所以看起来僵硬滑稽，没有得到民众广泛的支持或认可。这种服饰只是需要时间来进行改良。大自然对此什么都没有做，但它却能成就一切。假以时日，新加坡将会拥有自己的民族服装，而且，随着民族服装的发展改良，广大新加坡民众自然会接受它。

（四）谦卑有助于获得力量

"大智若愚。"[1] 圣人或聪明的领导了解自己，但不炫耀自己。尤其是对一个领导来说，没有必要自吹自擂。

一般来说，如果一个谦卑的领导者和一个傲慢的领导者都犯了错，人们实际上会对前者更宽容。

一个伟人犯了错误时，他（她）会意识到了这一错误。意识到了这一点，他（她）会承认错误。承认错误后，他（她）会改正错误。"故善人者，不善人之师。"（《道德经》第 27 章第 3 节）。这里，我们可以说，如果一个领导犯了错，他（她）可以简单地为此道歉，但也有一些领导不为自己的错误道歉，这可能会酿成大祸，绝对不具有吸引力。领导者当然可以通过变得更谦逊和关爱他人而受到民众的喜爱。

有趣的是，一位推重老子"柔"的人表达了这些看法："一位谦逊的领导会受到民众的喜爱，是因为他（她）非常平易近人，下属在遇见困难或陷入困境时，他们会马上向他求助。相反，一位傲慢的领导可能会使下属在其面前感到卑微，即使是有小问题，也没有人敢将问题上报给这样的领导。如果下属很难接近领导或与其交流，那么随着时间的推移，这会引起麻烦，甚至让问题变得更严重。小问题会变成大麻烦。更糟的是，当这样的事情发生时，领导者没有意识到这个问题，这会给一个团队或公司带来即使不是灾难性的，也会是很糟糕的后果。"

（五）保持耐心，这很好

"道"从来不是一下子就形成的。"俭"[2]，老子"三宝"中的第二宝（《道德经》第 67 章第 2 节）是一种美德，一种力量。它反映了一个人对他人的关心和爱护。这是一个本质上以其他人为中心的人，一个有时间和精力去关心、照顾他人的人。

当谈到解雇员工时，领导者也需要保持耐心，需要对事情进行调查并谨慎行事。领导需要了解员工的想法，允许他们表达和解释事情，而不是简单粗暴地解雇他们，

---

[1] *Lao Zi Says.Zhuang Zi Says*. Malaysia: Zi Publications, 2009, p.184.

[2] 作者将"being patient, patience"理解为"俭"，值得商榷。译者注。

让别人立即取而代之。不用说，立马解雇员工这种行为是缺乏耐心的表现，是鲁莽的行为。此外，这种做法可能产生溢出效应，使公司其他员工丧失工作的动力。这种情况下，领导者应出具裁员通知并按流程逐步解雇员工。这样，被解雇员工的面子也得以保全。这就是有美德的人激励和管理人的方式。

耐心，是一种有魅力的领导品质，它能结出硕果。具有这种品质的领导往往受到其追随者的爱戴。总的来说，耐心反映出一个人对他人的体贴，以及以他人为中心的品质，这就引出了我们的下一个观点。

（六）以他人为中心

"不敢为天下先"作为老子"三宝"中的第三宝，确实很有价值（《道德经》第67章第2节）。秉着仆人的态度，领导者更多地将自己奉献给他人[1]。正如《道德经》第81章第2节所述："圣人不积，既以为人己愈有，既以与人己愈多。"

当一个人及其生活经历和工作为他人着迷时，他人的确发现这个人具有不可抗拒的吸引力。他人被这个人吸引，因而这个人能够提高他或她的影响力。我们在工作中着重一个人的气质、个人魅力或能力。

老子说："故以身观身，以家观家。"（《道德经》第54章第3节）[2]在作者看来，这表明领导者是以他人为中心的，是在关心理解他人。"一"即为"整体"，"整体"即为"一"。

为了进一步扩展这一论点，根据老子的说法，"圣人无常心，以百姓心为心"。（《道德经》第49章第1节）这一说法同样适用于一个成功的领导者。他（她）会关心自己下属的需求和利益。也因此，这个领导者是以其下属之心为其心。

（七）允许人们拥有

对于老子来说，生而不有，就是允许百姓拥有。百姓拥有所有权时，他们就和领导者团结在一起，同时也感觉到有动力。

例如，自1965年新加坡这个岛国独立以来，其政府颁布了经济实惠的土地所有权和购买住房这一政策。制定的这一举措使新加坡民众觉得自己与这个城市国家利害攸关。年满18岁的男性公民需服兵役这一举措同样有助于约束他们保持对祖国的忠诚。

（八）赋予他人权力就是赋予自己权力

"不自见，故明。"（《道德经》第22章第2节）[3]相应地，执持盈满，不如适可而止。放弃也是允许他人修身养德或践行美德。

---

[1] Low K. C. P. "Lao Tzu's Three Treasures, Leadership & Organizational Growth". Op. cit., pp.27-36.

[2] *Lao Zi Says. Zhuang Zi Says.* Op. cit., p.154.

[3] *Lao Zi Says. Zhuang Zi Says.* Op. cit., p.10.

此处，我们可以理解为老子赞同赋予他人权力。对于老子来说，分享权力，可以让人变得更加强大。他人享受这种归属感，觉得自己拥有了权力，并感到与领导紧密相连。因此，与他人分享权力实际上是赋予自己权力。从这个意义上说，这种做法非常民主。

命令和控制这两种方式的时代已一去不复返。现在是百姓或员工做决定。这样，他们对工作的满意度就越高。软实力，即把权力赋予别人，它包括给予百姓选项与选择的权力。新加坡报纸报道的一个典型的例子就是新加坡发展银行。其员工过去在申请调职时犹豫不决，但那是在 2005 年许文辉（KohBoon Hwee）先生加入该行董事会之前发生的事情了。如今，员工可以向主管申请代理银行内部新业务，而且银行员工的敬业指南也得以应用。这样一来，银行也从中受益，优秀员工也留了下来，没有转去其他银行或公司[①]。

（九）利用暂停的力量

与 Low（2010）曾提到的类似，个人应经常依赖和实践暂停权利。这样，他就能反思是否采取了正确的行动。在谈判后期，在影响到他人时，我们应该进行反思，以检查自己的行为。利用暂停或中断来进行反思和成长。

暂停或中断是好的，这符合自然规律，因而，它处在事物的流动中——或快，或慢，或加速，或停滞，或中断。此外，用老子的话来说就是，“大巧若拙，大辩若讷”[②]。口吃是一种停顿。演讲者在演讲中使用停顿时，如果能将之处理得当、并且安排在恰当的时候，可以把听众的注意力吸引到演讲者及其强调的重点上。

另外，暂停可以使事物处于静止状态。如果一个人不暂停，那他怎么能理解别人呢？此外，如果一个人不暂停或让自己静止下来，那他怎么能审视内心并了解自己呢？

（十）倡导和平与非暴力

友善就是力量。倡导和平（《道德经》第 31 章第 2 节）与非暴力往往是令人钦佩的，而且，这样的领导是宽宏大度的，会吸引他人到他身边。“慈”是讨人喜欢的。（夫慈，以战则胜，以守则固）（《道德经》第 67 章第 5 节）

以刚获得自由的民主偶像昂山素季（Aung San Suu Kyi）为例，她呼吁在缅甸进行一场“非暴力的革命”，并努力重建她那被削弱的反对运动。她表示：“我不想看到军队垮台。我希望看到军队更加专业化，充满真正的爱国主义情怀。”[③]因此，她基本上表达出在缅甸实现更好、更全面的和平与和谐的需求。

---

① "Getting the Job Done the HP Way". *The Sunday Times*, 28 November 2010, p.41.
② Ibid., p. 22. 可参见《道德经》第 45 章第 3 节。译者注。
③ "Suu Kyi Calls for Non-violent Revolution". *The Brunei Times*, 16 November 2010, pp.1-2.

贸易往来和经商总好过争吵、斗争或分歧。和平创造财富，促进经济的增长、发展与繁荣。笔者喜欢像印度和中国那样，这两个国家把棘手的问题或搁置一边或回避，赞扬彼此的合作和联系。2010年12月，两国签署了一系列协议，并制定了1320亿美元的贸易目标——两国一致认为，世界对两国来说都很大。双边贸易实现了从十年前的几乎为零增长到现在的每年600亿美元[1]。现在，这对中国和印度来说都是力量。

（十一）若非软实力，负全责确实是一种仁慈

"受国之垢，是谓社稷主。受国之不祥，是谓天下王。"（《道德经》第78章第3节）

此处，我们或许可以以韩国国防部长的辞呈为例。这个例子非常符合道教精神和软实力。面对朝鲜的攻击和炮击，韩国在军事回击上应对不力，韩国国防部长金泰荣（Kim Tae Young）承担责任并因此辞职[2]。

（十二）用心

在这一点上，引用卡尔·古斯塔夫·荣格（Carl Gustav Jung）的话就能很好地说明，即"我们不应假装仅通过智力理解世界，我们通过感觉对世界理解得一样多。因而，智力判断充其量只是半个真理，如果智力可靠，我们必然也会理解其不足。"或许在这种情况下，作者认为我们也可以了解世界，并通过敞开心认识到世界的力量。

是的，我们可以通过敞开心认识道（信），善良，仁慈，以人为本。

利用心的力量。情感的利用就是力量。我们确实需要利用自己的情感来理解事物和他人。用爱，我们就可以了解宇宙。

"吾言甚易知，甚易行。天下莫能知，莫能行。"（《道德经》第70章第1节）

"夫唯无知，是以不我知。"（《道德经》第70章第3节）在西方传统中，上帝即爱，爱即上帝。同样，知"道"，就是知其"心"。

（十三）柔

老子强调，万物都是柔弱的，直到死才会变得僵硬。因此，人的身体变得僵硬与死亡有关，而人的身体保持柔软则与生命有关。

仪式若没有精神实质，就是死的。柔就是生命和力量。"道"只是一种引导，并不是固定之道。许多人可以得"道"或成为有美德的人，但重要的是，这些人做了尝试并使自己保持柔。

---

① "India, China Hail Ties, Sidestep Thorny Issues". *The Straits Times*, 17 December 2010, p.1.

② "Seoul Minister Quits Amid Criticism". *The Straits Times*, 26 November 2010, p.1.

　　人之生也柔弱，其死也坚强。草木之生也柔脆，其死也枯槁。(《道德经》第76章第1节)

　　夫物或行或随；或嘘或吹；或强或羸；或载或隳。(《道德经》第29章第2节)

　　领导在面对生活中的不同情况时，需要采用不同的方法和方式。特别是在危机情况下，领导者有时要发号施令，有时候要征求和综合其下属的意见。而在其他时候，则需要保持耐心，并利用其他的方法。

　　水比天下万物都要柔弱，"上善若水"(《道德经》第8章第1节)。领导者需要像水一样柔软灵活。"天下莫柔弱于水，而攻坚强者莫之能胜。"①

　　五、结语

　　简而言之，"道"就像一口井，用之不竭。"道冲而用之，或不盈。湛兮，似若存。吾不知其谁之子，象帝之先。"(《道德经》第4章第1节和第2节)谈及"道"，不用说，它的力量和影响力是无限的。然而，在利用"道"的力量之前，我们需要真正地修身养性。最终，当我们真正得"道"，培养了责任感之时，我们才可以对自己的行为负责。就像电影《蜘蛛侠》(*Spiderman*)中的主人公彼得·帕克(Peter Parker)的那句名言："无论未来的生活如何，我永远不会忘记一句话：'拥有的权利越大，随之而来的责任也越大。'"

---

　　① *Lao Zi Says. Zhuang Zi Says.* Op. cit., p.133.

老子道学的现代海外研究

孙君恒　龚　谈 *

内容提要： 海外的老子道家研究丰富多彩，对老子的天下观、天之道很有兴趣，对此进行了大量诠释，涉及老子的自然之道、无为之道、柔性之道、神秘之道，其看法别具一格，引人入胜，可以互鉴。当代海外的道家传播十分广泛，《道德经》被大量翻译，认同天人合一、敬畏自然，太极拳、生态保护、自然疗法得以民间应用。老子学院、老子研究院、大学的汉学家等，则助推了道家思想的传播。

关键词： 老子　雅斯贝尔斯　海德格尔　李约瑟　池田大作　许理和

基金项目： 湖北意识形态建设研究院（省级智库）课题"传统文化复兴反思"（项目编号：2021HBYSXT006）的阶段性成果

老子，在海外往往被称为中国第一个哲学家，因为老子比孔子年长，并且哲学抽象性更高，玄之又玄。老子指出："修之于天下，其德乃普。故以身观身，以家观家，以乡观乡，以国观国，以天下观天下。"[1] 强调以天下的立场、视野来看待天下，才能够明白天下万物和人情世故。海外对老子的哲学宇宙观、人生观等相关问题，很有兴趣，多有研究，传播广泛，值得加以梳理。在此，仅举例说明。

一、对自然之道的认识

老子的自然之道是任何人、任何事物应该遵循的。"道不仅仅是一个神或者精神存在，而且是有仁爱精神的自然。"[2] 国外学者同样认同老子的自然之道的历史论述：

＊　孙君恒（1963—），男，河南省邓州市人，武汉科技大学国学研究中心主任、三级教授、北大哲学博士、中国墨子学会常务理事、中华孔子学会理事、中国河洛文化研究会理事、湖北省炎黄文化研究会儒学分会副会长兼秘书长、武汉岳飞文化研究会副会长，主要从事伦理文化研究。龚谈（1996—），男，湖北武穴人，武汉科技大学××级研究生。

① 老子《道德经》第54章。

② Eva Wong：*Taoism*，Boston：Shambhala Publication，1997，27

"老聃，不在于传授知识，而是非难孔子，主张忘记塞满大脑中的所有事情，而是让所有的事情遵循自然之道。"① 德国对于老子的认识在西方非常突出，特别体现在卡尔·雅斯贝尔斯（Karl Jaspers）著的《大哲学家》（李雪涛等译，北京：社会科学文献出版社，2010 年修订版）、《老子和龙树——两位亚洲神秘主义者》（1957 年）书籍中，他从老子出发（强调历史上确有其人）做了文化、宗教比较上的较为抽象的思考。汉斯·乔治·梅勒著的《〈道德经〉的哲学：一个德国人眼中的老子》（刘建民译，人民出版社 2010 年出版），影响也很大。由德国大众车辆厂基金会和乌培河谷大学（Universitat Wuppettal）资助的德国首届老子讨论会，于 1993 年 5 月 16 日至 21 日在德国科隆附近的玛丽亚山谷（CMarientat）召开。这些事实，充分说明了老子为人处事的世界观、人生观、价值观，在西方很有影响。

海外学者强调道在老子的君子人格上是最高的德性，居于核心地位。德国学者 R.艾尔伯菲特的论文《德国哲学对老子的接受——通往"重演"的知识》一文，对老子思想在德国哲学几百年的发展史中早已留下印迹，从康德、黑格尔、谢林、马丁·布伯，到雅斯贝尔斯、海德格尔，再到海因里希·罗姆巴赫（Heinrich Rombach），阿多诺的学生——君特·沃尔法特（Gnter Wohlfart）、进行了简要回顾，指出甚至在某些重要哲学家那里，比如谢林、M.布伯和海德格尔等，产生了呼应式的对话。他强调中西思想沟通中的比较十分重要，对德国哲学自海德格尔以来高度评价老子的新动向的阐发，指出了一条中西哲学通过对自然之道的认识上可以融合，能够出现相对清晰可辨的"重演"道路。德国的艾尔伯菲特指出：对雅斯贝尔斯来说指导性的解释起点是，把"道"理解为"存在的根据"。它作为存在的根据是"万象包容"（das Umgreifende，又译"大全"）。他把自己哲学中的这个重要的基本概念，作为"道"的本真意义。"道"就像他的哲学中的"万象包容"一样，不是一个遥远的超越者，而是在内在性中见证自身的"道"的超越。"道"这一符号的本义是："穿透一切的无，达成一切不可察觉的无为，产生一切的统一之力，对降临涉世的生命从彼岸之地渡向此岸之地的奠基一切的收存。"（雅斯贝尔斯：《老子和龙树》（Lao-tse，Nagarjuna），Mnchen 1978 年，第 18 页）②

海德格尔指出老子的道包罗万象，是理性的指导，富有哲理："'道'或许就是开辟一切的道路，那一切，是让我们由以才能够去思考理性、精神、意义和逻格斯在

① Livia kohn: *Daoism and Chinese Culture*，*Cambridge*，Massachusetts：Three Pines Press，2001，15

② Rolf Elberfeld，*Laozi-Rezeption in der deutschen Philosophie：Von der Kenntnisnahme zur-Wiederholung.*，载于 *Philosophieren im Dialog mit China：Gesellschaft fr A siatische Philosophie*，ed1，Helmut Schneider，editionchora，2000 年第 1 版，R.艾尔伯菲特：《德国哲学对老子的接受——通往"重演"的知识》，朱锦良译，《世界哲学》2010 年第 6 期，第 7—28 页

原本意义上也即从它们自身本质出发想要说的东西的一切。"①

二、对无为之道的研究

老子的无为思想，可以作为"救世良药"，它是个人指向的，即指涉个人层面，它能指导人如何实现自身生理心理的和谐，与他人、与社会、与自然建立良好的关系，又能超越个人与特定社会层面，形塑成一种自然主义哲学观。因此老子文化的"西送"内容相对于孔子学说更具多层意义，我们需要在社会这个中观视野中塑造个人主义在微观个人与宏观历史宇宙运行之间的张力模式，更多地强调无为、自然与和谐等等。

英国生物化学家、三十七岁时皈依了中国文化的李约瑟（Joseph Needham）对以《老子》为源头的道家做了深入的研究。他认为"道家所说的道，不是人类社会所依循的人道，乃是宇宙运行的天道；换言之，即自然的法则"，并且认为该书五十一章"道生之，德畜之，物形之，势成之……长而不宰是谓玄德"很清楚地体现了这一思想。关于《老子》第五章"天地不仁，以万物为刍狗，圣人不仁，以百姓为刍狗。天地之间其犹橐龠乎，虚而不屈，动而愈出，多言数穷，不如守中"，李约瑟认为它暗含了"自然科学之排斥伦理判断，是科学发展必经的过程"②。

俄国作家托尔斯泰（1828—1910）对《老子》哲学无为智慧评价道："苦恼人类的所有灾祸并非产生于人们不积极从事必要的事情，而是产生于从事各种各样不必要的事情。人类如果遵从老子所说的'无为'，不只可免除个人的灾祸，同时也可免除所有形式的与政治相关联的灾祸。"③

日本哲学家西田几多郎（1870—1945）认为，《老子》的无为哲学与西方哲学体系相比，有以下特点："西方文化的根基是有的思想，东方文化的根基是无的思想……'道'可以说是无的思想……老子认为无乃天地之始……无的思想具有遁世主义的一面，同时具有感官主义的倾向，还有随其流而扬其波的思想。……成为情感对象的事物不能从理论上予以限定，也不能从空间上予以固定。……说道教文化是无的文化，还因为其是无的存在，是无形的存在。其现在时态不是动态的现在，而仅仅是无限的现在。作为真正的绝对否定的肯定而认知无的自身限定，则必须是无限的动

————————

① 海德格尔：《语言的本质》（"Das Wesen der Sprache"），载于：《在通向语言的途中》（Unterw egs zur Sprache），Pfullingen，1982 年，第 198 页。转自：R. 艾尔伯菲特：《德国哲学对老子的接受——通往"重演"的知识》，第 7—28 页

② 李约瑟：《中国古代科学思想史》，南昌：江西人民出版社，2000 年版. 第 56 页。

③ 柳田泉译：《无为》，转引自福永光司注译：《老子》，东京：朝日文库，1978 年 9 月版，第 5 页。

态。"① 日本哲学家福永光司（1918—2001）指出："老子是第一位警告人类文明的扭曲和倡导'无为'的和谐社会乃人类至福的哲人。"②

三、对柔性美德的研究

老子主张人们应该学习水的柔顺精神"贵柔"处世，"谦下""不争"。按照自然的要求处事，保持清静无为、谦卑自处的心态；治理者要顺应民心，遵从自然法则，做到量力而行；不好胜争强，而要大智若愚，能委曲求全；不追求名利，事成后就功成身退。老子强调君子的柔顺、谦逊等美德。荷兰的著名汉学家许理和（Erik Zürcher，1928—2008）认为："道德家则着重论说《老子》中柔顺、谦和与不武断的道德品性的部分。"③《老子》中既把"道"径直比作柔和的水，又用与水相关的意象描述"道"，强调"上善若水"。《老子》中"道法自然"的"自然"也源自水道及其滋养的植物的喻象。作为"道"的特性的"无为"概念，是水之所为，水柔弱、不争，屈从于坚强之物并安于卑下之位，但最终征服一切，无敌于天下。老子的这个观点，被美国学者艾兰在《水之道与德之端——中国早期哲学思想的本喻》一书中得以认同和强调。④

老子的哲学大力赞扬女性特质，尊崇阴柔女性为世间万物的根本，主张："天下有始，以为天下母""以柔克刚"，这同当时男权社会的理念是格格不入的。另外，老子哲学主张"阴阳互补"，在强调女性意识的同时，提倡男性和女性的和谐共存。道家所宣扬的这种"知雄守雌"、阴阳互补的观点与伍尔夫的"双性同体"的思想之间存在着很大的相通之处。"双性同体"的主张为达到男女两性的和谐、世界和谐处理国际关系找到了出路，起码是很有智慧启迪的。

四、对老子神秘主义的研究

有的人认为老子的哲学是智慧之见，有的人认为是宗教学说。正是由于老子《道德经》的神秘智慧，才有无穷无尽的探索价值，成为人们思考的永恒话题。史华慈是从神秘主义维度把握《老子》的，他称之为"神秘主义道家学说"（The Mysbical

---

① 西田几多郎：《从形而上学的立场看东西方古代的文化形态》，《哲学的根本问题》续编，东京：岩波书店，1934 年，第 277、280—282 页。

② 福永光司注译：《老子》，东京：朝日文库，1978 年，第 5 页。

③ 许理和：《东西方的老子观》，张海燕译，《国外社会科学》1993 年第 9 期，第 34—38 页

④ 参见：Sarah Allan, *The Way of Water and Sprouts of Virtue: Root Metaphor in Early Chinese Philosophical Thought*, Albany: State University of New York Press, 1997. 艾兰：《水之道与德之端——中国早期哲学思想的本喻》（增订版），张海晏译，北京：商务印书馆，2010 年。

Taoism），认为《老子》全书 81 章中，大约有 30 章涉及神秘主义的内容。①

德国的雅斯贝尔斯对老子的《道德经》有深入研究和借鉴，老子的世界生成而存在的"道"，和雅斯贝尔斯的"统摄"的观念，有异曲同工之效，对老子的《道德经》有非常高的评价："那充满悖论的语句所产生的说服力（不包括那些在智力上随意的诙谐游戏话），它那缜密的态度以及它那被引向似乎是神妙莫测境界的思想深度，使这部书成绩了一部不可替代的哲学著作。"② 荷兰的许理和认为："在有关老子的观念中，其重点所在便是纯粹的精神的和神秘的方面。他们把老子作为一个思想深邃的哲人，一个神秘主义者，一个信仰主义者和一个精神指南。"

隐士生活是老子神秘主义的一个重要体现。根据布伯的看法，老子就在境象的层级上。他的生命是在隐藏之中的生命。他也不对人们说什么，而就是进入"隐藏状态"之中。庄子吸收了这种境象，并且以诗的语言说出他的寓言、他的故事、那些应该把道的学说带入世界之中去的东西。③

五、老子道学的广泛传播

老子是世界的老子，早已走向世界，当今更是备受关注，广泛传播。据联合国教科文组织的统计，老子《道德经》在世界上的译本和发行量仅次于《圣经》。我们从大批的西方思想家、文学家、学者、政治家和企业家身上，可以清晰地找到老子精神因素，体现出老子的风骨。至 20 世纪 60 年代，"《老子》已经有 30 余种英译本。到了 90 年代，增加到了 40 余种。如果加上早期的绝版书，英译《老子》已多达 50 余种……是仅次于《圣经》而英译版最多的外文书"。④ 以下走马观花、浮光掠影，举数例简要说明。

（一）大众民间实用传播

道家思想在海外广泛传播，最为突出的体现是走出书斋，以深入浅出的形式走向大众。社会各界的道家运用，特别是在养生、道医、健身、太极拳、自然疗法等方面，获得了广阔市场，积极投入和信奉者越来越多。

第一，养生、道医、太极拳传播和运用。西方的道学养生培训的内容包括道学

① 张海晏：《当代西方对〈老子〉"道"的解读》，《国外社会科学》2014 年第 5 期。
② 卡尔·雅斯贝尔斯：《大哲学家》，李雪涛等译，北京：社会科学文献出版社，2010 年，第 753—754 页。
③ 马丁·布伯：《道的学说》（"Die Lehrevom Tao"），《全集》第一卷《哲学论稿》，Mnchen-Heidelberg 1962 年，第 1023—1051 页。转自：Rolf Elberfeld, *Laozi-Rezeption in der deutschen Philosophie：Von der Kenntnisnahme zur-Wiederholung.*，载于 *Philosophieren im Dialog mit China：Gesellschaft fr A siatische Philosophie*，ed1，Helmut Schneider，editionchora，2000 年第 1 版，R. 艾尔伯菲特：《德国哲学对老子的接受——通往"重演"的知识》，第 7—28 页
④ 加岛祥造：《伊那谷的老子》，京都：淡交社，1995 年，第 118 页

养生理论、太极拳健身、心理养生智慧，又讲授技术层面的操作方法，更展现了道家针灸和养生调治的神奇功效。美国道家学者和传播者们感慨地说，道学养生不仅能帮助自己，更能帮助患者，他们要好好地运用这些高超的智慧，在美国传播道学文化。美国桥港大学针灸研究所的 Jackowicz 教授应用《道德经》进行心理调治和身心治疗多年，实践经验丰富和疗效显著，为道学智慧在医学上的运用开拓了新的思路。

第二，道学进入千家万户。西方人心目中老子是"最知名的中国人"。德国电视台的一项调查表明，每四位德国人的家庭里就收藏一本老子的《道德经》。德国哲学家尼采称赞《老子》："像一个不枯竭的井泉，满载宝藏，放下汲桶，唾手可得。"现代哲学家海德格尔认为老子与自己的思想很吻合，他将老子"孰能浊以静之徐清，孰能安以动之徐生"的字句挂在墙上，一派老子忠实信徒的模样。英国著名历史学家阿诺德·汤因比在《人类与大地母亲》一书中对老子也做过高度评价："在人类生存的任何地方，道家都是最早的一种哲学。"世界"足球皇帝"贝肯鲍尔经常在 12 个赛场之间奔波，赞助商阿联酋航空公司为他提供了一架直升机，德国媒体将这架专机命名为"空中老子"。贝肯鲍尔欣赏老子，早在青少年就涉猎了老子的著作，"千里之行，始于足下"成了他最喜爱的格言。当他称雄足坛后，仍不忘老子的忠告，"胜人者有力，自胜者强"。他带领德国队夺得"大力神杯"后却突然"隐退"，很多人表示不解。在接受《明镜》周刊采访时，他引用老子的一句话："功成身退，天之道也。"几十年来，老子的《道德经》一直放在他随身携带的公文箱内。足球明星对道学的崇拜，传为佳话。

（二）教学与研究传播

不少诺贝尔奖奖金获得者和著名科学家把自己的科学发现归功于老子这个东方圣人的启示。海外学者普遍认为道学不只是属于中国的，也属于世界，是人类社会的共同精神财富。道学言简意深，哲理宏富，以诗化、自由的话语表达，往往寓意隐晦，言有尽而意无穷，给后人的无限遐思。中国的老子，欧洲的希腊哲学、海德格尔和尼采等，有很多共同的地方，其智慧博大精深，给予人无限启迪，让人放松、自由自在地追求理想人生状态，是很容易被所有人接受的高论。

老子学院，经澳大利亚政府批准于 2009 年 9 月 23 日正式成立，并于 2009 年 12 月 1 日在悉尼举办了启动仪式。老子学院的宗旨是向全球传播以老子学说为重点内容的中国传统文化，包括生态学、生存学、生命学、养生学等与人类息息相关的中国古代科学，以提高人类的生存品质，推动和谐世界的构建。老子学院首任院长王者悦表示，悉尼老子学院的建立，应被视为当代人类社会发展的一件大事。其宗旨是向全人类传播和宣传以老子的道家学说为主要组成部分的中华传统文化。他们强调老子有如一座灯塔，穿越几千年的时空，放射着和谐之光。他们将竭尽全力地聚拢世界各地的老子学学者翱翔在世界的蓝天白云之上，把和谐洒向整个地球，播撒老子学和谐发展理念的种子。[①]

2016 年，世界老子研究院已获得美国纽约州政府和教育部门的正式批准，属于非营利性的社会团体。研究院将在纽约等地建成集教学、研究和养生、修炼、文化展演传播、学术讲坛为一体的综合性文化基地。世界老子研究院的宗旨是，与世界各国学界、政界、教界、商界等各界崇尚、研究和践行老子道学文化的人士共同合作，深入研究老子为代表的道学原典，针对现代人类的文化困境和生存危机，研究道学文化在哲学、伦理学、管理学、医学养生、心理治疗、环境保护、为人处世等领域的理论价值和现实应用；弘扬尊道贵德、崇和反战、尚柔谦下、慈爱宽容、重生养生、崇俭抑奢等思想主张，促进世界多元文化的交流互动，推动世界各族群相互尊重，消弭争端，提升个体身心健康。该计划得到中国道教协会、中国社科院系统、各著名高校道学研究机构负责人及学者的赞同与支持，美国、英国、法国、日本、俄罗斯、西班牙、新加坡、马来西亚等多国道学研究者或道教协会负责人皆予以积极的响应。基地建成后，世界老子研究院将举办道学中医养生服务以及太极、武术、音乐、书画展演等系列道学文化活动和高端国际学术论坛，推动中华文化走向世界。[②]

意大利的威尼斯大学东方语言系，是研究中国道家的重镇。大家对老子"道""悟""无为"的概念非常感兴趣，老子哲学很受师生欢迎。米克·比翁迪教授翻译出意大利文的《老子》，很多人说没想到中国有那么有意思的思想。现在《老子》《庄子》《道德经》在意大利不胫而走，汉学家热衷于《老子》《庄子》的深奥哲理，还有很多不会说中文的意大利国民对道家文化很感兴趣，书店里道家方面的书越来越多，很多华人在意大利也以各种各样的方式促进了道家的传播。道学、老学的价值，备受意大利、法国、英国、俄国的汉学家青睐，这些国家的学者和老百姓可以一起参加道家传播活动，加速了道家思想生根、开花、结果。

（三）中外互动、融通方兴未艾

道学传播者打通东西方文明的界限，这样可以在一个更高的高度或视角上来研究、传播和扩大中国的传统文化。中外文化互动、沟通，可以为我们提供一些解读中国道家文化的方法论上的参照，这样的想法正被很多研究机构加以应用。例如，中南大学道学国际传播研究院与南岳坤道学院于 2015 年 7 月 9 日到 13 日在湖南省

---

① 世界第一所老子学院 2009 年正式成立，中新网，2009 年 12 月 9 日
② 凤凰新闻网：世界老子研究院获美国纽约州政府官方批文，道教之音，http：//www.daoisms.org/article/sort028/info-25885.html

南岳联合举办"第三届中美道学养生研讨班"。

海外学者发现道家善待自然，让自然与人类和谐共处于天下，是当代生态保护的宝贵思想资源，有实际和远大的应用前景。道家的天下思想强调宇宙的各个方面都是相互联系、相互作用的，人类只是这系统中的一部分，人类的生存与自然界、社会群体紧密相连，生态系统的完整性决定了人类的生活质量，优化生态实际上是保护人类自己。环境伦理学家奥尔多·利奥波德等认为回归荒野才能够真正找到心灵的宁静，他的伦理观同道家对原始自然的敬重如出一辙。环境伦理专家罗尔斯顿所说："西方人也许应该到东方去寻求人与自然协调发展的模式。但是，在中国正在走向现代的今天，东方和西方也许应当相互学习；西方已认识到了伴随其发展而来的生态危机，东方也许应当从中吸取教训。在我们的地球家园上，我们对自然的评价有许多相同之处。"[①]

总之，老子的天下之道，蕴含非常深刻的哲理，是自然之道、无为之道、阴柔之道、神秘之道，是学术研究永恒的话题，在海外也不例外。海外越来越多的老子道家研究、传播，说明了道家的天下观很有理论价值和现实的意义，树立真正天人合一的宇宙观，立足于天下的视野观察和处理国际关系，才有利于世界的和平与发展。

---

① 罗尔斯顿：《环境伦理学》，杨通进译，北京：中国社会科学出版社，2000，第 7 页